최석영의 FTA협상노트

A Diplomat's Journal on Korea's FTA Negotiations

대한민국의 경제영토를 확장한 FTA협상,
무엇을 얻고 무엇을 배웠는가?

전 주제네바 대사 / 전 FTA 교섭대표
최석영 지음

박영사

추천사

저는 2012년 4월 제19대 국회의원에 당선되기 전에 4년 6개월여 통상 교섭본부장으로 근무하면서 우리나라의 통상정책을 입안하고 한·미 FTA 를 비롯한 대외통상협상의 무거운 책무를 맡았습니다. 당시는 다자통상협 상은 부진한 반면 FTA로 대표되는 지역협정이 확산되면서 국제 통상환경 의 지형이 바뀌어가는 변환기였습니다.

부존자원이 부족하고 내수시장도 협소한 우리나라의 여건은 바꿀 수 없기 때문에 예나 지금이나 무역은 우리 경제에 사활이 걸린 문제입니다. 우리나라는 전후 70년 초고속 경제성장과 민주화를 이룩한 모범적인 나 라입니다. 이런 놀라운 성과는 남다른 교육열과 근면성을 바탕으로 온 국 민이 무역의 확대와 세계시장 개척에 나섰기에 가능하였습니다.

우리나라는 GATT/WTO 체제로 대표되는 다자간 통상체제의 최대 수 혜국 중 하나로 꼽힙니다. 새롭게 천년이 시작되던 즈음에 과거 해보지 않았던 FTA 체결에 나서기 시작했습니다. 변화하지 않으면 도태되는 시 대적인 여건을 엄중하게 받아들였기 때문입니다. 우리나라가 거대 시장인 인도, EU 그리고 미국과 FTA 협정을 맺은 것은 역사적 사건이었습니다.

이 성취는 우리에게 많은 자신감을 가져다 주었고 세계는 한국의 개방정책에 놀라움과 함께 부러움을 감추지 않았습니다.

이 책의 저자인 최석영 대사는 양자통상협상과 다자통상협상을 두루 섭렵한 통상전문가입니다. 그는 주미대사관 경제공사로 한·미 FTA의 협상과 서명과정을 측면 지원했습니다. 그 후 서울에서 FTA 교섭대표로 통상교섭본부장이었던 저와 함께 미국 및 EU와 체결한 FTA의 비준과 발효과정을 실무적으로 총괄하였습니다. 더욱이 최근 3년 동안에는 주제네바 대사로서 WTO/DDA 협상에서 우리나라의 수석대표로 왕성한 활동을 해왔습니다.

'최석영의 FTA 협상노트'는 통상협상의 실무책임을 맡았던 외교관이 현장에서 경험한 역동적 협상진행에 대한 생생한 관찰기록입니다. 이 책은 우리나라가 미국, EU, 중국 및 일본과 추진한 FTA 협상과정과 함께 TPP, TTIP 및 RCEP 등 최근 확산되는 메가 FTA의 진화가 우리에게 미치는 함의도 포괄적으로 다루고 있습니다. 또한 통상협상을 준비하는 후진들에게 협상현장의 역동성과 함께 꼭 알아야 할 경험과 교훈을 담담하게 소개하고 있습니다.

복잡한 협상과정을 객관적인 시각에서 조감하는 일은 꼭 필요하지만 쉬운 작업이 아닌 만큼 통상협상을 준비하는 공무원이나 학생 그리고 전문가들에게 일독을 권하고 싶습니다.

김종훈
국회의원(강남을), 전 통상교섭본부장

추천사

　대한민국 통상협상 최전선에서 활동해 온 최석영 대사가 현장의 치열함과 이젠 역사의 한 부분이 되어버린 숱한 결정에 이르는 과정의 기록을 세상에 들고 나왔습니다. 통상문제를 연구하고 강의하며 고민해 온 학자로서, 오랫동안 그와 교류하고 토론해 온 동학의 한 사람으로서, 그리고 그에게 공인으로서 기록을 남기라고 주문하고 채근해 온 사람으로서 그의 책의 출간을 진심으로 환영합니다.

　그가 세상과 공유하려는 기록의 공간은 2006년 시작되어 2007년 타결되었으나, 합의문서는 협상 당사국들의 국내 정치상황의 변화로 먼지만 뒤집어쓰고 있다가 가까스로 2010년 추가협상을 거쳐 최종 확정되고, 2011년 말 비준되어 2012년 초 발효에 이르기까지 '길고도 험한 길'을 돌고 돌아간 한·미 FTA 협상의 시작과 끝입니다. 최석영 대사는 2006년 주미대사관 경제공사로 부임하면서 한·미 FTA와 운명적인 조우를 하였고, FTA 교섭대표가 된 후에는 동면상태에 빠진 한·미 FTA를 다시 살리기 위해, 그리고 비준과 발효를 위해 미국과 협상의 최전선에서 수많은 잠 못이루는 밤을 지새웠습니다. 이 기간은 한·EU FTA 타결국면과 비준과정과도 맞물려 있었고, 그가 제네바대표부 대사로 떠나기 전까지는 한·중 FTA 출범을 위한 교섭이 치열하게 진행되던 때였습니다. 그가 통상협상 현장에서 보낸 시간은 통상입국으로 세계역사에 기적을 써 내려간 대한민국의 신화가 과거완료형이 아닌 미래진행형이 될 수 있도록 만들려는 투쟁의 시간이었습니다.

대학에서 학생들에게 통상정책을 처음 강의하던 1990년대엔 FTA라는 주제가 등장하면, 대한민국과는 상관없는 것이라고 그냥 넘어가곤 했습니다. 그도 그럴 것이 관세를 없애고 투자의 문을 더 활짝 열자는 FTA 협상을 하려면 우리의 농산물 시장을 개방해야 하는데, 그런 무모한 정치적 자살골을 넣으려는 정치지도자가 있겠는가 하는 생각 때문이었습니다. 그런 대한민국이 세계 최대 경제대국인 미국, EU와 FTA를 추진하고, 타결시키고, 지금 발효되고 있음은 한국 통상정책의 일대 전환기적인 대사건입니다. 한국의 최대 무역상대국이 된 중국과 FTA 협상을 시작하게 된 것 또한 같은 맥락에 있습니다. 이 때문에, 최석영 대사의 치열한 현장에서의 기록은 대단한 가치를 지닙니다.

모든 협상에는 상대가 있습니다. 그의 기록은 한국의 협상상대였던 미국이, EU가, 그리고 중국이 어떤 생각을 가지고 있었는지, 어떤 협상형태를 보였는지, 한국이 민감하게 생각했던 분야들에 대해 그들은 어떻게 생각하고 반응했는지, 그들의 고민에 대한 한국의 대응을 그들은 어떻게 평가했고, 그들은 어떤 협상전략을 구사했는지, 그 곳으로 우리를 데려갑니다. 세계 최대 경제강국들과 협상에 임하면서 한국이 부딪쳐야 했던 어려운 문제들과 내려야만 했던 결정의 순간들을, 으레 이런 류의 기록이 빠지기 쉬운 무용담적인 서술을 거부하고 담담하게 기록해 나가고 있습니다. 상대방의 때로는 거친 행태, 그것에 대응하는 우리의 과도한 흥분, 그 속에서 해법을 찾아야 하는 협상가의 냉정한 기록은 대한민국의 자화상이 기도 합니다.

최석영 대사의 기록은 국익이란 무엇인지에 대한 한편의 서사시이기도 합니다. 카메라 플래쉬가 터지고 협상가들간의 미소가 교환되고 악수가 끝난 후, 문 닫힌 방에서 국익을 위해서 얼마나 치열한 일들이 벌어지는지에 대한 생생한 그의 기록은, 국제무대에 서기 위해 절차탁마하고 있는 이 땅의 많은 젊은이들에게 훗날 그 현장에서 당당한 국가대표가 되려면 무엇을 어떻게 준비해야 하는지 실감나게 보여주고 있습니다.

이런 기록이 세상의 빛을 보게 되었다는 것은 같은 시대를 살아가는 우리에게 축복입니다. 자신의 치열했던 시간을 세상과 나누겠다는 그의 용기 때문에 이 책이 시작되었고, 우리의 자화상을 기록으로 남겨 대한민국의 더 큰 걸음에 밀알이 되겠다는 그의 공인의식이 없었다면 이 책은 끝나지 않았을지도 모릅니다. 그의 용기와 공인의식에 존경을 표합니다. 이제 세상으로 나온 그의 기록이 더 많은 사람들에게 읽혀지고, 이야기되길 기대합니다. 그래서 통상문제를 대하는 우리의 사회적 자산이 더 쌓여가길 희망합니다.

최병일
이화여대 교수, FTA 교수연구회 회장

책 머리에

2012년 3월 발효된 한·미 자유무역협정FTA이 발효 4주년을 앞두고 있다. 협상이 개시된 후 서명과 비준과정을 거쳐 발효되기까지 장장 6년이 소요되었다. 나는 이 기간을 워싱턴에서 주미 대사관 경제공사로, 그리고 서울에서 통상교섭본부의 FTA 교섭대표로 보냈다. 한·미 FTA와의 운명적 만남이었다.

협상이 개시되고 타결되어 서명되는 기간 내내 한·미 관계는 껄끄러웠다. 한국의 진보정부와 미국의 보수정부간 불신과 이질적 정치기조 때문이었다. 그 와중에 국가간 결혼에 비유되는 FTA 협상이 진행되고 타결되었다. 협정은 포괄적이며 높은 수준의 자유화를 지향했고 한·미 동맹관계를 한층 격상시키는 견인차 역할을 했다. 경쟁국들은 놀라움과 부러움을 감추지 못했다.

당시 국제통상질서는 일대 전환기를 맞고 있었다. 다자통상협상이 지지부진하여 동력을 잃으면서 지역통상협정이 확산되고 거대 경제권이 참여하는 메가 FTA가 태동되던 시기였다. 우리나라는 이런 변화에 선제적으로 대응했고 한·미 FTA는 개방을 통한 경쟁력 강화라는 패러다임 속에서 추진됐다. 협상과 비준을 추진하던 격동의 시간은 방대한 기록과 흔적을 남겼다. 현실은 이론보다 복잡했고 소설보다 더 극적이었다.

2007년 6월 30일 협정이 서명되었다. 한국에서는 반대 여론이 들끓었고 치열한 토론도 이어졌다. 한국은 협상을 개시하고 타결했던 주체들이 2007년 말 대선과 이듬 해 총선에 참패하여 야당으로 전락하면서 자신들이 잉태하고 출산시킨 한·미 FTA의 본질을 부정하고 나섰다. 미국의 속사정도 복잡했다. 2006년 중간 선거에서 민주당이 하원을 지배하고 2008년 11월 대선에서 오바마 후보가 대통령으로 당선되었다. 노조에 기반을 둔 민주당은 자유무역에 소극적이었고 설상가상으로 글로벌 경제위기의 여파로 무역 정책은 후순위로 밀려났다.

주미대사관 경제공사로서 근무했던 기간은 세계정치를 움직이는 미국의 파워를 체감한 시간이었다. 그 중에서도 연구소, 로펌, 컨설팅회사와 로비회사가 운집한 K-스트리트는 인상적이었다. 회전문 인사라는 비판 속에서도 로비와 로비스트는 건재했고 팍스 아메리카나Pax Americana는 거대하고 중층적인 구조 속에서 움직였다. 한편 워싱턴에서 바라보는 한국은 상대적으로 작아 보였다.

3년간 워싱턴 근무를 마치고 2009년 4월 귀국하여 외교부 본부에서 도하개발어젠다DDA 협상대사직을 맡았다. 이듬해 6월 FTA 교섭대표로 자리를 옮기자마자 한·미 정상은 토론토에서 한·미 FTA의 조기 비준에 필요한 조치를 취하기로 전격 합의했다. 협정의 비준과 발효에 서광이 비치는 순간이었다. 나는 서울에서 추가협상과 장관합의문의 조문화 작업을 비롯하여 국회의 비준동의를 추진하는 실무를 총괄했다.

우리 국회의 비준동의 과정은 매우 거칠었다. 유례없는 번역오류 파동을 겪으면서 나는 번역시스템의 결함을 혁파해 나갔다. 2011년 11월 22일

최루가스로 범벅이 된 국회 본회의장에서 한·미 FTA 비준동의안이 처리되는 현장을 눈물 속에서 지켜보았다. 미국에서도 찬반의 입장대립은 존재했고 극단적인 반대론자도 있었으나 미 의회의 인준과정은 상대적으로 차분했다. 2011년 10월 12일 미 하원과 상원은 의사규칙을 대폭 간소화하면서 한·미 FTA 이행법안을 전격적으로 통과시켰다.

나는 FTA 교섭대표로서 한·미 FTA의 비준과정은 물론 한·EU FTA의 서명과 비준추진 과정도 담당할 기회를 가졌다. 당시 27개 회원국으로 구성된 유럽연합은 거대한 경제블록을 형성하면서 미국의 힘과 중국의 부상에 대응하고 있었다. 우리나라는 미국과 협상이 종료된 직후 EU와의 협상 출범을 선언했다. 한·EU FTA는 2009년 협상타결 후 순항하는 듯했으나, 번역오류라는 복병을 만나 위기를 겪으면서 국회의 비준동의 절차가 지연됐다. 한·미 FTA와 한·EU FTA는 포괄적이고 높은 수준의 자유화라는 같은 목표를 추구하면서도 서명과 비준추진 과정에서 상호 견제와 균형을 확보하기 위한 치열한 경쟁관계를 보였다.

나는 중국과의 FTA 협상을 출범시키기 위한 사전 정지 작업에도 관여했다. 협상개시 후 두 차례의 협상회의를 주재함으로써 한·중 FTA 협상 추진의 기반을 확보했다. 또한, 일본과 중단된 FTA 협상재개와 한·중·일 FTA 협상출범을 위한 기반을 확보하는 데 많은 시간을 할애했다. 동북아 3국은 거대한 경제블록을 형성할 잠재력을 보유하고 있음에도 불구하고 다양한 이질성으로 역내 경협의 제도화는 답보를 거듭하고 있었다.

그 밖에 페루, 콜롬비아 및 터키와의 FTA를 타결했다. 호주, 캐나다 및 뉴질랜드와의 FTA 협상은 각각 90% 이상 진척되었으나 각 협정이 안고 있는 민감한 정치현안 때문에 타결을 서두르지 않고 여건이 호전될 때를 기다리기로 했다. 한편, 환태평양경제협력동반자협정TPP 협상의 출범에 따라 우리의 참여 가능성에 대한 예비검토도 하면서 상업적 및 전략적 이해관계를 살펴보았다.

격무로 인한 물리적인 고통은 오히려 작았다. 정제되지 않은 비판과 공격 속에서 감사監査까지 받아야 했던 현실과 특히 스트레스성 유산으로 고통받던 여직원들의 눈물에 좌절도 했다. 송곳 비판을 하던 기자, 돌직구를 날리던 재야 전문가 그리고 국가의 장래를 고민하던 일부 정치인들에게도 경의를 표한다. 그들의 주장에 모두 동의해서가 아니다. 입체적 시야를 가지도록 하는 담금질이라 생각했기 때문이다. 공직이란 법과 양심에 의지하여 칼날 위에 서는 자리라 믿는다.

거대 경제권과의 FTA 협상은 대통령과 장관들이 직접 간여될 수밖에 없는 국가적 대사다. 주미대사관 경제공사로서 그리고 FTA 교섭대표로서 내게 주어진 역할은 조연이었다. 기나긴 과정에서 실무적 결정도 했으나 증인이나 관찰자일 때도 많았다. 그러나 중요한 국가정책 결정과정의 자초지종에 관여할 수 있다는 것은 공직자로서 영광스런 일이었다. 긴장의 끝에서 소회가 밀려왔다. 협상의 상수와 변수에 대한 평가와 변화하는 통상질서의 장래를 스냅사진처럼 그려보고 싶었다.

정작 책을 쓰는 일은 망설여졌다. 민감한 이슈를 다룬다는 중압감과 함께 진부한 내용이 되지 않을까 하는 두려움 때문이었다. 그럼에도 불구하고 격변의 시기에 내가 겪은 경험과 관찰 그리고 협상상대의 시각에서 관찰되고 평가된 한국을 남겨야 한다는 부담을 떨칠 수 없었다. 또한 미국과 EU 등 거대 경제권과의 통상협정이 가지는 전략적 함의를 조망하면서도 협상현장의 역동성을 좀 더 낮은 시각에서 살핀 자료가 드문 현실도 글쓰기에 용기를 갖게 했다.

나는 20년 전 제네바 대표부에서 근무하면서 우루과이 라운드Uruguay

Round 협상종료와 함께 전후 국제통상질서를 유지해 왔던 GATT 체제가 WTO 체제로 전환되던 거대한 변화를 목격했다. 오늘날 세계는 또 다른 대변혁을 경험하고 있다. 다자통상협상이 15년째 답보상태를 이어가면서 메가 FTA의 출현과 급속한 진화라는 새로운 전환기를 맞고 있는 것이다. 우리나라가 미국, EU 및 중국 등 거대 경제권과 FTA 협상과 비준을 추진한 것은 이런 국제적 변화에 대한 전략적 선제 대응이었다.

격변하는 국제정세를 정확하게 읽고 미국, EU 그리고 중국과 대등한 협상을 기획하고 추진했던 정책결정자들의 식견과 리더십에 경의를 표한다. 특히 통상교섭본부의 수장으로 협상을 이끌었고 직무상 나의 직속상관이기도 했던 김현종 전 UN 대사, 김종훈 국회의원, 박태호 서울대 국제대학원 교수에게서 많은 것을 배웠다. 그리고 함께 일하면서 좌절과 성취를 나누었던 동료와 후배들의 헌신과 희생에 진심으로 고개를 숙인다. 부족하나마 이 책이 통상협상을 준비하는 후진들에게 참고가 되기를 기대한다.

이 책이 나오기까지 조언과 격려를 아끼지 않았던 많은 분들에게 감사드린다. 특히 꼼꼼한 교정은 물론 책 디자인과 내용의 구조를 개선하기 위해 고민하고 노력을 기울였던 박영사의 안상준 상무, 노현 부장과 김효선 대리 그리고 개인 시간을 쪼개 몇 차례고 세부사항까지 살폈던 주제네바 대표부의 이진경 사서에게 각별한 사의를 표한다.

초가을 석양은 쥬라산을 넘으면서 붉은 노을을 드리우고 저만치 레만호에는 황금물결이 일렁인다.

2015년 9월

스위스 제네바에서

차 례

1부　한·미 FTA
협상출범과 서명

1장　협상출범과 샅바싸움 · 27

2장　협상타결과 무거운 서명식 · 52

프롤로그

2011년 우리나라는 세계에서 9번째로 교역량 1조 달러를 돌파했다. 제1차 경제개발 5개년 계획이 시작된 1962년과 비교하면 교역량은 무려 2,000배나 증가한 것이다. 전후 확대되어 온 상품과 서비스의 교역은 세계적으로 경제성장을 견인했으며 특히 우리나라의 경제성장 과정은 무역의 확대과정과 정비례한다.

부존자원이 부족하고 내수시장이 협소한 우리나라는 교역을 통한 부가가치 창출을 위해 세계시장으로 나갈 수밖에 없는 숙명적인 여건이었다. 이런 도전은 결국 개방을 통한 체질개선과 경쟁력 확보라는 처방을 주문했다. 우리나라는 이런 시대적 소명에 부응하는 정책을 추진해 왔다. 우리는 담배시장과 유통시장 개방, 미국과 오픈 스카이open sky 협정 및 우루과이 라운드 협정의 개방 초기에는 많은 반대를 겪었다. 그러나 개방정책들은 결과적으로 우리의 경쟁력을 향상시키는 데 큰 기여를 해 왔다.

우리나라는 다자통상체제의 최대 지지자이자 수혜자였다. 반면, 분절적이고 배타적인 FTA 협상에는 소극적 입장을 취해 왔다. 그러나 새천년에 들어 다자통상협상이 지지부진하고 양자 FTA가 급속히 확산되면서

FTA 협상대열에 뛰어 들었다. 한국의 통상정책은 포괄적이고 높은 수준의 한·미 FTA 협상을 타결한 후 한·EU FTA도 체결함으로써 일대 전환점을 찍었다.

산업의 구조적 취약성 때문에 방어적인 통상정책을 견지해 오던 한국이 미국 및 EU와 개방수준이 99%에 달하는 자유무역협정 체결에 합의한 것은 글로벌 마켓에서 선진국과 대등한 경쟁을 해 나갈 수 있다는 자신감의 표출이었다. 한편으로는 개방을 통한 구조개혁과 경쟁력을 강화하지 않고는 장기적인 성장 동력을 유지하기 어렵다는 절박감이기도 했다.

한·미 양측은 협정의 목표와 의의에 대한 기본적인 공감대를 가지고 있었다. 한국은 한·미 FTA 협정을 통하여 국내개혁과 경쟁력을 향상하고 세계 최대시장을 선점하는 동시에 기존에 견고한 한·미 동맹을 한층 더 격상시킨다는 전략적 고려가 있었다. 미국 역시 한·미 FTA를 동아시아 외교정책의 중요한 수단으로 여겼고 한국시장에 대한 접근확대는 물론 포괄적이고 높은 수준의 한·미 FTA를 아시아·태평양 지역의 경제통합의 모델로 추구한다는 전략적 포석을 하고 있었다.

한·미 FTA는 한국의 확고한 개방의지를 대외적으로 알렸고 국제사회는 포괄적이고 높은 수준의 FTA를 체결한 한국의 정치적 결단을 높이 평가했다. 또한 한·미 FTA와 한·EU FTA는 경쟁국으로 하여금 FTA 협상의 도미노를 촉발시켰다. 일본은 심리적 타격을 받고 서둘러 EU와 경제동반자협정EPA 협상을 추진하고 미국과 환태평양경제협력동반자협정TPP 참여협상을 하게 됐다. 일본이 참여하는 TPP는 EU를 자극하여 EU는 미국과 범대서양무역투자협력동반자협정TTIP 협상을 개시했고, 중국도 한·미 FTA로 인해 한·중 FTA 협상에 보다 적극적인 입장으로 선회했다.

그러나 개방과 개혁을 추진하는 것은 녹록치 않았다. 한·미 FTA를 둘러싼 찬반논쟁은 가열됐고 극심한 사회분열과 갈등은 심각한 후유증을 만들어 냈다. 농축산업계와 중소기업 업계 등 실질적 이해관계가 있는 그룹들의 두려움과 우려는 십분 이해 됐다. 소위 생계형 반대 입장이었기 때문이다. 그러나 이념적 반대그룹은 반미색채를 띠고, 사실관계를 오해하거나 과장하면서 극단적인 투쟁을 주도해 나갔다. 정부가 수백회에 달하는 국회보고, 방송인터뷰, 보도해명과 브리핑을 해도 정확한 사실 전달에 한계가 있었다. 합리적인 토론의 장이 없었고 고도로 법률적이고 기술적인 이슈들이 정치적으로 문제화됐기 때문이다.

한편, 한·미 FTA의 복사판이라고도 할 수 있는 한·EU FTA의 협상과 비준과정이 비교적 순탄했던 것도 대조적인 현상이었다. 한·중 FTA와 같은 경우에도 농축산업을 비롯하여 국내 중소기업의 우려가 컸음에도 불구하고 한·미 FTA에 비하여 반대그룹의 결집력이 약한 것도 특징적이었다.

새천년에 들어 국제통상질서는 근본적으로 변화하고 있다. 미국, EU와 일본이 직접 참여하는 메가 FTA는 국제통상질서에 새로운 기준 또는 표준을 주도하는 동시에 피선점의 불이익을 회피하기 위해 거대 경제권을 중심으로 선수 잡기 경쟁이 격화되고 있다. WTO를 중심으로 한 다자통상체제에도 불구하고 거대한 경제블록이 대서양과 태평양의 양안에 형성되고 있는 것이다. 이런 변화는 우리에게 중대한 도전을 제공하고 있다.

우리나라는 미국, EU 그리고 중국 등 거대 경제권과 이미 FTA를 체결했으나 앞으로는 급속히 진화하는 메가 FTA의 추세를 직시하면서 고도의 전략적인 대응을 해 나가야 한다. 동시에 심각한 국론분열과 사회적 갈등을 극복하면서 체결된 자유무역협정의 효과를 극대화하고 우리 경제의 체질개선에 주력해야 할 것이다. 취약한 농축산업과 중소기업이 경쟁력을 가질 수 있도록 인프라를 구축하고 과감한 시스템 개선을 추진해야 한다.

일부 서비스 산업은 과보호 속에서 국제경쟁력을 잃고 있는 현실을 직시하고 뼈를 깎는 구조개선을 해 나가야 한다.

이 책은 모두 7부 20개 장으로 구성했다.

1부는 2006년 2월 협상개시 선언 후 약 9개월간 치열한 협상을 거쳐 2007년 3월 말 타결을 하고 6월 말 서명까지의 과정을 두 개의 장으로 나누어 돌아보았다. 세 번째 장에서는 협정서명 이후 미국 민주당 의회의 소극적 통상정책과 2008년 하반기 촉발된 미국 발 경제위기의 여파로 한·미 FTA의 인준이 기약 없이 미루어지는 여건과 그 속에서도 쇠고기와 자동차 문제 해결을 지속적으로 요구하는 미국의 사정을 살펴보았다.

2부는 서명 후 3년간 표류하던 한·미 FTA가 2010년 하반기에 전격적인 재협상을 통해 자동차 분야 등 일부 수정을 거치는 과정을 적었다. 미국에서는 상원과 하원 그리고 백악관간의 불신 속에서도 절묘한 절차를 거쳐 한·미 FTA의 인준을 마무리한 반면 우리나라에서는 정치권의 대립으로 비준동의안이 상임위원회에서 심의되지 못하고 본회의에 직권 상정된 후 최루탄이 터진 국회 본회의장에서 통과되는 과정을 살펴보았다. 그 후 한·미 FTA가 이행협의를 거쳐 2012년 3월 15일 발효되는 상황과 함께 한·미 FTA의 함의를 소회했다.

3부에서는 한·미간 오랜 통상현안이었던 쇠고기, 자동차, 전문직 비자와 쌀 문제를 둘러싼 양국의 갈등과 평가를 적었다. 이 문제들은 한·미 양자간 통상현안이었으나 내용적으로 FTA와 직·간접적으로 연관성을 가졌고 나도 일부 관여했던 사안이었기 때문에 별도로 조망해 보고자 했다.

4부에서는 한·EU FTA 타결과 서명 후 양국의 의회에서 비준되는 과정과 그 와중에 불거진 번역오류의 위기를 극복하는 과정을 돌아보고

한·EU FTA가 가지는 함의를 살펴보았다.

5부에서는 동북아 경제통합의 기반이 될 수 있는 중국 및 일본과의 FTA 협상 경험을 적었다. 2004년 이래 중단된 일본과의 FTA 협상을 재개하기 위한 노력과 애로사항을 기술하고 중국과의 FTA 협상을 출범시키는 과정을 소회했다.

6부에서는 다자간 통상협상이 교착되면서 환태평양경제협력동반자협정TPP, 범대서양무역투자협력동반자협정TTIP, 아·태지역내포괄적경제협력동반자협정RCEP 및 한·중·일 FTA 등 급속히 진화되는 메가 FTA의 동향과 특징을 살피고 이러한 변화가 한국에 미치는 영향과 우리가 검토해야 할 선택에 대한 소견을 적었다. 그리고 다자간 통상체제가 GATT 체제에서 WTO 체제로 전환되고 DDA 협상이 추진되어 온 과정을 일별했다. 또한 다자간 통상체제가 직면한 도전과 전망을 살펴보았다.

7부는 그간의 협상경험을 교훈삼아 역동적인 통상협상을 위한 권고를 적어 보았다. 첫 장에서는 목표의 설정과 협상여건 분석을 거쳐 협상 맨데이트를 확보하는 준비단계와 협상규칙과 수순을 결정하고 합의를 모색하는 협상단계로 나누어 검토했다. 다음 장에서는 협상대표가 갖추어야 할 자질과 능력에 대하여 설명했다. 마지막 장에서는 역동적인 통상교섭을 추진하기 위한 전략과 이를 효과적으로 실천해 나가기 위해 전문인력의 양성과 통상조직의 전문화 방안에 대한 소견을 적었다.

1부

한·미 FTA
협상출범과 서명

2007년 6월 30일 미 하원 캐논빌딩에서 열린 한·미 FTA 협정 서명식 행사장으로 이동하기 전 한국 대표단 및 미국 대표단간 서명행사준비 관련 사전협의하는 자리에서 웬디 커틀러 대표보와 함께 포즈를 취한 필자

| 남의 둥지에 알 낳기 |

뻐꾸기는 뱁새 둥지에 알을 낳는다. 파란 하늘색이다. 뱁새는 정성을 다해 뻐꾸기 알을 부화시킨다. 여름이 되면 뻐꾸기는 부화한 새끼를 찾아 구슬피 운다. 새끼는 어미 울음에 화답하며 둥지를 박차고 떠난다. 혹자는 이런 뻐꾸기의 탁란(托卵)을 파렴치하다고 한다. 남의 알을 품는 뱁새의 미련을 탓하기도 한다.

한 · 미 FTA는 탁란부화(托卵孵化)하는 뻐꾸기 알을 닮았다. 협정은 어려운 협상을 거쳐 2007년 6월 말 서명되었다. 알은 낳았다. 실한 놈이었다. 하지만 4년이 지나도록 부화를 못하고 있다. 그 사이 한국과 미국은 대선과 총선을 치렀다. 협상 당시 야당은 집권여당이 되어 이미 서명된 협정문 비준동의를 맡게 된 것이다.

한국은 참여정부가 한 · 미 FTA 협상을 개시해 타결했다. 당시 집권여당인 열린우리당이나 국회의 '한 · 미 FTA 특별위원회'도 협상결과를 성공적이라고 평가했다. 일각에서는 부시 행정부와 불편한 관계였던 참여정부가 미국과 협상을 타결했다고 반색하기도 했다. 그러나 임기 말 비준 마무리는 어려웠다. 비준동의는 2007년 말 대선과 2008년 4월 총선에서 집권여당이 된 한나라당이 맡았다. 2010년 12월 정부는 미국측과 추가협상을 타결했다. 자동차, 돼지고기, 의약품 일부 분야에 한정된 협상이었다. 빈사 상태인 협정을 회생시키기 위한 불가피한 선택이었다. 지난 6월 초 추가협상 결과를 반영한 새로운 비준동의안이 국회에 제출됐다. 그러나 소관 상임위원회에 상정조차 되지 못하고 있다.

미국은 공화당 주도로 협상을 개시했다. 2007년 4월 협상타결은 했지만 의회 인준을 하기엔 어려운 여건이었다. 2006년 11월 중간선거에서 상 · 하 양원 모두 민주당이 승리했기 때문이다. 공화당 정부는 협상 후반부터 서명추진 과정에서 민주당의 극심한 견제를 받았다. 2008년 11월 대선에서 버락 오바마 대통령이 당선됐다. 백악관과 상 · 하원을 지배하게 된 민주당은 무역자유화에 소극적 기조로 일관했다. 같은 해 9월부터 확산된 글로벌 금융위기와 9%대를 넘는 실업률도 악재였다. 그러나 오바마 대통령은 2010년 6월 말 토론토 G-20 정상회의를 계기로 전격 선회했다. 한국과 추가협상을 마무리했고 이제 이행법안 제출에 필요한 절차를 완료했다.

비준동의를 둘러싼 한·미 양측 속사정은 판이하다. 한국은 과거에 협상을 타결했던 주체들이 앞장서서 반대한다. 뻐꾸기의 자기 정체성 부인이다. 소위 독소조항이란 글로벌 스탠다드일 뿐 아니라 지난 정부에서 이미 타결한 것이 아닌가. 미국과는 대조적 모습이다. 협상을 타결했던 공화당은 야당이 돼서도 FTA 비준에 적극적이다. 협상을 반대했던 미국 민주당은 오히려 의회 인준을 주도하고 있다. 태평양을 사이에 두고 알을 낳은 정(情)이 이렇게 다를까?

한·미 FTA는 높은 수준의 자유화를 지향하는 포괄적 협정이다. 저출산·고령화로 인한 성장잠재력이 저하되고, 경제의 무역의존도가 높은 한국에 FTA는 신성장동력을 위한 필수적 선택이다. 과도한 중국의존도 탈피는 물론 미국과 전략적인 파트너 관계 형성에 기여할 수 있다. 이것은 2007년 협상타결 후 열린우리당의 한·미 FTA 평가위원회가 발표한 보고서 결론이다. 탁견이다.

탁란은 자연의 이치다. 뻐꾸기나 뱁새 모두 생태계의 훌륭한 역할분담자인 셈이다. 한·미 FTA에 관한 한 협상을 주도하고 성원했던 열린우리당이나 비준을 마무리하는 현재 집권여당의 이해가 다르지 않을 것이다. 결국은 국익이라는 같은 목적을 추구할 것이기 때문이다. 한·미 FTA 비준을 더 이상 미룰 수 없다. 나는 오늘도 뻐꾸기 알이 부화하길 손꼽아 기다린다. 뱁새 둥지면 어떠랴."

매일경제(2011년 8월 21일) 기고문
원제는 '한·미 FTA와 탁란부화(托卵孵化)'

1

협상출범과 샅바싸움

이루기 전까지는 언제나 불가능해 보인다.
It always seems impossible until it's done.
넬슨 만델라(Nelson Mandela), 2004

긴박했던
협상출범

　　내가 한·미 FTA와 인연을 맺게 된 것은 2005년
11월이었다. 나는 싱가포르에 본부를 둔 APEC의 사무총장 자격으로 부산
에서 열린 APEC 정상회의에 참석하고 연말에는 2년간 싱가포르 근무를
마치고 귀국예정이었다. 다음 보직으로 디테일을 꼼꼼히 챙겨야 하는 통
상업무보다는 개발원조, 기후변화 또는 국제금융 등 거시경제 관련 업무
를 해보고 싶었다.

　　당시 통상교섭본부는 한·미 FTA 협상을 준비하면서 주미 대사관에서
미 행정부와 의회와 관계를 구축하고 협상을 측면 지원할 경제공사를 물

색하고 있었다. 우여곡절을 거친 후 반기문 당시 외교부장관은 나를 주미 경제공사로 내정했다. 외교부의 인사가 그렇듯 사연이 없는 부임길은 없었다.

2006년 초부터 김현종 본부장과 로버트 포트만Robert Portman 미국 통상대표USTR간 긴박한 전화교섭이 있었다. 협상의 틀을 짜기 위한 사전 정지 작업이었다. 한·미 양국은 이미 2005년부터 FTA 체결 타당성을 검토했고 그해 9월 양측 통상장관은 협정체결 필요성에 공감했다. 사전 실무 점검 협의결과가 긍정적이었던 것이다. 미국 공화당 행정부도 이미 한국, 말레이시아, 이집트와 스위스를 FTA 우선 협상대상국으로 선정해 놓았다. 미 의회의 반응도 대체로 고무적이었다.

포트만 대표는 미국과 껄끄러운 진보성향의 한국 대통령이 한·미 FTA 협상을 끌고 나갈 정치적 의지가 있는지 확인하고 동시에 미국 의회 및 업계의 기대수준과 요구조건의 실현 가능성도 점검하고자 했다. 그는 사려깊고 존경받는 인물로서 오하이오Ohio 주지사를 거쳐 다선의 하원의원을 지낸 베테랑 정치인이었다. 그는 의회는 물론 업계와도 긴밀히 소통하면서 경제계와 정치권의 요구도 꿰뚫고 있었다.

미 업계는 쇠고기, 의약품, 자동차 배기가스, 스크린 쿼터 등 4개 분야의 요구가 충족된다는 전제 하에 협상을 지원하겠다고 했다. 이 문제들은 그간 미국 USTR이 불만을 제기해 오던 해묵은 현안이었다. USTR은 통상협상을 총괄하는 고도로 숙련된 통상변호사 조직이었고 미 의회와 업계는 이들의 정치적 배경이자 힘이었다.

양국 통상장관의 전화협의는 효율적이었지만 살얼음을 걷듯 조심스러웠다. 현안 하나하나가 극도로 민감했기 때문이다. 추진 가능성이 확인되면 움직일 수 있는 범위를 확인해 나가는 작업이 세밀하게 이루어졌다. 쇠고기 문제는 30개월령 미만의 뼈 없는 쇠고기 수입에 관하여 원칙적인 합의가 도출되었다. 의약품 관계는 새로운 규정을 도입할 경우 미측과 사전 상의를 한다고 약속했다. 연간 152일에서 76일로 축소하는 스크린 쿼터 문제는 영화계의 반발이 적지 않았다.

그러나 스크린 쿼터 축소는 이미 90년대 말 양자투자협정BIT 협상 마무리 단계에서 영화산업지원계획을 발표하는 조건으로 문화관광부와 협의가 끝났던 사안이었다. 자동차 배기가스는 기준 적용을 2년간 유예하는 문제로 환경부와 힘겨운 승강이가 있었지만 미국 자동차의 수입이 극소량이기 때문에 일정 한도 내에서 한시적인 유예를 하는 방향으로 가닥을 잡고 대통령의 재가를 받았다. 이 이슈들은 소위 '4대 선결조건'으로 비판을 받기도 했다. 그러나 미국 내에서 정치적으로 명분을 확보하려는 측면이 강했고 우리가 실질적으로 양보한 것은 없었다.

양측은 2006년 2월 3일 협상출범을 공식 발표하기로 했다. 발표일자를 정하는 데 고려할 양국의 법적 절차는 까다로웠다. 특히, 미국은 무역촉진권한TPA 법에 따라 상·하 양원에 분야별 협상목표를 정리한 협상의향서를 제출하고 협상개시 90일 전에 미 의회와 협의를 해야 한다. 미국의 현행 TPA 법이 2007년 6월 말 종료예정이었기 때문에 협정문 서명 90일 전에는 협상을 타결해야 했다. 다시 말하면 협상개시 후 타결까지 주어진 시간은 약 9개월이었다.

이런 연유로 협상출범을 선언할 때까지 숨막히는 국내절차가 취해졌다. 1월 18일 생방송된 신년 특별연설에서 노무현 대통령은 "한·미 FTA 협상을 추진하겠다"는 의지를 표명했고, 다음 날 한·미 FTA 협상추진을 위한 공청회 개최가 공고되었다. 26일에는 총리 주재로 고위 당정 조찬협의회가 열려 4대 선결 이슈 및 협상출범까지의 일정에 대해 협의했다.

2월 2일 무역협회 주관으로 코엑스에서 열린 한·미 FTA 공청회에서는 시위대가 난입하여 단상을 점거하면서 진행을 방해했다. 같은 날 오후 5시 권오규 부총리 주재로 열린 대외경제장관회의에서는 한·미 FTA 추진방안을 합의했다. 서울에서는 2월 3일 오전 10시에, 워싱턴에서는 2월 2일 오후 3시에 협상출범을 공식 발표했다. 같은 날 USTR은 협상의향서를 상·하원에 발송했다. 나는 워싱턴 부임을 앞두고 서울에서 이 긴박한 과정을 지켜보았다.

워싱턴 경제공사로 부임하다

2006년 2월 8일 오전 덜레스Dulles 공항에 도착했다. 태평양을 건너는 비행기 속에서 수많은 단상이 스쳐갔다. 돌이켜보면 새 임지로 떠나는 부임길은 언제나 설렜으나 이번 만큼은 밀려오는 중압감을 떨칠 수 없었다. 부임 후 나는 두 가지 일에 집중했다. 한·미 FTA의 경제적 효과와 전략적 함의를 미국 조야에 전도하는 일과 협상성공의 측면 지원과 아울러 협상종료 후 미 의회 인준을 위한 포석을 놓는 것이었다.

이를 위해 미국 정치권, 행정부, 싱크탱크, 업계의 핵심 그룹과 긴밀한 네트워크를 구축해 나갔다. 미 의회의 시스템과 통상협정의 처리방식에 대한 연구를 했다. 또한, 상·하원 535명의 투표성향을 분석하고, 우리의 입장에 우호적인 의원 및 보좌관들과 인맥을 확보해 나갔다. 뿐만 아니라, 비공식 자문그룹인 경제공사의 '부엌장Kitchen Cabinet'을 구성했다. 이들은 미국 굴지기업의 워싱턴 지부장들로서 행정부와 미 의회에서 회자되는 고급정보를 가지고 있었고 물심양면으로 자문해 주었다.

로비활동은 청원권을 규정하는 미국에서 수정헌법 제1조를 통해 합법화되었다. 워싱턴의 'K-스트리트K-Street'에는 컨설팅 회사와 로비회사가 빼곡하다. 돈도 정보도 모두 여기서 생겨나고 여기에서 돈다. 유착관계의 문제점을 해소하고 투명성을 확보하기 위해 '외국인에이전트등록법FARA' 과 '로비공개법LDA'이 제정되었다. 대사관도 정보수집과 대의회활동을 지원받기 위한 자문회사가 필요했다. 그러나 우리나라는 로비활동에 대한 부정적 인식이 뿌리 깊어 자문회사 고용에 필요한 예산지원에 극도로 인색했다. 결국, 어렵게 무역협회의 지원을 받아 작은 부티크 회사를 고용했다.

나는 워싱턴 근무를 통하여 미국의 힘과 시스템을 경험할 수 있었다. 8년간 집권한 부시 대통령이 임기 후반부에 겪어야 했던 레임덕 현상도 지켜 보았다. 2008년 민주당의 집권과정에서 힐러리 클린턴Hillary Clinton 후보와 버락 오바마Barack Obama 후보의 장기 경선 그리고 오바마 상원의원의 승리와 그 후 정치적 포용으로 이어지는 일련의 사건들은 한국의 정치현실과 대비를 이루었다.

어려움도 많았다. 가장 심각한 것은 한국의 참여정부와 부시 행정부간의 갈등이었다. 갈등의 단면은 양국 동맹관계와 대북한 문제 처리에서 극명하게 드러났다. 공화당 정부는 전시작전권 환수문제, 주한 미국기지의 환경오염 문제, 대북제재를 위한 조율에 있어 사사건건 부딪치는 참여정부의 정치인과 그 정치철학을 신뢰하지 않았다. 워싱턴의 친한 인사마저 이반하고 있었다.

전선은 구축되고

한국에서는 대통령의 신임 하에 통상교섭본부가 대외협상을 주도했다. 대외경제장관회의를 중심으로 범정부 차원의 조정

체계가 작동했고 국회에서도 특위를 구성해 유기적 조정을 해 나갔다. 초기에는 한국이 미국을 상대로 한·미 FTA와 같은 포괄적인 협상을 수행해 나갈 능력이 있는지 의구심을 가진 사람들도 많았다. 1988년 옴니버스Omnibus 통상법 통과 후 USTR의 협상패턴이 일방적이고 공격적이었기 때문이었다. 그러나 한국의 협상팀은 철저한 준비와 조직력 그리고 대통령의 정치적 지원을 기반으로 미국과 대등한 협상을 이끌어 갔다.

협상에는 언제나 두 개의 전선이 형성된다. 하나는 대외협상 전선이고 다른 하나는 국내 전선이다. 효과적인 대외협상 추진을 위해서는 국내 컨센서스가 필수적이기 때문이다. FTA 협상개시 선언은 한국 정치권에 지각변동을 가져왔다. 농축산업 등 취약업종에서는 개방의 두려움이 표출되었다. FTA의 실체적 내용에 대한 냉정한 비판과 토론보다는 다분히 반미색채가 짙은 전선이 광범위하게 형성되었다.

참여정부가 미국과 FTA 교섭을 개시하는 것에 대하여 소위 386 등 공신그룹도 반발하는 일들이 생겼다. 농축산대책위, 민주사회를 위한 변호사 모임, 전국농민회총연맹 및 노동계 등 270여 단체가 가입한 '범국본(한·미 FTA 저지 범국민운동본부)'은 대학로를 점거하고 대대적인 시위를 했다. 반면 지지집단은 조용했다. 가장 큰 수혜자인 소비자는 결속이 되지 않았고 대기업들마저도 공개적인 지지활동에 몸을 사렸다.

미국은 USTR 주도로 협상준비 절차를 진행했다. USTR은 2002년 통상법에 따라 협상개시 선언 직후 상·하원에 분야별 협상목표를 포함한 상세한 서한을 발송했고 공청회도 열었다. 나는 한국정부를 대표해 참석한 청문회에서 '한·미 FTA의 상업적, 전략적 중요성과 이익의 균형추구가 협상의 목표'라고 증언했다. 국제무역위원회ITC 청문회에서는 한국의 적극적인 FTA 정책을 소개하고 한·미 FTA가 제공할 무역확대 효과와 지정학적 함의를 강조했다.

미국 상공회의소는 200여개 업계로 구성된 '한·미 FTA 업계 연합 Business Coalition'[1]을 구성하고 한·미 FTA의 성공적인 타결을 희망하는 내용의 서한을 미 의회 상·하원 전원에게 발송했다. 한편, 하원 민주당 지도부는 미국 자동차의 의미있는 한국시장 접근, 제조업·서비스업·농산물의 시장접근, 노동 관련 강한 규정 도입의 필요성을 강조하는 서한을 부시 대통령 앞으로 발송했다. 자동차 문제에 대한 미 의회의 요구는 협상개시 이후에도 계속됐다.

2006년 8월에는 데비 스타베노우Debbie Stabenow 상원의원(민주-미시간)과 칼 레빈Carl Levin 상원의원(민주-미시간)은 "무역상대국의 외산 자동차 시장점유율이 특정비율이 될 때까지 미국의 수입 자동차 수입관세를 동결한다"는 요지의 '한국공정무역법안'을 공동 제출하기도 했다. 이 법안은 비현실적인 것으로 회기 말에 자동 폐기되었다. 그러나 자동차 문제와 관련한 한국에 대한 미국 정치권 일각의 부정적 시각을 체감할 수 있는 계기가 되었다.

미시시피가 이용당했다

워싱턴에 부임한지 두 달이 채 안 된 3월 말 미국 의회정치의 한 단면을 보게 되었다. 민간기업의 활동과 지방정부의 입장이 중앙정부의 FTA 협상에 직접 영향을 미친다는 것을 여실히 보여준 사건이기도 했다. 포트만 통상대표가 이태식 주미대사에게 전화통

---

1 한·미 FTA 업계 연합은 협상 및 비준추진 과정에서 한·미 FTA의 혜택과 이익을 홍보했으며, 참여업체의 수는 지속적으로 증가하여 1,000개 이상으로 확대되었다.

화로 "트렌트 로트Trent Lott 공화당 상원 원내대표가 한·미 FTA에 반대하는 기자회견을 하겠답니다. 현대·기아측이 미시시피 주와 자동차 공장 설립을 위한 투자교섭을 해왔는데 갑자기 조지아 주 및 앨라배마 주와 투자계약을 했다고 합니다. 공화당 중진인 그의 지지 없이 협상을 끌고 나가기 어렵습니다"라고 말하면서, 로트 의원을 만나서 사정을 설명하고 한·미 FTA를 계속 지지해 달라고 설득해 줄 것을 다급하게 요청했다.

트렌트 로트 상원의원은 거물이었다. 30대 초에 당시 민주당 텃밭인 미시시피 주에서 하원의원에 피선되어 파란을 일으켰고 4선의 상원의원으로 10년째 다수당 원내대표를 하고 있었다. 한·미 FTA에 대해서는 당연히 우호적이었다.

당시 현대·기아자동차는 미시시피 주를 비롯하여 투자유치를 희망하는 주들과 협상을 벌였고 이미 유리한 유치조건을 제시한 조지아 주 및 앨라배마 주와의 협상이 마무리되어 가던 상황이었다. 나는 브래트 보일스Bret Boyles 비서실장을 접촉하여 로트 원내대표와 이 대사의 면담을 주선했다.

이 대사가 이번 미시시피 주 투자유치가 성사되지 못해 유감스럽다고 운을 떼자, 로트 의원은 "미시시피 주는 현대·기아측에 이용당했습니다. 한국 기업이 미시시피 주가 제공하는 혜택을 기반으로 다른 주와 협상을 함으로써 유리한 투자조건을 획득했다고 보는 것입니다"라고 답했다. 이에 이 대사는 "민간기업이 투자조건을 협상하여 결정한 일이고 보다 근본적으로 한국 기업이 미국에 투자하는 일입니다. 원내대표께서 대승적 차원에서 한·미 동맹관계를 격상할 수 있는 한·미 FTA를 지지해 주시기 바랍니다"라고 언급했고, 로트 의원은 "충분히 이해합니다I am a big boy. 대사께서 직접 찾아와서 미시시피 주의 여건을 이해해 주니 감사합니다. 한·미 FTA를 지지하겠습니다." 라고 화답했다.

협상전략과 전술

　　2006년 봄 한·미 양국은 본격적인 협상준비에 들어갔다. 양측은 높은 수준의 자유무역협정이 체결되면 양국 모두에게 경제적 이익이 창출되고 무역과 투자협력의 심화를 통하여 전략적 협력관계의 강화에도 기여할 것이라는 데 인식을 공유했다. 한·미 양국은 GATT/WTO 규범에 합치되는 포괄적이고 높은 수준의 FTA를 추구하는 데 공감했다. 포괄적이라 함은 상품과 서비스 분야뿐 아니라 규범과 새로운 통상 이슈를 광범위하게 다룬다는 의미고, 높은 수준이라 함은 통상협상 결과 대체로 개방수준을 수입액 기준 90% 이상으로 합의한다는 것을 의미한다.

　　양측은 많은 분야에서 보완적인 이해를 가지고 있었다. 예를 들면 제조업 분야 특히 자동차 및 부품의 관세인하를 비롯하여 전자상거래 분야와 통관, 원산지, TBT/SPS 분야는 양측의 공통 관심 분야였다. 또한, 투자 및 서비스, 정부조달 및 지재권 분야에서도 원-윈win-win 결과를 달성할 수 있다고 믿었다.

　　한국 협상팀은 협상의 목표달성을 위한 전략과 전술을 세밀히 점검했다. 자동차 및 부품, 섬유, 무역구제, 개성공단, 전문직 비자, 일부 투자 및 서비스 영역에서 공세적인 입장을 취했고 쌀을 비롯한 농축산물, 일부 투자 분야, 교육, 의료, 금융 등 서비스 분야 및 환경기준 등 비관세 분야에서 수세적이었다. 한국 내 이해당사자의 입장은 다양했다. 대기업들은 개방으로 인한 시장접근의 이익과 국내의 수세적인 이해관계에 대한 손익계산에 분주한 반면 농축산어업, 일부 서비스업종 및 중소기업은 개방에 소극적인 입장을 보였다.

미국이 공세적 이익과 수세적 이익을 챙기는 분야는 우리와 유사한 부분도 있었으나 대체로 상반되었다. 농축산물, 지재권, 의료 분야와 자동차 분야의 비관세장벽, 일부 서비스 분야, 경쟁 분야, 투자자·국가 소송제도 ISD, 환경, 노동 등의 분야에서 공세적인 입장을 취했으며, 원목수출통제, 존스 액트Jones Act,[2] 자동차, 지재권, 섬유, 개성공단, 전문직 비자, 무역구제 등에서는 수세적인 입장을 취했다. 미 업계는 실질적인 시장접근의 중요성을 강조했고 노동조합은 환경 및 노동 분야의 규정강화를 요구했다.

FTA 협정체제는 협정문, 양허·유보 리스트 및 원산지 규정으로 구성되어 있다. 양측의 협상은 양허·유보 리스트 분야에 치중되었고 특혜의 요건을 규정하는 원산지 규정에 대해서는 매우 기술적인 협상이 선행되어야 했다. 우선 쉬운 분야부터 협상을 해 나갔고 민감한 이슈들은 기술적인 협의를 개시하거나 상대편의 마지노선을 파악해 나가되 최종 타결은 마지막 단계의 패키지 협상으로 넘겨졌다. 시기적으로 보면 협상을 개시한 후 2006년 하반기는 자유화 수준과 타결이 상대적으로 쉬운 분야에 대한 조율 그리고 쟁점사항에 대한 상대편의 신축성을 테스트하는 협상이 추진되었다.

2006년 11월 미국의 중간선거에서 무역자유화에 소극적인 민주당이 승리할 것이라는 예측이 가시화되면서 민감한 이슈의 협상은 지연되었다.

---

2 존스 액트(Jones Act)는 넓은 의미로 미국의 국내 수상운송과 관련 법령을 통칭하나 구체적으로는 상선법 제27장만을 지칭한다. 이 규정은 미국 내 화물운송은 "미국에서 건조되고 미국민이 소유하고 있는 미국 국적선(U.S. built, U.S. owned, U.S. flagged vessel)"에 의해서만 수송되어야 한다고 규정하고 있다. 회사가 선박을 소유하는 경우 "미국법에 의해 설립된 회사로서 최고경영자는 미국인이어야 하고 주식의 75% 이상이 미국민 소유여야 한다"는 요건도 포함하고 있다.

결국, 쟁점 이슈들은 협상 최종 단계까지 농축되어 갔다. 미국은 쌀과 쇠고기 문제에 대한 관심을 지속적으로 표시했던 반면 한국은 미국의 존스액트와 불합리한 무역구제 규정의 개선을 요구했다.

또한, 한국은 미국에 대해 개성공단 관련조항, 전문직 비자 관련조항, 자동차 및 부품의 관세철폐, 섬유의 관세인하 등에 대한 요구를 했고, 미국은 농산물 분야, 지재권 분야, 서비스 및 투자 분야, 자동차와 쇠고기의 시장접근, 의약품 및 의료기기 등의 분야에 비상한 관심을 보였다. 이러한 양측의 관심사항은 상호 밀접하게 연계되어 있었기 때문에 협상은 복잡한 갈등과 타협의 과정을 거쳐야 했다. 협상결과 한·미 FTA는 높은 수준의 자유화에 합의했고 호혜와 이익의 균형을 확보한 협정이라는 점은 재론의 여지가 없었다.

포토맥 강변의 협상진지

4월 하순 양측은 워싱턴에서 협상의 구조와 추진 일정 등에 대한 예비협의를 했다. 협상대상이 되는 협정의 명칭도 정해야 했다. 한·미 FTA의 공식 영어 명칭이 'KORUS FTA'로 결정된 에피소드를 소개한다. 미국측은 자국 관례에 따라 미국을 먼저 쓰는 'U.S.-Korea FTA' 또는 'U.S.-KOR FTA'를 제안했다. 그러나 우리는 'U.S.-KOR FTA'는 발음상 '美軍U.S. corps'를 연상시킨다는 이유로 반대하면서, 한국이 먼저 오는 'Korea-U.S. FTA'를 제안했다.

미국은 Korea-U.S. FTA를 줄여 읽으면 KUFTA가 되는데 그 발음이 미국 정치권을 분열시켰던 미국과 중미中美국가간 FTA인 DR-CAFTA 협정을 상기시킬 수 있다면서 손사래를 쳤다. 결국, 미국은 우리가 제안한

'KORUS FTA'에 동의했다. 이 용어는 합창이라는 의미의 Chorus와 발음이 동일하여 양국의 화합을 의미하는 상징성도 있었다. 결과적으로 한·미 FTA는 미국이 체결한 FTA 중 유일하게 상대국 이름을 먼저 쓰는 FTA로 공식 명명되었다.

순조롭게 진행되던 협상준비는 협상개시 한 달 전 보건복지부가 '약가적정화방안'에 대한 입법예고를 강행함으로써 긴장국면을 맞았다. 건강보험 재정의 합리적 사용뿐만 아니라 좋은 품질의 약을 적정한 가격에 필요한 만큼 소비하게 하기 위한 선별등재, 즉 포지티브 리스트 방식을 도입하는 것이 골자였다. 미국은 포지티브 방식이 다국적 제약사에게 차별적으로 적용되고 신약에 대한 환자의 접근성을 제한할 것이라는 데 강한 우려를 드러냈다. 또한 약가산정 문제는 4대 선결조건으로 합의된 사실을 언급하면서 협상개시 직전에 개방후퇴를 선언하는 것에 반발했다. 한편 우리 복지부는 협상개시 전에 취하기로 예정되어 있던 조치라는 점을 들어 반박했다. 협상개시 전에 주고받은 견제구였으나, 이 문제는 협상기간 내내 갈등의 중심에 있었다.

1차 협상은 2006년 6월 초 워싱턴에서 열렸다. 우리나라는 김종훈 대표가, 미측은 웬디 커틀러Wendy Cutler 대표보가 수석대표를 맡았다. 우리 대표단 150여명은 알링턴 국립묘지 옆에 위치한 메리어트 호텔로 숙소를 정했다. 키브리지Key Bridge 건너편에 조지타운과 워싱턴 시가지가 잡힐 듯 가까웠고 포토맥을 사이에 두고 미국은 북쪽에, 한국은 남쪽에 진지를 구축한 양태로 보였다.

6월 5일 USTR의 부속 회의실에서 간단한 개회식 후 실무협상은 15개 분과와 자동차, 의약품 분야 2개 작업반으로 진행되었다. 양측은 5월 상호 교환한 협정문 초안을 검토한 후 12개 분과에서 통합협정문을 작성함으로써 향후 협상진행을 가속화할 기반을 마련했다. 대개 협정문 초안을 둘러싸고 시간을 소비하는 관례를 깨고 협상개시 전에 통합협정문을 작성한 것은 이례적이었다. 미국은 자국 상품의 경쟁력 차이를 고려하여 상품 분야 양허안과 농업 및 섬유 분야 양허안의 작성과 교환시기를 각각 분리할 것을 제안했다. 양측은 제2차 협상에서 양허안을 교환할 수 있는 기반을 조성했다. 미국은 최대 관심사항이었던 자동차와 의약품 문제에 대하여 본격적인 제안을 하지 않고 있었다. 협상출발은 큰 무리가 없었다.

50여명의 기자단이 수행했다. 한·미 FTA에 대한 한국 내 관심과 우려를 반영하는 것이었다. 김종훈 수석대표는 매일 언론 브리핑을 실시했다. 한국 시위대는 백악관에 인접한 라파이에트 공원에 집결했다. 주미 대사관은 미국 경찰당국에 과잉진압은 자제해줄 것을 요청했고 미국측은 한국 시위대들에게 미국의 집시법 규정을 통보했다. 협상 첫날 시위대는 USTR 건물 밖에서 꽹과리와 징을 치면서 시위를 했으나 경찰의 단호한 계도에 순응했다. 한국에서는 보기 드문 준법행동이었다.

6월 15일에는 한·미 경제연구소KEIA측이 주최한 조찬 행사에 보커스 상원의원이 연사로 나왔다. 당시 상원 재무위원회 간사였던 보커스 상원의원은 한·미간 수십 년 쌓아온 동맹관계를 강조하면서 한·미 FTA의 중요성과 성공적인 타결을 기원했다.[3] 그리고 쇠고기 문제, 자동차와 의약품 문제 등의 분야에 대한 미국의 관심을 표명했다. 그의 발언 요지는 다음과 같다.

"양국관계는 지난 반세기 동안 여러 가지 운명적인 결정으로 유지되어 오고 있습니다. 첫 결정을 하는 데 단지 10초가 걸렸습니다. 1950년 6월

---

3 http://finance.senate.gov(2006년 6월15일, news release).

24일 당시 딘 애치슨Dean Acheson 국무장관이 해리 트루먼Harry Truman 대통령에게 전화로 북한의 남침 사실을 긴급 보고했을 때 트루먼 대통령은 지체 없이 한국을 방어하기 위해 유엔의 개입을 요청했고 유엔은 '자유를 위한 공동전선common front for freedom'을 결정했습니다.”

기세와 샅바싸움

　　　　　　　2006년 11월 미국 중간선거까지 미국은 공화당 정부와 공화당 의회 주도 하에 협상을 진행했다. 비교적 순조로운 시기였다. 양측은 상대의 핵심 쟁점에 대해 조심스러운 접근을 하면서도 협정문, 양허수준과 방법에 관한 기술적 분야에 대한 이해를 제고해 나갔다. 7월 중순 서울에서 열린 2차 협상에서는 상품 양허안 작성에 관한 기본원칙에 합의했다. 즉, 양허단계를 즉시철폐/3년/5년/10년/기타 등 5개 구간으로 구분하고 기준세율은 2006년 1월 1일 현재 적용되는 최혜국대우 MFN 실행세율로 결정했다.

　　일단, 양허안과 유보안에 대한 양측의 입장이 교환됨으로써 향후 협상 추진에 중요한 기반이 마련된 회의였다. 그러나 불가피한 갈등도 있었다. 복지부가 '약제비적정화방안' 관련 입법예고를 하면서 우리 일정대로 추진해 나가자 미국은 의약품 작업반 협상의 진행을 중단하고 서비스, 무역구제 분과 참가도 거부했다. 이에 맞대응하여 한국측도 상품무역 및 환경 분과 회의를 취소했다. 강대강의 대치였다.

　　이런 갈등 속에서도 미국은 우리나라의 경제·사회 시스템에 대한 변경이 필요한 사항은 요구하지 않겠다는 입장을 밝혔다. 즉, 교육 및 의료 분야 뿐만 아니라, 전기, 수도 등 공공 서비스의 소유구조 개편 또는 경영참여에는 관심이 없다는 점을 명확히 했다. 당시 DDA 협상은 물론 미·태국

FTA 협상도 거의 중단된 상황에서 미국은 한·미 FTA 협상의 성공에 각별한 신경을 쓰는 것이 감촉되었다. 우리는 개성공단 제품의 원산지 특례인정, 전문직 비자쿼터 확보, 섬유시장 접근개선, 투자 분야의 세이프가드 도입, 정부조달의 입찰요건 완화 등 관심사항을 미국측에 지속적으로 요구한 반면 미국은 통신 분야 기술선택의 자유인정, 저작권 보호기간의 연장 및 미국산 자동차의 시장접근 개선 등을 요구했다.

3차 협상은 1998년 WTO 각료회의를 계기로 신자유주의 반대시위가 휩쓸고 지나갔던 시애틀에서 열렸다. 9월 초였다. 워싱턴 주는 캘리포니아와 함께 한국과 긴밀한 무역관계를 유지하고 자유무역지지자들이 포진하고 있는 곳이기도 했다. 양측은 상호 교환한 양허안과 유보안의 내용을 기반으로 상대편에게 양허안 개선을 요구하는 데 치중했다. 우리는 미국측의 상품과 섬유 양허안의 개선을 강력히 요구한 반면, 미국측은 우리 농산물의 양허수준 개선을 요구해 왔다. 한편, 서비스 및 투자 분야에서 양측은 유보안 명료화 작업과 상호 관심 분야에 대한 입장을 교환했다. 우리는 미국의 항공 및 해운 서비스, 전문직 자격 상호 인정 등의 분야에 관심을 표명했고 미국은 택배 서비스, 법률 및 회계 서비스 그리고 통신 및 방송 서비스 분야에 관심을 보였다.

10월 제주에서 열린 4차 협상에서는 관세 양허안과 서비스 및 투자 유보안 타결의 골격을 마련했다. 우리는 미국의 양허개선을 압박했다. 미국은 대미수출의 24%를 차지하는 자동차 품목의 양허개선 문제를 우리나라의 자동차 관련 세제, 표준 등의 논의결과와 연계하겠다는 전술을 구사하고 있었다. 무역구제 분과에서 우리는 14개 제안사항을 정리하여 미국측에 전달했으나 논의가 되지 못했다.

미국은 개성공단산 제품의 원산지 특례인정 문제에 반대입장을 표했다. 특히, 북한의 핵실험으로 인하여 개성공단 이슈는 미국 내에서 검토가 거의 불가능해졌다는 것을 시사했다. 한편, 제주 출신 정치인들은 감귤을 감축대상에서 제외할 것을 강력히 요구했다. 협상장이었던 서귀포 신라호텔은 전경들에 의하여 완전히 봉쇄되었다. 제주공항에 내린 커틀러 대표보 일행에게는 경호가 붙었고 경찰 헬기로 호텔까지 이동할 수밖에 없었다.

상전벽해가 된 미국 의회

2006년 11월 제110대 미 의회 중간선거에서 민주당이 압승함으로써 무려 12년간 의회를 장악해 왔던 공화당의 지배가 종식됐다. 미 의회는 상전벽해로 변했다. 테러와의 전쟁을 이유로 이라크의 수렁에 빠져있던 공화당 정부에 대한 비판이 확산되던 시기였다. 하원은 물론 상원까지 민주당 다수로 뒤집어졌다. 하원은 민주당 233석에 공화당 201석으로 민주당의 대약진이었다. 민주당 의석이 30석이나 늘어났다. 초선 민주당 의원들은 전반적으로 보호무역주의적인 성향이 강화될 것으로 관측되었다. 낸시 펠로시Nancy Pelosi 의원(민주-캘리포니아)이 하원의장으로, 하원 세입위원장에는 찰스 랭겔Charles Rangel 의원(민주-뉴욕)이 내정되었다.

상원도 민주당이 51석을 확보하면서 승리했다. 공화당은 55석에서 49석으로 몰락했다. 상원 다수당 대표는 해리 리드Harry Reid 상원의원(민주-네바다)이, 재무위원장은 막스 보커스Max Baucus 상원의원(민주-몬테나)이 내정되었다. 민주당의 승리는 공화당 주도의 일방적인 정책의 방향전환을 예고했다. 펠로시 하원의장은 9/11 위원회의 권고안 이행, 최저임금 인상,

하원 로비규정 개정 및 의료보험 개혁 등 핵심 민주당 의제를 새 의회 개원 후 100시간 이내에 통과시키겠다고 공언했다.

민주당 의회의 무역정책 방향에 관심이 모아졌다. 당장, 무역자유화에 소극적인 민주당이 의회를 장악함으로써 한·미 FTA 협상은 변화된 의회의 역학구조에 영향을 받게 되었다. 문제는 의회가 2007년 6월 말 만료되는 TPA 법을 연장할지 여부였고 이것은 미국과 협상을 하고 있는 우리의 관심사항이기도 했다. 나는 "TPA 법의 연장 가능성은 희박할 것이다"는 보고서를 작성하여 서울에 보고했다.

무엇보다도 민주당은 공화당 주도로 채택된 현행 TPA 법에 크게 반발했다. 노동 및 환경조항 포함문제와 무역조정지원 확대 등 민주당이 요구하던 내용이 전혀 반영되지 않았기 때문이다. 불과 3표 차로 통과되었던 2002년 통상법은 민주당 의원 재적 208명 중 183명이나 반대표를 행사한 바 있다. 당시 세입위원회 간사였던 랑겔 의원은 빌 토마스Bill Thomas 세입위원장(공화-캘리포니아)의 사무실을 방문하여 민주당 요구사항을 수용해 줄 것을 요청했으나 문전박대를 당한 뼈 아픈 추억[4]이 있었다. 이런 배경 속에서 민주당이 TPA법을 연장해 줌으로써 공화당과 부시 행정부에게 정치적 승리를 안겨줄 것을 기대하는 것은 무리였다.

12월 초 몬태나 주 빅스카이에서 5차 회의가 열렸다. 나는 워싱턴에서 모니터링을 했다. 보커스 재무위원장은 통상협상을 고향인 몬태나에 유치하곤 했다. 몬태나는 인구 99만 명에 농업과 목축업에 의존하는 주였다. 브래드 피트Brad Pitt가 주연한 영화 '흐르는 강물처럼(A River Runs Through It)'은 몬태나의 환상적인 자연경관을 보여준다. 우리 협상단은

---

4 Shapiro, Hal S., "Fast Track: A legal, historical, and political analysis", Transnational Publishers Inc, 2006, pp. 29-42.

저녁 늦은 시각 시애틀 공항에 도착하여 차량편으로 몬태나로 이동했다. 도로는 구절양장 구부러진 절벽 길이었다. 도로변 곳곳에 줄지어 서 있는 십자가는 교통사고 지점을 표시한다는 말에 우리 대표단은 긴장하기도 했다.

이번 회의에서는 변화된 미 의회의 지배구조와 그에 따른 영향을 체감할 수 있었다. 협상의 최대 쟁점은 무역구제trade remedy 문제에 집중되었다. 무역구제란 국내산업 피해를 제거 또는 구제하기 위해 부과하는 반덤핑조치, 상계관세조치 및 긴급수입제한조치safeguard 등을 의미한다. 한국은 기존의 반덤핑 관련 14개 제안사항 중 산업피해를 판정하는 누적평가 과정에서 한국을 제외하는 '비합산non-cumulation' 조치, 무역구제협력위원회 설치, 수량제한 및 가격약속 활성화, 조사개시 전 통지 및 사전협의, 이용 가능한 사실 남용방지 등 5개 사항과 다자 세이프가드 적용배제를 요구했으나 미국은 수용불가 입장을 견지했다. 양측의 신경이 극도로 날카로워졌고 일부 실무협상이 중단되면서 협상은 최대의 고비를 맞았다.

이런 갈등 속에서도 주요 분과협상은 일정한 진전을 이루고 있었다. 상품 분야에서 개선된 양허안을 상호 교환하고 협정문 협상에서는 물품취급수수료 철폐에 합의했다. 농산물 분야는 양허수준에 대하여 이해를 같이한 1,000여개 품목을 확인하고, 품목별 양허협상을 진행했다. 서비스·투자 분과는 양측의 수정 유보안에 대한 명료화 작업을 완료했다.

보커스 상원의원은 자신의 목장에 협상대표단과 국내 기자단을 초청하여 내외신 기자단 앞에서 몬태나산 쇠고기를 시식하는 퍼포먼스를 했다. 한국말로 "미쿡 쇠코기 안쩐함미다"라고 하면서… 몬태나 협상은 '코러스 베이비KORUS baby'도 탄생시켰다. 상품협상 실무를 담당하던 권혁우 서기관이 협상기간 중 득녀를 한 것이다. 물론 출산의 고통은 부인의 몫이었으나 출산하는 시각에도 협상장에서 미국측과 힘겨운 줄다리기를 하고 있던 권서기관에게 커틀러 대표보는 출산 선물을 주었다.

험악한 무역구제 공방

무역구제 문제를 둘러싼 공방은 협상의 분수령을 이룬 사건이다. 2002년 통상법에 따라 USTR은 무역구제에 관한 협상 보고서를 협정서명 180일 전까지, 즉 2006년 말까지 의회에 통보해야 한다. 미국의 자의적인 반덤핑조치로 피해 사례가 많았던 우리나라는 무역구제 문제개선에 각별한 관심을 보였다. 한편, 무역구제에 있어서 우리의 목표 달성이 어려울 경우, 역으로 미국의 한국에 대한 예봉을 둔화시키고자 하는 전술적 측면도 고려했다. 한국은 USTR이 제출하는 보고서에 특히 '비합산' 인정 등 한국의 관심사항이 포함되도록 압박했다.

2006년 12월 19일 바티야 USTR 부대표가 이태식 대사를 업무 조찬에 초청했다. '로비스트lobbyist'란 말이 유래했다는 윌라드Willard 호텔이었다. 바티야 부대표는 의회에 제출할 보고서가 우리의 현재 제안을 수용하지 못한다는 사실을 사전에 통보하고 양해를 구하고자 했다. 이 대사는 지난 25년간 한국에 대한 미국의 반덤핑 조사개시는 68건에 발동건수 31건, 상계관세 조사개시 17건에 발동건수 8건이며 규제대상품목의 대미 수출액은 335억 달러로 중국 다음으로 많다고 하면서 반덤핑 관련 5개 사항과 다자 세이프가드 적용배제를 포함한 한국측 타협안의 수용을 촉구했다. 바티야 부대표는 USTR로서는 한국의 관심과 동시에 미 의회의 우려도 감안해야 하므로, "법률개정이 필요한 현재의 한국 제안은 수용할 수 없으나 한국이 다른 제안을 한다면, 계속 논의해 나갈 수 있다"는 입장을 피력했다.

이런 미국의 입장은 12월 27일 이른 아침 이루어진 김 본부장과 바티야 부대표간 통화를 통해서도 재확인됐다. 그 후 USTR은 5쪽 짜리 보고서를 의회에 제출했다. 법률개정을 수반하는 추후 제안이 미 의회에서 수락될 가능성은 없었기 때문에 서울 분위기는 급전직하했다. 2007년 1월 양측 통상장관과 수석대표는 하와이에서 회동했으나 기본입장을 반복해 무역구제 문제에 대한 진전이 없었다. 결국, 하와이 고위급 회의를 계기로 양측은 한 발짝씩 후퇴함으로써 현실적인 접점을 모색해 나가게 되었다.

새해를 맞이하면서 협상시한은 다가오는데 돌파구가 뚜렷이 보이지 않자 워싱턴에는 협상전망에 대한 부정적인 예측들이 회자되고 있었다. 1월 첫 주말 아침 나는 평소 습관대로 포토맥 강변을 따라 뻗은 체사피크-오하이오Chesapeake-Ohio 운하 길을 따라 뛰었다. 지나치는 풍경과 함께 수많은 단상이 스쳐 지나갔다. 한·미 FTA 협상은 과연 어떻게 마무리 될 것인가?

1월 둘째 주 나는 백악관 인근 식당 '헤이 애덤스Hay Adams'에서 브루스 스톡스Bruce Stokes 기자와 조찬을 하면서 민주당 의회의 통상정책과 협상타결 전망에 관해 의견을 나누었다. 내셔널 저널The National Journal지 국제경제 담당기자였던 그는 '실패의 비용'이라는 기고를 통하여 "한국과 같이 경제성장을 이룩한 국가와 FTA 체결에 실패한다는 것은 미국이 제대로 된 FTA를 체결할 능력이 없다는 것이며, 글로벌 주도권을 유럽으로 이양하는 효과가 발생한다는 것을 의미한다"고 했다. 덧붙여 "한국 내 반미 감정을 악화시키고, 미국의 혈맹인 한국을 중국의 경제적, 외교적인 영향권 하에 놓이게 하는 효과가 있다"는 매서운 논지를 폈다.

태평양은
격랑 속으로

협상종료 목표시한까지 석 달도 남지 않았다. 양측은 무역구제를 둘러싼 공방 속에서도 상대의 민감성에 유의하면서 최종 협상을 준비했다. 그러나 미 의회에서는 한·미 FTA의 막바지 협상에 직접적인 영향을 미칠 수 있는 두 가지 핵심 정치문제가 내연하고 있었다.

하나는 민주당 의회가 TPA 법을 연장할지 여부였다. 연장되지 않으면 협상의 시한이 현재대로 2007년 6월 말이 되고 연장된다면 진행 중인 협상의 구조와 시간계획이 근본적으로 변화될 수 있었다. 다른 하나는 2006년 11월 중간선거 승리로 의회를 장악한 민주당이 구상하는 소위 '신통상정책'[5]의 실체였다. 민주당은 공화당의 통상정책을 근본적으로 수정한다고 변죽만 울릴 뿐 실체적인 내용은 밝히지 않고 있었다. 이러한 정치변수로 미국 공화당 정부의 협상가들은 민주당 의회로부터 압박을 받고 있었고 동시에 한국의 협상가에게도 엄청난 불확실성을 안겨주고 있었다.

나는 하원 세입위원회의 앤젤라 엘라드Angela Ellard 공화당 수석전문위원, 팀 라이프Tim Reif 민주당 수석전문위원, 상원 재무위원회의 드미트리오스 마란티스Demetrios Marantis 민주당 수석전문위원 및 스테픈 쉐이퍼 Stephen Schaefer 공화당 수석전문위원 4인방과 싱크탱크 전문가를 광범위하게 접촉했다. TPA 법의 갱신 여부를 둘러싼 견해를 듣기 위해서였다. 민주당측은 갱신이 불가하다는 입장이 단호했다. 마란티스 수석전문위원은 "늙은이가 죽어 건강한 아이로 환생한다"고 잘라 말하면서 현행 TPA 법의 종료를 확언했다. 반면, 부시 대통령이 2007년 미국 경제정책 방향에 대한 연설에서 의료보험 개혁 및 무역확대와 TPA 법의 연장에 강한 의

---

5 제2장 각주8 참조.

지를 표명했고 민주당은 이를 정면 비판하고 나섰다.

다음 표를 보면 지난 40여 년간 TPA의 확보 및 주요 통상협정 체결을 둘러싼 백악관과 미 의회와의 관계가 흥미롭다. 정치여건은 시대적 상황에

:: TPA/통상협상 관련 백악관-미 의회 관계(1969~2015)[6]

연도	대통령	TPA/통상협상	하원 다수당	상원 다수당
1971~72	닉슨	신속협상권 확보 실패		
1973~74	닉슨/포드	신속협상권 확보 실패		
1975~76	포드	신속협상권 확보		
1977~78	카터	–		
1979~80	카터	동경 라운드 성공		
1981~82	레이건	–		
1983~84	레이건	미·이스라엘 FTA/신속협상권 확보		
1985~86	레이건	–		
1987~88	레이건	미·캐나다 FTA/신속협상권 확보		
1989~90	부시	–		
1991~92	부시	NAFTA 협상출범		
1993~94	클린턴	NAFTA/UR 타결성공		
1995~96	클린턴	신속협상권 확보 실패		
1997~98	클린턴	신속협상권 확보 실패		
1999~00	클린턴	신속협상권 확보 실패		
2001~02	부시	TPA 확보/FTA 타결		
2003~04	부시	TPA 확보/FTA 타결		
2005~06	부시	TPA 확보/FTA 타결		
2007~08	부시	미·페루 FTA 비준/ 미·콜롬비아 FTA 비준 실패		
2009~10	오바마	한·미 FTA 재협상/TPP 협상출범		
2011~12	오바마	한국/콜/파나마 FTA 인준·발효		
2013~14	오바마	TTIP 협상출범		
2015~16	오바마	TPA 확보/TPP 타결		

■ 민주당　　■ 공화당

---

6 Craig VanGrasstek, "Political Economy of the U.S. Trade Policy"에서 발췌하여 필자가 정리하고 보완했다.

따라 많은 변수를 내포하기 때문에 일관성 있는 패턴을 정의하기는 어려울 것이다. 대체로 공화당이 백악관과 의회를 지배하는 경우 TPA의 확보와 통상협상 타결에 성공한 경우가 많았다. 그러나 공화당 의회와 민주당 백악관의 조합이 되는 경우 그 확률이 상대적으로 낮은 것도 경험적으로 알 수 있다. 2007년 당시 이미 미 의회는 민주당이 지배했고 2008년 대선에서 백악관까지 민주당이 장악하게 되었다.

민주당의 '신통상정책'도 윤곽을 드러내고 있었다. 2007년 2월 중순 펠로시 하원의장을 비롯한 하원 민주당 지도부는 "미국이 7,640억 달러라는 사상 최대의 무역적자를 기록했다고 지적하고 새로운 무역정책을 채택할 것을 요구"하는 서한을 부시 대통령에게 발송했다. 이 서한은 EU, 중국 및 일본으로부터 발생하는 무역적자를 해소할 수 있는 포괄적인 계획 제출과 중국과 일본의 환율조작 중단을 위해 슈퍼 301조 발동을 제의했다. 2월 중순에는 하원 세입위원회와 상원 재무위원회가 각각 슈왑 통상대표를 불러 '미국의 통상정책'에 관한 청문회를 열고 "TPA 법의 연장 요구 전에 미국의 통상정책 방향을 재검토해야 한다"고 압박했다.

또한, 민주당 의회는 쇠고기, 자동차 및 섬유문제에 대한 요구사항을 반복하면서 공화당 정부를 압박하며 한·미 FTA 협상에도 직접 간섭했다. 1월에는 상원 재무위원회 및 농업위원회 상원의원 11명이 이태식 주미대사를 상원 회의실로 불러 뼈 있는 쇠고기 수입을 하지 않을 경우 한·미 FTA를 지지하지 않을 것이라고 압박했고, 3월 말 하원 중진의원 15명은 미국 자동차의 관세인하를 한국 자동차 시장개방에 연동시키고 한국의 비관세장벽 철폐를 요구했다. 문제는 민주당 내 대표적 친한 인사인 찰스 랑겔Charles Rangel 의원(민주-뉴욕)과 민주당 내 자유무역옹호론자인 신민주연합NDC의 의장 엘렌 타우셔Ellen Tauscher 의원(민주-캘리포니아)도 참여했다는 것이다.

이런 여건 속에서 서울과 워싱턴에서 열린 6~7차 협상은 교착국면을 돌파할 모멘텀이 부족했다. 미국측은 표준협정문안에 집착하면서 우리의 관심품목인 자동차와 섬유 등에서는 더욱 경직된 입장을 보였고 쌀 협상의 필요성에 대해서도 언급수위를 높이고 있었다. 양측은 상품의 추가 양허개선을 통하여 품목수 기준 즉시철폐 비율이 85%에 이르렀으나 수입액 기준으로는 우리가 79.3%, 미국측은 65.8%였다. 미국측은 대미 수출의 23%가 넘는 자동차의 조기 관세철폐 요구에 소극적이었기 때문이다. 무역구제에 대한 합의수준과 자동차 문제와 의약품에 대한 타결수준이 향후 협상진전의 관건이 될 것으로 보였다.

3월 중순 서울에서 마지막 실무협상이 열렸다. 기술적 분과인 통관, 기술장벽, 전자상거래, 경쟁, 정부조달 및 환경 분야는 사실상 타결에 이르렀고 위생검역, 원산지 및 지재권 등의 분야도 상당한 진전을 보았다. 협상타결이 가시권 안에 들어 온 것으로 평가되었으나 농업 분야, 방송·통신, 무역구제, 개성공단, 섬유, 자동차 그리고 쇠고기 문제 등 핵심 쟁점은 농축되어 가고 있었다.

3월 하순 워싱턴에서 열린 고위급 협의는 각 분과별 협상진전을 확인하고 미결사항을 해소해 가는 방식으로 진행해 나갔다. 많은 부분에서 진전이 있었으나 미국은 자동차와 섬유에 대해서는 여전히 소극적인 입장을 견지했고 경트럭과 신발에 대해서는 10년 이상의 관세철폐기간을 적용하겠다는 입장을 반복했다. 한편, 우리는 미국에게 자동차 관세 양허개선을 요구하고 미국은 자동차의 안전기준 및 배출기준 등 비관세 분야에 신축성을 요구함으로써 교착이 이어졌다. 커틀러 대표보는 유행성 독감에 걸려 목소리가 꽉 잠겨 있었다.

무역구제 분야는 양측이 한 발짝씩 양보하면서 접점을 모색해 나갔다. 우리는 제로잉 관행금지 요구를 철회하는 반면 미국측은 협력위원회 설치에 잠정합의했고, 반덤핑조사 전 사전통지 협의의무와 가격합의에 대해서도 긍정적인 검토를 하고 있었다. 결국, 무역구제 조항은 우리 기업이 실질적인 도움을 받을 수 있는 절차적인 투명성을 확보했다는 데 의의가 있었다.

2

협상타결과 무거운 서명식

승리하는 군대는 먼저 이긴 상태에서 싸우고,
패배하는 군대는 일단 싸운 후 승리를 바란다.
勝兵 先勝而後求戰 敗兵 先戰而後求勝.

손자(孫子)

남산은
황사 속으로

2007년 3월 25일 나는 닷새간 열리는 한·미
FTA 최종 협상회의에 참석하기 위해 인천 공항에 도착했다. 회의장이자
숙소인 하얏트 호텔에 체크인을 했다. 내 방은 남산 쪽 북향이었다. 봄 황
사가 극심한 날이라 지척에 있는 남산타워가 아스라이 보였다. 호텔 정문
에서 일정한 거리를 두고 경찰과 시위대가 격렬하게 대치하고 한강 쪽은 절
벽이었다. 이런 형국은 타결시한을 일주일 남겨둔 한·미 FTA 협상분위기와
중첩되었다.

김현종 본부장 객실에서 최종 협상전략을 논의했다. 참석자들의 눈에

서 '사즉생死卽生의 각오로 임한다'는 결의를 읽을 수 있었다. 슈왑 통상 대표는 국내 일정으로 서울 회의에 참석하지 못하고 전권을 카란 바티야 Karan Bhatia 부대표에게 위임했다. 대신, 협상개회에 맞추어 자신의 영상 메세지를 전달하겠다는 뜻을 전달해 왔으나 우리측은 일언지하에 거절했다. 바티야 부대표는 이미 대표대행자격이었기 때문이었다. 기세싸움이었다. 날카로운 신경전 속에서 마지막 협상의 중압감이 가감 없이 묻어났다. 객실 창밖으로 제3한강교가 한눈에 들어 왔고 강변북로의 주황색 가로등이 명멸하고 있었다. 긴장 속에 자정을 넘긴 시간은 속절없이 흐르고 있었다.

3월 26일 월요일 아침 개회식이 열렸다. 카메라 앞에서 보이는 웃음과 그 속에서 묻어 나오는 긴장감이 교차했다. 양측은 분과별 회의와 병행하여 고위급 회의를 추진하기로 했다. 또한, 3월 30일 금요일까지 협상타결을 추진하기로 합의했다. 오후 6시 김종훈 수석대표는 기자 브리핑을 통하여 "상호 호혜적이고 이익의 균형이 반영되지 않는 협상결과는 수용할 수 없다"고 강조했다. 짧고 원론적이었으나 메세지는 그의 결연한 인상만큼이나 강한 임팩트를 던졌다.

다음 날도 탐색전으로 일관했다. 특히, 쇠고기 해법이 난항을 거듭했다. 쇠고기 수입관세 문제도 어려웠지만 수입위생조건 협의를 통한 수입 재개 문제에 이견이 표출되었다. 리챠드 크라우더Richard Crowder 농업대사는 농축산물의 시장접근을 밀어붙이며 강경 일변도였다. 그는 매파였고 보커스 상원 재무위원장과 척 그래슬리Chuck Grassley 재무위원회 간사(공화-아이오와)를 비롯하여 농업위원회 의원들과 직접 교감하면서 협상을 주도했다.

협상은 답보를 거듭했고 협상실패에 대한 위기감이 고조됐다.

협상은
교착을 반복하고

        3월 28일은 긴 하루였다. 실무협상이 교착상태에 이르자 고위급이 개입했다. 양국 정부의 고위급간 긴급통화가 이루어졌다. 송민순 외교장관과 콘돌리자 라이스Condoleezza Rice 미 국무장관간 통화에 이어 백종천 외교안보수석과 스테픈 해들리Stephen Hadley 백악관 국가안보보좌관간 통화를 통하여 자동차와 쇠고기에 대한 입장교환이 있었다. 양측 대표단간 자동차 관세 및 비관세장벽, 분쟁절차, 원산지 문제가 포괄적으로 논의되었고 상대적으로 덜 민감한 분야의 협상은 일정한 진전을 이루어 내고 있었다.

    한편, 같은 날 워싱턴에서 랑겔 세입위원장은 '미국의 신통상정책'의 골격을 발표했다. 신통상정책의 주된 내용은 국제노동기준을 국내법에 반영하도록 하고 다자환경협약의 철저한 이행과 투자, 정부조달, 특허 등과 관련된 규정들이 있었다. 뿐만 아니라 최종 단계에 접어든 한·미 FTA 협상에도 직접 영향을 주는 노동, 환경 및 자동차 관련 내용도 포함되었다. 민주당은 한·미 FTA에 신통상정책을 반영시키기 위해 행정부를 압박하기 시작했다. 한국은 신통상정책의 구체적인 내용을 제시할 것을 요구했고, 만일 협상타결 전에 구체화가 불가능하다면 추후에 신통상정책과 관련된 요구는 수용할 수 없다고 하면서 미국측을 몰아세웠다. 그러나 답답하기는 공화당 정부의 바티야 부대표도 마찬가지였다. 민주당 의회의 일방적인 발표였기 때문이다.

    다음 날 비관론이 확산되면서 양측 대표간 상호 비방은 물론 원색적인 감정폭발도 있었다. 이런 분위기를 봉합하기 위해 양국 정상간 긴급통화가 추진됐다. 노 대통령은 당시 중동 순방 중이었다. 부시 대통령은 "미국이 쌀과 자동차에서 신축성을 보였으니, 한국도 상응한 조치를 취해 주기를 희망한다"는 취지로 언급했고 노 대통령은 "미국이 섬유와 자동차에서 양보해 주기를 희망하고, 쇠고기에 관해서는 미국에 대한 세계보건동물기구 결정이 5월에 이루어지면 수입을 위한 합리적 절차를 취해 나가겠다"는 수준으로 언급한 것으로 알려졌다.

미국측은 자동차를 포함한 현안을 재검토하여 다음 날 토의하자고 했다. 협상진전이 느리고 미국 입장이 너무 경직되어 있다는 보고를 받은 이태식 주미대사는 백악관과 USTR을 접촉하여 미국측이 신축성을 발휘해 줄 것을 주문했다. 그러나 백악관 일각에서는 협상 최종 단계에서 한국이 너무 강경하다는 감정 섞인 불만을 쏟아냈다.

3월 30일 새벽 5시에 '수석대표+1' 회의가 열렸다. 미국측은 '스냅백 Snapback' 조항[7]을 포함한 자동차 패키지를 제시하면서 조기 회신을 요구했다. 우리는 미국 제의를 거절하면서 미 의회가 발표할 예정인 신통상정책의 구체내용을 따져 물었다. 그러나 공화당 행정부는 민주당 의회의 신통상정책의 실체적인 내용을 모르고 있었고, 바티야 부대표도 절망하고 있었다. 협상은 공전을 거듭했다.

중동 순방에서 귀국한 노 대통령은 쇠고기, 오렌지, 자동차, 섬유, 개성공단 문제, 지재권 등 민감품목에 대한 이견이 지속되어 시한 내 협상타결이 불투명하고 미 의회가 추진하는 신통상정책도 불확실성을 내포하고 있다는 요지의 보고를 받고, 농업 분야에서 일부 전향적인 입장을 주문하고

---

7 스냅백의 사전적 의미는 '원상복귀'다. 한·미 FTA에서 스냅백 조항은 'A국의 협정상 의무 불이행으로 인하여 B국이 수출하는 자동차가 A국에서 얻을 수 있는 이익이 무효화되거나 침해를 초래하여 자동차 판매 또는 유통 등에 실질적인 영향을 주었을 경우 승용차의 관세를 협정발효 당시의 양허관세(미국의 경우 2.5%, 한국의 경우 8%)까지 원상복귀한다'라고 규정한다. 자동차 분야에 별도로 적용되는 강력한 분쟁해결 절차인 것이다.

양국간 내연해 오던 쇠고기 문제는 협상종료 후 대통령이 담화를 발표하는 선에서 가닥을 잡아 나갔다.

고무줄 같은 데드라인

　　　　　　　　　마감시한의 존재 여부는 협상과 협상결과에 결정적이다. 시한이 정해져야 최종 양보수준을 확정하고 마무리 수순을 구체적으로 정리할 수 있기 때문에 마감시한의 존재와 변동 가능성에 따라 협상의 역동성이 확연히 달라진다. 통상협상에서 협상시한을 앞당겨 상대방을 압박하여 일정한 양보를 받아낸 다음 시한을 연장하여 추가 양보를 압박하는 협상기법을 쓰는 경우가 있다.

한·미 FTA의 경우, 미국의 TPA 법에 따라 협상종료 90일 전에 타결된 합의사항을 미 의회에 보고하도록 되어 있었기 때문에 협상의 타결시한이 정해져 있었다. TPA 법은 2007년 7월 1일 자정에 종료되며 행정부는 그 90일 전에 합의내용을 의회에 보고해야 하는 상황이었다. 역산하면 미국 동부시간 4월 1일 자정이 의회 보고의 실제 데드라인이고 한국시간으로는 4월 2일 오후 1시가 된다. 그러나 미국측은 한·미 FTA 최종 협상기간 중에 여러 차례 협상시한 변경을 시도했다. 양측이 합의 하에 시한변경이 이루어진 경우도 있었지만 자국의 내부규정과 관행을 상대국이 해석하기 어려운 여건을 역이용하여 일방적으로 변경한 경우도 있었다.

당초 양측의 합의 하에 정한 시한은 미국시간 3월 30일 자정이었다. 슈왑 통상대표가 데드라인을 3월 31일 자정까지 24시간 연장하면서 이 시한이 마지막이라고 언급한 것으로 전해졌다. 첫 번째 변경이었다. 협상 진전이 느렸기 때문에 시한을 연장할 필요는 있었으나 3월 31일 자정 또한 미국법이 규정한 절대시한은 아니었다. 행정부의 의회 앞 공한송부와 접수는 반드시 백악관의 서기와 미 의회의 서기를 통하여 이루어져야 하는 데 그들은 워싱턴 시간 3월 30일 오후에 이미 퇴청한 것이 확인되었기 때문이다.

3월 31일 아침 7시 반 양측 수석대표의 합의 하에 협상시한을 또 다시 서울시간 4월 2일 새벽 1시로 조정했다. 워싱턴 시간으로는 4월 1일 정오였다. 두 번째 변경이었다. 그러나 이것도 절대적인 법정시한은 아니었다. 아직도 법정시한은 12시간이나 남아 있었다. 농업분과 협상은 완전히 교착상태였고 양측은 잔여쟁점을 체크하면서 극도로 긴장되고 예민해졌다. 결국 법정 데드라인은 우리가 예측한 시간과 일치되게 서울시간 4월 2일 오후 1시, 즉 워싱턴 시간으로 4월 1일 자정으로 최종 변경되었다. 세 번째였다. 미국측은 48시간 이전으로 법정시한을 설정하여 우리의 양보를 압박하고자 했던 것이다.

개성공단 문안을 합의하다

나는 개성공단 문안에 대한 실무협상을 담당했다. 이미 양측간에는 '위원회 방식'의 접근에 공감대를 가지고 있었다. 3월 31일 미국측 협상파트너인 티모시 통Timothy Tong 보좌관과 마주 앉았다. 미국은 개성공단이 갖는 전략적인 함의를 이해하고 있었다. 다만, 참여정부의 대북 유화책에 반대하는 미 의회 내 중량급 의원들의 입장과 개성공단 내 노동조건 문제를 제기하는 강성노조의 입장을 의식하고 있었다.

통 보좌관은 개성공단 문제는 해들리 백악관 국가안보보좌관의 각별한 관심사항이라고 밝혔다. 다만, 미국 정치권 내의 다양한 시각과 민감성을 감안하여, 한국 정부가 가급적 저강도로 대응해 줄 것을 요청했다. 먼저 문안의 대원칙에 대한 합의를 모색했다. 한반도에 역외가공지역OPZ을 설치한다는 기본 틀에는 합의하면서도, 현재 해결할 수 없는 정치적 민감성을 고려하여 세부사항은 추후 결정하는 방식으로 접근하기로 했다. 흔히, 협상에서 쓰이는 '건설적 모호성'을 창출하는데 방점을 두었다. 미국은 개성공단 관련 규정과 쌀 문제를 연계할 것을 시사했으나 우리는 단호히 배척했다.

역외가공이란 한 당사국에서 원부자재의 전부 또는 일부를 제3국으로 수출하여 추가공정을 거친 후 가공물품을 당사국으로 재수입하는 생산방식을 의미한다. 역외가공을 인정받을 경우 재수입된 물품에 대한 국내 부가가치 계산이 유리하게 된다. 원산지 인정의 기본원칙은 당사국의 영토 안에서 생산과정이 중단 없이 완전히 만들어지거나 실질적인 변형이 이루어져야 하는 소위 '영토의 원칙'이다. 즉, 생산과정에서 한 번 국외로 나갔던 물품은 다시 국내반입이 되더라도 수입물품으로 취급되어 그 이전의 공정 부분은 원산지 판정에 필요한 국내 부가가치 계산에서 제외되기 때문이다.

미국측은 북한의 비핵화 요건이 포함되어야 한다고 강조하면서 노동, 환경기준, 역내산 비율 등 몇 가지 요건을 요구했다. 비핵화 요건은 퍼주기식 대북지원에 불만을 가진 공화당측의 관심사항이었고, 환경·노동 기준은 민주당측의 강한 요구였다. 역내산 비율문제는 역외가공지역을 설치하기 위해 당연히 필요한 조항이었다. 나는 노동과 환경에 관하여 절대적 기준을 요구하는 것은 비현실적임을 지적했다. 최종적으로 북한 내 여타 지역의 노동 및 환경 여건도 고려하는 상대적인 기준을 설정하는 방안으로 타협을 모색했다.

다음 날 다시 통 보좌관을 만났다. 당초 미국은 '한반도 경제개발에 관한 위원회'라는 제목을 제시했으나, 나는 역외가공지역이란 명칭을 제목에 직접 기술할 것을 제안하여 '한반도 역외가공지역에 관한 위원회'로 합의했다. 그리고 문안을 축조심의해 나갔다. 북한 내에 복수의 가공지역 설치 가능성을 상정하고, 공단 내의 환경·노동 기준을 북한 내 여타 지역에서의 상황과도 비교하여 상대적인 평가를 할 수 있도록 말미를 두기로 했다. 세부쟁점은 추후로 이첩하기로 했기 때문에 초안의 내용을 일부 수정한 잠정합의문을 작성했다. 그 날 늦은 오후 양측 상부의 승인이 떨어졌다. 큰 쟁점 하나가 풀린 셈이었다.

마지막 산고와 거친 호흡

3월 31일 저녁 우리 협상단은 하얏트 호텔 지하의 중국 식당에서 구수회의를 열고 마지막 협상전략과 전술을 논했다. 협상타결이라는 공동목표를 추구하면서도 양허수준의 균형유지, 핵심 이익의 방어와 공세적 이익의 확보라는 원칙을 재확인했다. 하루를 남겨둔 상황인데도 미결사항이 산적해 있었다. 미국의 협상패턴을 보면 언제나 최종 단계에서 밀어붙였다. 우리 협상대표는 불가피할 경우 협상결렬도 불사하기로 한다는 결의를 윗선에 보고해 두었다.

미국측에 요구할 구체적인 내용을 정하면서 특히 자동차, 개성공단, 섬유에 대한 마지노선을 확정했다. 미국측이 확보하고자 노력하는 ISD 조항, 서비스, 지재권, 원산지 및 일부 농산물 관련 사항에 대하여 지킬 것과 양보 가능한 선을 정했다. 다만, 협상전술상 이 카드는 마지막 날인 일요일 밤늦게 던지기로 했다. 저녁 9시에 열린 대외경제장관회의에서는 미합의 사항을 점검했다. 같은 시각 워싱턴에서는 한국 입장이 지나치게 완고

하고 비신축적이라는 비판이 일고 있었다. 막바지 협상의 진전이 느린 데 따른 좌절은 이해할 수 있었지만 그 속에 잠재된 오만도 함께 느껴야 했다.

4월 1일 하루 종일 수석대표 회의와 분과별 협의가 파상적으로 진행되었다. 협상은 이제 굵직한 잔여 이슈를 만들어 가고 있었다. 저녁 8시경 노 대통령께 최종 상황을 보고하고 이어 열린 대외경제장관회의에서 최종 협상 맨데이트를 논의했다. 자정을 넘겨 분과장 회의가 소집되었으나 협상은 전혀 진전이 없었다. 미국은 쌀, 치즈, 쇠고기, 돼지고기, 통신, ISD, 스냅백에 우선적 관심을 표명했고, 우리는 미측의 관심사항에 일부 신축성을 보이는 동시에 농산물, 섬유, 자동차, 원산지, 신발 등에 대한 미국의 양보를 강하게 요구하고 나섰다.

협상은 최종 순간을 향해 거친 맥박을 뛰고 있었다. 양측은 각자의 패키지를 뭉쳐서 상대에게 던졌고 상대는 이에 맞대응해 나갔다. 격렬하게 부딪치며 가지를 쳐내고 합의점을 모색해 나가는 전형적인 최종 단계 협상의 모습이었다. 살얼음판 위를 걷듯 한걸음 한걸음이 천근처럼 무겁고 신중했다. 마지막 단계의 패키지 협상에서 섣부른 수용거부는 그대로 협상결렬로 이어질 수도 있기 때문이다. 전격적인 타결은 아니었지만 쟁점이 조금씩 풀려가고 있었다. 같은 시간 백악관에서는 국가안보보좌관이 주관하는 장관급 회의를 열고 최종 방침을 논의한 것으로 알려졌다.

4월 2일 새벽 협상실패 분위기가 팽배했다. 미국 대표단이 호텔 체크아웃을 하고 있고 일부는 오전 10시 인천발 비행기의 탑승수속을 한다고 했다. 예기치 못한 진전이었으나 우리측은 직관적으로 기만전술이라고 판단했다. 미국이 정한 데드라인까지 한국이 양보하지 않자 협상실패를 위협하면서 압박하려는 의도였다. 우리 대표단에게도 전면철수 지시가 내려졌다. 기세 대결이었다. 협상장은 덩그러니 비었고 밤을 꼬박 새운 터라 모두들 허기에 지쳤다. 양측은 '이제 곧 진실의 순간이 다가올 것이다'라는 직관 속에서 피말리는 시간을 인내하고 있었다.

오전 10시 바티야 부대표는 워싱턴에 있는 슈왑 대표와 최종 미국 입장을 조율했다. 슈왑 대표는 한·미 FTA의 최종 협상현장의 교착국면을 부시 대통령께 보고했고 백악관에서는 각료급 협의가 긴급히 뒤따랐다. 미국도 정말 얼마 남지 않은 법정시한에 구속될 수밖에 없었고 일방적인 압박이 자칫 협상결렬을 초래할 수 있다는 상황을 엄중히 인식하면서 최종 양보사항과 요구사항을 정리했다. 미국도 한·미 FTA의 건강한 출산을 준비하고 있었다.

▎벼랑 끝 타결과
▎쇼 타임

서울시간 4월 2일 10시 30분 TPA 법에 따른 법정시한은 13시였으니 두 시간 반이면 모든 것이 끝이었다. 백척간두에서 김 본부장과 바티야 부대표간 최종 회의가 열렸다. 극도의 긴장감이 감돌았다. 바티야 부대표는 복사지 반쪽짜리 분량의 메모를 전달하면서 두 시간 내 회신을 달라고 했다. 미국의 최종 입장임을 강조했다. 미국도 TPA 법에 의한 최종 법정시한에 몰리고 있었다. 진실의 순간이 다가 온 것이다. 마지막 패키지를 주고받는 시간이었다. 패키지가 수용되면 타결이고 거부되면 실패다. 아무리 길고 어려운 협상이라도 최종 패키지 교환은 매순간마다 협상전체의 명운을 가르게 마련이다.

미측 제안은 핵심 쟁점에 관한 양국의 이해사항을 상당히 균형 있게 반영했다. 미국도 타결을 절실히 원하고 있음을 의미했다. 미국은 자동차와 섬유 분야에 대한 우리 요구 수용을 포함하여 우리 관심사항인 3년 내 자동차 관세철폐를 수용함으로써 양허수준은 수입액 기준 94%로 인상되었다. 미국은 87% 수준의 우리 양허도 94%까지 인상할 것을 요구한 것이었다. 당연한 요구였으나 수입액 기준 7%(약 18억 달러 상당)에 해당되는 품목의 관세를 3년 내 철폐로 앞당기는 작업을 해야 했다. 김영주 산자부 장관은 밤새 관련 업계와 긴급 협의를 하여 패키지를 만들어 냈다.

또한, 미국은 투자 관련 우리의 요구를 수용하되 투자 챕터의 여타 쟁점에 대한 미국의 제안에 동의하고 자동차 스냅백 규정은 승용차 관세(2.5%)에만 적용하고 10년 일몰규정을 둘 것을 제안했다. 그 밖에 미국은 통신지분 관련 100% 간접지분은 허용하되 KT와 SKT에 대해서는 2년간 유예함으로써 우리의 요구와 우려를 반영했다.

권오규 부총리 주재로 소집된 긴급 각료회의는 미국측 최종 제안이 양측의 이해를 균형 있게 반영한 것이라 판단하고 수락하기로 결정했다. 12시 30분 김현종 본부장은 바티야 부대표에게 핸드폰으로 미국측의 최종 제안을 수락한다고 통보했다. 바티야 부대표는 "김 본부장으로부터 전화를 받고 미국 제안을 수용한다는 말에 수화기를 떨어 뜨렸다"라고 술회했다. 협상타결이었다. 워싱턴 시간으로 밤 11시 40분, TPA 법에 따른 데드라인을 20분 남겨 둔 시간이었다. 김 본부장은 협상타결 사실을 전화로 노무현 대통령에게 보고했다.

오후 4시 하얏트 호텔 크리스탈 볼룸에서 공동 기자회견이 있었다. 쇼타임이었다. 김현종 본부장은 장문의 언론발표문을 읽어 나갔다. 협상결과 우리의 이익과 민감성 보호 장치를 확보했고 협정의 상업적·전략적 의의에 대한 설명이었다. 바티야 부대표는 짧고 명확한 성명을 발표했다. 그의 얼굴에는 피곤한 기색들이 역력했다. 국내외 언론은 협상타결 내용과 의의를 대문짝만하게 보도했다. 나는 김종훈 수석대표, 커틀러 대표보 및 애로우 부대표보와 함께 호텔 로비에 있는 바에서 샤도네chardonnay 한 잔씩을 권했다. 서로 말없는 미소만 짓고 있었다. 극심한 긴장에서 해방은 됐으나 밀려오는 허탈감을 감출 수 없던 시간이었다.

노 대통령은 이튿날 담화를 발표했다. "미국이 OIE에서 '광우병통제국가'로 분류되면 합리적인 기간 안에 합리적인 방법으로 미국산 쇠고기 수입을 검토하겠다"는 취지였다. 그러나 미국 민주당의 관심사항인 노동, 환경 등 신통상정책 문제는 여전히 구체적 내용이 결여돼 있었다. 워싱턴으로 귀임하는 비행기 안에서 나는 추가협상이 불가피할 것이라는 예감을 떨칠 수 없었다.

협상타결 후 반응은 엇갈렸다. 미 의회와 업계는 한·미 FTA 협정은 상호 호혜적인 협정이라고 평가하면서 협상타결을 환영했다. 그러나 미 의회는 쇠고기 및 자동차 등 현안문제가 해소되어야 한·미 FTA 심의절차를 진행하겠다는 입장을 반복했다. 미국 농업계는 쇠고기 문제를 이유로 지지입장을 유보했고 제조업계도 자동차 업계의 반발로 단합된 지지를 하지 못했다. 4월 16일 버지니아텍Virginia Tech에서 발생된 조승희의 총격 살해 사건으로 서울과 워싱턴은 충격에 휩싸였고 나를 비롯한 주미 대사관 간부들은 희생자 조문으로 힘겨운 4월을 보냈다.

베일 벗은 신통상정책

미 정치권은 5월 24일에야 협정문이 공개되자 USTR의 불투명한 행정을 신랄하게 비판하고 나섰다. 미 의회에서는 한·미 FTA 피로증후군이 생길 정도였다. 4월 한 달 USTR은 협상결과물을 산업통상자문위원회ITAC에 보고하고 의견을 수렴하는 절차를 취했다.

5월 10일 소위 '신통상정책에 관한 양당 합의'[8]가 발표됐다. 양당 지도부와 부시 대통령은 환영성명을 발표한 반면 업계측은 지재권의 약화를 우려한 제약업계의 입장과 전미제조업연합NAM의 성명(4월 19일)과 같이 유보적인 입장을 가지고 있으면서도 공개적 반대를 하지 않는다는 모호한 입장을 취했다.

당시 미국과 협상을 하던 FTA 상대국 중 페루, 콜롬비아 및 파나마는 신통상정책을 수용한다는 입장을 밝혔다. 그러나 한국은 강하게 반발했다. 환경, 노동 분야의 수정제안이 광범위하고 협정문 일부도 수정해야 했기 때문이다. 공화당 정부는 한·미 FTA 협상결과가 이익을 균형있게 반영했다고 홍보하면서도 쇠고기 문제로 인한 의회 및 업계의 반발, 자동차 분야를 재협상하라는 민주당측의 강한 요구, 신통상정책 관련 한국의 강한 반발로 인하여 삼중고에 빠져 있었다. 그러나 민주당 의회는 슈퍼 갑이었고 공화당 행정부는 을의 신세였다.

한국은 재협상은 불가하다는 입장을 공식 표명하면서도 타결된 협정문에 대한 TPA 법의 보호 여부에 촉각을 곤두세웠다. 국내 일각에서는 협상 파기를 제시하기도 했고, 타결된 협정문에 서명한 후 신통상정책에 대한 내용을 추후협상을 통해 반영하자는 안도 제시했다. 그러나 후자는 TPA 법의 적용을 받지 못한다는 결정적인 단점을 안고 있었다. 나는 6월 말 이전에 서명을 하지 않으면 한·미 FTA는 TPA 법의 보호를 받지 못하게 되어 미 의회 인준이 불가능해 질 수 있음을 강조하면서 미국측의 일부수정

---

8 '신통상정책에 관한 양당합의(Bi-Partisan Agreement)'는 FTA 대상국으로 하여금 1998년 ILO 선언상의 5개 국제노동기준(결사의 자유, 단체교섭권의 권리에 관한 효과적 인정, 강제노동의 철폐, 최악형태의 아동노동 금지, 고용과 직업에 있어 차별철폐)을 이행하고 7개 주요 환경협약의 의무를 이행할 것을 요구했다. 또한, 복제 의약품의 자료독점 조항완화와 특허·시판 허가간 연계 요건을 완화할 것을 요구했는데 이 사항은 한국을 제외한 개도국에만 적용되도록 했다. 그 밖에 노동조건을 충족하지 못하는 납품자와의 조달계약 제한, 외국 회사의 미국 항만운영 제한근거 설정과 투자 관련 미국인 투자자에 대한 역차별 금지 등이 열거되어 있다.

요구를 수용하되 이에 상응한 대가를 요구하는 방안을 건의했다.

신통상정책 관련 미측 문안은 6월 중순이 되어서야 제출되었다. 미 의회가 압박을 가하고 있는 상황에서 공화당 정부의 운신의 폭이 적었기 때문에 미국은 문안수정에 난색을 표했으나 결국 일부 자구수정을 거쳐 미측 안을 수용했다. 노동 및 환경 관련 조항은 일부수정을 했고 의약품에 대한 특허·시판 허가의 연계문제는 양국 통상장관간 서한교환 형식으로 발효 후 18개월간 평화조항에 합의했다.

한편, 2007년 5월 말 김현종 본부장과 피터 만델슨Peter Mandelson EU 통상집행위원은 필리핀 세부Cebu에서 회동했다. 줄다리기 협의를 통하여 한·EU FTA 협상개시가 선언되었다. 이 선언은 미국과 EU를 상호 자극하면서 우리가 지렛대를 가지고 협상을 동시에 추진한다는 전략이었다.

6.29 성명과
캐논빌딩의 서명식

6월 29일 협정서명을 위한 한국 대표단이 뉴욕 케네디J.F.K. 공항에 도착할 무렵 하원 민주당 지도부에서는 낸시 펠로시Nancy Pelosi 하원의장, 스테니 호이어Steny Hoyer 원내대표, 찰스 랭겔Charles Rangel 세입위원장과 샌더 레빈Sander Levin 무역소위원장 연명으로 "자동차 분야의 비관세장벽과 무역불균형 문제가 해결되지 않는 한 현재와 같은 한·미 FTA 협정을 지지할 수 없다"는 취지의 성명을 발표했다. 소위 "6.29 성명"[9]이었다. 우리 대표단은 당초 슈왑 대표가 주최하는 업무

---

9 2007년 6월 29일 하원 민주당 지도부 4인의 성명요지: "현재와 같이 협상된 상태의 한·미 FTA는 잃어버린 기회다. 현 상태의 한·미 FTA는 그간 지속된 비관세장벽 문제를 효과적으로 해소하지 못했다. 이러한 비관세장벽 문제는 특히 자동차 분야에서 두드러지며, 작년 한국은 70만 대의 차를 미국에 수출한 반면 미국은 한국에 5,000대도 수출하지 못했다. 이와 같은 수치는 시장접근에 있어 뿌리 깊고 근본적인 문제점과 일방적인 무역관계를 단적으로 보여주는 것이다. 결론적으로, 우리는 현재와 같이 협상된 상태의 한·미 FTA를 지지할 수 없다."

만찬에 참석할 예정이었으나 민주당 지도부의 성명 발표내용을 보고 받고 워싱턴행 항공편과 만찬을 취소하고 뉴욕에서 숙박했다.

6월 30일은 토요일 아침 김현종 본부장을 비롯한 우리 대표단은 덜레스Dulles 공항에 도착하여 곧장 행사장인 캐논Cannon빌딩으로 갔다. 슈왑 통상대표가 영접을 했다. 서명식장 옆에 마련된 사무실에서 협정문의 불가분의 일부가 될 서한교환에 양측 통상장관이 서명을 한 후 약간의 다과를 하고 삼삼오오 기념사진도 찍었다. 모두들 웃고 있었지만 실내에 흐르는 분위기는 침울했다. 전날 민주당 하원 지도부의 성명은 공화당 정부에게 날리는 일격이기도 했기 때문이었다.

이어서 서명식장으로 이동했다. 캐논빌딩에서 가장 큰 공간이었다. 200여명이 참석했다. 슈왑 대표가 먼저 연설을 했다. "협상과정과 협정의 내용을 높이 평가한다"고 언급하고, "한·미 FTA의 내용을 바꾸고 싶어 하는 사람들이 있다는 것을 알고 있으나, 이 협정은 서명이 이루어지면 내용의 변경 없이 현재대로 확정될 것이며 미 의회도 이 협정이 양국 경제에 얼마나 큰 도움을 주는 FTA인지 이해하면 인준하게 될 것이다"고 역설했다. 이어, 김현종 본부장이 연설을 했다. "한·미 FTA는 우리의 경쟁력 강화, 대미 시장접근 개선 및 한국 소비자에 대한 혜택 증진을 가져 올 것이다"고 강조하고, "이런 혜택을 감안하여 양국의 비준절차가 조기에 완료되기를 기대한다"고 언급했다. 연설 후 양측 통상장관간 서명식은 간단히 끝났다. 행사가 끝나고 다과가 있었지만, 참석자들은 서둘러 행사장을 빠져 나갔다.

서명과 동시에 백악관은 약속대로 비자면제 프로그램Visa Waiver Program (VWP)에 한국을 포함하는 부시 대통령의 성명을 발표했다. 이것으로 서명절차는 종료됐다. 김 본부장은 점심 식사 후 바로 워싱턴을 떠났다. 협

2007년 6월 30일 워싱턴에서 김현종 통상교섭본부장과 수잔 슈왑 미 통상대표가 한·미 FTA 협정문에 정식 서명하고 있다.

정서명을 전후하여 미 하원 지도부가 발표한 성명과 변화된 국내 여건 등으로 불편한 심경인 듯했다. 얼마 후 새로운 통상교섭본부장으로 김종훈 수석대표가 임명됐다.

6월 29일 민주당 수뇌가 발표한 성명으로 한·미 FTA에 대한 민주당의 부정적인 입장이 표면화되었고, 행정부와 의회 모두 쇠고기 문제와 자동차 문제의 선해결 없이는 한·미 FTA에 대한 의회 심의 자체가 불가능하다는 데 공감대를 가지고 있었다. 그만큼 한·미 FTA는 미국 정치권의 관심에서 멀어져 있었으나 TPA의 종료 전에 서명됨으로써 TPA 법의 보호를 받게 되었다.

국내 언론에서는 한·미 FTA의 서명 소식을 크게 다루었고 업계와 정치권에서도 환영성명이 잇따랐다. 그러나 미국 언론과 의회의 반응은 대체로 소극적이었고 제한적이었다. 워싱턴 포스트와 월스트리트 저널은 사설에서 민주당 지도부의 6.29 성명을 낡은 보호주의라고 비판했다. 서명식 일정을 마친 우리 대표단은 애난데일Annandale에 있는 '한성옥'에서 늦은 저녁 식사를 하고 말없이 위스키를 스트레이트로 마셨다. 모두들 중압감을 떨쳐 버리고 해방감을 만끽해야 할 시간임에도 불구하고 미국 민주당 의회의 태도로 불편함을 감출 수 없었다.

3

장기 표류하는 한·미 FTA

성공의 아버지는 수백 명이고 실패는 고아다.

Victory has a hundred fathers and defeat is an orphan.

존 케네디(John F. Kennedy)

2007년 6월 30일 서명된 한·미 FTA는 양국 의회의 비준까지 4년 이상을 소비했다. 한·미 양국 모두 협상과 서명을 주도했던 정부와 국회의 권력이 바뀌는 격동의 정치여건 때문이었다. 물론 미국 정치여건의 변화와 미국발 글로벌 금융위기의 여파가 직접적인 원인을 제공했다.

한국에서는 협정서명 후 집권당인 열린우리당이 김진표 의원 외 35명으로 구성된 '한·미 FTA 평가위원회'를 설치했다. 이 위원회는 2007년 4월 초부터 석달간 총 30차례가 넘는 회의를 거쳐 매우 포괄적인 '한·미 FTA 협상결과 평가 보고서'를 발표했다. 이 보고서는 "높은 수준의 포괄적 FTA 타결, 세계 최대 시장에 대한 효율적인 시장접근 및 경제성장 동력기반 확충과 체질강화를 통한 경제 재도약의 계기 활용" 등 전반적으로 긍정적인 평가를 했다. 한국 정부는 9월 말 한·미 FTA 비준동의안을 국회에 제출했다. 한편 연말 대선결과 출범한 이명박 정부와 한나라당은 FTA 비준에 적극적이었으나, 대선과 다음해 총선에서 야당이 된 열린우리당은 그간 지지해 왔던 한·미 FTA를 비판하기 시작했다.

미국 사정은 사뭇 달랐다. 행정부는 공화당에서 민주당으로 바뀌고 의회의 정치권력도 변화를 겪었다. 2006년 중간선거에서 민주당이 하원을 장악하여 협상중간에 민주당 개입이 강화되고 2008년 중간선거에서 상원까지 과반을 차지함으로써 민주당은 백악관과 상·하 양원을 모두 장악하게 되었다. 협정의 비준과 발효가 지연된 것은 이러한 미국 내 정치지형의 변화에 기인했다.

미국 의회를 장악한 민주당은 통상정책에 우선순위가 없었다. 부시 대통령과 펠로시 하원의장간 심각한 대립구도와 함께 2008년 하반기 촉발된 경제위기 상황이 가중되어 미국의 통상정책은 기나긴 암흑기를 맞고 있었다. 오바마 대통령 당선 후 민주당은 한·미 FTA를 '부시의 FTA'라고 비판하면서 자동차 분야의 재협상을 조기에 개시할 것을 촉구했다.

이런 복합적인 사정변화로 한·미 FTA는 한국과 미국에서 고아 신세로 전락했고 추가협상 개시 후 타결까지 장기간 표류했다. 결국, 자동차 분야의 재협상을 거쳐 협정문의 일부분을 수정한 후 2011년 양국 입법부의 비준동의를 받게 되었다. 이 장에서는 2007년 6월 말 서명 이후 재협상을 거쳐 비준을 추진하기로 합의할 때까지의 다양한 내외생적인 변수를 관찰하고자 한다.

무역촉진권한과 (X-Y)+Z

한·미 FTA는 무역촉진권한이 만료되는 6월 30일 자정 직전에 서명되었다. 무역촉진권한의 만료는 무엇이고 기한 전에 협정의 서명이 이루어졌다는 것은 무엇을 의미하는가? 과거 미국에서는 대통령이 외국과 체결한 협정내용을 의회에 제출하면, 의회는 이를 가결, 부결 또는 수정할 권한까지 가지고 있었다. 이러한 규정은 정부간 합의를 해도 의회가 수정을 요구할 경우 추가 양보를 해야 하기 때문에 미국의 협상상대국에게는 일방적으로 불리했다.

이런 문제를 해소하기 위해 1974년 미국 통상법은 신속처리 절차를 도입했다. 즉, 행정부는 협상상황을 의회에 보고하되 의회는 행정부가 체결한 협정을 일정한 시한 내에 수정 없이 '찬반표결up-or-down vote'만 하도록 했다. 1974년 통상법은 대통령의 통상협상권을 부활시키는 동시에 통상협정의 체결과정에서 의회의 역할에도 변화를 가져왔다. 무엇보다도 협상이 타결되면 미국이 합의사항을 변경하기 위한 재협상을 요구하지 않을 것이라는 믿음을 심어주게 되었다. 이 절차는 1988년 옴니버스 통상법 및 2002년 통상법을 거치면서 보다 가다듬어졌다.

무역촉진권한에 따라 미 행정부와 외국 정부가 합의한 통상협정은 대개 5단계를 거쳐 발효하게 된다. 제1단계는 서명 전으로 행정부는 서명 90일 이전에 서명의사를 의회에 통보하고 그 후 30일 이내에 자문위원회에 보고서를 제출해야 한다. 제2단계는 서명 후 이행법안을 의회에 제출하기 전 단계로 행정부는 협정체결 사유, 협정문 사본, 이행법안 요지 그리고 협정이행을 위해 수정이 필요한 미 국내법 목록을 의회에 제출하고 미국국제무역위원회USITC는 서명 후 90일 이내에 보고서를 제출한다. 또한, 의회는 소관위원회가 주관하는 청문회를 개최하고 행정부와 의회는 이행법안 문안에 대한 모의 축조심의mock mark-up를 하게 된다.

제3단계는 이행법안을 의회에 제출하는 단계로 대통령은 최종 협정문, 이행법안, 행정조치성명SAA 및 여타 자료를 상·하 양원에 동시에 제출한다. 제4단계는 이행법안이 의회에 제출된 후 90일 안에 상·하원 절차가 완료되어야 한다. 하원 세입위원회 및 상원 재무위원회는 이행법안 제출 후 45일 이내에 심의를 하고, 본회의에 상정된 후 상·하원은 각각 15일 이내에 통과 여부를 결정해야 한다. 제5단계에서는 상·하원을 통과한 이행법안은 대통령에게 송부된 후 대통령의 서명으로 미국 내 이행절차가 마무리된다. 미국 의회의 FTA 이행법안 처리절차와 한국의 국회 심의절차에는 상당한 차이가 있다. 한국은 비준동의안의 심의절차는 규정되어 있으나 처리시한에 대한 규정은 없다.

결론적으로 TPA 법에 따라 협상이 종료된 협정은 수정 없이 가부만 결정해야 한다. 그러나 미국의 통상 분야 입법과정을 살펴보면 무역촉진권

:: 한·미 FTA 관련 양국 의회의 심의절차 비교

단계	한국			미국		
비준동의안 제출	정부, 국회에 비준동의안 제출 (제출시한 없음)			행정부, 상·하원에 이행법안 동시 제출 (제출시한 없음)		
비준동의	국회상임위	외통위 심의·의결	하원	세입위	45일 이내 표결	
				본회의	15일 이내 표결	
	국회본회의	본회의 심의·의결	상원	재무위	45일 이내 또는 하원표결 후 15일 중 긴 기간 이내에 표결	
				본회의	15일 이내표결	
	비준동의안 처리시한 없음			이행법안 제출 후 90회기일 이내 처리		
협정발효	FTA 이행을 위한 국내절차를 완료했다는 확인서한을 교환한 날로부터 60일 후 발효					

한에 의하여 보호되는 협정에 대해서도 미 의회는 행정부에 대하여 추가 요구를 해 온 사례가 있었다. 미국이 이미 서명한 FTA를 재협상한 사례는 NAFTA의 경우처럼 보완협정 또는 미·이스라엘 FTA와 같이 서한교환을 통하여 수정하는 방안과 미국이 한국, 페루, 파나마 및 콜롬비아 등과 체결한 FTA와 같이 '신통상정책' 관련 내용을 반영하여 수정한 유형으로 구분할 수 있다.

슈왑은 통상협상 추진에 있어 행정부와 의회간 권한관계를 '(X-Y)+Z'로 압축적으로 설명했다.[10] 'X'는 대통령에게 주어진 협상권한이고 'Y'는 이행기간 제한, 수량제한, 사전심의 요건, 민감품목 예외 등 행정부의 권한사용을 일부 제한할 수 있는 규정을 뜻하며 'Z'는 행정부의 교섭종료 후에도 의회가 직권으로 수정할 수 있는 권한이 있다는 것을 의미한다.

이런 미 의회의 관행에 비추어 미 행정부가 미 의회의 압박을 받아 자동차 분야를 비롯하여 한·EU FTA와의 차이를 해소하기 위한 요구를 해올 가능성은 열려 있다고 봐야 했다. 즉, TPA 법에 의하여 보호된 한·미 FTA 협정의 자동차 조항 등에 대한 개정을 요구하는 것은 미 의회의 전형적인 입법태도 또는 관행으로 보는 것이 타당했기 때문이다.

동병상련하는 4개의 FTA

한·미 FTA는 미국이 체결한 페루, 콜롬비아 및 파나마 등 다른 3개 현안 FTA의 인준과 연계되어 있었다. 이 4개 FTA는 미 의회 인준이라는 공통의 목표를 가지면서도 인준순서에 있어서는 경쟁관

---

10 "Trade-offs, Negotiating the Omnibus Trade and Competitiveness Act", Susan Schwab, Harvard Business School Press, 1994, pp. 28-36.

계에 있었다. 미 행정부는 '서명순에 따른 처리'라는 내부 방침을 정했다.

미·페루 FTA는 2년 전에 합의되었고, 페루 의회는 이미 비준을 마쳤다. 페루는 이미 미국-안데안 자유무역협정AFTA에 따라 미국과 특혜무역을 해 왔던 나라였다. 그러나 5월 신통상정책에 따른 협정문 수정으로 인해 페루 의회의 재비준을 받을 필요가 생겼다. 페루는 미·페루 FTA 협정의 이행을 위해 국내법을 개정하라는 미 의회의 요구를 수용했고 미 의회는 인준절차를 밟아 나갔다.

미·콜롬비아 FTA는 2006년 서명되었다. 콜롬비아는 미국의 대남미 정책에 매우 중요한 우방이다. 마약과의 전쟁을 선포한 부시 대통령은 알바로 유리베Álvaro Uribe 대통령과 호형호제하면서 긴밀한 우정을 과시했다. 콜롬비아는 AFTA를 통하여 이미 미국의 관세특혜를 받고 있었기 때문에 미국은 콜롬비아와의 FTA 협정을 거부할 이유가 없었다. 미 행정부는 미·페루 FTA 다음으로 미·콜롬비아 FTA의 인준을 추진하고자 했으나 민주당 의회는 콜롬비아가 노조간부의 불법구금, 살해 및 인권탄압 등을 근절하기 전에는 심의할 수 없다는 입장을 견지했다.

미·파나마 FTA는 6월 27일 서명되었다. 파나마는 운하로 인해 미국과 긴밀한 관계였고 개방 정도나 협정내용상 문제가 없어 미 의회 인준에 어려움이 없어 보였다. 그러나 9월 취임한 곤잘레스 국회의장의 문제가 발목을 잡았다. 그는 파나마 일대에 파견되었던 미군을 살해한 혐의로 체포영장이 발부되어 있던 인물로서 미 의회는 인준의 전제로 곤잘레스 의장의 사임을 요구했으나 거절되어 파나마 FTA는 연내 비준이 불가능해졌다.

12월 4일 미·페루 FTA가 상원 본회의를 통과함으로써 의회의 인준절차를 완료하자 백악관은 미·콜롬비아 FTA 인준을 추진하겠다는 입장을 밝혔다. 서명된 통상협정의 미 의회 인준 추진에 있어 첫 번째 절차는 미 행정부가 언제 어떻게 이행법안을 미 의회에 제출하느냐에 달려있다.

악화되는 미국의 정치여건

　　　　　　　　　　2007년 9월 20일 USITC는 '한·미 FTA의 경제적 영향 평가 보고서'를 미 의회 및 대통령에게 제출했다. 전반적으로 긍정적인 내용이었다. 미국의 경제규모에 비추어 한·미 FTA가 미국의 국내 총생산, 후생 및 고용에 미치는 영향은 미미할 것으로 전망했다. 자동차를 살펴보면, "한·미 FTA로 인하여 미국의 대한국 승용차의 수출증가를 전망하고, 미국의 한국 승용차 수입은 금액기준으로 크지만 수입전환 효과로 미국의 생산과 고용에 미치는 영향은 제한적"이라고 평가했다. USITC 보고서는 한·미 FTA에 반대하는 미국 자동차 업계의 주장을 반박하는 논거로 활용되었다.

　　2006년 11월 중간선거로 민주당이 장악한 미 의회의 지배구도는 한·미 FTA의 협상은 물론 서명 후 절차에도 영향을 미쳤다. 당초 공화당 행정부는 협정서명 후 2007년 말까지는 이행법안의 의회 통과를 추진하겠다고 밝혔으나 2008년은 미 대선과 의회 중간선거가 겹쳐 있었고 의회를 장악한 민주당은 선거를 치르는 해에 자유무역협정의 인준을 추진할 이유가 없었다.

　　게다가, 집권 2기를 맞은 부시 대통령은 이라크 전쟁의 수렁에서 허우적거렸고 만성적인 재정과 무역의 쌍둥이 적자로 이미 레임덕 현상을 보이고 있었다. 민주당 후보들은 하나같이 세계화로 인한 국내 산업의 공동화와 실업증대에 우려를 표했고 자유무역협정은 무분별한 세계화의 도구로 인식되었다. 전반적인 경기하락과 미시간 주, 오하이오 주 및 일리노이 주 등 동북부의 고철지대Rust Belt는 제조업의 몰락으로 심각한 실업이 정치문제화되고 있었다.

미 정치권은 또 다른 쟁점을 안고 있었다. 무역자유화와 함께 제기되던 무역조정지원TAA에 관한 논란이었다. 무역자유화를 지지하는 공화당과 TAA에 우선순위를 부여하는 민주당의 입장은 대립되었다. 하원은 10월 말 TAA 법안을 가결했으나 백악관은 거부권 행사 가능성을 시사했고 보커스 재무위원장은 상원이 미·페루 FTA 표결에 앞서 강력하고 현대화된 TAA 프로그램이 이행되어야 한다고 강조했다. 미 의회는 시간을 벌기 위해 당초 연말까지 종료될 예정이었던 TAA 프로그램을 3개월간 추가 연장하는 법안을 통과했다.

한편, 자동차 빅쓰리Big Three는 자동차 노조UAW와 힘겨운 협상을 벌이고 있었다. 소위 유산비용 문제를 해결하기 위해 일단 자발적 노동자수혜협회VEBA의 설치가 합의되기는 했으나 '언 발에 오줌누기'에 불과했다. 노조의 과도한 요구, 고질적인 유산비용, 방만한 경영, 보호관세에 안주한 태만과 미국 시장에만 집중한 편협한 마케팅으로 디트로이트의 병세는 깊어만 갔다. 한편, 보커스 위원장은 끝임 없이 쇠고기 문제의 조기 해결을 촉구했다. 한·미 양국의 집중적인 협의를 거치면서 소위 단계별 접근방안에 의견접근을 보고 있었다. 다만 핵심 쟁점은 연령과 부위의 수입제한 철폐시점으로서 미국은 '강화된 사료금지조치EFB'의 발표시점을 주장했고 한국측은 이행시점을 주장했다.

이런 여건에 비추어 미 행정부가 목표로 언급했던 2007년 중 한·미 FTA의 인준 가능성은 극히 불투명했다. 2008년 새해 벽두부터 한국과 미국의 정치권은 요동치고 있었다. 한국은 지난해 12월 대선으로 이명박 대통령이 당선되고 정권인수가 시작되었고, 임기 종료를 앞둔 노무현 대통령의 정치적인 자산은 완전히 소진되었다.

미국은 2008년 초부터 경선 정국이 본격화되고 있었다. 1월 말 아이오와 주와 뉴햄프셔 주에 이어 2월 5일 슈퍼 화요일 이전에 이미 8개주에서 경선을 치렀다. 민주당 경선은 아이오와 주에서 승리한 버락 오바마Barack Obama 상원의원과 뉴햄프셔 주에서 승리한 힐러리 클린턴Hillary Clinton 상원의원의 대결구도를 형성해 갔다. 오바마 후보는 참신한 이미지와 호소력 있는 대중연설로 유권자를 흡인하였고 클린턴 후보는 국정경험, 선거조직과 자금 및 지명도에서 유리했음에도 불구하고 보수층의 반대와 여성이라는 취약점을 안고 있었다. 공화당 경선은 혼조세였다. 매브릭 성향인 존 맥케인John McCain 상원의원은 뉴햄프셔 주에서 승리했고 기독교 보수주의자의 지지를 받는 마이클 허커비Michael Huckabee 아칸소 주지사는 아이오와 주에서 승리함으로써 선두권에 합류하는 이변을 연출했다.

부시 대통령은 연두 국정연설에서 현안 FTA를 임기 내 처리한다는 기존방침을 재확인했다. 그러나 서명순서에 따른 이행법안 제출방침과 쇠고기 및 자동차 문제 등 현안문제가 잔존하고 있어 새해에 들어서도 뚜렷한 돌파구는 보이지 않았다. 미·콜롬비아 FTA 처리방향을 둘러싸고 행정부와 의회 그리고 행정부 안에서도 강온대립이 격화되고 있었다. 3월 중순 나는 '한·미 FTA 기업인 라운드 테이블'에 참석 차 크리스 파딜라Christopher Padilla 상무차관과 함께 켄터키 치킨의 본 고장인 루이빌Louisville로 출장을 다녀왔다. 자연스럽게 미·콜롬비아 FTA의 처리방향이 화두에 올랐고 그는 "미·콜롬비아 FTA는 금년 처리에 실패하면 장기간 처리가 어려울 가능성이 높기 때문에 부활절 전후에 이행법안 제출을 검토하고 있다"고 말했다.

풀뿌리 운동을
전개하다

나는 협정서명 후 미 의회의 비준추진을 위한 아웃리치 전략을 구상했다. 국내 일각에서는 미 의회의 인준 처리 절차에 왜 한국이 관여하느냐는 질문을 하곤 했다. 이유는 미국 특유의 정치구조와 의회 절차 때문이었다. 또한, 미 행정부와 상원 및 하원의 입장이 일치하는 것도 아니었기 때문에 협상장에서 미 행정부가 주장하는 인준 추진 계획을 미 의회측을 통하여 검증할 필요도 있었다. 이런 연유로 행정부가 협상을 완료해도 이행법안의 인준 권한이 있는 미 의회에 대한 행정부의 영향력에 제약이 있기 때문에 미국의 협상파트너들은 협상타결 후 미 의회 및 의원들을 상대로 적극적인 지지활동을 전개했다.

먼저, 미 상공회의소, 한·미재계연합을 비롯하여 미국 전력에 지방 네트워크를 가진 TradeRoot 등과 연횡하여 지역구 차원의 활동계획을 만들어 추진해 나갔다. 특히, 2006년 협상출범과 함께 구성된 한·미 FTA 재계연합KORUS FTA Business Coalition과 협력을 강화해 나갔다. 이 조직은 보잉, 쉐브론, 에이스, UPS 및 시티그룹 등 5개사가 공동의장을 수행하고 미국 상공회의소가 사무국 역할을 수행하면서 정치권에 대한 아웃리치와 홍보 활동을 전개했고 참여업체수는 이미 800개사를 돌파했다.

나는 '한·미 FTA의 미 의회 승인전망과 우리의 추진 전략'이라는 종합 보고서를 작성하고 그 내용을 주기적으로 갱신하여 보고했다. 또한, 상원 100명, 하원 435명의 개별 표결기록과 의원 지역구의 특징적인 사항을 정리했다. 나아가 의회 양당 지도부와 친무역성향 의원그룹 그리고 코리아 코커스 그룹을 별도로 작성하고 각 의원들의 의회 내 활동기록을 조사했다. 또한 각 의원들의 출신지역 산업, 유권자의 구성, 노조의 활동을 정리하고 지역기업인 또는 한인동포들과의 친분관계를 파고들었다.

가장 중요한 아웃리치 대상그룹은 하원의 신민주연합NDC이었다. 1997년에 창설된 하원 NDC는 대체로 친성장 및 친무역 정책을 표방하면서 FTA에 우호적이었기 때문에 이들의 협조는 필수적이었다. 당시 지도부는 엘렌 타우셔Ellen Tauscher 의원(민주-캘리포니아), 론 카인드Ron Kind 의원(민주-위스콘신), 아담 스미스Adam Smith 의원(민주-워싱턴), 아더 데이비스Arthur Davis 의원(민주-앨라배마), 조 크롤리Joe Crowley 의원(민주-뉴욕) 등 5인으로 구성되어 있었다.

또한, 민주당 내 보수·중도 성향의 단체로서 주로 재정 건전성을 가장 중시하는 '블루독연합BDC'도 주요 접촉대상 그룹이었다. 48명으로 구성된 BDC 소속 의원의 일부는 친무역적인 성향을 띄고 있었다. 그리고 2003년 결성된 미 하원 내 친한파 단체인 코리아 코커스Korea Caucus도 접촉대상이었다. 그러나 총 65명으로 구성된 코리아 코커스는 무역문제에 대해서는 의원별로 다양한 입장을 표방하여 일관적인 성향이 없다는 아쉬움이 있었다.

민주당의 통상정책 철학은 공화당과 차이가 컸다. 공화당은 전통적으로 자유무역을 지지하며 시장개입의 최소화를 신봉하는 반면, 민주당은 개방으로 인한 국내 산업과 고용에 미치는 영향의 최소화를 주장하는 공정무역주의자들이었다. 미국의 양당 의원들이 무역법안에 대한 표결에서 취한 입장은 흥미롭다. 우선 민주당을 보면, 하원 50~60명과 상원 5~6명은 무역 관련 법안에 항상 반대표결을 했고, 이에 추가하여 하원 50~60명, 상원 10~20명은 대체적으로 반대성향을 보였다.

제110차 의회 민주당 의원의 성향을 분석해 보면, 하원 231명 중 63명이 친무역 성향을 보이고 상원은 51명 중 17명이 친무역 성향을 띤 것으로 나타났다. 공화당 의원들은 전통적으로 FTA에 압도적인 지지입장을 보였고 제110대 의회에서도 다를 바 없었다. 이렇듯 미 의회가 무역법안에 대하여 취한 표결패턴과 입장은 복잡하면서도 일정한 특징을 유지해 왔다.

FTA 이행법안이 미 의회를 통과하기 위해 필요한 절차와 여건은 상원과 하원의 경우가 달랐다. 상원의 경우, 의사진행 방해(필리버스터링)를 방지하기 위해 토론종결Cloture 표결에 필요한 60석을 확보해야 한다. 자연히, 무소속을 포함하여 51석 밖에 확보하지 못한 민주당은 적어도 9석 이상의 공화당의 협조가 필수적이었다. 반면 하원에서는 과반수인 218석을 확보해야 한다. 당시 공화당이 201석, 민주당이 233석이었다. 공화당은 FTA 협정 이행법안에 대개 85~90%가 찬성을 보인 반면에 민주당은 협정에 따라 표결패턴에 편차가 있었다. 공화당에서 찬성표를 170표를 확보한다고 가정하면 하원의 과반수 확보를 위해 최소한 50표 이상의 민주당의 찬성표를 확보해야 했다. 그러나 여건은 녹록치 않았다. 결국 민주당이 주도하는 의회임에도 불구하고 공화당의 주도로 이행법안을 통과해야 되는 여건이었다.

의원들을 분석하면서 다양하고 흥미로운 자료가 만들어졌다. 찰스 랑겔 의원, 존 코니어스John Conyers 의원(민주-미시간)과 에드 로이스Ed Royce 의원(공화-캘리포니아) 및 알렌 스펙터Arlen Specter 상원의원(민주-펜실베니아) 등 한국전 참전용사 출신 의원들도 있었고, 일리애나 로스-레티넨Ileana Ros-Lehtinen 의원(공화-플로리다)은 아버지가 참전용사였다고 고백했다. 한·미 관계 발전방향에 관한 학위논문을 쓴 의원이 있는가 하면 한국인을 입양한 의원도 있었다. 한국인 유권자 지역에서 당선된 의원은 물론이고, 한국 기업이 투자한 지역 출신 의원도 다수 있었다. 코리아 코커스 회원, 한국에서 군복무를 했던 의원, 한국인 보좌관을 둔 의원, 한국인을 태권도 스승으로 모시는 의원, 한국인 로비스트와 연관이 있는 의원 등 이들 모두가 한·미 관계의 자산이며, 한·미 FTA의 미 의회 인준에 앞장 설 수 있는 인물들이었다.

이태식 주미대사는 아웃리치 활동에 혼신의 노력을 했고 역대 어느 주미대사보다도 미 의회 및 업계와의 접촉면을 넓혔다. 한·미 FTA 서명 후 무려 400여 차례 상·하원 의원들을 면담하고 20여 차례에 걸쳐 30개 주 40여개 도시를 방문하여 지방정치인, 싱크탱크, 미국 업계와 우리 동포사회를 대상으로 양국간 타결한 협정에 대한 설명회를 했다. 특히, 그는 미국 도시를 방문할 때면 언제나 그 지역의 한국전 참전용사들을 만나 진심 어린 대화를 했다.

이 대사는 한국전에 참전했던 노병들의 손을 잡고 그들이 60년 전 불렀던 군가를 함께 불렀다. 그리고 "여러분의 고귀한 희생이 한국을 구했다"는 말을 하면서 그들과 각별한 교분을 유지했다. 70대 후반이거나 80대 초반이었던 생존 참전용사들은 이 대사의 감성연설에 눈물을 쏟아냈다. 그는 "우리는 알지도 못하는 나라와 만난 적도 없는 사람들이 지켜 달라는 요청에 응하였던 우리의 아들과 딸들을 기린다"는 대리석 바닥에 새겨진 글귀가 있는 워싱턴 몰의 한국전 참전기념비를 누구보다도 많이 찾았다.

한·미 FTA 지지에 앞장섰던 루이스 데커트Louis Dechert 한국전 참전용사회 회장은 매년 내게 꼭 같은 표지의 크리스마스 카드를 보내왔다. 남쪽은 불야성인데 반해 북쪽은 칠흑같은 어둠이 깔린 한반도의 야경 사진과 한 줄의 글귀였다. '우리의 희생이 헛되지 않았다는 것은 이 한 장의 사진이 증명한다.' 이보다 더 강렬한 메세지가 있을까?

미국의 이익단체들은 다양한 풀뿌리 운동을 통하여 청원을 하고, 소기의 목표를 달성해 왔다. 우리나라와 직결된 예를 들어 본다면, 비자면제

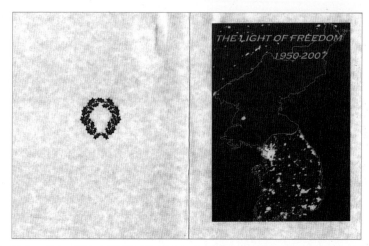

루이스 데커트 한국전 참전용사회 회장이 필자에게 보낸 크리스마스 카드의 표지와
뒷면. 우주에서 찍은 한반도 사진으로 사진상단에 자유의 불빛(The light of freedom
1950-2007)이라는 글귀가 보인다.

프로그램에 가입하는 과정이나, 군대위안부에 대한 미 의회 결의안을 채
택하는 과정에서 한국 동포사회의 풀뿌리 운동이 결정적인 역할을 했다.
우리는 이러한 풀뿌리 운동을 한·미 FTA의 인준과정에서도 접목시켜 보
려고 했다. 동포사회에 한·미 FTA의 내용과 특징을 알리면서 사용자가 소
속 지역의 의원들에게 편지를 쓰거나 청원을 하게 하도록 가칭 동포연합
웹포탈을 만들었다.

이 과정에서 미국 유대인 연합AJC과 미국·이스라엘 정치행동위원회
AIPAC 등 미국 조야에 막강한 힘을 과시하는 유태계 정치활동위원회의 조
언과 협조도 받았다. 미 의회 의원들은 정치행동위원회PAC[11]를 통하여 모

---

11 정치행동위원회(PAC)는 선거후보자를 당선 또는 낙선시키기 위하여 정치헌금을 모금하거나 지
출하는 조직을 칭하며 미국 의회 로비의 합법적인 채널이라고 할 수 있다. 최초의 PAC은 1944년
CIO(Congress of Industrial Organizations)가 루즈벨트 대통령의 재선을 위한 모금을 하기 위하여 창설
된 이래 60~70년대에는 업계와 정당들도 조직하기 시작했다. PAC은 후보자 한 명당 각 선거 기회에
5,000달러씩 기부할 수 있고 각 당의 PAC에는 연간 15,000달러씩 기부할 수 있다.

금되는 합법적인 정치자금을 지원받았고 업계와 노조 등은 PAC를 통해 의회에 영향력을 행사하는 것이 관행이었다. 그러나 미 전역의 한인을 아우르는 통합된 한인협회도 없었고 미국 내에서 합법적인 정치모금 활동을 할 수 있는 한인 중심의 PAC도 없었다. 그만큼 미국 내 한인들이 수적으로 적지 않고 국내 정치에 관심을 두고 있음에도 불구하고 단합된 정치조직을 만들어 미국 정치에 영향력을 행사하는 데는 소홀했다는 반증이었다.

부시와 펠로시의 정면 충돌

2008년 3월 내내 워싱턴은 콜롬비아 FTA의 처리 향배에 비상한 관심이 쏠려 있었다. 민주당 지도부와 합의 없이 미·콜롬비아 이행법안이 제출되면 행정부와 의회 관계는 급격히 경색될 것이며, 그런 상황이 한·미 FTA 인준 추진에도 도움이 되지 않을 것으로 관측되었다. 한편, 백악관과 미 의회가 미·콜롬비아 FTA를 합의 하에 제출하게 된다고 해도 강성노조의 지지를 받는 민주당 강경파의 반대로 의회에서 논란이 장기화될 것으로 전망되었다. 이런 상황 또한 한·미 FTA에 유리해 보이지 않았다.

3월 12일 펠로시 하원의장이 "외국과의 경쟁으로 피해를 입은 노동자들에 대한 새로운 지원대책TAA 없이는 콜롬비아 FTA를 처리할 수 없다"고 언급함으로써 일각에서는 미 하원이 TAA를 매개로 행정부와 타협할지도 모른다는 낙관론이 회자되었다. 그러나 친무역 성향의 민주당 신민주연합NDC측이 "11월 중간선거 승리가 중요한 현실에서 민주당 후보에게 불리하게 작용할 무역법안의 심의를 고려하는 것은 적절하지 않다"는 입장을 정리한 것이 알려지면서 다시 비관론이 우세했다.

부활절 휴가기간 중 행정부와 의회간 물밑 접촉도 실패하자 행정부와 의회는 서로 상대편을 신랄하게 비난했다. 행정부에서도 이행법안을 일방적으로 제출을 하자는 강경론이 득세하기 시작했고, 일방제출을 하더라도 미 의회가 파국의 부담을 피하기 위해 어떤 형식으로든 절충을 모색할 것으로 기대했다. 부시 대통령이 먼저 칼을 뽑았다. 4월 7일 부시 대통령은 미 의회의 양해 없이 콜롬비아 FTA 이행법안을 제출하는 서한에 서명하고 다음 날 USTR은 이행법안을 상·하 양원에 동시 제출했다. TPA 법에 의하면 행정부가 이행법안 제출 전에 의회와 사전협의를 의무화하는 규정은 없었으나 관례에 없는 일방조치였다. 미 의회는 이행법안이 제출되면 90회기일 이내에 찬반표결로 통과 여부를 결정해야 한다.

민주당의 분노는 극에 달했다. 당일 해리 리드 상원 민주당 대표는 "부시 대통령이 지난 30년간 TPA 법의 관례를 무시하고 의회를 경시하는 처사"라고 비난했다. 낸시 펠로시 하원의장은 "부시 대통령의 결정은 비생산적이며 현 상황에서 미·콜롬비아 FTA를 지지할 수 없다"고 맹비난을 했다. 반면, 백악관, 공화당 및 업계는 지지성명을 발표했다. 이틀 뒤 펠로시 하원의장은 민주당 의원총회를 긴급 소집하고 백악관의 처사에 대한 응징방안에 대해 토론했다. 우선, 이행법안을 표결에 부쳐 부결시키는 방안이 거론되었으나 이럴 경우 민주당도 정치적 부담이 가중되어 적절치 못한 옵션이었다. 둘째는 90일이 경과될 때까지 아무런 조치도 취하지 않는 불상정 방안으로 결국 미·콜롬비아 FTA를 부결시키는 효과는 있으나 역시 민주당에 부담이 되기는 마찬가지였다.

결국, 민주당 하원은 제3의 방도로 '미·콜롬비아 FTA의 이행법안에 대하여 TPA 법상 부여된 신속처리시한을 무력화시키는 법안'을 채택하기로 중지가 모아졌다. 다시 말하면 TPA 법의 보호를 받는 협정의 이행법안이 미 의회에 제출되면 하원 상임위원회에서 45일 이내 찬반표결을 거쳐 하원 본회의로 넘기면 본회의는 15일 이내 찬반표결로 처리해야 하는 1974년 통상법의 규정을 새로운 입법[12]을 통하여 정지시켜 버리는 방안이었다.

이 법안은 4월 9일 하원 규칙위원회에서 채택되고 다음 날 오후 하원 본회의에서 통과되었다. 합법적인 권리행사였지만 다수당의 위력을 힘으로 과시한 조치기도 했다. 이로써 미·콜롬비아 FTA 이행법안은 미 의회 땅을 밟은 지 사흘 만에 강제 동면에 들어갔다. 한편 이 사건은 타결된 통상협정이 무역촉진권한에 의하여 보호된다고 하더라도 협정의 처리에 관하여는 일체의 지렛대를 의회가 가지고 있다는 것을 극명하게 보여 준 사례이기도 했다.

행정부와 의회간 결투는 행정부의 처절한 패배로 끝났다. 결국 칼자루는 의회가 쥐고 있기 때문이다. 부시 대통령도 치명적인 상처를 입었고 레임덕 현상은 가속화되고 있었다. 4월 12일부터 이 대통령의 첫 방미행사가 시작됐다. 화사한 봄 날씨였다. 이 대통령은 상·하원 지도부와 회동하는 등 분주한 일정을 소화했으나 미 의회측은 한·미 FTA 비준문제에 대한 직접적 논의는 회피했다. 양 정상은 4월 15일 캠프 데이비드에서 정상회의를 했고 부시 대통령은 "연내 한·미 FTA의 미 의회 인준을 위해 최선을 다 하겠다"고 언급했다.

미 행정부는 5월 하순 '백악관 관계장관회의'를 열어 한·미 FTA 인준 여건과 대책을 협의했다. 한·미 FTA가 서명 이후 장관급 회의에서 공식

---

12 법안(H. Res. 1092) 제2항은 "1974년 통상법 섹션 151(e)(1)항과 섹션 151(f)(1)을 미·콜롬비아 FTA 이행법에 적용하지 않는다"고 규정하고 있다.

거론된 것은 처음이었다. 또한 부시 대통령은 백악관 로즈가든으로 조야 인사들을 초청한 자리에서 현안 3개 FTA의 조기 비준 필요성을 역설했다. 그러나 미 대선 정국 속에서 무역어젠다의 민감성과 의회·행정부간 대립 그리고 자동차 문제로 인하여 민주당 내부에서는 한·미 FTA의 인준 일정을 검토조차 하지 않고 있었다.

나는 쇠고기 협상타결, 의회·행정부간 갈등, 민주당 경선의 장기화 등의 변화된 여건을 다시 종합적으로 검토하여 한·미 FTA의 미 의회 인준 여건과 전망이 어둡다는 보고서를 작성했다. 한편, 한국에서는 5월 내내 쇠고기 협상의 후폭풍이 몰아쳤고 촛불시위가 할퀴고 간 상흔은 매우 거칠었다.

Mr. President!

통상이슈와 무관한 지명표기 문제가 한·미 FTA와 얽혔던 에피소드가 있었다. 2007년 7월 29일 화요일을 맞는 워싱턴은 무거운 분위기였다. 바로 며칠 전 KBS가 저녁 9시 뉴스에서 "미국지명위원회가 최근까지 '한국 땅'으로 표기해 오던 '독도'를 '주권 미지정UU'으로 변경했다"고 특종을 터뜨렸기 때문이다. 서울에서는 원상회복을 하라는 지시가 빗발쳤다. 그러나 전날 월요일 국무부 정례브리핑에서 겔러거스 부대변인은 "미국 정부의 정책에는 변화가 없다"고 확인하자 국내에서는 문책과 희생양을 거론했다.

이런 무거운 분위기 속에서 정오부터 한·미 FTA 인준 대책협의를 위한 백악관 주최 업계대표와의 협의회가 열렸다. 장소는 백악관 구정부청사 3층 루즈벨트 룸이었다. 주미 대사관과 백악관이 오래 전에 공동으로 기획한 행사로 미 행정부에서는 카를로스 구티에레즈Carlos Gutierrez 상무장

2008년 7월 29일 백악관 루스벨트 룸에서 열린 한·미 FTA 인준 추진을 위한 행정부-업계 협의회의 현장사진이다. 왼쪽 열에 부시대통령이 있고, 그 오른쪽은 쉐이퍼 농무장관, 왼쪽은 구티에레즈 상무장관, 이태식 주미대사와 필자의 모습

관과 에드 쉐이퍼Ed Schafer 농무장관 등이 참석했고 업계에서는 매트 니마이어Matt Niemeyer 회장을 위시한 한·미 재계 연합 회원사 대표들이 모두 참석했다. 이태식 대사와 나도 초청을 받았다. 먼저 니마이어 회장이 조기 인준 필요성을 역설한 후 부시 대통령이 깜짝 참석했다. 그는 특유의 여유를 과시하면서 "한·미 FTA의 조기 인준을 위해 최선을 다 하겠다"고 강조했다.

질의응답을 마친 후 부시 대통령이 자리에서 일어나 복도 쪽으로 걸어나갔고 구티에레즈 상무장관과 데니스 와일더Dennis Wilder 백악관 선임보좌관이 뒤따랐다. 이태식 대사는 전송차 부시 대통령에게 다가서면서 "미스터 프레지던트! 한·미 양국관계에 매우 위중한 문제burning issue가 있습니다"라고 하자 부시 대통령은 무슨 문제가 있는지 되물었다. 이 대사가

"지명표기 문제입니다. 해결이 지연되면 양국관계에 부담이 될 수 있으니 대통령의 관심이 절대 필요합니다"라고 언급하자 부시 대통령은 이 대사에게 다가오라는 손짓을 하면서 "알고 있습니다. 콘디(콘돌리자 라이스 미 국무장관)에게 원만한 해결을 지시했으니 콘디와 상의하세요"라고 답했다.

이 대사의 임기응변으로 미 행정부 입장이 변곡점을 지났다는 것을 부시 대통령을 통해 직접 확인할 수 있었다. 부시 대통령이 직접 국무부의 입장 번복을 지시한 것이었다. 나는 "백악관에서 한·미 FTA 관련 미 정부와 업계간에 협의가 있었고 최고위층도 참석했다"는 사실을 보도자료로 배포했다.

그 날 저녁 이태식 대사는 방미 중인 국회의원단을 만찬에 초청하여 비보도 전제 하에 "(지명표기 관련) 어려운 여건입니다만, 최선의 노력을 하겠습니다. 저는 오늘 부시 대통령과 잠시 환담했습니다"라고 귀띔을 해주었다. KBS는 저녁 9시 뉴스에 "부시 대통령, 원상복구 시사"라는 또 하나의 특종을 날렸다. 해결전망이 어둡다는 보도를 했던 다른 방송사들은 절망했다. 7월 30일 오후 1시경 짐 제프리 백악관 국가안보부보좌관의 전화를 받은 후 이 대사는 "미국 정부가 독도영유권 표기를 원상복구하기로 최종 결정했다"는 기자브리핑을 했다. 워싱턴발 긴급속보가 뒤따랐다. "독도 원상회복"

국정감사와
레임덕 회기

워싱턴에서는 미 대통령의 거부권을 지렛대로 민주당과의 협상 가능성이 그럴 듯한 근거를 가지고 회자됐다. 하나는 TAA 처리와 콜롬비아 FTA만을 연계하는 소규모 패키지였고, 다른 하나는 민주당 어젠다를 들어주는 대가로 3개 현안 FTA를 한꺼번에 처리하는 대규모 패키지였다. 또 다른 가설은 9월 말 잠정예산결의CR[13] 채택을 볼 모로 부시 대통령이 의회로 하여금 '레임덕 회기'[14]를 열게 하는 지렛대를 구사할 수 있다는 설이었다. 워싱턴의 로비스트들이 만들어내는 그럴듯한 정치 공학적 이론들이었다.

7월 초 일본 도야코洞爺湖에서 열린 G-8 정상회의 계기에 다시 회동한 한·미 정상은 "한·미 FTA의 조기 비준 필요성에 공감하고, 최대한 비준을 위해 노력하겠다"고 언급했고, 8월 초 서울을 찾은 부시 대통령은 "레임 덕 회기에 한국 및 콜롬비아와의 FTA에 대한 의회 인준을 위해 최대한 노력하겠다"는 원론적 입장을 반복했다. 국내 정치권은 부시 대통령의 의지를 낙관적으로 해석하면서 2008년 중 미 의회 인준 가능성에 기대를 하고 있었다. 또한, 우리가 먼저 비준하는 것이 미국의 재협상 요구를 차단하는 데 유용할 것이라는 입장을 보였다. 한편, 워싱턴에서도 레임덕 회기가 열리게 되면 부시 대통령과 미 의회간에 대타협을 할 가능성이 있을 것이라는 낙관론을 펴는 사람들도 있었다.

주미 대사관은 10월 초 국회의 국정감사를 받았다. 한·미 FTA의 국회 비준시기 문제로 여야간 첨예한 대립이 노정되던 시기였다. 남경필 의원은 "우리가 먼저 비준을 하는 것이 미측에 압력이 된다고 보십니까?"라고 질의했고, 이태식 대사는 "우리 국회의 선 비준동의가 미측에 자극을 줄

---

13 잠정예산결의(CR: Continuing Resolution)는 미 의회가 9월 말까지 다음해 세출예산을 처리하지 못할 경우, 금년도 예산에 준하여 공무원 보수 등 연방기관의 불가결한 지출을 잠정적으로 승인하는 결의를 의미한다. 이 결의는 대통령이 서명을 해야 효력을 발생하기 때문에 부시 대통령은 장기 CR을 허용하지 않고 1~2개월 정도 유효한 CR을 고집했기 때문에 미 의회는 울며 겨자 먹기로 레임덕 회기를 열어야 한다.

14 레임덕 회기(lame duck session)는 11월 의원선거와 임기종료일인 차년도 1월 3일 사이에 잔여법안 처리를 위해 개최되는 회기를 지칭하며 레임덕 회기 개최 여부는 선거 후 결정하며 레임덕 회기에서는 주로 덜 대립적인 사안만 처리한다.

수는 있겠지만 압력이 된다고 생각하지 않습니다. 미국측의 경우 추후에 개정을 요구했던 전례가 있기 때문입니다"라고 답변했다. 이어 미 의회의 인준시기를 언제로 예측하느냐는 안상수 의원의 질의에 대해 이 대사는 "금년에 비준이 되면 좋겠지만, 현재 미 의회의 여건으로 보아 2009년 하반기도 빠르고, 2010년 이후에나 가능할 것이라는 시각이 많습니다"라고 답변했다. 이 대사의 답변은 옳은 관찰이었으나 조기 비준을 기대하던 서울 정치권에 실망을 안겨 주었다.

일반적으로 미 의회는 대선이 있는 해에는 대개 10월 초에 휴회를 한다. 11월 초 대선 이후 소집되는 레임덕 회기는 며칠에 불과하고 대개 상·하 양원에 새로 당선된 의원들에 대한 오리엔테이션과 차기 의회의 원구성에 관한 협의를 한다. 레임덕 회기를 열지 않은 경우도 있었으나 2008년 상황은 판이했다. 금융사정이 걷잡을 수 없을 만큼 빠른 속도로 악화되었기 때문에 구제금융 결정을 위해 의회가 열려 있어야 했다. 하원은 10월 초 금융안정법을 통과시킨 뒤 '기한을 정하지 않는 휴회'[15]를 했다. 당시 심각하고 유동적인 경제위기 상황을 고려하여 하원의장이 언제든지 회의 소집을 할 수 있도록 한 것이다. 해리 리드 상원 원내대표도 10월 초 휴회를 하면서 경제활성화 법안 등 현안 법안심의를 위해 대선 이후 레임덕 회기를 열 계획이라고 언급했다.

11월 중순에 열린 레임덕 회기에서 양원은 자동차 업계 지원 관련 청문회를 열었다. 공화당 의원들은 자동차 업계에 대한 구제금융 지원은 모랄 해저드라고 비판하면서 미국 자동차 업계로 하여금 구조조정계획을 제

---

15 '기한을 정하지 않는(sine die: without a day) 휴회'는 미 의회에서 추후소집일을 지정하지 않고 정회 (adjournment)하는 것을 일컫는다. 미 의회는 2년마다 열리는 중간선거로 인하여 두 개의 회기로 구성되며, 대개 두 번째 회기는 11월 둘째 주에 치러지는 중간선거에서 낙선하는 의원과 당선되는 의원이 있기 때문에 중간선거 이전에 회기를 종료하며 이를 기한을 정하지 않는 휴회라 한다. 그럼에도 불구하고 필요하면 하원의장과 상원 다수당 대표의 결정으로 회의를 소집할 수 있다.

출하도록 했다. 하원은 250억 달러 상당의 구제금융 지원법안이 하원에서 가결됐으나 상원에서 부결되어 폐기되었다. 한편 민주당의 요구와 미·콜롬비아 FTA 통과를 패키지로 처리할 수 있다는 소문이 돌았으나 한·미 FTA와 관련해서는 소문조차 나지 않았다.

12월 말 한국 국회에서는 기상천외한 사건이 발생했다. 외교통상위원회 회의실 출입문을 경계로 여야가 대치했다. 여당이 한·미 FTA 비준동의안을 전격 상정하면서 일부 의원들의 출입이 통제됐기 때문이었다. 입실이 제한된 야당 의원들은 이에 항의를 하여 회의실 밖에서 공사판 대형망치와 전기톱으로 회의장 문을 부수고 여당은 국회 경위를 불러 회의장 안에서 밖으로 소화기 분말을 뿌렸다. 한편, 민노당 당직자들이 의장실과 국회의 로텐더 홀을 점거하고 상정저지 농성을 시작하자 국회 경위들은 이들을 해산했다. 이에 강기갑 의원은 국회 사무총장실에 들어가 집기를 넘어뜨리고 탁자 위로 날아오른 다음 발로 내리 밟았다. 이 장면은 당시 '공중부양'이란 제목으로 대서특필되었고 한동안 유튜브를 달구었다.

부시 정부의 유산과 오바마의 공정무역

2009년 1월 미국 제43대 대통령으로 취임한 오바마 대통령의 최대 과제는 경제위기 극복과 의료개혁, 환경 등 국내문제와 이라크, 아프간 전쟁 수행에 정책 우선순위를 두고 있었다. 오바마 대통령은 대선 캠페인 기간 중 '공정무역fair trade'을 강조하면서 새로운 무역협정의 체결보다는 부시 행정부의 기존 통상정책을 전면 재검토한다고 공약해 왔다. 래리 서머스Larry Summers 국가경제보좌관과 마이클 프로만 Michael Froman 국가경제부보좌관 등 백악관에 포진한 경제자문관들은 모두 친무역 성향을 가졌으나 오바마 정부의 통상정책은 한동안 베일에 가려 있었다.

1월 하순 클린턴 국무장관의 인준청문회가 열렸다. 당연히, 한·미 FTA에 대한 미 국무부의 입장에 관심이 집중되었다. 인준청문회 자체는 수월하게 지나갔으나 한·미 FTA 이슈를 포함한 서면 질의·답변이 파문을 일으켰다. 존 케리John Kerry 상원 외교위원장(민주-매사츄세츠)이 요구한 서면 질의에 대하여 힐러리 클린턴 후보의 서면 답변내용이 알려지면서 워싱턴 특파원들은 한·미 FTA의 의회 인준에 빨간불이 켜졌다고 타전했다.

케리 의원　한·미 FTA의 비준전망은 어떠하며, 기존의 합의문을 변경하지 않고 의회 승인을 받을 수 있다고 봅니까?
클린턴 후보　한·미 FTA는 쇠고기 및 자동차 문제 등 현안문제가 해소되어야 비준을 검토할 수 있으며 현 상태로 의회 승인은 불가능하다고 봅니다.

한편, 3월 USTR이 발표한 6개항의 '대통령 통상정책 어젠다'는 환경, 노동 문제를 고려하는 '공정무역'을 기반으로 무역협정의 이행을 강화함으로써 미국의 산업과 소비자들이 부당한 대우를 받지 않도록 한다는 취지였다. 그러나 현안 FTA 처리를 위해 의회와 '행동계획'을 협의하고 있다고 하면서도 현안 FTA를 '부시 정부의 유산'이라고 지목한 것에는 의도가 있었다.

민주당 정부의 통상정책을 밝힐 것이라는 기대가 컸던 론 커크Ron Kirk USTR 신임대표의 4월 조지타운 대학연설도 모호하기 짝이 없었다. 미 행정부는 전대미문의 경제위기 극복과 GM 파산 등 굵직한 문제를 정리하면서 의료보험 개혁[16]과 기후변화 정책에 우선순위를 두었다. 더욱이 국내 개혁 입법 추진을 위해 의회의 협조가 필수적임에도 불구하고 상원에서는 토론종결 정족수를 채울 수 없는 여건에서 행정부가 의회를 상대로 강경한 입장을 취할 수 없었다.

5월 26일 나는 방한 중인 마이클 카스텔라노Michael Castellano 수석보좌관과 별도로 만나 장시간 의견을 나누었다. 그는 리드 상원 다수당 원내대표를 보좌하며 상원 내 민주당의 전반적 외교정책을 총괄하는 핵심 보좌관이었다. 그의 설명은 미국 정치권의 역학관계를 꿰뚫고 있었다.

필자 한·미 FTA의 처리에 대한 백악관과 USTR 내 사정은 어떻습니까?

카스텔라노 보좌관 백악관은 모든 에너지를 경제위기 극복, 의료보험 개혁 및 기후변화 법안에 쏟고 있고 의회와의 대립 소지를 최대한 피하려 합니다. 미·파나마 FTA의 처리에 대한 방침이 하반기 통상어젠다의 리트머스 테스트가 될 것입니다. USTR은 백악관의 지시 없이 무엇 하나 할 수 없는 여건입니다.

필자 미 의회의 우선과제는 무엇이며 그 처리시한은 어떻게 전망합니까? 나아가, 무역정책 관련 의회측의 시각은 어떻습니까?

카스텔라노 보좌관 미 의회의 사정도 별반 다를 바 없습니다. 최우선과제는 경제위기 극복이며 7월부터는 의료보험 개혁에 몰두할 것입니다. 재정건전성을 강조하는 의회 내 '블루독Blue Dog' 의원들의 반발이 만만치 않지만 연말까지는 법안을 통과시켜야 합니다. 기후변화 관련 입법도 상원 내 강경의원들G-16의 반발이 극심하며 금년 중 법안통과는 거의 어렵다고 봅

---

16 2009년 미 의회는 모든 에너지를 의료개혁에 집중했다. 의료보험 개혁은 오바마 대통령의 최우선 정치공약이었다. 최강국인 미국의 의료보험제도는 열악하기 짝이 없었다. 전 국민의 67%가 사보험에 가입해 있고 빈곤층 및 65세 이상 노인 약 8천만 명이 정부가 운영하는 Medicaid와 Medicare 제도의 수혜를 받고 있었다. 무보험자는 4,500만 명으로 그 비율은 16%에 달했다. 미국의 의료보험 재원의 대부분을 증세(소위 캐딜락 플랜)와 재정지출 확대로 메워야 되는 상황에 대하여 공화당은 물론 민주당 내부에서도 심하게 반발했다.

니다. 이런 여건에서 무역문제는 후순위로 밀릴 수밖에 없습니다.

필자　상·하 양원 내 무역담당 핵심 의원들의 입장은 어떻습니까?

카스텔라노 보좌관　상·하 양원 내 무역문제를 책임을 지고 있는 의원들도 개인적인 여건들이 모두 어렵습니다. 리드 상원 다수당 대표는 중간선거를 치러야 하고 보커스 상원 재무위원장은 여전히 쇠고기 문제에 집착을 보이고 있습니다. 하원의 랑겔 세입위원장은 윤리위원회에 회부되어 조사를 받고 있고 레빈 무역소위원장은 여전히 자동차 문제에 강한 집착을 보이고 있습니다.

필자　현재 미국 국내 정치여건에 비추어 한국은 어떤 조치를 취해야 합니까?

카스텔라노 보좌관　미 행정부의 입장은 백악관이 결정합니다. 아시아 중시 정책을 펴고 있는 백악관 국가안전보장회의NSC와 긴밀히 협력하고 한·미 동맹의 중요성을 인식하고 있는 존 케리 상원 외교위원장 등 의회 지도부와 관계강화도 긴요합니다.

장기 표류하는
한·미 FTA

2009년 6월 백악관에서 열린 장관급 회의에서 통상현안에 대한 토의가 있었는데, 회의결과 "당분간 DDA 및 현안 FTA 등 통상 이슈에 대해 특별한 입장을 취하지 말도록 USTR에게 지시했다"고 알려져 충격을 주었다. 10월 들어 백악관은 다시 한 번 장관급 회의를 열어 통상어젠다에 대한 내부 협의를 했으나 결과는 마찬가지였다. 이 회의는 미국의 통상정책이 소강상태에 접어들었다는 것을 강하게 시사했다. 공격적인 통상정책을 펴던 USTR은 후퇴했고 민주당식의 새로운 통상정책이란 존재하지 않았다.

6월 중순 한·미 양국 정상간 발표한 '미래비전성명문'은 "한·미 FTA의 진전방안을 모색하기 위해 협력할 것을 약속한다"는 문안을 반복했다. 같은 시기에 미 의회는 내홍을 겪고 있었다. 한·미 FTA를 둘러싸고 의회 내 찬반의원들이 행정부를 압박했다. 11월에는 애덤 스미스Adam Smith 의원 (민주-워싱턴) 및 데이브 라이커트Dave Reichert 의원(공화-워싱턴)을 비롯하여 88명의 하원의원이 한·미 FTA의 조기 인준을 요청하는 서한을 발송하자 미 하원 내 반무역주의자들로 구성된 '무역실무 그룹' 소속 의원들도 자동차 조항의 문제점을 지적하면서 한·미 FTA의 수정이 필요하다는 서한을 발송하며 맞불을 놓았다.

한편, 11월 중순 오바마 대통령의 방한에 즈음하여 일부 한국 언론은 오바마 대통령의 방한 보따리에 '한·미 FTA에 대한 모종의 선물'이 있을 것이라는 입방아를 찧었다. 그러나 정상회담 직후 가진 양국 정상의 기자회견은 "한·미 FTA 진전을 위해 공동노력을 하겠다"는 원론적 발표였고 비준시한에 대한 합의는 없었다.

2009년 12월 중순 오바마 대통령은 TPP 협상과 위조품거래방지협정 ACTA 협상에 참여한다는 구상을 발표했으나 소극적 통상정책 기조는 유지되었다. 당시 하비에르 베쎄라Xavier Becerra 하원의원(민주-캘리포니아)이 USTR 대표 제의를 거절한 것도 미 행정부의 소극적인 통상정책에 기인했던 것으로 알려졌다. 더욱이, 2010년 1월 매사추세츠 주 상원의원 보궐선거에서 민주당이 대패함으로써 그간 상원 60석을 확보하여 막강한 힘을 행사하던 민주당의 '슈퍼 다수super majority'가 무너졌다. 민주당의 정치적 쇠락이 시작되면서 변화된 권력관계를 반영한 국정운영의 전략수정이 불가피하게 됐다.

2부

한·미 FTA
추가협상과 국회비준

한·미 FTA의 국문 번역본에 발견된 오류를 정정하기 위해 2011년 4~5월간 협정문을 재검독했다. 사진은 2011년 6월 3일 재검독 결과를 발표하고 한·미 FTA 비준동의안을 제출했다는 사실을 브리핑하는 필자

| 협정발효의 소회 |

한·미 자유무역협정(FTA) 발효가 임박했다. 6년 만의 출산(出産)이다. 반갑고 다행스럽다. 2007년 3월 말 서울 하얏트 호텔에서 발표된 협상타결은 역사적 순간이었다. 마지막까지 결렬 가능성을 배제하지 못하던 협상이었기 때문이었다. 동북아 허브 국가로 도약하는 기틀을 마련한 조약이었다. 업계는 세계 최대 시장 선점에 대한 기대로 일제히 환영했다. 이웃나라들은 부러움과 동시에 경계심을 내비쳤다.

같은 해 6월 마지막 토요일 아침 미국 하원 캐넌빌딩에서는 한·미 FTA 서명식이 준비되고 있었다. 협상과정에서 빚은 대립과 갈등에 종지부를 찍는 순간이었다. 3개월 전 서울에서 협상타결을 선언한 데 이어 다시 축하할 시간이었다. 그러나 서명식장에는 무거운 긴장감이 흘렀다. 하루 전날 자동차 재협상이 없으면 협정인준을 하지 않겠다는 펠로시 하원 의장의 공개성명도 한몫했다. 난산은 예고되고 있었다. 협정은 오랜 기간 미궁에 빠졌다. 2008년 가을부터 본격화한 세계 경제위기는 보호무역주의자들에게 날개를 달아줬다. 미국 의회에 구성된 무역실무그룹이라는 반무역자유화 단체에 민주당 의원 120여명이 참여했다. 한국에서도 한·미 쇠고기 협상결과에 대한 공격과 한·미 FTA에 대한 반대가 드셌다.

2010년 6월 토론토에서 양국 정상이 봇물을 트기까지 한·미 FTA는 뇌사 상태였다. 그해 말 자동차, 돼지고기 그리고 의약품 분야에 대한 일부 추가협상을 거쳐 협정은 기사회생했다. 그리고 2011년 하반기 어렵사리 양국 국회 인준을 마쳤다. 그해 10월 12일 미국 상·하원은 전광석화처럼 협정을 인준했다. 철저한 의사일정 준비와 막후협상, 그리고 당당한 찬반표결의 결과였다. 미국 하원 표결에서는 반대표도 적지 않았다. 그러나 절차적 민주주의에 흠결은 없었다.

작년 말 우리 국회에서 비준하는 과정은 깊은 트라우마를 남겼다. 소위 끝장토론은 정치선전장으로 변질됐다. 낯설지 않은 회의장 점거에 이어 국회 본회의장에서 경험한 최루탄은 안타까운 일이었다. 한·미 FTA는 을사늑약으로 비하됐고 협상에 참여한 공무원을 이완용에 비견하는 트위터도 떠돌았다. 합리적 설명은 빛이 바랬고 실체적 진실은 그림자 속에 가려졌다.

재협상론에 이어 협정폐기론까지 나오고 있다. 혹세무민하는 주장은 어느 시대든 존재한다. 그러나 한·미 FTA는 기나긴 토론과 비판을 거치면서 검증됐다. 적법한 절차로 국회 비준동의도 받았다. 그럼에도 불구하고 독소조항을 지속적으로 운운하고 있다. 협정폐기론은 현실적이지도 바람직하지도 않다. 한·미 FTA 폐기는 양국간 우호협력 관계는 물론 국제사회에서 우리 신뢰를 훼손할 것이다. 나아가 협정발효로 얻게 될 이익을 송두리째 포기할 수밖에 없다.

한·미 FTA 만큼 국민적 관심과 논란 대상이 된 통상조약은 없을 것이다. 혹자는 반미적 진보정부가 택한 협상개시에서 원죄를 더듬는다. 그러나 당시 얼마나 치열하게 전략을 짜고 협상에 임했는지는 언론을 통해 잘 알려진 사실이다. 한·미 FTA를 설계·협상하고 추인했던 분들의 웅변이 유튜브 동영상 등을 통해 아직도 생생하게 재연되고 있다. 2012년 3월 15일 한·미 FTA가 긴 산고 끝에 발효된다. 협정이 지향하는 목표는 명쾌하다. 우리 경제의 효율성 증대와 경쟁력 강화를 통한 세계 최고 대한민국을 만드는 것이다. 이제 소모적 논쟁을 접고, 갈등의 그림자도 걷어내야 한다. 협정을 활용해 기대이익과 일자리를 창출하는 데 최대한 힘을 모아야 한다. 6년이란 세월 속에서 이제는 비판도 반대도 숙성돼 있지 않을까 기대해 본다.

매일경제(2012년 3월 7일) 기고문

4

추가협상과 극적 타결

내 것은 내 것이고 당신 것은 교섭이 가능하다.
What is mine is mine and what is yours is negotiable.

협상의 한 전술

토론토에서의 대반전

오바마 대통령은 2010년 연두 국정연설에서 한·미 FTA의 중요성과 조기 비준이 양국에 유익하다는 점을 강조했다. 그러나 글로벌 경기침체와 민주당 정부의 소극적 입장으로 한·미 FTA의 의회 인준 전망은 여전히 불투명했다. 오바마 집권 후반에 접어든 백악관의 목표는 2010년 중간선거에서 승리하여 정권 재창출의 기반을 조성하는 것이었다. 그러나 2008년 하반기에 촉발된 경제위기에 처한 경제회생, 의료개혁과 기후변화 법안의 실패가 민주당의 정치패배로 이어질까 우려하는 분위기였다.

미 행정부의 통상정책 결정방향은 서머스 백악관 경제보좌관이 주재하는 장관급 회의와 프로만 부보좌관이 주재하는 차관급 회의에서 논의되고 결정되는 데 2009년 6월에 열린 장관급 회의는 통상정책을 후순위에 두기로 결정한 것으로 알려졌다. 또한, 의회에서는 해리 리드 상원 다수당 원내대표와 스테니 호이어Steny Hoyer 하원 원내대표(민주-메릴랜드)의 명시적인 입장표명과 함께 상원 재무위원장과 하원 세입위원장의 법안 심의를 위한 준비절차 개시와 원내총무의 '휘핑whipping'이 필요했다.

한편 2010년 6월 하순 나는 일 년 동안 일했던 DDA 협상대사직을 떠나 FTA 교섭대표로 공식 임명됐다. 이미 두어 달 전에 내정은 되었지만 반기문 유엔 사무총장의 기후변화특사로 있던 한승수 전 총리께서 나에게 기후변화대사로 활동해 줄 것을 주문하면서 인사절차가 지연되고 있었다. 한 총리의 제의는 고마웠지만 나는 한·미 FTA를 마무리 짓는 일에 도전해 보고 싶었다.

당시 미 의회의 인준시기와 전망을 둘러싸고 통상교섭본부와 주미 대사관간 갈등도 내연하고 있었다. 한덕수 주미대사는 2010년 중 의회 인준 가능성이 있다고 판단하고 미국측과 현안 협의를 서둘러야 한다고 주장했다. 한 대사는 6월 중순 청와대에 "캐나다 토론토에서 열리는 한·미 정상회담에서 레임덕 회기에 한·미 FTA 인준을 추진하는 방안을 오바마 대통령과 협의해 달라"는 취지의 긴급 건의를 했다.

반면, 통상교섭본부는 2011년 중반 이후에야 미 의회 인준에 기회의 창이 열릴 수 있다고 판단하여 유연하게 대응하자는 입장이었다. 그러므로 6월 한·미 정상회담에서는 "한·미 FTA 비준에 필요한 구체적인 협의를 개시한다"는 수준에서 협의할 것을 건의했다. 이유는 간단했다. 첫째는 중간선거 이전에 양측의 현안협의를 종료하고 레임덕 회기에 한·미 FTA 이행법안의 의회 제출을 시도하는 것은 비현실적이었다. 둘째는 한·EU FTA 의 서명과 비준 목표시기가 10~11월이었기 때문에 미국과 추가협의를 진행하는 경우 한·EU FTA의 비준처리가 지연될 가능성도 배제할 수 없는 상황이었다.

2010년 6월 26일 G-20 정상회의 계기에 캐나다 토론토에서 한·미 정상회담이 열렸다. 이 회담에서 한·미 FTA의 비준추진은 급격한 전환점을 맞이하게 되었다. 오바마 대통령은 "작년 11월 한국을 방문했을 때 한·미 FTA 인준 추진에 관한 확고한 의지를 확인했다"고 상기하면서 "금년 11월 서울에서 열리는 G-20 정상회의까지 양측 통상장관간 집중적인 협의를 할 수 있기를 희망합니다"라고 제안했고, 이명박 대통령도 이에 동의했다. 오바마 대통령은 "미 의회 인준을 위해 자동차 문제 등에 다소 조정이 필요하며 협상이 마무리되면 그 후 수개월 내에 한·미 FTA의 미 의회 인준 절차를 마무리하겠습니다"라고 했고 이 대통령은 "한국의 관심 이슈도 고려하여 양측이 원만한 합의를 모색하길 희망합니다"라고 응수했다.

오바마 대통령의 제안은 실로 전격적이었다. 그의 제안은 미 의회 핵심 의원들과는 물론 핵심 참모 이외에 행정부 내 고위층과도 전혀 사전협의가 없었던 것으로 알려졌다. 민주당 의회 내에서 조차 오바마 대통령이 단독으로 그런 결정을 했다는 사실과 이런 결정이 미칠 수 있는 영향에 대하여 우려를 표했다. 토론토 정상회의는 한·미 FTA의 인준 추진에 결정적인 계기를 마련했지만 여건은 녹록치 않았다. 나는 토론토 정상합의에 대한 후속조치를 위해 커틀러 대표보와 전화협의를 했다. 양측은 9월 중 커틀러 대표보의 일본 방문 기회에 센다이仙台에서 수석대표 단독협의를 하기로 합의했다.

센다이-샹띠유 거쳐
샌프란시스코-서울로

　　　　　　　　김종훈 본부장은 언론브리핑 과정에서 "추가협
상에서 미국이 협정개정이나 수정을 희망하는 경우, 이를 수용할 용의가
있느냐"는 질문에 대하여 "한 획, 한 점도 고치지 않겠다"고 답변했다. 추
후 국회와 언론은 이 답변을 비판했으나 미국의 협정개정 요구를 선제적
으로 차단하고자 했던 협상수장의 고육지책이었을 것이다.

　한편, 한국은 오바마 대통령의 토론토 제안을 환영하면서도 미 의회
의 진정한 의도 및 미 행정부와 의회간의 교감 정도에 대해 확신을 가지
지 못했다. 미국은 협상타결 후 서명을 마친 FTA를 재협상한 전례가 있고,
한국은 2009년 4월 비준동의안이 외통위를 통과한 상황에서 협정수정이
이루어지게 되면 문제가 매우 복잡해지기 때문이었다. 게다가 한·미간 추
가협의는 서명을 앞두고 있는 한·EU FTA 인준과정에 미칠 수 있는 부정
적인 영향도 고려해야 했다.

　미국의 국내사정도 복잡했다. 11월 중간선거를 앞두고 정치권은 요동
치고 있었다. 의회에서는 한·미 FTA 찬반의원간 세력대결 양상이 다시 표
출되고 있었다. 7월 말 마이클 미쇼Michael Michaud 의원(민주-메인)의 주
도로 하원의원 110명이 한·미 FTA 반대서한을 발송하자 데이브 라이커르
트Dave Reichert 의원(공화-워싱턴)의 주도로 하원의원 101명이 지지서한을
발송했다. 한편 USTR은 한·미 FTA에 대한 추가협의를 앞두고, TPA 규정
에 따르면 의회에서는 찬반표결만 가능하지만 협정문의 일부가 수정되더
라도 TPA 규정의 위반상황을 우회할 수 있는 방안에 대한 법률적 검토[17]

---

17 TPA 법에 따라 제출되는 이행법안은 ① 2007년 7월 1일 이전에 타결된 협정문과 SAA를 승인하는 내
　　용과 ② 이행을 위해 필요한 경우 법의 제·개정 사항을 포함한다. 미 의회는 제출된 이행법안을 수정
　　할 수 없으므로 타결된 협정문에 실질적인 변경이 있는 경우 TPA 법의 위반문제가 발생된다. 그러나 미
　　국측은 추가합의 내용이 본 협정의 승인을 위해 "필요하고 적절한(necessary and appropriate) 경우" 본
　　협정의 내용이 수정되더라도 TPA 법의 위반을 피할 수 있다고 판단하여 필요한 검토를 하고 있었다.

를 하고 있었다.

한·미 양국은 향후 일정에 대해서도 이견이 컸다. 미국은 10월 중 장관회의를 통하여 집중적으로 협의하여 11월 서울에서 열리는 G-20 계기에 열릴 양자 정상회담에서 최종 합의를 선언하는 방안을 검토하고 있었다. 반면, 한국은 미 행정부가 11월 초 중간선거를 치르는 의회와 추가협상에 대한 교감을 할 수 있을지 의문을 가지고 있었기 때문에 G-20 정상회의에서는 2011년도의 인준 방안에 대한 협의를 하는 것이 현실적이라고 판단했다.

9월 22일 수요일 나는 도쿄 하네다羽田 공항에서 내려 센다이행 기차를 탔다. 다음 날 나는 커틀러 대표보와 센다이 주재 한국 총영사관 회의실에서 만났다. 일본은 공휴일이었다. 하루 종일 가을비가 추적이는 센다이는 차분했다. 필기도구 없이 마주 앉아 오전 내내 미측의 입장을 청취하고 질의했다. 스시와 튀김우동으로 점심 요기를 하고 오후에 다시 회의실에서 마주 앉았다. 나는 이 만남을 '센다이의 비대화非對話(non-conversation)'라고 불렀다.

나는 미국의 입장과 배경을 청취하는 데 집중했다. 커틀러 대표보는 9월 17일 백악관 부장관급 회의에서 한·미 FTA 관련 미국 패키지의 기본 골격에 대한 협의가 있었다고 했다. 그간 업계로부터 수많은 협정수정 요구를 접수했으나 자동차와 쇠고기 문제에 한정된 패키지를 구성하기로 방향을 잡았다고 운을 떼면서 자동차 분야의 관심사항과 월령제한 철폐 등 쇠고기 분야의 관심사항을 열거했다. 나는 "쇠고기는 논의가 불가하며 자동차 분야도 협정개정을 요하는 사항은 듣지도 않겠다"고 대응했다. 나아가 미국이 무리한 요구를 하면 맞대응 하겠다고 응수했다.

결론은 없었다. 커틀러 대표보는 미국 정치권이 요구하는 쇠고기와 자동차 이슈에 대해 최대한의 요구사항을 시사했다. 미국측의 초기 구상은 재협상 추진의 절박함을 표시하면서도 한국의 신축성을 가늠해 보려는 행보로 보였다. 양측은 센다이 회동 이후 냉각기를 거쳐야 했다. 9월 중 한국은 한·EU FTA의 서명과 조기 비준에 집중했고 EU에서는 이탈리아 및 자동차 업계를 중심으로 조직적인 서명반대 운동을 벌였다. 한·EU 양측은 10월 6일 브뤼셀에서 한·EU FTA의 서명을 확정했다.

한·EU FTA의 서명이 이루어지자 미 업계는 정치권을 겨냥하여 추가협상을 서두르라는 요구를 쏟아 내었다. 미 행정부는 빠른 시일 내 양측 통상장관간 협의 개최를 요청했다. 양측은 김 본부장이 한·EU FTA 서명식을 위해 유럽 출장을 가는 기회에 회동하기로 했다. 시간절약을 위해 드골 공항 인근 마을인 샹티유Chantilly에서 만났다. 미국측은 자동차 및 쇠고기 문제에 대한 구상을 반복했고 우리는 쇠고기는 원천 제외해야 하고 자동차 분야의 논의대상도 대폭 축소할 것을 요구했다. 샹티유 회동도 빈손으로 끝났다.

한편, 우리 국회는 한·미 FTA의 재협상 불가론과 전면적 재협상 요구로 논란이 재연되었고, 오바마 대통령은 한·미 FTA의 의회 인준을 추진하기 위해 자동차와 쇠고기 관련 미 업계 및 정치권의 요구에 응해야 했다. 10월 26일 두 번째 장관협의가 샌프란시스코에서 열렸다. 호텔 창밖으로 장대한 금문교가 눈 안에 펼쳐지고 그 오른쪽으로 영화 '더 록The Rock'의 배경이 되었던 알카트라즈Alcatraz 섬이 눈에 들어온다. 꽉 막힌 한·미 FTA는 활로를 찾을 수 있을까?

커크 대표는 자동차와 쇠고기 관련 미국의 요구를 반복하면서 한·EU FTA와의 균형 확보의 필요성도 지적했다. 김 본부장은 쇠고기 이슈는 절대 논의가 불가하며 자동차 분야도 협정문 수정을 요하는 사항은 논의할 수 없다고 잘라 말했다. 샌프란시스코 협의도 큰 성과가 없었으나 추후 논의 가능성을 열어 두었다는 데 의의가 있었다. 11월 11~12일간 서울에서 열릴 G-20 정상회의까지는 보름이 남지 않았다. 미국은 같은 요구사항을 반복하면서도 우선순위와 신축성을 시사하고 있었다. 귀국길에 오른 나는 진검승부가 목전에 다가온 느낌을 받았다.

10월 말 미국의 서면제안서 일부를 접수한 후 나는 커틀러 대표보와 실무협의를 개시했다. 투명성과 연비·배출기준 등 일부 분야에서는 진전이 있었다. 그러나 안전기준의 완전 동등성을 부여하고 승용차의 관세철폐 기간[18]을 장기 철폐로 변경할 것을 제안하는 미국의 요구는 비합리적이었다. 또한, 관세환급과 세이프가드에 대해서도 한·EU FTA와 동등성을 요구했고 설상가상으로 쇠고기 문제를 여전히 요구하고 있었다. 미국은 임박한 정상회담을 계기로 자국의 이익은 양보하지 않고 한국을 거칠게 압박해 오고 있었다. 현 상태로 실무 차원에서 패키지를 만들기는 어려웠고 불과 일주일 앞으로 다가 온 정상회의 전까지 양측은 벼랑끝 협의를 해야 했다.

협상결렬과 정상회담

11월 7일 청와대에서 윤증현 기획재정부 장관 주재로 열린 관계장관회의는 쇠고기 이슈의 협의배제에 대한 사전 약속

18 한·미 FTA 및 한·EU FTA의 승용차 관세철폐 비교

	한·미 FTA		한·EU FTA	
양허관세율	한국(8%)	미국(2.5%)	한국(8%)	EU(10%)
승용차	즉시	즉시: 가솔린 3리터 이하	5년: 1.5리터 이하	
		3년: 가솔린 3리터 초과 및 디젤	3년: 1.5리터 초과	
하이브리드		9년	5년	

을 받은 후 자동차 협의에 임해야 한다는 입장을 견지하기로 했다. 동시에 미국이 우리에게 수용 불가능한 요구를 할 경우, 협상결렬도 불사한다는 입장을 정리했다. 다음 날 두 차례 장관급 회의가 열렸으나 협상은 공전했다. 미측에서는 프로만 백악관 경제부보좌관이, 우리측에서는 김태효 청와대 대외전략비서관이 참석했다. 양국 정상의 직접적인 관심을 반영한 것이었다. 둘째 날 오전 미국측은 자동차 관세철폐, 안전기준, 환경기준, 세이프가드, 관세환급 등이 망라된 패키지를 던졌고 우리는 조목조목 반박했다.

양측은 승용차 관세 및 자동차 세이프가드 등에서 한·EU FTA와 같은 수준의 요구를 비롯하여 경트럭 관세철폐 방식, 전기자동차의 관세철폐기간 단축, 투명성, 배출가스 기준 등에 대한 이해를 제고했다. 미국측은 자동차 안전기준에 대해서는 지속적으로 동등성을 요구했고 우리는 냉동 돼지목살(HS 0203299000)의 관세철폐 연장을 요구했다. 미국에서 수입되는 돼지고기 수입액 2억 달러 중에서 냉동 돼지목살 한 품목의 수입액이 연간 1.7억 달러에 달했기 때문이다.[19] 또한, 허가·특허 연계 유예기간 연장, L-1 비자 연장, 농산물 세이프가드 등을 포함하는 패키지를 미국측에 제시했다.

미국측은 오마바 대통령의 전용기가 성남 비행장에 도착하기 직전에

---

19 한 · 미 FTA와 한 · EU FTA의 돼지고기 양허 및 수입액 비교표

돼지고기 구분		한·미 FTA 양허	한·EU FTA 양허	대미국수입액	대EU수입액	총수입액
냉장	삼겹살	10년+ASG	10년+ASG	12.3(44%)	20(0.1%)	28.0
	기타			7.2(54%)	0(0)	13.2
냉동	삼겹살	2014년 1월 1일	10년	4.1(4.8%)	200.1(68.5%)	293.1
	기타		5년	167.7(97.8%)	61.4(17.4)	352.9

▲ 수입액 단위: 백만불
▲ 자료: 농수산물유통공사 농수산물무역정보(KATI)

제2차 패키지를 던졌다. 돼지고기 관세철폐기간 연장에 대한 우리의 요구는 거절하면서 승용차 관세철폐기간은 연장을 요구하는 내용이었다. 수용할 수 없는 제안이었다. 밤 10시경 대통령 주재로 소집된 긴급 관계장관회의에서 미국측 최종안에 대한 대응방침을 확정한 후 자정을 30분 앞둔 시간 외교부 청사 9층에서 미측과 다시 마주 앉았다. 벼랑 끝에 선 최종회의였다. 모두 눈에 핏발을 세우고 있었고 긴장감이 감돌았다. 미국측은 정상회의 직전에 극적인 반전을 기대하는 눈치였다. 김 본부장은 "미국측 패키지를 수용할 수 없다"고 통보했다. 협상결렬이었다.

회의장은 날카로운 침묵이 흘렀다. 프로만 부보좌관은 쟁점 이슈에 대해 일정한 신축성을 보일 수 있다고 곧바로 언급했으나 미국이 양보할 돼지고기의 세번HS Code을 물어도 답변하지 못했다. 우리가 원하는 냉동 돼지목살을 양보할 준비도 안 된 것이었다. 그것으로 끝이었다. 새벽 4시경 커틀러 대표보는 나에게 전화로 "극히 사견임을 전제로 돼지고기 일부품목의 관세철폐 연장을 긍정 검토 중"이라 하면서 우리의 신축성을 타진했다. 그러나 그녀가 언급한 돼지고기 품목은 상업적 실익이 없는 것이었다. 죄송했지만 김 본부장을 깨워 간단히 보고한 뒤 커틀러 대표보에게 거절 통보를 했다. 결과적으로 미국측은 자동차 안전기준의 동등성 보장과 승용차 관세양허 일방후퇴를 요구하면서도 쇠고기 카드는 버리지 않고 돼지고기 관세철폐 등 우리의 요구사항은 거절함으로써 막판 절충에 실패했다.

11월 11일 오전 청와대 한·미 정상회담이 열렸다. 양 정상이 임기 중 수차례 회동했지만 이렇게 부자연스러운 적은 없었다. 서울 G-20 정상회의는 우리에게는 물론 한·미 관계에도 각별한 의의가 있는 행사였다. 우리는 개최국과 의장국 자격으로 회의의 전 과정에서 주도적인 역할을 맡아 2008년 경제위기 이후 미국 피츠버그에서 처음 열린 G-20 정상회의의 모멘텀을 유지하는 데 큰 기여를 했기 때문이다.

양 정상은 정상회담 직후 열린 공동 기자회견에서 한·미 FTA 관련 세부사항에 대한 추가협의가 필요하며 빠른 시간 내에 상호 수용 가능한 합의를 도출하기로 했다고 발표했다. 다음 날 출국을 앞둔 커틀러 대표보와 힐튼호텔에서 저녁을 하면서 결렬 배경을 복기했다. 양측 통상당국은 차기협상에 대비하여 또다시 절벽 위에 서야 했다.

미국 조야는 한국에 대한 실망과 함께 좌절감을 표출했다. 미 언론은 오바마 대통령의 리더십을 공격했다. 11월 11일자 워싱턴 포스트와 뉴욕 타임즈는 이번 합의실패는 중간선거 참패 이후 해외에서 오바마의 영향력도 줄어들었다는 것을 반증한다는 기사를 게재했다. 월스트리트 저널은 "오바마 대통령이 2년간 한·미 FTA를 묵혀두는 동안 한국은 EU와 FTA를 체결하여 강화된 협상력을 확보한 만큼 호락호락한 상대pushover가 아니었다"는 사설을 실었다. 이런 여건 속에서 미 업계와 의회는 지속적으로 백악관을 압박했고, 미 행정부는 한국측을 압박하고 있었다. 한편, 자동차 문제가 타결되면 쇠고기 문제는 거론하지 않을 수 있다는 점도 시사했다.

냉동 돼지목살과 자동차

협상결렬은 한국에게도 어려운 숙제를 안겨 주었다. 최대 명제는 철저한 상호주의와 이익의 균형에 입각한 결과도출이었다. 협의가 과도하게 지연되는 경우 양국 모두 모멘텀을 상실하고 정치적으로 방어적인 입장에 처할 우려가 크다는 점도 인식했다. 한편, 우리 요구를 관철하기 위해서라도 '협정의 수정불가' 입장을 변경해야 했다. 2007년 협정과 새 협상결과에 대한 국회 비준동의 절차를 검토하기 위해 국회와 협의도 필요했다. 마지막으로 EU와의 관계였다. 9월 16일 열린 EU 이사회는 "한·미 FTA 협의결과에서 도출되는 새로운 혜택이 EU측에도 동일하게 제공되는 것으로 이해한다"는 결론을 채택한 바 있다. EU측 우려는 정당했고 한·미 추가협상 결과가 EU 인준절차에 차질을 주는 것도 피해야 했다.

통상장관회의 조기 개최가 검토되면서 물러설 수 없는 결전이 기다리고 있었다. 우리는 쇠고기 이슈 논의배제 및 돼지고기의 관세철폐기간 연장에 대한 미국의 사전 약속을 확인할 필요가 있었다. 우리는 미측에게 쇠고기 문제를 거론하지 않는다는 약속과 돼지목살의 관세철폐시기에 관한 우리 요구를 사전 수용할 것을 촉구했다. 두 가지 이슈 모두 한국에게는 사활이 걸린 문제라는 것을 미국측에 각인시키기 위한 조치였다.

11월 22일 오후 2시 34분 긴박한 상황이 발생했다. 북한이 대남 포사격을 감행한 것이다. 연평도에만 포탄 200여발이 떨어졌다. 우리 군은 교전수칙에 따라 대응했으나, 순식간에 동북아의 긴장이 고조되고, 한·미간 안보협력체제가 가동되기 시작했다. 11월 말 한·미간 합동군사훈련Key Resolve이 실시되고 79,000톤급 조지워싱턴 호가 처음으로 서해상에 진입한다는 소식도 전해졌다.

11월 27일 새벽부터 내리던 싸락눈이 진눈깨비로 바뀌었다. 오전 중 청와대와 백악관 사이에 긴박한 통화가 이어졌다. 톰 도닐론Tom Donilon 국가안보보좌관과 천영우 외교수석간 통화에 이어 김태효 대외전략비서관과 프로만 부보좌관간 통화를 했다. 우리는 우리 관심 이슈에 대한 미측의 사전 신축성을 요구했다. 미측은 만나서 이야기하자고 하면서 모호한 입장을 취했으나 한발 물러서고 있는 느낌이었다. 11월 말 미국에서 통상장관회의를 열기로 했다.

우리는 "그간의 협의결과를 기초로 협정 수정사항도 검토하되, 수정범위는 최소화한다. 이익의 균형을 추구하되, 쇠고기는 배제한다"는 협상의 기본원칙을 짜고 분야별 세부입장도 정리했다. 먼저, 자동차 관세 분야 관련 경트럭과 전기자동차의 관세철폐 방식에 대해서는 신축적으로 대응하기로 했다. 우리 자동차 업계는 당분간 경트럭 생산라인을 한국에 설립할 계획이 없었고 전기자동차는 늦어도 2015년에는 양산체제를 갖출 수 있다는 국내 업계의 판단을 보고 받았기 때문이었다. 자동차 세이프가드 관련, 한·EU FTA의 일반 세이프가드 규정의 6개 요건을 그대로 차용하는 것은 수용하기로 했다. 그 밖에 연비/CO_2 기준, 기업 내 전근자 비자L-1 유효기간 연장을 비롯하여 쇠고기는 배제하고, 허가·특허 연계기간 연장 등 우리의 요구사항을 정리했다.

한 쪽 반짜리 합의요지

11월 29일 우리 대표단은 덜레스 공항에 도착하여 벨트웨이를 타고 워싱턴과 볼티모어 사이에 있는 콜럼버스에 도착했다. 다음 날 아침 10시에 첫 장관회의를 열었다. 미국측에서는 프로만 부보좌관이 직접 참석함으로써 백악관의 비상한 관심을 반증했다.

개회부터 팽팽한 신경전이 이어졌다. 우리는 돼지고기 관세철폐에 대한 미국측의 선양보가 있어야 자동차 분야를 논의할 수 있다고 했다. 미국측은 자동차 패키지를 합의한 후 돼지고기를 논의하자고 했다. '닭과 달걀'의 게임이 이어졌다. 미국은 냉동목살 대신 교역비중이 미미한 다른 품목을 제시하여 우리는 이를 거부했다. 자동차 관세 분야 논의에도 진전이 없었다. 협상전망을 가늠하기가 불투명했다. 미국측이 승용차 관세철폐와 관련하여 새로운 제안을 할 때마다 우리는 품목별 교역관계 및 업계의 이해관계를 살펴야 했다.

회의는 겉돌고 긴장은 높아 갔다. 미국은 자동차 관세철폐만을 밀어 붙이면서도 우리의 요구사항은 외면하고 있었다. 양측간에 오가는 발언 수위도 험악해졌다. 미측은 거칠게 한국의 마지노선을 찔러보았고, 작은 협상장은 고조된 긴장으로 무거운 정적이 흘렀다.

저녁 9시 회의가 속개되었다. 우리는 돼지고기 관세철폐일정을 포함한 일괄타결안을 던졌다. 미국측은 냉동목살을 받아 갔다. 두 시간 후 열린 회의에서 미국이 역제안을 함으로써 양측의 핵심 이슈들이 협상테이블에 모두 올라왔다. 이제야 협상의 틀이 갖추어진 것이다. 이 날 하루 여덟 차례 회의를 했다. 회의를 거듭할수록 대면시간은 짧아졌다. 이른 아침부터 자정까지 패키지를 던지고 받고 다시 던지고 받는 과정이 반복되었기 때문이다. 반면, 상대측 제안에 대한 신속하면서도 집중적인 검토가 필요했다. 긴 하루가 지났다.

12월 1일 이른 아침부터 회의가 재개되었다. 양측은 기본입장을 반복하고, 회의는 공전되었으나 오후가 되면서 미국측의 입장변화를 감지할 수 있었다. 승용차와 냉동 돼지목살의 관세철폐 연장에 대하여 어느 정도 양측 입장이 수렴되고 있었다. 물론 상황은 여전히 유동적이고 불확실했다. 미국은 관세환급에 대한 요구와 세이프가드 조항 중 부당한 요구를 철회하고 대신 우리는 농산물 세이프가드를 일괄 철회하는 선에서 타협선에 근접했다. 다른 현안들도 합의되지 않았지만 이견이 해소되고 있었다.

저녁 시간에 프로만 부보좌관과 커크 대표는 급거 백악관으로 들어갔다. 블룸버그의 보도에 의하면, 12월 2일 오후 티모시 가이트너Timothy Geithner 재무장관이 앨런 멀랄리Alan Mulally 포드사 회장을 장관실로 초청했고 서머스 경제보좌관도 합석했다고 한다. 프로만 부보좌관으로부터 스피커폰으로 협상경과를 보고받았다. 포드는 당초 승용차 관세철폐기간으로 7~10년을 요구했었다. 프로만 부보좌관은 5년 철폐에 대하여 업계와 의회의 입장을 타진했고 이에 긍정적인 반응을 얻었던 것으로 알려졌다. 협의종료 후, 오바마 대통령은 커크 대표와 프로만 부보좌관을 집무실로 불렀다. 아프가니스탄 출장을 떠나기 전날 밤이었다. 몇 시간 후 오바마 대통령은 이명박 대통령에게 긴급전화를 하여 자동차 관세철폐기간 연장을 재삼 요청했다.

12월 2일 목요일 아침 미국측은 전날보다 더 강경한 입장을 들고 나왔다. 과연 USTR이었다. 김 본부장이 미국측 요구를 일축하면서 협상중단 가능성을 시사하자 미국은 긴장했다. 잠시 후, 프로만 부보좌관은 절충안을 찾아보자고 하면서 김 본부장에게 산책을 제안했다. 나는 이를 '숲속의 산책(A walk in the woods)'[20]이라고 불렀다. 이 산책으로 양측은 상호주의 조건으로 승용차의 현행 관세를 3~4년간 유지하는 방안을 검토하기로 합의함으로써 교착된 국면의 돌파구를 마련했기 때문이다.

오후에 다시 만나 조율을 한 다음 밤 9시에 승용차 및 돼지고기 관세철폐기간 연장에 최종 합의했고, 기타 현안도 쉽게 합의점을 찾았다. 문서는 한쪽 반짜리 '합의요지agreed elements'였다. 자정 직후 프로만 부보좌관

---

20 'A walk in the woods'는 냉전시대 미·소간에 INF 협상이 교착에 빠졌을 때, 1982년 미국의 협상대표 Nitze와 소련의 협상대표가 제네바 인근의 쥬라산 자락의 Saint Cergue로 이동하여 숲속을 걸으면서 절충방안을 합의했다는데서 유래한다. 이후 교착을 반복하는 여건에서 협상이 돌파구를 마련하는 경우를 지칭하게 됐다. WTO는 DDA 협상 초창기에 농업협상 그룹을 'A walk in the woods' 그룹이라고도 칭했다.

은 아프가니스탄으로 향하는 에어포스 원에 '협상타결!' 이메일을 보냈다.[21] 양측은 시차를 감안하여 합의사항에 대한 언론발표시간을 서울시간 12월 5일 오전 11시 이후에 하기로 했다. 프로만 부보좌관은 다음 날 프레스개글press gaggle에서 합의요지의 윤곽parameters만 간략히 언급하겠다며 양해를 구했다. 우리는 세부 합의내용은 공식 발표 전까지 대외비를 유지한다는 전제 하에 양해를 했다.

양측 실무진은 언론발표문과 보고서를 작성하느라 꼬박 밤을 샜다. 자정 무렵, 커크 대표는 김 본부장에게 한 잔을 제안했다. 프로만 부보좌관과 나도 호텔 인근의 체인 식당인 '더 클라이즈The Clydes'에 동석했다. 일이 태산 같았지만 작별 인사는 해야 했다. 맥주와 스카치를 마시면서 덕담을 주고 받았다.

커크 대표 김 본부장은 강인한 협상가다. 정치적으로 이렇게 부담이 큰 협상을 성공적으로 이끌어 온 것을 보면 정체돼 있는 DDA 협상을 타결 시킬 능력이 충분하다. WTO 차기 사무총장에 출마해 보지 않겠느냐?
프로만 보좌관 (웃으면서) 출마하면 밀어주겠다.
김종훈 본부장 이런 살 떨리는 협상은 이제 그만하고 싶다. 이 자리를 떠나면 자유로운 활동을 하고 싶다.

12월 3일 금요일 아침 양측 통상장관은 합의요지에 가서명을 했다. 그러나 덜레스 공항에서 비행기가 이륙하자 프로만 부보좌관은 합의사항의 내용을 자세히 발표했다. 당초 개괄적인 요소parameters만 발표하겠다고 한 약속을 어긴 것이었다. 같은 시간 나는 귀국 비행기 안에서 서울 도착 후 발표할 언론발표문과 추가협상 해설자료를 완성했다. 인천 공항에 착

---

21 "How the U.S. unfroze a trade deal with South Korea", Bloomberg Businessweek, 2010년 12월 9일.

륙하여 브릿지에 도착하니 비행기 출구 앞에 기자들이 장사진을 치고 있었다. 프로만 부보좌관의 사전 기자회견 덕이었다. 나는 외교경로를 통하여 미측에 공식 항의했다.

합의요지는 합의사항의 골자만 기술한 한쪽 반짜리 문건이다. 엄밀히 말하면 합의요소라고 하는 것이 정확할 것이다. 한·미 양국은 합의요지를 기반으로 한 개의 '서한교환'과 두 개의 '합의의사록'에 대해 조문화 작업을 하기로 합의했다. 서한교환은 자동차 및 돼지고기의 관세철폐일정, 안전기준과 세이프가드 규정 등 한·미 FTA 협정문을 일부 수정하는 내용을 포함하고 있었다. 반면 연비·온실가스 및 L-1 비자 관련 사항은 한·미 FTA와 무관한 사항이기 때문에 합의의사록이라는 별도의 문건으로 합의했다.

12월 5일 일요일 아침. 김 본부장은 대외경제장관회의에 협상결과를 보고한 후 언론브리핑과 질의응답에 응했다. 합의사항은 전체적으로 이익의 균형을 확보한 것으로 평가되었다. 자동차 분야에서 미국측의 우려를 일부 해소하면서도 돼지고기, 의약품 및 비자 분야에서 반대급부를 받았다. 일각에서는 단순한 경제적 효과분석을 기반으로 이익의 균형을 확보하지 못했다는 비판도 있었으나, 발효지연에 따른 기회비용을 계산하지 않고 관세손익만 계산하는 것은 근시안적이라 할 수 있다.

이번 합의로 지난 3년 6개월간 공전하던 한·미 FTA의 비준과 발효가 가시권 안에 들어오게 됐다. 경쟁국가의 언론은 한국 기업이 미국 시장에서 경쟁국 기업들보다 유리한 여건에서 경쟁할 것이라며 경계심을 표출하고 있었다. 자동차공업협회를 비롯한 업계는 일제히 환영성명을 발표했다. 양돈협의의 환영성명은 특기할 만했다. 농축산 업계가 FTA 협상결과를 환영하는 것은 매우 이례적인 일이었다. 국내 여론은 한·미 FTA의 비준에 찬성의견이 60%대를 육박했고 미국에서도 조속한 비준과 발효에 기대감이 확산되고 있었다. 한편, '일방적으로 퍼주었다', '독소조항에 대하여 재협상하라'면서 진보매체는 매섭게 정부를 몰아쳤다.

추가협정문 교섭과 서명

합의요지라는 골격을 기반으로 조문화 작업, 즉 법률문서화를 하는 작업이 시작됐다. 본질적인 합의내용에 이견이 있을 수는 없기 때문에 이 작업은 극히 기술적인 작업으로 보였다. 그러나 실제는 그렇게 간단하지 않았다. 각 합의요지를 조약문의 형태로 작성하는 과정에서 내용과 형식에 양측간 미묘한 입장차이가 노정되고 일부 모호한 부분을 유리하게 해석하거나 새로운 내용을 주장하는 경향도 있었다. 역시 악마는 각론에 있었다.

먼저 문서의 형식과 연관된 문제를 보면 추가협상 결과 두 개의 한·미 FTA 협정문이 존재하게 되었다. 이미 2007년 6월 30일 서명된 원협정(2007년 협정)과 새로 합의한 문건(2011년 협정)이다. 이 두 문건의 법적 관계 설정에 따라 국회 비준방식이 달라질 수 있었다. 2011년 협정에서 관세철폐 계획과 세이프가드 규정 등은 원협정의 내용을 대체하는 것이었고 분쟁해결 절차도 내용은 유사하였지만 독립적으로 규정되었다. 즉, 두 개의 협정은 내용상 연계성을 유지하면서도 법적으로는 완전히 독립된 별개의 조약형식으로 작성해야 했다.

한국은 2007년 협정의 비준동의안이 이미 상임위원회를 통과하여 본회의 심의를 대기하는 상황이었다. 두 개의 협정을 비준하는 방법에는 두 가지 방안이 있었다. 하나는 순차처리 방안이다. 2011년 협정문에 대한 비준동의안을 별도로 제출하여 상임위원회를 통과한 뒤, 2007년 협정 비준동의안과 함께 묶어 본회의에서 동시 처리하는 방안이었다. 또 하나는 2007년 협정 비준동의안을 철회한 뒤, 정부에서 2개의 협정문을 통합한 비준동의안을 국회에 제출·처리하는 방식이었다.

미국의 여건도 복잡했다. 추가협정이 별도의 행정협정이라는 데는 이견이 없었다. 다만, 2007년 협정은 TPA 법의 적용을 받기 때문에 의회에서 찬반투표만 거치면 되는 반면, 2011년 협정은 TPA 법의 적용이 배제되어 있기 때문에 의회에서 수정이나 개정을 할 우려가 있었다. 결국, 미국은 한·미 FTA 이행법안을 제출하면서 추가협정 내용을 이행법안에 포함시키고 추가협정문은 동반협정이라는 명칭으로 행정조치성명SAA과 함께 의회에 제출했다.

다음은 내용에 관한 문제였다. 커틀러 대표보와 조문화 작업방향에 대하여 의견을 교환했다. 미국측은 분쟁해결 조항, 안전기준과 세이프가드 관련 조항의 문안에 관심이 많았다. 12월 17일 하루 종일 내부 협상대책회의를 하고 나서 오후 늦게 인천 공항을 출발했다. 다시 시애틀에서 커틀러 대표보와 마주 앉아 분야별 실무협의를 했으나 양측 초안에 많은 차이가 있었다.

예를 들어, 한·미 FTA에서 관세철폐일정은 승용차(HS 8703)와 화물차(HS 8704)에 일률적으로 적용되었으나, 안전기준은 승용차에 적용하는 기준과 화물차 및 버스 등 상용차에 적용하는 기준이 각각 달랐다. 특히, 픽업트럭은 관세기준으로는 화물차에 속하지만, 1.5톤 이하의 픽업트럭은 그 용도와 안전에 관한 특성면에서 일반 소비자를 위한 승용차에 가깝기 때문에 승용차와 같은 안전기준을 적용한다. 그러나 한·미 FTA 협정에는 '승용차'와 '픽업트럭'에 대한 정의가 없다. 결국, 안전기준을 별도로 적용하기 위해 픽업트럭을 일반트럭과 구별하는 기술적 정의를 각주에 붙이기로 합의했다.

분쟁해결 조항과 최종 조항 문안은 양측의 이견이 컸다. 미국은 추가 협정문이 법적으로 원협정과의 연계성을 완전히 차단하기를 희망했다. 미 의회가 협정수정을 이유로 개입할 개연성을 제거하기 위한 것이었다. 우리는 추가협정이 한·미 FTA의 전체적인 틀 내에서 유기적으로 작동하는 방안을 제시했다. 결국, 원협정과 분리하되 원협정의 관련 규정을 차용하는 방안으로 합의했다.

1월 20~21일간 미국측과 최종 회의를 하기로 합의했다. 회의 장소인 로스앤젤레스 인근의 산타모니카에서 다시 커틀러 대표보와 마주 앉았다. 전체적으로 협정문안에 미결 이슈가 많았으나 타협의 윤곽은 잡히고 있었다. 미국측과 하루 종일 협의를 했으나 세이프가드 조항에 이견이 좁혀지지 않았다. 장관간 합의요지는 "자동차 세이프가드에 대해서는 한·EU FTA와 동등한 요소를 도입한다"는 것이었다. 6개 요소 중 발동기간, 발동횟수, 잠정조치, 점진적 자유화 및 조치가능기간 등 한·EU FTA상 5개 요소와 일치하였으므로 이견이 없었다. 그런데, 한·EU FTA와 한·미 FTA의 세이프가드 규정은 보복과 보상규정에 서로 장단점이 있었다.

한·EU FTA는 보상협의 의무만 있고 보상의무는 없으며 세이프가드 발동 후 2년간 보복을 금지하고 있다. 그러나 한·미 FTA는 보상협의 및 보상의무가 있고 보복권리에 관한 규정은 있으나 세이프가드 발동 후 보복 금지시한이나 보상 및 보복의 소멸시점이 없다. 이런 규정은 세이프가드를 발동하는 나라에게 불리하다. 2007년 협정을 체결할 때 미국은 한국이 세이프가드를 자의적으로 발동할 것을 우려하여 발동국의 보상의무는 규정하고 피발동국의 권리인 보복조치에 대한 금지시한을 포함시키지 않은 것이다. 이제 와서 미국이 세이프가드를 발동하기 용이한 규정을 희망하고 있는 것이다. 한국 자동차의 대미 경쟁력 향상을 실감하는 대목이기도 했다.

이런 배경으로 미국은 한·EU FTA에서 유리한 요소만 자의적으로 발췌하고자 했다. 양측의 입장은 평행선을 그었으나 결국 미국은 우리 입장을 수용했다. 나는 귀국 후 서명을 위한 국내 절차를 밟는 동시에 베르세로 EU측 수석대표에게 조문화 작업결과를 상세히 알려줬다. 2월 10일 미국측과 서한교환을 완료했다. 한·미 FTA는 이제 상호 밀접한 연관을 가진 두 개의 협정문으로 다시 태어났다. 즉, 2007년 협정과 2011년 서한교환은 물리적으로 분리되어 있었으나 내용상 깊은 연관을 가진 일란성 쌍둥이었다.

5

전격적인 미 의회 통과

미국은 항상 올바른 결정을 한다.
다만, 모든 다른 대안이 소진된 후에야 비로소.
You can always count on Americans to do the right thing –
after they've tried everything else.

윈스턴 처칠(Winston Churchill)

비준동의안
처리순서

추가협정문이 서명되자 국회 비준동의의 추진
시기와 방법 그리고 순서를 정해야 했다. 한·미 FTA와 한·EU FTA라는 거
대한 협정에 대한 국회의 비준동의를 동시에 추진할 수는 없었다. 한국의
정치일정과 여건을 살피는 동시에 미국과 EU의 비준추진 여건도 검토해
야 했다.

우선 유럽 의회가 2011년 2월 본회의에서 한·EU FTA 동의안을 처리할
예정이었기 때문에 우리도 한·EU FTA 비준동의안을 2월 또는 4월 임시
국회에서 처리하는 것이 자연스러웠다. 또한 한·EU FTA가 7월 1일 잠정

발효가 되면 미 의회의 한·미 FTA 인준에 자극제가 될 것도 기대해 볼 수 있었다. 당시 야당 일각에서는 한·미 FTA와 한·EU FTA를 묶어서 국회 비준동의 처리를 하고자 했다. 그러나 두 개의 FTA가 엮이게 되면 상대적으로 반대가 적은 한·EU FTA의 처리까지 지연될 우려가 있어 정부는 한·EU FTA 비준동의안을 먼저 처리하기로 방침을 정했다.

2007년 협정과 2011년 서한교환에 대한 비준동의의 처리방식도 고민해야 했다. 국회는 기존의 비준동의안을 철회하고 두 개의 협정을 묶은 하나의 비준동의안을 강하게 희망했다. 분리해 처리할 경우 내용상 밀접하게 연계된 비준동의안이 하나는 통과되고 하나는 부결되는 상황도 발생할 수 있기 때문이었다. 법제처는 기제출한 비준동의안을 철회하는 것은 부담이 크다는 이유로 분리처리를 주장했으나 결국 통합처리로 정리가 되었다.

또 하나는 한국과 미국 중 어느 나라가 한·미 FTA 비준동의안을 먼저 처리하느냐의 문제였다. 한국의 경우 비준동의안이 제출된 이후 국회에서 처리하는 데 법정시한이 존재하지 않는 반면 미국은 일단 행정부의 이행법안이 의회에 제출되면 법정처리기한이 설정되므로 예측 가능성이 있었다. 즉, 미국의 처리동향을 지켜보면서 한국이 후처리하는 것이 바람직해 보였다.

번역오류와
비준동의안 재제출

2011년 2월 21일 월요일 예기치 못한 사건이 터졌다. 인터넷 매체인 프레시안이 한·EU FTA의 원산지 의정서에 일부 오류가 있다는 송기호 변호사의 글을 실었던 것이다. 지적사항은 옳았다.

이 문제로 한·EU FTA는 물론 한·미 FTA의 비준동의 절차도 일시 중지되었다. 두 개의 협정은 내용상 유사했고 2009년 타결된 한·EU FTA의 번역본도 먼저 체결된 한·미 FTA의 번역본을 참고했기 때문이다. 두 개 협정의 번역은 내가 부임하기 전의 일이었으나 이젠 온전히 내가 수습해야 할 일이 되었다.

나는 발견된 오류가 우발적 실수일 것이라 믿고 싶었다. 그러나 시험검독 결과 오류의 규모나 빈도가 예상 밖으로 심각했다. 기가 막혔고 화가 치밀었다. 당시는 영어로 한 협상이 타결되면 번역 태스크포스를 만들어 한두 달 이내에 번역을 속성으로 완료하는 시스템이었다. 설상가상으로 기획재정부 소관인 법정관세율표 자체에도 국영문 오류가 상당수 있었고 번역팀은 오류임을 알면서도 협정문 번역본에 그대로 옮겨야 했다. 한마디로 한국의 번역시스템이 총체적으로 부실하다는 설명 이외에는 해명할 방도가 없었다. 법률언어전문가jurislinguists가 150명이나 포진하고 있는 EU측의 현실과는 너무나 대조적이었다. 두 개의 거대 FTA는 국회 비준동의를 앞두고 안전핀이 빠진 시한폭탄이 되었다. 나는 오랜 기간 스트레스성 불면증에 시달렸다.

3월 내내 언론매체와 정치권은 연일 외교부에 대한 불신을 쏟아냈다. 통상교섭책임자에 대한 직간접적인 사퇴압력도 가중되고 있었다. 국회심의를 받아야 하는 한·EU FTA는 한·미 FTA에 비하여 비교적 실질내용에 대한 반대여론이 약한 편이었는데 예기치 않은 복병을 만난 셈이었다. 한편, 2월 말 백악관에서 열린 장관급 회의는 한·미 FTA 등 3개 현안 FTA의 인준을 추진하기로 결정한 후 백악관과 하원간 한·미 FTA 처리를 위한 실무협의가 진행되고 있었다. 미국의 상황은 호전된 반면 우리 여건은 한치 앞을 내다보기 어려운 형국으로 치달았다.

3월 8일 외통위 법안심사 소위는 한·EU FTA의 오류문제를 논의하면서 외교부를 질타하고 재발방지를 위한 제도보완을 촉구했다. 나는 일부 챕터의 검독을 마친 후 전면사과와 번역시스템의 완전개선을 대외 발표하는 것이 옳다고 상부에 건의했다. 국문 번역이 매우 거칠고 일관성이 결여된 곳도 상당수 있었기 때문이다. 3월 11일 나는 기자브리핑을 자청하여 한·EU FTA 번역오류의 사실관계를 해명하고 사과했다. 또한, 재검독 계획과 번역시스템 개선책을 외교부 지침으로 발표하면서 통상교섭본부에 번역 전문인력 보충, 공개 검증절차 도입, 관계부처 검증과 외주를 통한 검독을 실시하기로 약속했다. 또한 번역기간도 협상타결 후 최소한 6개월이 되도록 규정했다.

4월 말 커틀러 대표보가 방한했다. 나는 EU와 협정문 재검독 후 처리경과를 설명하고 한·미 FTA 협정문에 대한 검독 진전 상황에 대해 의견을 교환했다. 커틀러는 정정 작업이 신속하게 추진되도록 최대한 협조하겠다고 했다. 5월 초 한·EU FTA가 국회 본회의를 통과하면서 한·미 FTA 협정문에 대한 재검독 작업을 서둘렀다. 온라인 의견제출 창구를 개설하여 두 차례에 걸쳐 의견도 접수했다. 그간 협정문 번역에 문제가 있다고 주장해온 민주사회를 위한 변호사모임 등 민간기관에는 별도 공문을 보내고 전화까지 걸어 문의했으나 전혀 호응이 없었다.

5월 10일 미국측에 정정사항이 포함된 서한을 보냈으나 미국의 내부절차 지연으로 회신이 늦어지고 있었다. 6월 임시국회일정의 윤곽이 잡혀가면서 한·EU FTA 발효를 위해 24개 국내법령 통과와 한·페루 FTA의 비준동의를 추진해야 했다. 정부는 6월 중 한·미 FTA를 외통위에 상정하고 7~8월 중 본회의 통과를 추진한다는 목표를 가지고 있었다. 야심적인 일정이었다.

5월 27일 오전 10시경 내부회의를 하고 있는데 갑자기 청와대에서 전화로 나를 찾았다. 이명박 대통령이었다. 이 대통령은 한·미 FTA 비준동의안이 차기 국무회의 안건에서 누락된 이유를 물었다. 나는 아직 미국측과 협정문 번역오류에 대한 정정합의를 마치지 못했고 미국측의 절차는 내주 초가 돼야 완료될 것으로 보인다고 답변했다. 이 대통령은 미측과 정정절차를 조기에 종료할 것을 주문했다.

6월 2일에야 한·미 양측은 '협정문 정정을 위한 서한교환exchange of letters'에 서명하고 교환했다. 이튿날 이른 아침부터 열린 국무회의에서 2007년 협정과 2011년 협정을 통합한 비준동의안 제출을 의결했다. 비준동의안에 첨부된 협약문은 방대했다. 협정문은 본문, 원산지 규정과 양국의 관세양허표를 포함하여 국문본과 영문본이 각각 2,000쪽에 달했다. 규정상 비준동의안은 국문본과 영문본을 각각 450부를 국회에 송부해야 했다. 굉장한 분량이었다. 2.5톤 트럭 두 대에 적재하여 국회사무처 의안과에 제출했다.

6월 3일 오후 3시 나는 한·미 FTA 재검독 결과 및 비준동의안 재제출과 관련된 브리핑을 했다. "총 296건의 정정이 필요한 오류가 발견되었다. 또한, 오류는 아니지만, 협정문의 의미를 보다 분명하게 전달하기 위해 상당부분의 문구를 개선했다. 추가협정문의 한글본에서는 번역오류가 한 건도 발견되지 않았다. 오류발생 원인은 시스템의 부재, 전담예산의 부재와 번역추진일정의 제약 등이었다. 이런 문제의 재발을 방지하기 위해 통상협정의 한글본 작성을 위한 절차와 시한을 정하여 충분한 시간을 두고 체계적으로 번역 작업이 이루어지도록 즉각 관련 제도를 개선하였다. 또한, 직제를 개정하여 인력충원과 예산확보를 추진했다"는 내용의 브리핑과 동시에 상세한 검독결과를 서면으로 배포했다.

백악관의 진군명령이
내려지다

　　5월 초 한·EU FTA가 우리 국회 본회의를 통과하던 날 미국에서는 한·미 FTA 관련 의미 있는 진전이 있었다. 쇠고기 문제를 이유로 한·미 FTA 인준에 늘 발목을 잡아왔던 보커스 상원 재무위원장이 쇠고기 문제 처리에 관하여 미 행정부와 대타협을 한 것이다. 미 행정부가 한국과 미 업계에 대하여 일정한 조치를 취하면 보커스 위원장은 한·미 FTA를 지지한다는 내용이었다.

- 미 행정부는 한·미 FTA 발효 이후 한·미간 수입위생조건 제25조에 따라 한국 정부에 '협의'를 요청하고, 한국 시장에 대한 마케팅 사업 지원을 위해 미육류수출자연합USMEF에 5년간 천만 달러를 지원하는 데 합의한다.
- 보커스 위원장은 한·미 FTA 지지를 선언한다.

　　이 합의는 한·미 FTA의 인준을 추진하는 과정에서 미국에서 내연되었던 커다란 정치적 장애가 제거되었다는 것을 의미했다. 그동안 쇠고기 업계의 이해를 대변하던 보커스 상원 재무위원장이 쇠고기 수입위생조건 문제와 한·미 FTA의 비준추진을 직접 연계하지 않겠다고 약속한 것이기 때문이다. 드디어, 자동차 문제에 이어 쇠고기 문제에 관한 미국 정치권 내의 불확실성이 제거되고 구체적인 비준절차를 추진할 수 있는 여건이 마련된 것이다.

　　이에 따라, 미 행정부와 미 의회는 5월 5일 현안 3개 FTA 인준 추진을 위한 실무협의를 개시했다. 데이비드 캠프David Camp 하원 세입위원장

은 FTA가 7월 이전에 인준되기를 희망한다는 성명을 발표했다. 일각에서
는 비공식 협의와 모의 축조심의 및 청문회 등의 절차가 조기에 완료되면
6월 중 한·미 FTA 이행법안이 상·하원에 제출되고 여름 휴회 이전에
상·하원 인준절차를 완료할 수도 있다는 낙관적 관측도 나오고 있었다.
실제로 존 베이너John Boehner 하원의장은 한·미 FTA가 8월까지는 인준되
어야 할 것이라고 언급했으나 섣부른 낙관론이었다.

6월 28일 백악관은 TAA 내용에 대한 행정부와 의회간 합의사항을 발
표했다. 이 합의는 FTA 처리와 TAA가 연계된다는 것을 의미했다. 현안
FTA의 의회 인준을 위한 백악관의 공식적인 진군명령marching orders이 내
려진 것이다. 7월 7일 상·하원은 한·미 FTA 이행법안의 비공식 축조심의
를 완료했으나 TAA와의 연계에 관한 합의에는 이르지 못했다. 이어 오바
마 대통령은 6월 실업률에 관한 기자회견 자리에서 미 의회의 지체 없는
FTA 처리를 촉구했다. 하원 공화당이 요구하는 FTA 처리와 민주당 의제
인 TAA를 하나의 패키지로 연계 처리하는 방안이 합의되면서 큰 틀의 해
법은 찾았다. 그러나 양당간 뿌리 깊은 불신과 백악관과 의회간 정치관계
를 고려한 보다 섬세한 작업이 필요했다.

미 의회의 본격적인 이행법안 처리에 앞서 TPA 법의 적용을 받는 통상
협정이 처리되는 절차를 대통령이 이행법안을 의회에 제출하는 시점을 기
준으로 구별해서 살펴 본다. 먼저 이행법안 제출 전 절차는 대개 세 단계
로 대별되며 각 단계의 처리시한은 정해져 있지 않다. 첫째, USTR과 상원
재무위원회 및 하원 세입위원회 보좌관간 비공식 실무협의walk-through를
한다. 둘째, 상·하원에서 청문회가 열린다. 셋째, 상·하원은 이행법안에
대한 모의 축조심의mock mark-up를 한다. 이행법안 제출 후 하원 및 상원
에서 처리절차는 단계별로 시한이 정해져 있고 전체 90일을 초과할 수 없

:: TPA 법에 따른 통상협정의 처리절차

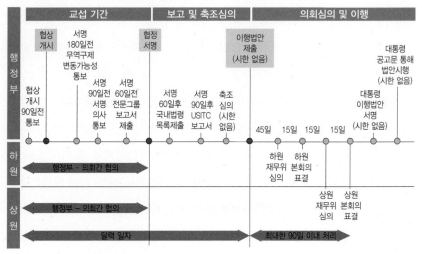

▲ 자료: CRS(RL 33743)의 자료를 필자가 정리, 재구성

다. 이 90일은 의회 회기일을 기준으로 하기 때문에 시간이 더 소요될 수 있다. TPA 법에 따른 통상협정의 처리절차를 다음 표와 같이 교섭기간, 의회 보고기간 그리고 의회의 심의·의결 및 법안 이행기간으로 대별할 수 있다.

백악관-상원-하원의
불신과 협조

그러나 복병은 다른 곳에서 터져 나왔다. 7월 중순 오바마 대통령과 양당 상·하원 지도부는 국가 채무상한 조정에 대하여 집중적인 협상을 했으나 합의도출에 실패했다. 한 번은 오바마 대통령이 공화당의 제안을 수용할 수 없다면서 협상장을 이탈했고 열흘 뒤에는 베이너 하원의장이 협상장을 뛰쳐 나오는 첨예한 대립국면이 재연되고 있었다.

이런 충돌 속에서 양당의 상원 원내대표는 국가 채무상한 해결에 집중할 수 있도록 FTA 처리를 9월로 연기해 줄 것을 요청했고, 오바마 대통령은 이를 수락했다. 7월 하순 미치 매코넬Mitch McConnell 상원 공화당 원내대표(공화-캔터키)는 FTA 이행법안과 TAA 법안을 처리하는 방안에 대하여 해리 리드 원내대표와 협력을 약속한다는 요지의 보도자료를 배포했다. 대립각을 세우는 정치판에서 일정한 금도와 타협을 만들어 내는 미국 정치의 한 단면은 인상적이었다.

한편, 롭 포트만Rob Portman 상원의원(공화-오하이오)과 로이 블런트Roy Blunt 상원의원(공화-미주리)을 포함한 12명의 상원의원은 3개 FTA와 TAA 법안을 분리 제출할 것을 촉구하고 TAA 법안에 대한 토론종결cloture 제의를 지지하는 오바마 대통령 앞 공동서한을 전달하고 합동기자회견도 열었다. 극도로 예민한 시기에 일부 중진 공화당 상원의원이 지도부와 상의없이 취한 조치로 당내 비판이 있었으나 이들의 행동은 의미 있는 저항이었다. 공화당 지도부에게 FTA와 TAA를 통합 처리할 것을 압박하는 동시에 민주당측에는 토론종결 정족수를 채워주겠다는 제스처이기도 했기 때문이다.

8월 3일 백악관과 미 의회는 국가 채무상한 인상과 재정적자 감축위원회 구성 등에 합의함으로써 그간의 논쟁이 종결된 후 리드 상원 민주당 대표와 매코넬 공화당 대표는 현안 3개 FTA 및 TAA의 9월 중 처리방안을 담화colloquy 형식으로 발표했다.

리드 대표 우리는 양당 보좌관간 협의결과 9월 회기가 재개되면 TAA에 대한 초당적인 타협안을 통과시킨 후 현안 3개 FTA를 통과시킨다는 추진계획을 마련했습니다. TAA 통과 전에는 FTA의 진전을 지지하지 않겠습니다.

매코넬 대표 우리가 TAA와 3개 FTA의 추진계획을 마련했다는 리드 대표의 발언에 동의하며 본인은 TAA를 지지하지 않지만 이에 대한 초당적 지지가 있는 것을 압니다.

같은 날 베이너 하원의장은 "현안 3개 FTA에 대한 상원 내 추진계획에 합의함으로써 상원지도자들은 큰 장애물을 제거했으며 본인은 하원이 TAA 법의 별도심의와 동시에 현안 FTA를 가능한 조속 처리하기를 기대한다"고 발표했다. 미 상원의 양당 지도부가 조심스럽게 협조적 분위기를 연출해 내고 하원 지도부가 이러한 하원의 분위기를 조성해 나가면서 미 의회의 인준을 위한 신뢰구축을 해 가고 있었다. 그러나 백악관과 상·하원간 불신은 여전히 존재했다.

그러면 미 의회의 이행법안 인준이 원만히 추진되기 위해서는 어떤 메커니즘이 작동해야 할까? 먼저 공화당이 지배하는 하원, 민주당이 지배하는 상원과 민주당의 백악관이 각각 가진 권한과 우선 관심 이슈를 살필 필요가 있다. 하원을 장악한 공화당은 의회 내 인준절차를 개시하는 권한을 가지고 있고, GSP 법안과 3개 FTA의 일괄 인준은 희망하지만 TAA 법안에는 부정적이었다. 상원을 장악한 민주당은 인준절차를 주도하는 권한은 있었으나 토론종결에 필요한 60석에 미달하여 공화당 상원의원의 협조가 필수적인 상황이었다. 또한, TAA 법안에 우선순위를 둔 반면 3개 FTA 인준에는 소극적이었다. 특히 미·콜롬비아 FTA에 대한 부정적 입장을 가진 의원이 많았다. 마지막으로 백악관은 FTA 이행법안의 제출권과 의회를 통과한 모든 법안의 승인권한을 보유하고 있고 TAA 법안과 3개 FTA의 통과를 희망했다.

상·하원과 백악관은 이행법안 인준과정에서 헌법상 부여된 권한을 행

사하면서 견제와 균형을 확보할 수는 있으나 헌법기관간 상호 협조 없이
는 법안처리가 불가능한 여건이었다. 결국 민주당과 공화당이 깊은 신뢰
를 가지고 법안 제출부터 대통령 서명까지 GSP 법안, 3개 FTA 이행법안
그리고 TAA 법안을 하나의 패키지로 추진하는 완벽한 조합을 만들고 이
행할 수 있는지 여부가 관건이었다.

마법의 5단계 접근방안

　　　　　　　　　　　이런 완벽한 조합의 시나리오로 소위 5단계 접
근방안이 본격 논의되었다. 개념적으로 보면 첫 단계의 책임기관이 조치
를 취하면서 다음 단계의 책임기관이 취하게 될 조치에 대한 기대를 발
표한다. 다음 단계의 책임기관이 이런 기대에 부응하는 발표를 하고 나면
첫 단계 조치를 이송하는 형식으로써 처음부터 마지막 단계까지 흐트림
없이 연결되는 패키지를 만드는 작업이었다.

　우선, 제1단계 조치로 하원이 공화당 관심사항인 매개법안vehicle인
GSP 법안을 통과하여 상원에 보내면 제2단계로 상원에서 민주당의 관심
사항인 TAA 법안을 추가한 후 GSP+TAA 통합법안을 통과하여 하원으로
이송한다. 제3단계에서 하원은 이 통합법안을 통과한 뒤 백악관으로 이송
하기 전에 하원에서 보관하고 있고, 백악관은 3개 FTA 이행법안을 하원에
제출한다. 제4단계는 하원이 3개 이행법안을 통과시킨 뒤 바로 상원에 이
송하면 상원은 이를 통과시킨다. 마지막 제5단계는 3개 FTA와 하원에서
보관 중인 GSP+TAA 통합법안을 동시에 백악관으로 보내 한꺼번에 서명
을 받는다는 시나리오였다.

　9월 들어 미 하원은 상임위를 거치지 않고 본회의에서 매개법안인

:: **FTA 인준을 위한 마법의 5단계 처리절차**

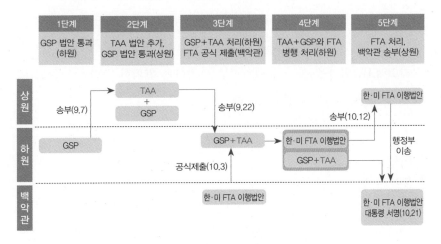

GSP 법안을 통과시킨 후 상원으로 이첩했다. 제1단계 절차가 개시된 것이었다. 이어 상원은 GSP 법안에 TAA 법안을 얹은 통합법안을 통과할 계획이었으나 오바마 대통령의 양원 합동연설과 관련하여 대통령 비서실장과 하원의장 비서실장간 갈등이 표출되어 FTA 이행법안 처리에까지 차질이 생겼다. 물밑 협의를 거쳐 갈등을 봉합한 뒤 9월 13일 리드 상원 민주당 대표는 상원의 법안 처리순서를 다음과 같이 브리핑을 했다.

"상원은 TAA 법안을 처리하고 GSP+TAA 통합법안의 상원 통과 후 하원으로 이송한다. 그 후 하원은 GSP+TAA 통합법안을 통과시키고 행정부에 제출하는 규칙을 고안할 것으로 이해한다. GSP+TAA 통합법안이 하원에서 통과되면 상원은 바로 3개 FTA의 이행법안 심의에 착수할 것이다."

상원은 제2단계로 GSP+TAA 통합법안을 통과시켰다. 이어서 베이너 하원의장은 백악관에 대한 현안 3개 FTA 이행법안의 제출을 압박하기 위해 다음과 같은 성명을 발표했다.

"하원은 현재 대통령 책상 위에 머물러 있는 현안 3개 FTA 이행법안과 금일 상원에서 통과된 GSP+TAA 통합법안을 병행처리하고자 대통령의 FTA 이행법안 제출을 기다리고 있다. 만약 대통령이 즉각 FTA 이행법안을 제출하면 본인은 10월 중순까지 4개 법안이 입법될 수 있을 것으로 확신한다."

10월 3일 미 행정부는 3개 FTA 이행법안 및 행정조치성명SAA 등을 의회에 제출했다. 이행법안은 FTA 이행을 위해 미 국내법의 개정이 필요하거나 행정부에 권한을 부여할 필요가 있는 사항을 포함하고 있는 반면, 행정조치성명은 이행법안에 대한 구체적인 보충설명을 포함하고 있다. 제3단계 절차가 완료되었다. 아울러 오바마 대통령은 "무역조정지원TAA에 대한 초당적 합의와 함께 이들 협정을 지체 없이 통과시켜 줄 것을 의회에 요청한다"는 요지의 성명을 발표했다. 베이너 하원의장은 "이들 3개 FTA 이행법안이 모두 제출되었으니 하원에서 최우선 처리될 것이다. 동 법안심의를 신속히 개시하고, 상원을 통과한 TAA 법안과 병행하여 순차적으로 표결할 예정이다"고 했고, 리드 상원 민주당 대표도 "미 상원의 이번 회기 중 3개 FTA 이행법안을 처리한다"는 요지의 발언을 했다.

그런데 하원 세입위원회 심의에 앞서 공화당과 민주당간에 처리순서로 갈등이 불거졌다. 공화당은 FTA 이행법안 선처리를 주장했고 민주당은 GSP+TAA 통합법안의 선처리를 주장하면서 절차가 지연되자 보커스 상원 재무위원장은 "GSP+TAA 통합법안을 하원이 통과하기 전에는 3개 FTA 이행법안의 축조심의를 않겠다"고 엄포를 놓았다. 결국 하원 세입위원회가 3개 FTA 이행법안과 GSP+TAA 통합법안을 모두 통과시킨 뒤 상원 재무위원회가 FTA 이행법안에 대한 축조심의를 하기로 가닥을 잡았다.

전격적인
미 의회 통과

　　　　　　　10월 5일 하원 세입위원회는 한·미 FTA 이행법
안을 찬성 31표 반대 5표로 통과시켰다. 그리고 미·콜롬비아 및 미·파나
마 FTA도 차례로 통과시키고 TAA 연장법안과 GSP 법안도 처리했다. 다
음 날 상원은 FTA 이행법안 심의절차 단축에 관한 만장일치 합의UC[22]를
발표했다. 상원은 하원과 달리 규칙위원회가 없기 때문에 UC라는 형식을
빌려 법안심의 규칙을 정한다. 상원이 UC를 발표함으로써 그간 존재하던
많은 불확실성이 해소되고 장래의 처리일정에 대한 구체적인 전망을 할
수 있게 되었다.

"하원으로부터 법안이 송부되면 한·미 FTA, 미·파나마 FTA, 미·콜롬비
아 FTA의 이행법안에 대한 심의를 일괄적으로 진행할 것이다. 토론은
최대 12시간이며 다수당에 배분된 토론시간 중 20분은 막스 보커스 상
원의원이, 셔로드 브라운Sherrod Brown 상원의원과 버니 샌더스Bernie
Sanders 상원의원이 각각 1시간을 사용한다. 다수당 대표는 상기 법안에
대한 심의를 10월 12일에 완료할 것이다."

　　다음 날 베이너 하원의장은 이명박 대통령에게 10월 13일 상·하원 합
동연설에 초청장을 보내왔다. 합동연설 날짜가 확정된 것은 의미 있는 신
호였다. 의회 지도부가 그 날까지는 한·미 FTA의 상·하원 본회의 인준을
종결하겠다는 의지의 표시였기 때문이었다. 10월 11일 하원 본회의는 심
의절차를 대폭 단축하기 위해 'FTA 이행법안 심의 및 토론에 관한 규칙'
을 가결했다.

---

22 만장일치 합의(UC: Consent Agreement)는 대개 토론시간 단축, 의사진행발언 생략, 수정안 제출금지,
　　표결절차 단축 등에 대한 양당간 합의사항을 포함한다.

"3개 FTA 이행법안에 대해 '수정불허규칙closed rule'을 적용하고, 각 이행법안별로 90분간 토론하며, GSP+TAA는 60분간 토론한다. 3개 FTA 이행법안을 콜롬비아, 파나마, 한국 FTA 순서로 처리한 뒤 TAA를 처리한다."

같은 날 상원 재무위원회는 3개 FTA에 대한 축조심의 개최 후 한·미 FTA 및 미·파나마 FTA를 음성투표에 따른 만장일치로 통과시켰다. 10월 12일 하원 본회의가 속개되었고 오후 4시 40분경 한·미 FTA 이행법안이 통과되었다. 의장은 음성투표로 통과를 시도했으나 샌더 레빈Sander Levin 의원의 찬반투표 요구로 표결을 했다. 결과는 찬성 278표, 반대 151표, 기권 5표였다. 예상대로 찬성표는 과반수를 훨씬 상회했다. 그러나 민주당의 반대표가 의외로 많았고 찬성표 숫자는 매우 적었다는 것을 유념할 필요가 있다. 결국, 통상협정에 대한 하원 민주당의 지지는 50~60석이 최대한이라는 상식이 맞아 떨어진 것이었다. 미 의회에 대한 아웃리치 활동은 필요하지만 그 성과에 일정한 한계가 있다는 반증이기도 했다. 이것으로 제4단계가 종료됐다.

10월 12일 오후 7시 17분 상원 본회의 표결이 개시됐고 한·미 FTA 이행법안은 찬성 83표, 반대 1표, 기권 2표라는 압도적 다수로 통과됐다. 상원 민주당은 지역적 이익보다는 거시적인 안목에서 표결한 것이다. 한·미 FTA 이행법안은 하원 통과에 9일, 상원 통과에 6일 밖에 소요되지 않았다. 속전속결이었다. 이렇게 의회의 인준절차는 마무리되고 대통령이 법안에 서명하는 절차가 남아 있었다.

미국을 국빈 방문한 이명박 대통령을 위해 상·하원 합동연설 외에도 이례적이고 파격적인 예우를 제공했다. 한·미 전략동맹관계와 양 정상의 두터운 우의의 상징이었다. 뉴욕 타임스 지는 대통령의 국빈 방문을 "레드카펫이 이보다 더 붉은 순 없다"고 하면서 보기 드문 성공적 방문이라고 높이 평가했다. 10월 13일 백악관에서 한·미 정상회담에 이어 상·하원 합동연설이 있었다. 이 대통령은 굳건한 한·미 동맹 속에서 지난 60년간 우리나라의 경제발전과 민주화, 글로벌 코리아로의 도약이 이루어졌음을 강조했다. 일주일 뒤 오바마 대통령은 백악관 오벌 오피스Oval Office에서 한·미 FTA 등 3개 FTA 이행법안과 TAA 법안에 서명을 했다. 이로써 난마처럼 얽혔던 5단계 절차는 한치의 오차도 없이 당초 시나리오대로 종료됐다.

상술한 5단계 해법이 진행되는 드라마를 지켜보면서 민주당과 공화당, 상원과 하원, 그리고 백악관간에 복잡하게 얽힌 불신과 갈등을 풀어 나가는 미국 정치권의 모습이 인상적이었다. 물론 이런 드라마 연출을 위해 서명 후 4년을 기다려야 했었지만 말이다. 그 날 저녁 니마이어 세계은행 총재 특보는 나에게 "미국은 항상 올바른 결정을 한다. 다만, 모든 다른 대안이 소진된 후에야 비로소"라는 윈스턴 처칠Winston Churchill의 어록 한 줄을 보내왔다.

6

국회 비준동의와 협정발효

산이 첩첩하고 물이 겹겹이라 길이 없을 것 같아도
버드나무 흩날리고 꽃피는 그곳에 또 마을이 있네
山重水複 疑無路 柳暗花明 又一村

육유(陸游), 1167

선(先)미국
후(後)한국 처리

2011년 5월 초 한·EU FTA 비준동의안이 여당
단독으로 통과되자 국회 분위기는 극도로 경색되었다. 국회는 양당 대표
의 퇴진으로 원내대표와 비상대책위 의장체제로 운영되면서 6월 초 제출
된 한·미 FTA의 비준동의안에 대한 상임위원회 상정, 공청회 및 상임위원
회 통과 등 산적한 절차를 추진할 여력이 없었다.

야당은 추가협상 결과에 대한 강한 비판과 함께 ISD, 개성공단, 허가특
허 연계조항 등 소위 독소조항에 대한 재협상 입장을 강화했다. 한편, 여
당 지도부는 미국의 인준 동향에 따라 우리 국회절차도 추진해 나가겠다

는 입장을 수차례 표명해 왔다. 즉, 선미국·후한국 처리입장을 견지한 것이다. 황우여 한나라당 원내대표와 남경필 외통위 위원장은 20여명의 의원들과 함께 "한·미 FTA 비준동의안을 우리 국회가 강행처리할 경우 차기 총선에 불출마한다"고 선언하고 "모든 절차를 야당과 합의 하에 처리하고자 한다"고 천명했다. 정치권은 이미 다음해 4월 총선을 대비하고 있었다.

6월 하순 남경필 외통위원장의 주도로 '여야정 협의체'가 구성되었다. 여야는 심의·결정은 상임위원회에서 하고 협의는 여야정 협의체에서 하기로 합의했다. 여야정 협의체는 미국측의 인준 동향, 한·미 FTA 추가협상의 영향분석, 경제적 효과 재분석 및 국내 보완대책 등에 대한 논의를 이어갔다. 7월 들어 외통위 주최 한·미 FTA 공청회가 열렸으나 야당이 추천한 반대토론자들은 공청회에 불참했다.

9월 외통위는 미국측 비준동향에 대한 외교부의 보고에 이어 비준동의안 상정문제를 논의했으나 여야 대립이 지속되자 외통위원장이 비준동의안을 직권으로 상정했고, 야당은 한·미 FTA 논의에 불참을 선언하고 퇴장했다. 9월 들어 백악관과 상·하원의 신뢰를 구축해 나가면서 소위 5단계 인준절차를 추진하고 있던 미 의회의 사정과 대조되었다.

국회의 끝장토론

10월 13일 한·미 양국 국회에서 벌어진 상황 또한 극명한 대조를 이루었다. 서울시간 아침 7시 반 국회 본관 402호실에서 양당 원내대표가 참석한 가운데 제7차 여야정 조찬협의가 열렸다. 야당측은 재협상 요구안과 13개 보완대책에 진전이 없다고 비판했고 여당측은 재협상 요구 수용불가 입장을 견지했다. 같은 시각 워싱턴에서는 한·미 FTA 인준절차를 개시하고, 미 하원은 한·미 FTA 이행법안을 전격 통과시켰다.

같은 날 오전 열린 외통위는 한·미 FTA 및 추가협상의 경제적 효과 비교, 정오표正誤表 제출 요구, ISD 등 재협상 요구 및 피해보완대책 요구를 청취하고 한·미 FTA 비준동의안을 법안소위로 회부하는 동시에 쟁점에 대한 끝장토론회를 열기로 합의했다. 그 후 열린 법안 심사소위원회가 주관한 공청회는 시민단체대표들이 공청회 진행이 약속과 다르다는 이유로 퇴장하면서 파행을 겪었다.

결국 10월 18일 열린 외통위는 위원장이 직접 사회를 보는 끝장토론을 열기로 하고 토론시간과 방식을 비롯하여 지상파 방송의 생방송을 추진하는 조건에 합의했다. 토론시간이 일주일에 걸쳐 30시간에 달하고 범국본이 주장하는 쟁점을 다루는 기이한 토론회였다. 김종훈 본부장과 나를 비롯하여 관계부처의 고위급 관리들이 참석하여 시민단체가 제기하는 질문에 응답을 했다. 전문가들에게도 어렵고 민감한 이슈에 대한 토론이 여과없이 지상파를 통해 방영되었다. 수년 전 한·미 FTA 협상과정에서 이미 겪었던 정치공세의 데자뷔Déjà-vu였다.

10월 26일 서울 시장 선거에서 야당이 압승하면서 야권 5당의 정책연대에서 강경파가 득세하고 있었다. 다음 날 민주당은 아침부터 8시간 마라톤 의원총회를 열고 한·미 FTA 비준동의안에 대한 토론을 했다. 민주당 의원들은 명년 총선과 대선의 승리를 공공연하게 자신했고 야권 5당의 정책연대에서 강경파의 주축이던 범국본은 야당에게 ISD 관련 추가토론을 하도록 압박했다. 결국 야당의 요구로 토론회를 열기로 했으나 범국본측은 국회가 토론회 생중계를 하기로 한 약속을 제대로 지키지 않았다는 이유를 들면서 토론불참을 일방 선언함으로써 파행을 맞았다.

나는 커틀러 대표보와 ISD 및 SSM과 관련된 국회와 여론의 우려를 감안하여 미국측과 협의근거를 마련하기 위한 집중적인 물밑 협의를 했다. 10월 말 서비스·투자 위원회 및 중소기업 작업반 설치를 위한 서한교환의 문안교섭이 마무리됨에 따라 양측 통상장관간 서명을 했다. 한편, 10월 말 양당 원내대표는 한·미 FTA 처리의 전제조건으로 농어업 피해보전대책과 피해 중소기업 소상공인 지원대책 및 통상절차법 수정안 합의, ISD 문제와 개성공단 문제 등에 합의를 했다. 이 문건의 협의과정에서 정부는 배제되었고 더욱이 민주당은 의원총회를 통해 합의내용의 수용을 거부했다.

나는 SBS 국회팀을 이끌고 있던 원일희 차장에게 현 상황에 대한 평가와 전망을 물었다. 그의 관찰은 탁견이었다.

"여당 지도부는 물론 한나라당 수도권 의원들은 명년 총선에 공포감을 가지고 있어 아무도 전면에 나서려 하지 않는다. 민주당도 야권 5당의 정책공조에 볼모로 잡혀 강경파에 밀리고 있는 상황이다. 당분간 대치 정국이 불가피하며 결국 본회의 직권 상정의 수순으로 갈 것이기 때문에 박희태 국회의장의 입장이 매우 중요하다. 또 하나의 특징은 조중동과 SNS간의 대립이 격화되고 있으며, 특히, 이번 서울 시장 선거에서 SNS의 위력은 실로 대단했다."

야당의 재협상 요구(10+2)

민주당은 한·미 FTA 협정문 중 10개 이슈를 독소조항으로 지목하면서 "재협상과 2개의 국내 보완대책을 마련하라"는 소위 '10+2'[23] 요구를 했다. 그러나 10개 이슈는 독소조항이 아닐 뿐더러 그 중 9개는 이미 참여정부 때 합의한 원협정문에 있는 이슈이고 1개는 추가 협상 결과 포함된 자동차 세이프가드 이슈였다.

국내 보완대책으로 요구한 2개 이슈는 무역조정 지원과 통상절차법(통상조약의 절차 및 이행에 관한 법률안)이었고 정부는 이를 원칙적으로 수용했다. 통상절차법을 제정하는 것은 국회는 물론 정부의 희망이기도 했다. 투명한 절차규정을 둠으로써 국민의 알 권리를 충족시키는 동시에 법으로 정한 공청회나 국회심의가 부당하게 방해받는 것을 예방할 수 있으리란 기대 때문이었다.

소위 10대 독소조항의 실체를 간략히 살핀다. 먼저 쇠고기 관련 요구는 현실과 거리가 있었다. 즉, 미국산 쇠고기에 대한 관세를 유지한다고 해도 호주, 뉴질랜드 쇠고기가 수입되게 되어 있는 구조였기 때문이다. 친환경 무상급식 정책을 시행하는 데는 아무런 문제가 없었고, 서비스 개방은 포지티브 방식이든 네거티브 방식이든 개방내용이나 수준에 변화가 없으므로 개방방식 논의가 실익이 없었다. 또한 역진불가 조항은 서비스·투자 분야의 '현재유보'만 해당되기 때문에 적용범위가 극히 한정적이었다.

개성공단 제품에 대한 원산지 특례문제는 한·미 FTA에 규정된 대로 협정발효 후 한반도 역외가공지역위원회 활동을 통해 실현시켜 나가는 것이 현실적인 대안이다. 또한, 중소기업 적합업종 특별법안과 유통법·상생법이 한·미 FTA와 충돌할 소지가 있으니 협정을 개정하라는 요구는 비현실적이었다.

---

23 10개 이슈 ① 쇠고기 관세철폐 방식을 기존 15년 철폐에서 10년 유예 후 철폐 ② 친환경 무상급식 정책의 불안전성을 지적 ③ 서비스 시장 개방방식을 네거티브에서 포지티브로 전환 ④ 역진불가 조항(래칫) 폐기 ⑤ 개성공단 제품을 한국산으로 인정을 받기 위해 역외가공 조항 도입 ⑥ 중소기업 적합업종 특별법안, 유통법·상생법이 한·미 FTA와 충돌할 소지가 있으니 협정개정 ⑦ 의약품 허가·특허 연계제도 폐지 ⑧ ISD 폐기 ⑨~⑩ 금융과 자동차 세이프가드의 발동요건을 완화

의약품 허가·특허 연계제도 관련, 정부는 2010년 추가협상을 통해 3년의 유예기간을 확보한 만큼 이 기간을 활용하여 제도의 장점을 극대화하는 데 지혜를 모아야 할 것이다. 금융과 자동차 세이프가드의 발동요건을 완화하라는 요구도 과도했다. 세이프가드는 남용하면 정부시책이 신용을 잃을 수 있기 때문에 '갑匣 속에 든 칼'이라 하지 않는가?

ISD 폐기와
불평등 조약

투자자 국가소송제도ISD는 어떤 통상협상에서든 핵심 쟁점이다. 최근 TTP 협상과 미국과 EU간 추진되는 TTIP 협상에서도 ISD 문제를 둘러싸고 첨예한 대립상황이 전개된 바 있다. 한·미 FTA는 협상에서 비준동의까지 전 기간에 걸쳐 ISD를 둘러싼 논란이 제기됐다. 당초 한·미 FTA 협상당시인 2006년 7월 노무현 대통령의 지시로 'ISD 민관합동 태스크포스'가 설치되어 3개월 작업한 결과 ISD 제도를 도입하되 미진한 부분은 협정에 보완할 것을 권고했고, 실제 타결된 협정문의 많은 부분이 보완되었다.

ISD란 투자유치국의 조치가 협정상 의무에 위배되어 투자자에게 부당한 손해가 발생하는 경우에 투자자가 직접 투자유치국을 상대로 국제중재기관에 중재를 청구하는 제도다. 달리 말하면 ISD는 투자유치국의 국내 사법체제를 이용하지 않고 제3자의 사법적 구제수단을 확보함으로써 소송기간 단축, 소송에 따른 매몰비용을 절감하고 효율적인 분쟁해결을 추진할 수 있도록 하는 제도다. 즉, 투자의 안전성과 예측 가능성을 보장하는 장치다.

미국도 1994년 북미자유무역협정NAFTA에 포함된 ISD 규정을 둘러싼 논란을 겪었다. 결국 미국은 남소 가능성을 차단하고 투명성을 확대하는 등 미비점을 보완하여 2004년에 모델투자협정의 규정을 새롭게 마련했다. 한·미 FTA의 투자 챕터는 우리 입장을 반영하여 2004년 모델협정의 내용을 보다 명료화하는 규정을 도입함으로써 제기된 우려를 해소해 나갔다. 한·미 FTA는 간접수용의 판단법리를 명료화하고 간접수용의 예외규정을 정당한 공공복지 정책으로 확대함으로써 공공정책의 수립과 추진의 재량권을 다각도로 확보하고 있다. 간접수용 부속서 문안을 수정하여 우리 수용법제의 핵심 개념인 '특별희생特別犧牲'의 법리를 규정하고, 공공정책은 수용을 구성하지 않는다는 점을 명시하고 공공정책의 예시에 환경, 보건, 안전정책에 추가하여 부동산 가격안정화 정책을 추가했다. 또한, 과세조치는 수용이 아니라는 규정과 단기 세이프가드 규정을 도입했다.

현실적으로 한·미 FTA 협정상 ISD 제소요건은 매우 제한적이다. 기본적으로 정부조치가 투명하고 정당하며 비차별적일 경우 협정위반을 구성할 수 없으므로 정부가 ISD에 피소될 가능성은 없다. 특히 한·미 FTA 협정상 ISD 제소요건은 매우 제한적이며 공공정책을 포함한 모든 조치가 제소대상이 되는 것도 아니다. 우리 공공정책상 필요한 사항은 협정의 적용배제, 예외설정 및 유보를 통해 확보되었기 때문에 ISD의 제소근거가 없다.

협정발효 후 미국의 사모펀드 론스타Lone Star는 한·벨기에 투자보장협정에 근거하여 벨기에에 설립된 페이퍼 컴퍼니 명의로 한국 정부를 상대로 ISD 절차를 개시하자 비판이 재연됐다. 문제는 한·벨기에 투자보장협정을 비롯하여 한국이 체결한 투자보장협정은 대부분 ISD 조항을 포함하고 있으면서도 페이퍼 컴퍼니의 혜택을 제외하는 '혜택의 부인'조항이 존재하지 않기 때문에 제2의 론스타 소송을 배제할 수 없는 여건이다. 투자보장협정의 느슨한 ISD 규정을 한·미 FTA 수준으로 시급히 개정해야 하는 이유다.

호주도 ISD 규정을 둘러싸고 많은 논란을 겪은 나라로서 정권의 향배에 따라 입장이 달라졌다. 호주 노동당 정부는 외국투자자가 호주 정부를 상대로 ISD 절차를 제기할 것을 우려하여 ISD 도입에 반대했다. 특히, 다국적 담배회사인 필립 모리스 사가 홍콩·호주 양자 투자보장협정을 근거로 호주 정부를 상대로 ISD를 제기하면서 부정적 입장이 더욱 경화되었다. 다만, 당시 호주 정부가 외국에 투자하는 호주 기업들은 ISD 규정에 따른 보호를 받을 수 없다는 점을 유념하라고 홍보했다는 사실은 시사하는 바가 크다. 2013년 집권한 보수당인 자유당 정부는 투자자 보호를 위한 정책기조에 따라 ISD 규정에 대하여 신축적인 입장을 취함으로써 그간 ISD 이슈로 교착되었던 한·호주 FTA 협상이 급물살을 탔다.

한·미 FTA가 양국 법체계에서 불평등한 지위를 가지고 있다는 논란도 증폭되었다. 주요 비판은 첫째, 한·미 FTA가 미 연방법의 하위규범이다. 둘째, 한·미 FTA는 미국의 주법보다 하위규범이다. 셋째, 한국인이 한·미 FTA를 근거로 미국 법원에 제소할 권한이 없다는 것이었다. 협정상의 권리와 의무는 양국을 법률적으로 기속한다는 점에서 이런 주장은 한마디로 오해였다. 협정을 이행하는 방식에 있어 양국이 다른 법체계를 운영하고 있다는 점을 간과한 주장이었다.

미국 헌법 제1조 제8절은 연방 의회가 통상권한을 갖고 있다고 규정하고 제2조 제2절 제2항은 일반적인 외교활동 영역인 조약의 체결권한이 대통령에게 있다고 규정한다. 의회는 헌법상 부여받은 통상협상 권한을 행정부에 위임하고 행정부는 위임된 범위 안에서 통상협정을 체결할 수 있다. 미국은 체결된 통상협정을 이행하기 위해 연방 이행법을 매개체로 사용한다. 반면, 우리나라는 '헌법에 의하여 체결·공포된 조약은 국내법과 같은 효력을 가진다'고 헌법 제6조 제1항에 명시되어 있으므로 이러한 이행법이 불필요하다. 즉, 국제법상의 약속을 어떤 방식으로 이행할지는 개별국가의 재량이라 할 수 있다.

결론적으로 이행법 제102조는 국제법과 국내법 체계로의 수용방식에 대한 미국 내의 법체계와 기본원리를 재확인한 조항이지 한·미 FTA 자체를 부인하거나 미국 국내법보다 하위에 놓겠다는 것이 아닌 것이다. 나아가 EU의 FTA 이행법 체계도 미국과 유사함에도 불구하고 한·EU FTA가 국회 비준동의를 추진하는 과정에서 불평등 조약이라는 비판이 부각되지 않았다는 점도 특기할 만하다.

무일촌(無一村)과 직권상정

여야 지도부와 장관급 정부대표로 구성된 '한·미 FTA 여야정 협의체'는 10월 말까지 여덟 차례 회의를 열었다. 일부 파행은 있었으나 협정비준 이전에 짚고 넘어갈 쟁점에 대한 협의채널로서 일정한 역할을 했다. 초기에는 추가협상 결과를 반영한 한·미 FTA의 경제적 효과분석에 많은 시간을 할애했으나 중반 이후에는 야당이 요구하는 재협상안에 대한 협의와 농어업 등의 개방으로 인한 피해 분야에 대한 경쟁력 강화대책을 집중적으로 논의했다.

정부는 국회 농식품위원회와 민주당의 요구사항을 수용하고 22.1조 원에 달하는 FTA 지원 및 경쟁력 강화를 위한 종합 대책을 발표했다. 골자는 전반적으로 재정지원 방식을 효율화하고 핵심 인프라와 농어민의 체감도가 높은 사업에 집중 투자하고 농어가農漁家를 위한 제도개선과 세제지원을 병행 추진해 나가는 것이었다. 그러나 야당의 요구에 따라 지원 규모가 1.7조 원이 추가되어 전체 재정지원 규모는 23.8조 원이 되었고 세제지원 규모도 29.8조 원에 달함으로써 실질적인 총 지원규모는 53.6조 원이 되었다.

11월 중순에 접어들었지만 국회 상황은 개선되지 않았다. 오히려, 여야간 대립구도는 더욱 악화되었고 언론매체를 통한 비판이 고조되었다. 민주당과 한나라당은 의원총회를 잇달아 열었으나 소관 상임위원회인 외통위원회는 파행을 거듭하고 있었다.

하와이에서 열린 APEC 정상회의에 참석하고 귀국한 이명박 대통령은 국회를 방문하여 양당 지도부에게 한·미 FTA 국회비준을 위한 초당적 협조를 부탁했다. 집권 중 국회를 거의 방문하지 않았던 이명박 대통령의 전격적인 국회 방문과 여야대표와의 대화는 파격적이었다. 손학규 민주당 대표는 10+2의 재협상과 협정발효 전에 ISD를 폐기하거나 재협상을 약속하라고 압박했다. 더욱이 ISD 조항 폐기에 대한 미국의 약속을 오바마 대통령에게서 받아 오지 않는다면 한·미 FTA의 비준동의를 해 줄 수 없다는 강경입장을 견지했다. 이 대통령은 "추가협상으로 균형이 상실되었다는 주장은 맞지 않고 ISD 관련 재협상을 위한 미국측의 동의는 필요하지 않습니다. 10월 말 양국 통상장관간 서한교환에 언급된 대로 협정발효 후 미국과 협의할 근거는 충분합니다. 국회에서 비준동의 후 정부에 재협상을 권고하면 발효 후 3개월 내에 재협상에 임하겠습니다"고 답했다.

민주당은 다음 날 의원총회를 열어 마라톤 찬반토론을 계속했으나 강온 대립이 지속되었다. 장시간 토론 후 "ISD 폐기, 유보를 위한 재협상을 즉시 시작하겠다는 양국 장관급 이상의 서면합의서를 받아 오라"는 결론을 지었다. 그러나 현행협정상 일방이 요청하면 상대는 당연히 응해야 하기 때문에 재협상 추진 여부를 상대국과 합의할 이유가 없었다. 당연히 정부는 야당의 요구를 받아들이지 않았다.

이제 정국은 비준동의안을 직권상정 하느냐의 여부와, 한다면 언제 어떻게 하느냐에 대한 추측이 무성했다. 한국경제신문은 '민주당은 무일촌無一村' 제하에 박희태 국회의장이 직권상정에 힘을 싣고 있다고 보도했다. 박 의장이 출입기자와 차를 마시면서 중국 남송시대의 시인 육유陸游의 '유산서촌遊山西村'의 칠언율시 중 일부를 읊었다는 보도였다.

산중수복 의무로(山重水複 疑無路)
유암화명 우일촌(柳暗花明 又一村)
(산이 첩첩하고 물이 겹겹이라 길이 없을 것 같아도
버드나무 흩날리고 꽃피는 그곳에 또 마을이 있네)

박희태 국회의장에게 직권상정 외에는 대안이 없었다. 상임위원회는 점거되었고 야당은 재협상 주장을 되풀이 하고 있었다. 국회의장의 직권상정 권한은 1973년 국회법에 도입되었고 위원회가 정당한 이유 없이 적법기간 내 심사를 완료하지 않는 경우 등 직권상정을 할 수 있는 요건과 절차를 규정했으나, 15대 국회부터 제한적으로 사용되었다.

최루가스 속 국회 본회의 통과

11월 22일 오후 3시 국회의장은 본회의 소집을 통보했다. 국회 질서유지권이 발동되었다. 예결위원회 회의장에서 의원총회를 하던 한나라당 의원들은 본회의장으로 이동했다. 오후 3시 30분 국회의장은 오후 4시로 심사기일을 지정했다. 나는 간신히 본회의장에 입장하여 왼쪽 끝의 정부관리를 위한 좌석에 앉았다. 국회의사당은 경위들과 경찰들로 완전히 봉쇄되어 필수 참석자들도 진입에 애로를 겪고 있었다.

오후 4시 정의화 부의장이 단상에 올랐다. 일부 야당의원들이 야유와 고함을 질렀고 통합진보당 김선동 의원이 의원 발언석에 선 후 갑자기 가방에서 최루탄을 꺼내 터뜨렸고 몸을 돌려 의사봉을 들고 의장석에 서있던 정의화 부의장에게 최루가루 한 움큼을 집어 던졌다. 본회의장은 아수라장이 되면서 정회되었다. 복도는 눈

한·미 FTA 비준동의안은 2011년 11월 22일 국회 본회의에 직권상정되어 최루탄 연기 속에서 통과되었다.

물을 닦느라 의원과 보좌관들이 뒤엉켜 있었고 화장실은 북새통이었다.

오후 4시 25분 속개된 본회의는 일사천리로 진행되었다. 외통위 위원장의 제안 설명 후 표결했다. 재적 170명 중 찬성 151명, 반대 7명, 기권 12명으로 가결되었다. 민주당과 민노당은 표결에 불참했다. 한나라당에서는 철원 출신의 황영철 의원이 유일하게 반대했고 11명이 기권을 했으며 17명은 표결에 불참했다.

그 이후 공정거래법, 관세법, 특례법 등 14개의 이행법률이 차례로 상정, 가결되었다. 한·미 FTA 발효 전 제·개정 대상법률은 23건이었다. 그중 9건은 이미 한·EU FTA 비준과정에서 제·개정이 완료되었고, 14건만 국회에 계류 중이었다. 온갖 의사진행의 방해에도 불구하고 신속하고 효율적으로 의사진행을 해나가던 정의화 국회 부의장의 리더십이 돋보였다.

양국 정부의 협상과정과 의회의 비준동의를 추진하는 과정은 거대한 드라마였다. 우리 국회의 비준동의 과정이 물리적 폭력사태로 진행되는 것을 지켜보면서 참담한 심경을 금할 수 없었다. 나는 국회를 빠져나와 다시 사무실로 향했다. 후속조치 점검과 미국측과의 실무협의 준비를 비롯해 다음 날 아침 대통령이 주재하는 한·미 FTA 후속대책 조찬회의 준비를 해야 했다.

국회 비준동의 여파

비준동의안이 국회 본회의에서 전격 통과되자 여론이 들끓었다. 총선을 몇 달 앞둔 시점이었기 때문에 더욱 예민했고 여야간 갈등의 골은 깊어갔다. 소신 있다는 정치인들도 한·미 FTA 이야기만 나오면 손사래를 쳤다. 협상초기에 제기됐던 쟁점사항들이 다시 부각되었다. 독소조항에 대한 지적과 근거 없는 괴담은 온라인을 통하여 끝없이 확산되었다. 한편에서는 한국 사회를 할퀴었던 '광우병의 추억'을 재연하고자 했고 다른 편에서는 '광우병의 악몽'을 두려워했다.

그러나 여론의 향배는 매우 이중적 특징을 보였다. 신문지면에서는 긍정적인 보도가 압도했으나 온라인에서는 부정적 여론이 빠르게 확대 재생산되었다.

예를 들자면, '의료보험 붕괴로 맹장수술비가 900만 원이 된다. 의료서비스 민영화로 의료비가 폭등한다. 볼리비아처럼 물 값이 폭등하여 빗물을 받아먹어야 한다. 쌀 농사가 전폐된다. 인간 광우병이 창궐한다. 전기·가스·지하철 요금이 폭등한다. 멕시코에서는 FTA 협상을 추진했던 관료 15명을 총살했다. 총기 사용이 자유화된다.… 등'이다.

근거가 없으니 수그러들겠지 생각하면 오산이었다. SNS 계정을 통한 정부의 콘텐츠 홍보는 좋았으나 반대여론을 막는 데는 구조적 한계가 있었다. 여론 확산의 역할을 하는 정부측의 매개자 수가 적었고 리트위트RT 되는 메세지 건수도 현저히 낮은 온라인 환경의 특성이기도 했다. 반면에 부정 RT는 순식간에 퍼져 나갔다.

∷ FTA 관련 RT 네트워크 비교표

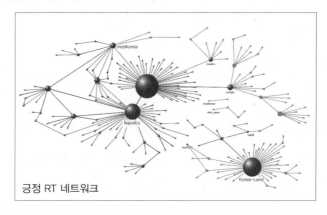

긍정 RT 네트워크

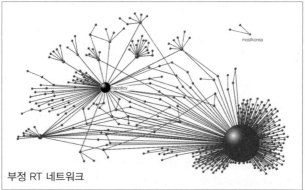

부정 RT 네트워크

▲ 검정 원은 정부 계정, 빨간 원은 FTA 관련 RT 계정
　 빨간 선은 FTA 관련 RT 경로, 회색 선은 일반 정책 관련 RT 경로
▲ 통상교섭본부의 계정: ftapolicy
▲ 자료: 소셜 매트릭스, 조사기간 2011.11.17~11.24. 국회 비준동의일(11.22.) 전후

한·미 FTA의 국회비준을 앞둔 기간 중 관찰된 RT 네트워크를 살펴보면 명확해진다. 긍정 RT 네트워크는 정부부처의 트위터 팔로워가 대부분이었다. 외부집단의 정부 메세지 RT 횟수는 부정 RT 횟수가 긍정 RT 횟수의 2배를 넘었다. 반면, 부정 RT 네트워크에는 다수의 활동적인 매개자가 존재했다. 특히, 파워 트위터리안Power Twitterian을 통한 부정적 RT는 폭발적 양상을 보였다. 통상교섭본부가 발송하는 메시지에 부정 RT가 집중되었다. 거의 하루 종일 부정 메시지를 발송하거나 RT를 하는 트위터리안도 있었고 그들의 IP 주소 일부는 중국의 여러 지역에 분산되어 있어 놀라기도 했다.

사실관계에 대한 정보를 법적 근거에 기반을 두어 정확하고 신속하게 제공할 필요성이 있기 때문에 통상교섭본부의 역할은 매우 중요했다. 나는 11월 말부터 이틀에 한 번 꼴로 '의료비, 약가인상 문제와 의료 민영화 문제', '투자자·국가 소송제도ISD', '지식재산권 제도', '공공정책 무력화', '불평등 조약' 등에 대한 심층브리핑을 했고 기자들과 시간제한 없이 질의응답을 하는 기회를 가졌다.

또한, 브리핑 동영상과 함께 관련 자료를 제공하고 통상교섭본부가 2011년 중 발표한 해명과 반박자료를 모두 묶어 출판했다. 600쪽에 달했다. 매우 드문 사례였다. 2006년부터 비준이 종료될 때까지 정부는 250회가 넘는 국회보고, 7회의 공청회, 190회의 설명회, 100여회의 토론회를 열었다.

11월 들어 서울시는 '한·미 FTA 관련, 중앙 정부에 보내는 서울시 의견서'라는 문건을 중앙 정부가 수취하기도 전에 일방적으로 언론에 발표했다. 전체적으로 사실 근거가 미약하고 매우 과장된 우려를 포함하고 있었다. 더욱이 지적한 내용들이 ISD 관련 지방 정부들의 취약점을 과장하여 오해를 부추길 소지가 있는 표현들이 다수 있었다. 강하고 구체적인 초동 대응이 필요하다는 것을 직감했다. 다음 날 나는 관계부처 차관보들과 합동브리핑을 하고 서울시가 지적한 사항을 조목조목 해명하고 반박했다.

12월 초에는 현직 판사인 김하늘 판사의 글이 공개되면서 비판세력에 불을 질렀다. 그는 법원 내부 통신망에 "한·미 FTA는 사법주권 침해다"라는 주장을 폈고, 200여명에 달하는 소장파 판사들이 댓글을 달면서 동조했다. 나는 법원 내부망에 올라와 있는 글을 받아 보았다. 미국법 체계에 대한 이해부족과 함께 국제법의 기본에 충실하지 않은 의견이 상당히 많았다.

다음 날 브리핑 계기에 연합뉴스 유경수 기자가 나에게 정부입장을 물었다. 나는 "내부망에 떠 있는 글이 유출된 사항이어서 정부가 공식 입장을 내는 것은 적절치 않다"고 전제하고, "현직 판사도 국민의 한 사람으로 개인적 의견을 표명할 수는 있으나, 우리 사회에서 존경을 받는 법관이라는 직분이 가진 의미와 실체적 사안에 대하여 균형있는 사법적 판단을 해야 하는 법관의 역할을 고려할 때, 충분한 이해와 정확한 사실관계에 기초하지 않은 표명은 의도하지 않은 오해와 불필요한 사회적 여파를 가져올 수 있다"고 점잖게 꼬집었다.

이 무렵 유튜브에서는 '말 바꾸기 달인 5인방'이란 동영상이 인기를 끌었다. 과거 참여정부 시절 앞장서서 한·미 FTA를 지지했던 민주당 지도부 인사들이 예외 없이 반대입장으로 선회하면서 한·미 FTA를 비판하고 나선 것을 동영상으로 패러디한 것이었다.

12월 13일 점심 이명박 대통령은 김종훈 본부장과 나를 비롯한 통상교섭본부 간부에게 오찬을 베풀고 그간의 노고를 치하했다. 한편, 12월 19일 정오 김정일이 사망했다는 뉴스가 전해졌다. 긴급 안보장관회의가 소집되고 비상근무령이 발령되면서 한·미 FTA에 대한 언론의 관심은 급격히 감소했다.

12월 30일 아침 8시가 조금 지난 시각이었다. 김성환 장관이 전화로 "박태호 교수가 신임 통상교섭본부장으로 내정되었으니 이취임 준비를 하라"고 지시했다. 나는 필요한 조치를 취한 후 한·중 FTA 사전 준비 협의를 위한 출장 준비를 마무리했다. 잠시 후 발송자가 감사관실로 된 황색 봉투가 배달됐다. 장관 명의 주의장注意狀이었다. 협정문 번역오류 문제에 대한 조사결과 내게 내려진 상부의 최종 처분이었다. 섣달 그믐달 받은 '선물'로 허탈했으나 주저앉을 여유가 없었다.

미국과의 이행협의 실체

합법적으로 체결된 국제협정을 이행하는 것은 당사국의 책임이다. 국회의 비준동의와 국내 이행법령을 정비하면 협정이행을 위한 준비는 종료된다. 상대국의 이행법령을 확인하는 것은 불필요한 절차다. 우리나라는 한·미 FTA의 국회 비준동의와 함께 협정이행을 위해 23개 법률을 개정했고, 관련 시행령과 시행규칙의 개정 작업도 마무리 단계였다.

그러나 미국의 시스템은 달랐다. 미국의 FTA 이행법은 "대통령은 협정 상대국이 협정이행을 위한 조치가 완료되었음을 확인한 이후에 발효를 위한 서한을 교환할 것을 규정"하고 있다. 이것은 미국이 체결한 모든 통상협정의 연방이행법에 포함된 표준문안이다. 미국의 이행검증 절차는 상대국의 이행법령이 협정과 합치되는지 여부를 철저히 검증했기 때문에 악명이 높았다. 또한, 이행협의를 통하여 협정의 모호한 부분을 재해석해 온 사례들도 있었던 관계로 미국의 이행검증 작업을 새로운 협상이라고도 했다.

이 작업은 한두 달에 끝난 경우도 있었지만 여섯 달 이상 소요되기도 했고 미·중미 FTADR-CAFTA의 경우 삼년을 넘은 경우도 있었다. 호주의 경우, 호주 의회가 양국 FTA 협정이행을 위한 국내 이행법을 통과했음에도 불구하고 미국은 6개 법령개정안을 발의한다는 호주 통상장관의 서면 약속을 받고서야 협정발효에 합의한 바 있다.

나는 미국과 이행협의에 임하면서 두 가지 문제를 유념했다. 첫째, 우리 정치의 특성상 국회 비준동의가 완료되었기 때문에 조기 발효를 채근하기 십상이다. 미국측이 이런 여건을 역이용하여 우리가 수용하기 어려운 요구를 해 올 개연성에 대비한다. 둘째, 다른 나라처럼 법령개정을 약속하는 굴욕적인 서한은 쓰지 않기로 결심하고 선제적인 이행협의를 준비했다. 또한 상호주의 원칙 하에 양국의 이행체제에 대한 검증을 동시에 진행하기로 합의했다.

우리는 2011년 2월 추가협정 서명 후 국회비준과 이행법안을 먼저 준비하고 있었고 미국 이행법안에 대한 검토는 이행법안 초안이 공개된 6월 말부터 시작했다. 미국의 통상협정 이행법 체계는 매우 방대하고 복잡했다. 우리가 공세적 이익이 있는 부분에 대한 논리와 법적 자료를 준비하는 동시에 방어에 필요한 문건도 준비했다.

나는 커틀러 대표보와 미결 이슈 및 절차사안에 대하여 합의를 해야 했다. 우선 미결현안들은, 고위급의 결정이 필요한 이슈와 명확화 작업만으로 충분한 이슈를 분류했다. 미국은 협정의 의무이행을 위한 한국의 국내규정, 협정의 관세율 적용과 통관절차에 관심을 가졌고, 특히 분야별로는 농축산물 TRQ 이행방안, 동의의결제, 의약품 독립적 검토절차에 각별한 관심을 보였다. 우리는 미국의 원산지 규정, 세관절차 규정, 특산품의 이전과 물품수수료의 철폐 등의 분야에 관심을 두었다. 절차적인 사안은 협정의 발효시점과 합의의 형식을 정하는 일이었다. 미국은 이행협의 종료를 확인하는 양국의 서한교환이 이루어진 후에야 대통령의 포고문을 발표하고 그 후 비로소 상대국 정부와 협정발효일을 지정하는 서한교환을 할 수 있다. 그렇기 때문에 발효일을 예측하기는 어렵다.

우리 정치권과 업계는 미국식 이행협의의 실체와 복잡성을 알지 못했기 때문에 이행협의의 조속한 마무리를 주문했다. 미국은 한국의 조급증을 최대한 역이용하면서 통상교섭본부를 압박해 왔다. 예상했던 수순이었다. 1월 말 나는 로스앤젤레스 인근 산타모니카에서 미국측과 다시 만났다.

미국은 상대국의 법령을 영문으로 모두 번역하여 검토해야 하는 데 연말휴가로 한국의 이행법령에 대한 번역이 지연되었다. 또한, 미국측은 협정이행을 위한 행정조치 준비가 매우 느리게 추진됐다. 미국측이 취할 행정조치는 국제무역위원회(US ITC), 세관 및 국경보호국(CBP: 원산지 검증 및 집행) 및 섬유협정이행위원회(CITA: 섬유 세이프가드 및 원산지 규정) 등 개별기관의 규정을 제정하거나 개정해야 할 사항이었으나 이러한 행정조치의 공포는 발효를 위한 양측간 각서교환 이후에 이루어지기 때문에 협정상대국이 사전에 그 내용을 검토하기가 까다로웠다.

진정한 종결과 코러스의 서광

이행협의 과정에서 '동의의결제'와 '독립적 검토절차' 문제를 둘러싸고 한·미 양측간에 해 묵은 갈등이 재연되었다.

'동의의결제consent order'는 공정거래법 위반에 대한 공정거래위원회의 조사, 심의과정에서 기업이 스스로 시정방안을 제출하면 공정위와 피심인의 합의 하에 당해 행위를 시정하고 사건을 종결하는 제도이다. 한·미 FTA는 동의의결제의 적용범위를 행정적·민사적 제재로 한정하고 있다. 미국측은 개정된 한국의 공정거래법이 동의의결제의 적용범위에서 행정적 제재대상이 될 수도 있는 부당한 공동행위cartel까지 제외하여 동의의결제의 적용범위를 한·미 FTA의 규정보다 축소했다는 우려를 제기했다. 미국의 주장은 연성 카르텔과 경성 카르텔을 구별하여 처리하는 미국의 제도를 기반으로 하고 있었으나 우리 법체계에서 그대로 수용할 수는 없었다.

다음 쟁점은 '독립적 검토절차' 규정이었다. 우리나라 건강보험제도상 의약품은 건강보험심사평가원(심평원)이 제약사의 신청을 받아 자체적인 경제성 평가를 통하여 보험등재 여부를 결정하고, 국민건강보험공단이 이 평가를 기초로 제약사와 약값을 협상한다. 그런데 미국은 가격산정과 급여 여부를 결정하는 데 모두 독립적 검토절차가 적용되어야 한다고 주장했다. 즉, 경제성 평가결과는 물론 약가협상 결과에 대해서도 독립적 검토절차의 신청이 허용되어야 한다는 입장이었다.

그러나 복지부는 가격산정이란 약가협상을 포함하지 않는 보건당국의 직권결정만을 의미한다는 입장을 견지했다. 우리 규정은 의약품이 보험등재를 위해서는 반드시 약가협상을 거치도록 하고 있었다. 만일 그 협상결과가 모두 재검토 대상이 된다면 제약사들은 자신들의 요구약가를 고수하면서 약가협상 타결에 신축성을 보이지 않을 것이 명약관화했다.

한·미 양국은 이행협의를 조기에 마무리해야 한다는 점에는 공감대가 있었으나 양국의 국내 사정이 녹록치 않았다. 한국으로서는 총선 등 국내 정치일정과 여타 FTA 협상추진일정과의 관계도 고려해야 했다. 미 행정부도 업계 및 의회측의 지속적인 압박에 시달리고 있었다. 더욱이, 백악관은 한·미 FTA의 발효시점이 3월로 예정된 오바마 대통령의 방한보다 늦어서는 안 된다는 심리적 마지노선을 가지고 있었다. 결국, 양측은 협조할 수밖에 없는 수인囚人의 딜레마dilemma에 처했다.

새해 들어 야당은 공세를 재개했다. 한명숙 열린우리당 대표는 "협정 발효 이전에 재협상을 하여 독소조항을 제거하지 않으면 총선을 통해 집권한 후 한·미 FTA를 폐기하겠다"는 요지의 오바마 대통령과 미 의회 앞 서한을 직접 주한 미 대사관에 전달했다. 과도한 조치였다. 체결된 조약의 폐기가 불가능하지는 않지만 아주 예외적인 사정이 아니면 우방국간에는 그 사례가 매우 드물기 때문이다.

한편, 2월 들어 미 업계는 독립적 검토절차를 밀어 붙이면서 각종 채널을 통하여 "한국의 통상교섭본부가 이행협의를 지연시킨다. 독립적 검토절차를 수용하지 않으면 미 업계는 미 행정부를 압박하여 한·미 FTA의 발효를 지연시키겠다"며 으름장을 놓았다. 미 업계는 발효일 지연을 빌미로 한국 정부에 압박을 했고 이를 통하여 한국 입장이 번복되기를 기대했다. 이행협의 절차가 지연되면서 협정발효도 지연되고 있었다.

한·미 양국은 조기에 이행협의 절차를 마무리한다는 데 이견이 없었다. 외부의 복잡한 압력과 개입이 있었음에도 불구하고 나와 커틀러 대표보는 절충점을 찾기 위해 집중적인 협의를 했다. 결국, 동의의결제와 독립적 검토절차를 둘러싼 복잡한 승강이는 우리 원안대로 정리되었다. 여타 미결 이슈를 짚어 나갔지만 일부 쟁점을 제외하고는 양측의 이행조치들은 대체로 양호했다. 최종 이행협의는 2월 19~21일간 열기로 했다.

2월 18일 시애틀에 도착해서 대표단 대책회의를 한 뒤 이틀간 꼬박 미결 이슈를 정리했다. 나는 커틀러 대표보와 미결 이슈를 'What-if 대화' 형식으로 정리해 나갔다. 지퍼를 잠그듯 전체 패키지를 정리해 가는 작업이었다. 당초 약속대로 양국의 이행법령 목록은 서면으로 확인을 하기로 하고 발효일은 3월 15일 0시로 합의했다. 2월 20일 나와 커틀러 대표보는 "이행점검 협의결과는 협정상 당사국의 어떠한 권리와 의무도 변화시키지 않으며, 추후 있을 수도 있는 법적 절차에서도 당사국의 입장에 전혀 영향을 미치지 않는다"는 사항을 구두로 합의했다. 이행협의의 성격을 분명히 못 박은 것이었다.

양측 본부의 승인을 접수한 뒤, 나와 커틀러 대표보는 이행법령 목록을 포함하는 '서한교환exchange of letters' 문건과 협정발효일을 3월 15일로 하는 '각서교환exchange of notes' 문건에 합의했다. 나는 시애틀에서 귀국길에 김종훈 전 본부장께 "이행협의 종료 3.15 협정발효 합의"라고 문자를 날렸더니 '진정한 종결자'라는 회신이 왔다.

한·미 FTA는 2012년 3월 15일 0시를 기해 정식 발효했다. 긴 여정이 종결되는 순간이었다. 미국은 백악관에서 축하 리셉션을 했다. 커틀러 대표보는 내가 불참하여 아쉽다는 메일을 보내 왔다. 커크 대표는 "대통령의 전용기를 타는 것은 즐거운 일이나, 2010년 11월 서울 G-20 정상회의 직후 성과 없이 대통령 전용기를 탔을 때와 같이 가슴이 서늘한 때가 없었다"고 회고했다. 우리나라는 발효를 기념하는 공개행사 대신 통상교섭본부 직원들끼리 간단한 다과를 하면서 덕담을 나누었다.

저녁에는 박태호 본부장을 비롯한 통상교섭본부 간부들과 한·미 FTA 발효 기념으로 미국산 와인을 15% 할인 판매하는 식당에서 한잔했다. 소믈리에sommelier가 캘리포니아 소노마 밸리산 삐노누와Pinot Noir를 서브했다. 와인의 라벨은 'Fogdog'이었다. Fogdog은 특히 안개를 뚫고 소노마 계곡을 내리 비추는 햇살을 의미하지 않는가? 그는 "오늘이 한·미 FTA에 서광이 비치는 날이라 이 와인을 선택했다"고 말했다.

FTA 교섭대표직을
떠나며

　　협정이 발효되어 한 고비를 지났으나 임박한 총선을 앞두고 정치공방이 재연되었다. 그러나 협정발효가 기정사실화되면서 반 FTA 정서가 한층 누그러졌고 온라인을 통한 반대여론도 상대적으로 약했다. 정부 차원에서는 발효 후속조치를 추진해 나갔다. 'FTA 무역종합지원센터, 업종별 협의회, FTA 활용지원센터' 등을 운영하면서 컨설팅을 제공했고, FTA에 대한 정보와 교육, 홍보에 중점을 두었다. 농어업 및 중소기업 등 취약 분야의 경쟁력 강화대책과 10년간 24.1조 원의 재정투자와 29.8조 원의 세제지원을 포함한 여야간 합의사항 이행에도 중점을 두었다.

　　그리고 ISD 재협의와 아울러 제1차 공동위원회 준비를 해야 했다. 2011년 11월 이 대통령이 국회를 방문하여 '발효 후 3개월 내 ISD 재협의'를 제시했고 국회도 '한·미 FTA 재협상 촉구결의안'을 채택했기 때문이다. 물론 물밑 작업의 결과지만 USTR도 "협정발효 후 90일 내 개최되는 서비스투자위원회를 통하여 ISD를 논의할 수 있다"는 입장을 표명한 바 있었다. 통상교섭본부는 'ISD 민관전문가 태스크포스TF'를 민간전문가와 정부전문가로 구성하고 협정발효 다음 날부터 회의를 열어 협의를 시작했다.

　　먼저 본질적 사안과 절차적 사안을 분리하여 2개의 소분과를 운영하기로 합의했다. 제1분과는 실체적 사안으로서 투자의 개념, 투자자 범위, 간접수용 및 공공정책 등을 다루기로 했다. 제2분과는 절차적 사안으로서 사전동의 조항, 중재인 선정과 중재판정의 중립성 문제, 준거법 문제, 상소 메커니즘 및 FTA와 양자투자협정BIT의 중재조항의 차이점 등을 살피기로 했다.

태스크포스의 토의는 매우 전문적이고 진지했다. 그간 제기되었던 비판을 하나하나 검토하고 현 협정문이 이런 문제를 다루는데 충분한지 여부를 조사하고 부족하다면 어떠한 개선방안이 있는지를 살펴보았다. 또한, 2006년 협상당시 구성되었던 'ISD 검증 민관 태스크포스TF'의 활동내용도 살펴보았다. 당시 태스크포스는 공공정책 집행의 위축 및 남소 가능성 등의 문제를 보완하는 것을 전제로 ISD 조항을 수용한다는 데 공감대가 있었다. 예를 들어, 간접수용에 대한 우리의 우려를 해소할 수 있도록 수용부속서를 개정하여 간접수용의 판단법리를 추가하고, 안전, 환경, 위생, 부동산, 조세 등 간접수용으로 간주되지 않는 공공목적의 비차별적 규제조치를 모두 협정문에 반영한 바 있었다.

5월 중순 한·미 FTA 발효 후 제1차 장관급 공동위원회가 워싱턴에서 열렸다. 협정이행에 관한 양국의 공식적인 점검 차원의 회의였다. 공식 회의가 끝난 다음 날 새벽 나는 대사관 건물이 위치한 매사추세츠 애비뉴를 걸었다. 지난 6년간의 굴곡들이 주마등처럼 지나갔다. FTA 교섭대표로서 내 소임은 여기까지였다. 한편 워싱턴에서는 또 다른 충격파가 만들어지고 있었다. 미국의 사모펀드인 론스타가 한·벨기에 투자보장협정 조항에 근거하여 한국 정부를 상대로 ISD 중재재판 절차를 취하겠다는 의향서를 제출한 것이다. 한·미 FTA와는 무관한 사건이었으나 ISD를 둘러싼 논란임에 비추어 그 추이가 주목을 받을 수밖에 없었다.

커틀러 대표보가 방한했다. 내 집무실에 마주 앉았다. 한·미 FTA의 이행계획에 관한 협의를 했다. 양국은 늘 수많은 통상어젠다를 안고 있었다. 그만큼 밀접하고 건강한 관계라는 반증이었다. 그러나 이번은 심각한 협의를 예정한 것이 아니라 작별을 위한 만남이었다. 마지막 화룡점정의 순간까지 좁여왔던 긴장과 소회로 나도 커틀러 대표보도 울컥했다.

지난 6년간 커틀러 대표보와 직간접적으로 일해 왔다. 물론 그녀의 한국측 협상파트너는 여러 번 교체되었다. 나는 FTA 교섭대표 자리를 내놓고 몇 달 뒤에 주제네바 대사로 떠날 상황이었고, 커틀러 대표보는 한·미 FTA의 부담에서는 해방되었으나, USTR 부대표 대행직을 맡으면서 일본의 TPP 참여 관련 이슈를 비롯한 다른 책임이 커지고 있었다. 협상파트너란 치열한 협상을 해야 하기에 늘 껄끄럽지만 결국 같은 종착역을 향해 가는 동반자 관계이기도 하다. 우리는 늘 이런 이야기를 나누곤 했다. "나의 문제는 곧 상대의 문제가 되고 상대의 문제는 곧 나의 문제가 되었다. 일방적인 합의는 불가능하기 때문이었다. 그러므로 어떤 문제가 제기되어도 나와 상대의 여건을 정확히 읽어 낸 후 양측이 합의 가능한 해법을 모색해 나간다."

커틀러 대표보는 온화한 성품이지만 내부 통솔력이 뛰어나고 강인한 협상가였다. 그러나 전형적인 USTR의 냉혹한 협상가는 아니었으며 오히려 상대편의 처지를 이해하고 양측에 이익이 되는 해법을 찾으려 부단히 노력하는 인간적 면모를 지녔다. 그녀는 문제의 핵심을 꿰뚫는 강한 직관력을 가지고 상대를 설득했고 상대를 압박할 때는 미국이 가진 힘을 최대한 활용하여 미국의 이익을 확보하고자 했다. 이런 훌륭한 협상가와 수년간 신뢰를 바탕으로 국가적 대사를 협상할 기회를 가진 것은 과분한 행운이었다.

7

한·미 FTA의 함의

종(種)의 진화는 짧은 기간 내 급격한 변화를 거치지만
그 이후에는 비교적 장기간 안정화되는 과정을 겪는다.
스테픈 굴드(Stephen Gould), '단속적 평형론(punctuated equilibrium)'

한·미 FTA은 2006년 협상개시부터 2012년 발효까지 6년 동안 줄곧 한국 정치의 중심에 있었다. 미국을 상대로 체결한 포괄적이고 높은 수준의 협정으로서 한국의 통상정책에 일대전환을 가져온 사건이었기 때문이다. 나는 한·미 FTA는 변화와 혁신을 향한 한국과 한국민의 결의였고 이 결의를 이행한 대실험이었다고 본다. 긴 시간 내연했던 갈등은 대변신을 하기 위해 겪어야 했던 성장통이 아니었을까? 협정의 구상단계부터 협상추진과 비준과정은 갈등과 타협의 거대한 드라마였다.

절대 빈곤국이었던 대한민국이 세계 최강국인 미국과 대등하게 협상을

추진하고, 높은 수준의 무역자유화 협정을 체결했다는 것은 괄목할만한 일이다. 한국은 무역을 통해 국가 발전을 이룩한 대표적인 국가였고, 전후 국제무역질서를 이끌어 온 GATT 체제의 최대 수혜국이기도 하다. 우리나라의 통상정책은 1967년 GATT 가입 이후 농수산업과 중소기업 등 취약 산업의 보호와 제조업 분야의 해외시장 접근확대를 일관성 있게 추진하여 왔다.

반면, 미국은 1980년대 들어 누적된 무역역조가 동아시아 국가의 수출주도 정책에 기인한다고 판단했다. 미국은 '슈퍼 301조'를 傳家의 寶刀처럼 휘두르면서 주요 교역국의 시장개방을 압박했다. 일본에 대해서는 1985년 플라자 합의를 체결하여 엔화절상을 유도하고 '자동차의 자발적 수출제한VER'과 '미국 반도체의 자발적 수입확장VIE'에 관한 합의를 종용했다. 한국에 대해서도 농산물시장의 폐쇄성과 자의적인 비관세장벽을 비판하면서 슈퍼 301조에 따른 일방적인 보복조치로 위협해 왔고, 한국은 쇠고기, 자동차, 담배시장 등의 점진적 개방을 미국측에 약속하게 되었다.

우리나라는 1998년 뼈 아픈 경제위기를 겪게 된다. 외화보유고가 바닥이 나자 구제금융을 요청하면서 IMF측의 가혹한 대출조건을 수락했고 뼈를 깎는 구조조정과 경제정책의 근본적인 수정을 추진했다. 즉, 과거 값싼 노동력에 의존한 수출과 보호장벽 하에 국내 산업 보호라는 공식이 더 이상 통하지 않게 된 것이었다. 국제경쟁력을 확보하기 위해서는 오로지 기술혁신과 개방을 통한 체질개선이 필수적이라는 교훈을 얻게 되었다.

그러나 시장개방은 승자와 패자를 구별하기 때문에 국내 이해집단의 반발을 초래했다. 또한 개방으로 경쟁력을 상실하게 되는 집단은 결속하는 경향이 있지만, 소비자 같은 수혜집단은 단합하기 어려웠다. '수출은 선이고 수입은 악이다'는 이분법적 사고방식은 사회적 갈등을 조장했다.

한편, 성장과 분배를 둘러싼 논란과 함께 신자유주의에 대한 우려의 목소리도 한몫을 했다.

이런 배경 속에 1998년 외교부에 장관급 통상교섭본부가 설치되면서 대외통상협상의 창구를 일원화하고 인력과 조직의 전문화를 추진해 나갔다. 초창기 통상교섭본부는 주로 우루과이 라운드 협상결과의 이행에 치중했고, 미국과의 양자투자협정, 칠레와의 FTA 협상과 도하개발어젠다 DDA 협상에 참여했다. 당시 통상교섭본부장의 대미 카운터파트가 USTR 부대표였던 점을 감안하면 우리 위상은 여전히 낮았다.

┃ 한국의 FTA 추진 로드맵

한국은 우루과이 라운드 협상결과 1994년 설치된 WTO 협정에 원가입국으로 참여했고, 다자간 무역체제에 집중했다. 새천년 이전까지 지역무역협정RTA에는 관심을 기울이지 않았다. 1998년 일종의 FTA 시범사업으로 칠레와 FTA 협상을 개시했다. 계절이 정반대이고 지리적 격리성으로 인하여 우리 농수산물의 민감성을 보호하면서도 제조업에서 우위를 점할 수 있는 협상상대를 고른 것이다. 협상은 타결되었으나 김대중 정부는 극심한 국내 반발을 의식하여 협상비준을 차기 정부에게 미루었다. 한·칠레 FTA는 농업 분야의 개방협상을 DDA 타결 이후 하도록 후순위 조정을 해 두었음에도 불구하고 농업계는 양자협정을 통한 개방의 선례를 만든다는 심리적인 압박을 받고 있었다.

새천년에 접어들면서 국제관계는 변곡점을 맞고 있었다. 미국과 유럽 주도의 기존질서가 도전을 받고, 중국, 인도 및 브라질의 영향력이 확대되면서 전후질서에 근본적인 변화가 시작되고 있었다. 한편, 신흥국가들은 현재의 국력과 미래의 잠재력에 상응한 국제적인 책임을 질 준비가 되어 있지 못했다. 이런 구조적 불균형은 국가간 힘의 관계를 반영하는 국제기구의 운영에도 근본적인 영향을 미쳤다. 다자통상체제도 예외는 아니었다. 2001년부터 시작된 DDA 협상은 예정된 타결시한을 몇 차례나 넘겼다.

다자체제가 작동되지 못하는 국제환경 속에서 대외의존도가 높은 우리는 새로운 성장활로를 모색해야 했다. 통상교섭본부는 2003년 한 해를 한·칠레 FTA 비준에 전념하면서 향후 FTA 추진 로드맵을 마련했다. 통상정책의 획기적인 변화였다. FTA 추진 로드맵은 높은 수준의 포괄적인 FTA 협상추진, 동시다발적인 FTA 협상추진과 국민적 합의에 기반을 둔 협상추진이라는 세 가지 요소를 근간으로 했다. 무역의존도가 높은 우리나라로서는 해외시장을 개척할 수 있는 방법이 있다면 양자 및 다자간 협상은 물론 일방적 자유화도 마다할 이유가 없었다. 구조조정을 통한 국제경쟁력 강화와 해외시장 접근을 통한 미래 성장동력 확보 그리고 경쟁국보다 먼저 협정을 체결함으로써 세계 최대시장에 대한 선점효과를 누린다는 전략 수립은 오히려 당연했다.

초기 협상대상국으로 싱가포르, 일본, 캐나다와 뉴질랜드 등을 상정했다. 이들 국가와의 협상경험을 축적한 뒤 중국, EU 및 미국 등 거대 경제권과 협상을 해 나간다는 정책을 수립했던 것이다. 초기에 일본 및 중국과의 FTA 협상이 부진했다. 일본과는 2003년 협상을 개시 후 일 년도 안되어 협상중단을 선언했다. 일본은 공산품 관세가 거의 없기 때문에 우리에게 유리한 농산품에 대한 의미 있는 시장접근과 비관세장벽을 제거할 수 있어야 했는데 일본의 미온적인 입장으로 협상진전을 기대하기 어려웠다. 결과적으로 FTA 정책수정이 불가피했고, 싱가포르, 인도, 아세안 등 신흥시장과의 FTA를 체결하는 동시에 미국, EU 등 거대 경제권과의 FTA 협상으로 대담한 정책선회를 추진하게 되었다.

2001년 미국의 피터슨 국제경제연구소가 한·미 FTA의 타당성과 기대효과에 대한 논문을 발표한 바 있다. 그러나 미국을 직접 자극한 것은 2003년 한국의 FTA 추진 로드맵이었다. 2005년 상반기에 한·미 양측은 세 차례 국장급 실무점검 회의를 열어, FTA 추진절차와 경제적 타당성과 협정문의 분야별 내용에 대한 실무적인 협의를 했고, 통상장관간 협의를 통하여 한·미 FTA의 출범 가능성을 모색했다. 그리고 미국은 2005년 9월 한국, 이집트, 말레이시아, 스위스 등 4개국을 양자 FTA 우선협상대상국으로 선정한다고 발표했다.

미국의 FTA 추진정책

미국은 전후 세계 경제재건을 위해 GATT 체제를 성안하고 일방적인 자유화를 추진함으로써 아시아와 유럽에 거대한 미국의 시장을 제공했다. 미국은 미국의 이해와 가치를 반영한 국제경제질서를 추구함으로써 국제정치에서 리더십을 유지해 나간다는 전략적 접근을 해 왔다. 미국이 다자간 통상체제 및 국제금융체제의 구조를 강화시키고 일관성 있는 규범을 추진해 온 것도 이런 맥락과 일치한다.

미국의 FTA 정책도 경제적 및 전략적 접근을 하고 있다. 최근에는 TPP와 TTIP를 통해 무역장벽을 제거하고 전 세계 경제력의 2/3를 차지하는 거대한 자유무역지대에 미국을 중심에 둠으로써 미국이 추구하는 통상규범, 노동권 및 환경보호 기준을 주도해 나가는 한편 TISA, ITA 등 복수국간 협상에도 중점을 두고 있다. 특히, 미국은 아시아 재균형 정책이라는 국가안보전략의 틀 안에서 중국을 견제하면서도 공동의 이익 실현이 가능한 분야에서는 중국과 협력을 추진하며 궁극적으로는 미국이 주도하는 TPP에 중국의 참여를 유도하는 데 관심이 있다고 볼 수 있다.

미국은 1993년 NAFTA 협정을 체결하기 전에는 이스라엘과 캐나다와 체결한 FTA를 제외하고는 지역무역협정에 거의 관심이 없었다. 미국 입장에서는 경쟁하는 유럽, 일본 및 중국을 다자무역체제에서 다루는 것이 보다 적절하였을 것이다. 미국이 14개국과 체결한 FTA의 대부분은 2000년대 이후에 체결되었다. 2010년 기준 이들 국가와의 교역 비중은 미국 무역액의 40% 정도를 차지했다. 물론 NAFTA 내 교역 비중은 27%를 차지했다.

미국이 협상상대를 선택하는 기준은 다양한 요인을 고려하면서도 일관성이 있었다. 먼저, 타결된 FTA가 미 의회와 업계 등 국내 정치적 지지를 확보할 수 있는 지를 평가한다. 둘째, 전통적인 상업적 이익을 고려한다. 즉, 미 업계의 시장접근 기회와 함께, 서비스, 지재권, 노동, 환경 등의 분야의 포함에 관심이 높다. 셋째, 협상상대국이 협정을 성실하게 이행할 의지와 능력이 있는지를 시험한다. 넷째, 가장 중요한 것은 외교 전략적인 고려다. 다시 말하면 협상상대국을 선택할 때 그 국가가 민주절차와 법치주의를 존중하는 지 여부와 그 국가의 외교 전략이 미국과 협조적인지 여부를 검토하는 것이다.

한편, 미국의 대외통상정책에 대해 미국 노동계 및 농업계의 반발은 심했고 의회의 견제도 강했다. 급속한 세계화로 미국 통상정책은 상대국의 관세 및 비관세장벽의 제거에 중점을 두게 되었고 국내적으로 통상교섭은 매우 민감한 현안으로 부상했다. 민주당은 효율적인 무역조정 지원TAA이 없는 FTA에 반대입장을 분명히 했고, 2005년 DR-CAFTA 이행법안이 2표 차로 간신히 통과된 것은 시사하는 바가 크다. 이 와중에 한·미 FTA 협상이 추진되어 타결되었다. 특히, 2007년 양원을 장악한 민주당은 신통상정책을 통하여 노동과 환경을 통상정책에 주의제로 부각시켰다. 2008년 뉴욕발 경제위기라는 추가위기로 미국의 무역정책은 긴 동면에 빠져들었다.

미국은 협상개시 전에 행정부와 의회간 특별권력관계를 감안하여 모델통상협정을 합의하고 개별협상을 추진하면서 일정한 변화를 가하는 협상패턴을 보여 왔다. 이 모델협정은 대체로 세 파트로 구성되었다.

첫째는 상품과 서비스의 시장접근 문제를 다룬다. 미국이 공세적인 분야다. 미국은 극히 일부 품목의 예외를 제외하고는 실질적으로 모든 품목을 자유화하고 서비스 분야도 높은 수준의 개방을 추구했다. 투자 챕터는 미국 FTA의 핵심 챕터로서 투자자유화와 투자자·국가간 소송제도ISD로 구성되어 있고 미국은 ISD의 남용을 방지하기 위해 일부 규정을 개선해 왔었다. 미국에서 양자투자협정은 미 의회 통과를 위해 2/3 다수가 필요한 조약으로 간주되기 때문에 미 행정부는 투자 챕터를 FTA 협정에 포함하고 환경 분야와 노동 분야에 대한 별도의 챕터를 구성하는 경향이 있었다.

둘째는 보호해야 할 분야를 다룬다. 대상 분야는 설탕, 낙농, 섬유 등 미국의 취약 분야를 포괄한다. 보호방식은 대체로 쿼터, 장기 관세철폐기간, 세이프가드, 원산지 규정강화 등의 방식을 구사하며 미 행정부는 이런 분야의 협상에 재량이 거의 없을 정도로 업계와 의회의 압박이 강하다.

셋째는 비자문제와 존스 액트 등 개방불가 분야를 다루며 반덤핑 등 무역구제 문제도 미 의회의 견제가 극심한 분야로서 미 행정부의 재량권이 전무하다고 할 수 있다. 결론적으로, 미국은 전반적으로 포괄적이면서 높은 수준의 자유화 협정을 추구하고, 대상 분야로 상품과 서비스 등 전통적인 영역에 추가하여 노동, 환경, 경쟁, 투자, 정부조달, 지재권 보호

등의 분야에 높은 관심을 보이면서도 자국의 취약한 분야에 대해서는 소극적인 입장을 유지했다. 이런 FTA 정책기조는 한·미 FTA 협상에도 그대로 투영되었다.

협상진용과 국내 조정체계

양국의 협상조직과 조정체계는 협상의 역동성을 이해하는 데 핵심일 것이다. 한국의 대외협상은 통상교섭본부가 담당했다. 1998년 통상교섭본부가 창설되어 그간 분절화 됐던 통상협상 기능이 통상교섭본부로 집중됨으로써 전략적 사고와 협상경험을 갖춘 통상관료에 의해 적극적인 통상협상을 추진할 수 있었다.

대외협상 포지션과 국내 조정은 재정경제부 장관을 위원장으로 하는 '대외경제장관회의'를 통하여 협의를 거쳐 결정되었다. 또한, 청와대 비서실장 또는 경제수석의 참여 하에 소인수 장관간에 현안문제를 협의하는 '서별관 회의'도 중요한 정책결정 메커니즘의 하나였다. 2007년 5월 정부는 한·미 FTA의 국회 비준동의 준비 작업 지원을 위한 FTA 대책위원회와 FTA 국내대책본부를 두었다. FTA의 경제효과에 관한 분석자료는 대외경제정책연구원KIEP과 농촌경제연구소 등에서 관장했다. 나아가 다양한 이익단체 및 업계와의 협의채널도 적극적으로 활용했다.

국회는 2006년 6월 '국회 한·미 FTA 체결대책 특별위원회'를 설치하여 30여 차례의 회의와 공청회를 가졌다. 국회가 협상을 감독하는 건설적인 조치였다. 주로 한·미 FTA의 협상방향과 협상결과를 보고받고 국내 보완대책에 대한 논의를 했다. 특히, '한·미 FTA 관련 대외비 문서유출 사건 조사 소위원회'를 설치하여 별도 회의를 열었다. 국회 외통위 및 유관위원회에서도 협상 및 대책과 관련하여 지속적인 보고와 토의가 있었다. 당시 국회에는 김명자 의원과 정의용 의원이 주도하던 '한·미 FTA 의원 포럼'이 구성되어 건설적인 토의를 했다.

한편, 미국의 협상조직과 내부조정체계는 독특하다. 미국은 헌법상 대통령과 의회가 권한을 공유한다. 통상협상 권한은 의회가 행정부에 위임하고 USTR과 백악관이 대외협상을 총괄 지휘한다. 1962년 창설된 USTR은 당초 20여명의 작은 조직이었고 대외협상을 총괄할 권한이 없었다. 1980년대 후반 조직과 기능이 강화되면서 1974년 통상법 제301조(소위 슈퍼 301조)에 따라 '공격적 일방주의aggressive unilateralism'로 알려진 통상 교섭 전략을 추진했다. USTR은 고도로 숙련된 통상전문가들로 구성되어 있고 백악관과 미 의회의 막강한 영향력을 배경으로 공격적인 대외통상협상을 선도하는 작지만 강력한 조직이다. 불과 160여명의 직원으로 전 세계 국가를 상대로 양자 및 다자 통상협상과 통상분쟁을 주도해 나가고 있기 때문이다. 나는 이들을 통상협상의 스파르타Sparta 정예병으로 불렀다.

정부 내 실무조정은 USTR 주도로 이루어지며 고위급 조정은 백악관의 경제보좌관이 소집하는 차관급 회의와 백악관 국가안보보좌관이 주재하는 장관급 회의Principals Meeting를 통해 이루어진다. 농업과 섬유 이슈를 전담하는 대사급 고위관리를 별도로 두고 이들은 소속 장관과 상원 재무위원회와 농업위원회에 직접 보고하면서 소관 분야의 협상을 추진해 나간다.

USTR은 16개의 분야별 자문조직인 산업무역자문위원회ITAC를 운영한다. ITAC은 분야별로 20~40여명 정도의 업계 및 학계 출신의 전문가로 구성되며 USTR은 협상과정에서 이들과 긴밀한 협력을 한다. 이들 전문가들은 정보보안 요건 하에 협상정보와 문서에 대한 접근권을 가진다. 거대한 미국이 복잡한 통상협상을 매우 전문적이고 일관성 있게 추진할 수 있는 중요한 메커니즘인 셈이다. FTA의 경제적 효과는 USITC에서 분석 보고 한다.

미 의회는 협상권한을 위임했음에도 불구하고 대통령을 견제하는 동시에 공격적인 협상을 요구한다. 하원은 세입위원회가 협상과 인준을 관장하고 상원은 재무위원회가 대외통상협상과 인준을 관장한다. 미 의회는 승자독식의 구조로 다수당이 전권을 가지고 정책을 주도해 나가지만 양당간 긴밀한 협조를 한다. 하원 세입위원회와 상원 재무위원회의 위원장과 간사의원은 통상정책의 입안과 수행과정에서 핵심적인 역할을 한다. 또한, 이들을 보좌하는 양당의 수석전문위원은 실무를 총괄한다. 나는 이들을 '통상담당 의원 4인방'과 '통상담당 수석전문위원 4인방'이라 불렀다. 이들이 사실상 통상협상과 관련 미 의회의 정책과 대행정부 접촉을 총괄하고 거의 모든 정보가 집중되는 자리이기 때문이었다.

마지막으로 한국이든 미국이든 대내외 협상과 조정에 있어 최종 결정권자는 대통령이었다. 한·미 FTA 협상과정에서도 양측 실무급을 거쳐 장관급 협의에서도 이견을 좁히지 못하는 경우 양국의 대통령의 개입이 불가피한 상황이 여러 번 발생했다. 또한, 한·미 FTA는 협상기간은 물론 미 회의 비준동의를 거쳐 발효될 때까지 예외 없이 양국 정상회담의 주요 의제로 다루어졌다.

모범적 자유무역협정

한·미 FTA는 GATT 제24조 및 GATS 제5조에 따라 체결된 포괄적이며 높은 수준의 자유화를 추진하는 모범적인 자유무역협정이다. 한·미 FTA는 특이하게도 두 개의 협정으로 구성되어 있다.

재협상 결과 원협정과 함께 추가협정문이 마련되었기 때문이다. 원협정은 2007년 6월 말 서명된 협정(2007년 협정)이고 추가협정은 2011년 2월 서명된 추가협정문(2011년 협정)이다. 이 두 협정은 법적으로 별개의 협정이지만 내용상 밀접한 관계를 가지고 있다. 2007년 협정이 상품, 서비스, 투자, 경쟁, 지재권, 정부조달 분야를 망라하는 포괄적인 협정이라면 2011년 협정은 자동차, 돼지고기 및 의약품 분야의 극히 일부를 수정한 별도의 협정이다.

상품 분야에서 우리는 공산품은 공세적으로 농산물은 방어적으로 협상을 했다. 공산품은 발효 후 5년 내 95% 이상 제품에 대한 관세를 철폐하기로 합의했다. 당초 협정은 발효 후 3년 내 98% 이상 제품에 대한 관세철폐를 합의했으나 추가협상을 통하여 자동차 분야의 관세철폐기간이 연기됨으로써 공산품 전체의 자유화 수준이 다소 하락했다. 반면, 농수산물은 다양한 보호조치를 취했다. 쌀은 양허를 제외했다. 사과, 배, 고추, 마늘, 양파 및 감귤 등 민감품목은 장기 관세철폐 또는 계절관세 등 보호장치를 도입했고 돼지고기, 고추, 마늘 등 30여개 품목은 세이프가드를 도입하여 민감성을 반영했다.

서비스 분야는 선택적인 분야를 단계적으로 개방함으로써 경쟁력을 확보하도록 했고, 교육, 보건, 교통, 방송 등 공공성이 강한 분야는 현행 국내법에 기반을 둔 보호조치를 취했다. 법무, 회계 및 세무 등 전문직 서비스는 단계적으로 개방했고, 기간통신 사용사업의 외국인 직접투자는 49%로 제한했다. 반면, 공교육, 의료 및 사회 서비스 등 공공성이 강한 분야는 규제권한을 포괄적으로 유보했다. ISD는 많은 논란이 재연 되었던 사안이지만, 늘어나는 해외투자를 보호하기 위하여 필요한 제도라는 인식 하에 남용방지와 투자자 보호와의 균형을 보완하여 타협했다.

서비스 시장개방은 네거티브 방식으로 합의했다. 미국이 체결한 FTA는 주로 네거티브 방식이다. NAFTA 방식이라고도 한다. 개방을 유보하는 조항을 명시하고 기재되지 않은 분야는 모두 개방이 되는 방식이다. 네거티브 방식은 개방하는 분야를 모두 기재하고 기재되지 않은 분야는 유보가 되는 포지티브 방식과 기재방식의 차이는 있으나 개방의 폭과 정도면에서는 대동소이하다. 그 밖에 지식재산권 분야에 대한 보호조치를 강화했다. 반덤핑 및 상계관세 조사개시 전 사전통지 및 협의를 확보했고 무역구제위원회 설치도 합의했다. 개성공단 제품을 한국산으로 인정하기 위한 요건에 구체적으로 합의했다.

한·미 FTA의 경제적 효과는 한·미 양국에 공히 이익이었다. 국내 연구기관이 합동발표한 자료에 따르면, 한·미 FTA는 장기적으로 우리나라의 실질 GDP를 5.66%, 소비자 후생을 321.9억 달러 증가시킬 것으로 분석했다. 무역수지도 개선되고 외국인 투자도 유입될 것으로 전망했다. USITC도 한·미 FTA의 경제적 효과를 긍정적으로 평가했다. 한·미간 시장규모의 차이 및 자유화의 정도 차이에 비추어 우리나라가 미국보다 개방으로 인한 경제적 효과가 크다고 지적했다.

한·미 FTA의 함의

한·미 FTA의 체결은 한국 통상정책의 일대전환을 의미했다. 그간 방어적인 통상정책을 견지해 오던 한국이 99%의 개방수준을 합의함으로써 대담한 개방정책으로 선회했다. 세계 최대시장을 가진 미국, EU와 동등한 경쟁을 해 나가겠다는 자신감의 표출이었다. 그러나 개방을 통하여 대외경쟁력을 강화하지 않고는 장기적인 성장동력을 유지하기 어렵다는 절박감이기도 했다. 산업구조의 고도화와 생산성 향상이 필수적임에도 불구하고 내부의 반발로 과감한 구조조정을 추진하지 못하고 있는 것이 우리의 현실이었다.

서울과 워싱턴에서는 반미 색채를 띠던 노무현 정부가 미국과 FTA 협상을 추진한다는 것을 반신반의하면서 이해하지 못하는 분위기가 지배적이었다. 미국측은 한국이 FTA 협상을 제의하자 한국의 진정성과 한국 지도부의 의지를 시험하고자 하였는데 소위 4대 선결조건은 그런 여건 하에서 제시된 것이었다. 한국도 미 행정부의 의지와 미 의회의 여건을 테스트했다.

나는 변화하는 국제질서에 대하여 전략적 판단을 할 수 있었던 통상교섭본부의 전문성과 인프라가 있었고 국내 이해당사자들의 적극적인 참여가 있었기 때문에 성공적인 협상이 가능했다고 믿는다. 한·미 FTA는 한국의 확고한 개방의지를 대외적으로 알리고 국제사회는 한국이 미국과 높은 수준의 FTA 협상을 개시한 정치적 결단을 높게 평가했다.

한·미 FTA의 효과는 중장기적으로 나타날 것이다. 한국과 같이 국내 생산에서 무역이 차지하는 비중이 높은 국가는 자유화로 인한 경쟁력 향상이 생존에 관한 문제다. 학자들이 모형을 통하여 예측하는 경제적 효과도 10~15년을 단위로 하고 있다. 2008년 세계적인 경기침체가 확산되어 수출확대에 적신호가 켜졌을 때도 한·미 FTA가 안전판의 일익을 담당했다고 본다. 그러나 보다 본질적인 효과는 개방을 통한 경제구조조정과 궁극적인 경쟁력 향상으로 실현될 중장기적 이익이라 하겠다.

국내적으로는 극심한 분열과 갈등을 겪어야 했다. 협상출범부터 발효까지 한·미 FTA는 국내 정치의 화두였다. 협상은 충분한 예고 없이 출범했고 미국의 무역촉진 권한이 종료되는 시점 이전에 종결해야 했기 때문에 굉장히 빠른 속도로 전개되었다. 협상의 속성상 국민들이 요구하는 만큼 협상내용을 충분히 공개하기는 어려운 사정들도 한몫했다. 통산 수백 회에 달하는 국회보고, 브리핑 및 보도자료를 배포했지만 협정의 내용과 국내 보완대책에 대한 토의가 충분하지 못했다는 지적도 있었다.

한국 내 정치여건은 특이했다. 한·미 FTA 협상은 농업계를 중심으로 한 생계형 반대그룹 외에 이념적 반대그룹과 반미그룹이 결집되는 계기를 제공했다. 이렇게 연계한 반대그룹은 '한·미 FTA가 불평등 협상, 밀실협상, 신자유주의자들의 음모, 통상주권의 이양, 투기자본의 앞마당, 대량실업 사태 초래, 농업붕괴, 공공정책의 무력화 등을 주장'하면서 물리적인 충돌도 서슴지 않았다. 한편 집권여당인 진보집단이 내부 분열을 일으킨 것은 역설적이었다. 미국에 대해 비판적인 진보집단에서는 노무현 정부가 미국과 FTA 협상을 추진한다는 점에 실망이 컸기 때문이다. 반대그룹에 비하여 찬성그룹의 결집력은 그다지 강하지 못했다. 협정의 최대 수혜자인 대기업마저 공론의 장에서 기대이하로 수세적인 입장을 취했다.

한·미 FTA는 주변국은 물론 경쟁국에게 FTA 협상의 도미노를 촉발시켰다. 당장, 한국 시장에서 미국과 경쟁하는 EU는 불이익을 받을 것을 우려하여 한·EU FTA 협상을 조기 개시할 것을 요구했고 그간 한국과 협상이 정체되었던 호주, 뉴질랜드 및 캐나다 등도 적극적인 협상촉진을 요구해 왔다. 특히, 한·미 FTA 체결 가능성에 기대를 하지 않았던 일본은 심리적 타격을 받았고 이를 계기로 EU와의 FTA 협상과 미국과 TPP 참여협상을 촉진하게 되었다. 중국도 한·미 FTA로 인하여 중국을 배제한 미국 중심의 경제블록 형성이 촉진될 것을 우려하여 한·중 FTA의 협상에 보다 적극적인 입장을 취했다.

한편, 미국은 지지부진하던 TPP 협상을 자극하기 위해 한국이 참여해 줄 것을 타진해 왔다. 그러나 우리나라는 한·미 FTA의 국회 비준동의를 추진하면서 정치적 자산을 소진했고 통상교섭 기능이 산업자원부로 이관되는 과도기를 거치면서 미국의 요청을 수용하기 어려웠다. 반면, 일본은 미국 및 EU와 메가 FTA 협상을 개시함으로써 졸지에 우리나라가 수세에 몰리는 형국이 되었다. 이러한 국제질서의 현실은 한·미 FTA가 종착역이 아니라 새로운 출발점이라는 것을 각성시켜준 사건이라 하겠다. 이제 대한민국은 새롭게 전략적 판단을 해야 할 기로에 서게됐다.

미국도 한·미 FTA에 대하여 매우 긍정적인 평가를 했다. 협상을 개시하고 체결했던 공화당 정부는 아시아와 중남미에서 중요한 미국의 전략적 동반자인 한국, 콜롬비아 및 파나마 등과의 FTA에 진력했다. 상업적 이익은 물론 동맹 강화라는 전략적 함의가 컸기 때문이다. 무엇보다도 미국은 한·미 FTA를 통하여 점증하는 중국의 영향력에 인접한 한국을 미국이 끌어안는 효과에도 방점을 찍었다.

한·미 FTA는 미국에게 경제적으로도 매우 중요한 협정이었다. 한국시장은 상대적으로 작았지만 여전히 중요한 시장이었다. 미국은 경쟁력을 가지고 있는 농업과 서비스업의 한국시장 접근이 용이해졌다. 미국은 한·미 FTA를 통하여 한국의 관세인하와 비관세장벽의 철폐를 유도함으로써 자동차, 의약품 등 자국 내 정치적 영향력이 큰 집단의 이해를 충족시키고자 했다. 한·미 FTA는 높은 수준의 자유화를 추구하는 협정으로서 미국이 아·태 지역의 여타 국가와 협상시 모델로 활용할 정도였다. 미국이 TPP 협상을 추진하는 데 있어, 한·미 FTA 협정문이 벤치마킹되고 있다는 것이 그 실례다.

그러나 한·미 FTA는 미국의 어려운 정치여건으로 장시간 표류를 거듭해야 했다. 미국은 2005년 WTO 홍콩 각료회의가 실패한 후 그간 협상을 추진해 온 콜롬비아, 파나마 및 한국과의 FTA 타결과 비준에 우선적 관심을 두고 있었다. 그러나 아프간 및 이라크 지역에서 많은 희생자가 발생되면서 부시 정부와 공화당은 의회와 국민들로부터 심각한 정치적 압박을 받았고 2008년 대선에서 정권을 장악한 민주당의 소극적인 통상정책과 글로벌 경제위기로 미 의회 인준은 지연됐고 결국 한국과 어려운 재협상을 거친 후에야 비로소 미 의회의 인준을 완료했다.

3부

한·미 통상이슈

막스 보커스 상원 재무위원장 회의실. 뒷쪽에 몬태나 주 지도를 배경으로 좌측부터 필자, 보커스 위원장, 이태식 주미대사의 모습

한·미 통상관계는 지난 반세기 동안 양적 및 질적인 변화를 겪어 왔다. 양국 교역은 2011년 1,000억 달러를 돌파하고 우리나라는 116억 달러의 흑자를 기록했다. 그러나 미국 시장에서 우리나라의 무역집중도는 시간이 갈수록 낮아졌다. 다시 말하면 한국 상품의 미국시장 점유율은 지속적으로 하락하여 한국의 대미 수출비중이 전 세계 다른 나라들의 대미 수출비중보다 낮아진 것이었다.

한편, 교역의 확대는 관세 및 비관세 영역에서 광범위한 통상마찰도 유발했다. 이런 갈등은 오히려 자연스러운 현상이었다. 1980년대에 들어 미국은 한국 시장의 폐쇄성과 한국의 불공정 무역관행에 대하여 불만을 터뜨렸다. 관세 분야에서는 주로 자동차와 농산물의 고관세 구조를 해소하기 위한 압박이 지속되었다.

1990년대 들어서 미국은 한국의 비관세장벽에 불만을 제기했다. 자동차의 배기량에 따른 세제, 안전기준, 환경기준을 비롯하여 수입허가제도에 대한 불만이 거셌다. 통신 분야의 개방을 위해 미국은 한국을 우선협상대상국으로 분류했다. 지식재산권의 보호와 함께 불법행위에 대한 처벌을 위해 한국을 슈퍼 301조의 우선감시대상국으로 분류했다. 철강 분야에서도 슈퍼 301조에 따른 청원서 접수에 따라 한국을 압박했다.

많은 통상현안들은 한국이 OECD에 가입하고 자발적 개방을 통하여 경쟁력 강화를 추진하면서 해소됐다. 한·미 FTA 협상을 추진하면서 일부 관세조치와 비관세조치들은 근본적으로 해결되기도 했다. 그러나 양자 차원의 통상현안들은 여전히 남아 있었다. 기술의 발전과 새로운 제품의 개발로 자연스럽게 제기되는 현안들도 있었으나 양측 업계 및 정치권의 민감성으로 인해 오랫동안 해결되지 못하고 넘어 온 문제들도 적지 않았다.

제3부에서는 한·미간 4개 통상현안에 대한 나의 경험과 소회를 살펴보았다. 이들 현안 이슈들은 쇠고기, 자동차, 전문직 비자쿼터, 그리고 쌀 문제로서 한·미 FTA 협상과 직·간접적인 연관성을 가지고 있었다.

쇠고기의 관세철폐 방식은 한·미 FTA에서 합의가 되었으나 수입위생조건에 관한 논란은 계속 내연하고 있었다. 2008년 4월 협상 타결 후 한국에서는 촛불시위가 점화됐고 6월 추가합의를 통해 진정국면에 들어서게 됐다. 제8장에서는 쇠고기 수입 위생조건을 둘러싸고 전개됐던 갈등의 실체와 그 해소과정을 일별해 보았다.

자동차 문제도 쇠고기와 함께 한·미간 오랜 통상현안이었다. 미국의 민주당 의회는 한·미 FTA 자동차 조항의 개정을 요구했다. 제9장에서는 자동차를 둘러싼 양국의 갈등를 살피고 재협상을 통해 갈등을 해소함으로써 한·미 FTA가 미의회의 인준에 필요한 장애를 제거하는 과정을 살펴보았다.

전문직 비자쿼터 관련 조항은 한·미 FTA에 포함되지 않았다. 이민정책에 대한 주도권은 미의회가 장악하고 있기 때문이다. 제10장에서는 미국의 FTA 체결 상대국이 전문직 비자쿼터를 확보한 배경을 살폈다. 그리고 미의회의 입법을 통해 전문직 비자쿼터를 확보하고자 했던 필자의 경험과 향후 추진방향에 대한 의견을 적어 보았다.

쌀은 한국이 체결한 모든 FTA에서 제외되었다. 쌀 문제는 WTO 이슈였다. 우리나라는 우루과이 라운드 협상결과 일정한 조건하에 쌀의 관세화를 10년간 유예했고, 2004년 다시 10년간 관세화를 추가로 유예했다. 제11장에서는 한국의 쌀관세화 유예경과와 2014년 관세화를 결정하는 과정 그리고 향후 대응방향에 대해 살폈다.

8

쇠고기

과학적 불확실성이 존재한다고 해서
예방조치를 취하는 것을 지연해서는 안 된다.
Lack of full scientific certainty shall not be used as
an excuse for delaying preventive measures.

리오(Rio)선언, 1992

쇠고기 문제는 한·미 양국의 오랜 통상현안이었다. 1984년 한국에서 소값 파동이 일면서 미국산 쇠고기 수입중단 조치를 취하자 미국은 강수를 두었다. 1989년 미국은 슈퍼 301조 발동 청원에 따른 조사결과로 한국의 수입제한 조치가 불공정하다는 판정을 내렸고, 미국의 제소로 GATT 쇠고기 패널도 한국의 쇠고기 수입중단 조치가 규정 위반이라고 판정했다. 한국은 패널보고서를 인정하고 미국과 재협상을 하여 연도별 수입쿼터를 매년 7%씩 증량하기로 합의함으로써 미국은 슈퍼 301조에 따른 조사를 종료했다. 추후, 우루과이 라운드 협상을 거쳐 2001년 이후에는 쿼터없이 수입이 완전히 개방되고 관세는 2001년 44.5%에서 2004년 40%로 인하되었다.

한·미 FTA 협상결과 쇠고기 관세는 발효 후 15년간 균등하게 철폐하기로 합의했다. 이제 한·미간 쇠고기 문제와 관련해 남아 있는 쟁점은 수입위생조건이었다. 2001년 한·미 양측은 '30개월 미만의 뼈 없는 쇠고기 수입'에 관한 새로운 수입위생조건에 합의했으나 2년 후 미국에서 광우병 감염소가 발생하자 한국은 미국 쇠고기의 수입중단 조치를 취했다. 당시 한국은 연간 약 20만 톤, 7.4억 달러 상당의 미국산 쇠고기를 수입함으로써 일본과 멕시코에 이어 세 번째로 큰 미국산 쇠고기의 수출시장이었다.

쇠고기 사육 및 유통과 관련된 미국의 단체는 미육류협회AMI, 미육우협회NCBA, 미육류수출자연합USMEF과 미도축업자협회NRA 등이 있으며 이들은 막스 보커스Max Baucus 상원 재무위원장과 척 그래슬리Chuck Grassley 재무위원회 간사를 비롯하여 쇠고기를 생산하고 수출하는 주 출신 의원에 대하여 막강한 영향력을 행사했다.

▌뼛조각과
▌베니스의 상인

110여 개국에 쇠고기를 수출하던 미국은 수입국 마다 차등적인 수입위생조건을 체결했다. 미국은 일본과 20개월 이하의 뼈 있는 쇠고기 수출에 합의를 했고 한국을 비롯한 15개국과는 30개월 미만의 뼈 없는 쇠고기 수출에 관한 수입위생조건에 합의했다. 2005년 한·미 양국은 쇠고기 협상을 재개했으나 한·미 FTA 협상의 전제조건으로 쇠고기 수입을 사전에 합의했다는 비판과 더불어 수입위생조건의 문안해석 문제로 장기간 갈등을 겪었다. 2006년 2월 말 앨라배마 주에서 광우병으로 의심되는 소가 발견되었으나 해당 소는 미국의 동물성 사료금지조치 시행 이전에 태어난 것으로 판정되어 쇠고기 수입재개일정은 예정대로 추진됐다.

2006년 9월 농림부는 수입위생조건의 시행에 관한 고시를 발표한 후 미국산 쇠고기를 수입했으나 뼛조각이 검출됨으로써 전량 반송조치했다. 양국은 수입위생조건의 '뼈를 제거한 살코기de-boned skeletal muscle meats' 에 대한 해석이 달라 논란을 빚었다. 한국은 이를 뼈를 완전히 제거한 '순살코기bone-free'로 해석하여 작은 뼛조각도 허용하지 않았다. 당시 박홍수 농림부 장관은 뼛조각을 효과적으로 검출하기 위해 각 검역소에 X-레이 투시기를 설치했다. X-레이 투시기로 발견되지 않으면 육안검사를 통하여 뼛조각을 찾아냈는데 새끼손톱 반쪽만한 것도 있었다.

반면, 미국은 도축과 포장과정에서 불가피하게 포함되는 뼛조각에 대한 허용기준을 마련하여 품질관리를 해야 한다는 입장이었다. 그들은 한국이 뼛조각을 찾아내는 것은 세익스피어의 희곡 '베니스의 상인'에 담긴 무리한 문구해석과 다름 없다고 불만을 터뜨렸다. 고리대금업자 샤일록이 대출금을 갚지 못한 주인공의 살점을 도려내기로 했지만 '살만 베어내되 피는 흘리면 안 된다'는 조항 때문에 살점을 도려내지 못하는 대목을 빗댄 것이었다.

이 문제는 양국 정치권의 심각한 반응을 촉발했다. 우리 국회의원 36명은 미국의 동물성 사료금지조치와 광우병 감염소의 예찰시스템이 불안전하다는 점을 들어 미국 쇠고기의 수출중단을 촉구하는 부시 대통령 앞 서한을 송부했다. 반면, 미 행정부와 의회는 한국이 양국간 합의와 국제기준을 벗어나는 악의적 검역절차를 진행하고 있다고 맹비난했다. 또한 불공정하고 불합리한 한국의 교역관행을 중지하라고 촉구했다. 미국은 궁극적으로 뼈 있는 쇠고기 교역에 강한 관심을 보였다.

2007년 1월 17일 보커스 미 상원 재무위원장은 11명의 상원의원과 함께 이태식 주미대사를 쇠고기 관련 비공식 협의에 초청했다. 덕슨Dirkson 빌딩 2층에 위치한 상원 재무위원회 회의실이었다. 기라성 같은 상원의원들이 타원형 테이블에 둘러 앉았다. 명색이 초청이지 사실상 상원 중진의원들의 집단적 압박이었다.

미 상원의원　한국이 국제기준을 준수하여 미 쇠고기 수입시장을 완전히 개방할 것을 요구합니다.

이태식 대사　쇠고기 문제는 우선 뼛조각 문제를 해결하고 뼈 있는 쇠고기 문제는 그 이후에 해결해 나가는 것이 순리입니다.

미 상원의원　쇠고기 문제가 완전히 해결되어야 미 상원은 한·미 FTA를 지지할 것입니다.

이태식 대사　상원의원들의 주장은 앞뒤가 맞지 않습니다putting the cart before the horse. 쇠고기 문제의 민감성에 비추어 단계적으로 신중히 접근해야 합니다. 그리고 한·미 FTA는 양국에 호혜적인 이익을 창출할 것임에 비추어 미 의회의 지지를 당부합니다.

또한, 팻 로버츠Pat Roberts 상원의원(공화-캔자스)은 미국 쌀 두 봉지를 가지고 와서 책상 위에 툭툭 치면서 "한국은 쌀 시장도 완전히 폐쇄하고 있어 아칸소 주와 캘리포니아 주에서 생산된 쌀 수출이 불가능합니다. 쌀 시장개방을 요구합니다"라고 말했다. 이태식 대사는 한마디로 "쌀은 개방 불가 품목입니다"라고 잘라 말했다. AFP 통신은 "미 상원의원들이 한국이 쇠고기를 수입하지 않으면 한·미 FTA를 지지하지 않겠다는 최후통첩을 보냈다"고 긴급 타전했다. 한편, 일부 국내 네티즌은 이 회동을 '밀실협상'

이라고 부당하게 폄훼하기도 했다.

미국은 한·미 FTA 협상타결과 쇠고기 문제 해결을 연계시키고자 했다. 3월 말 한·미 FTA 협상의 막바지에 교착이 되자 부시 대통령은 노 대통령에게 전화를 걸어 쇠고기와 자동차 분야에 대한 미국의 관심을 강조했다. 결국, 양측은 한·미 FTA 협상타결 직후인 4월 2일 노무현 대통령이 "미국이 OIE에서 광우병 통제국의 지위를 받으면 합리적인 기간 안에 합리적으로 해결하겠다"는 담화를 발표하는 선에서 타협한 것으로 알려졌다. 5월 말 OIE 총회에서 미국이 '광우병 통제국가'로 결정된 후 한국에 새로운 수입위생조건 협상을 요청함으로써 한국은 8단계 위험평가 절차를 개시했다. 그러나 수입중단 조치가 반복되면서 쇠고기 수입문제를 둘러싼 양측 간 불신과 대립은 깊어만 갔다.

단계별
접근방식

연말이 되면서 한국은 벌써 대선 정국으로 들어섰고 쇠고기 문제 언급은 금기시 되었다. 슈왑 통상대표는 "2008년 중 한·미 FTA의 비준을 추진하기 위해서는 늦어도 2008년 2월까지는 OIE 기준에 따른 쇠고기 문제가 해결되어야 한다"고 주장했다. 12월 중순 권오규 부총리 주재로 열린 관계장관회의에서는 "1단계로 30개월 미만에 국한하여 OIE 기준을 수용하고 2단계는 미국측이 '강화된 사료금지 조치'를 공표할 때 한국은 OIE 기준을 완전 수용하여 월령제한을 철폐하며 동시에 미국은 이행법안을 미 의회에 제출한다"는 내부방침을 결정했다. 알렉산더 버시바우Alexander Vershbow 주한 미 대사는 이런 접근에 대한 수용의사를 시사했다. 그러나 USTR이 미 의회측과 긴밀한 협의없이 협상을 하고 있음을 시사하는 현상들이 포착되기도 했다.

한편, 한국에서는 12월 말 대선 직후 집권 민주당은 대선참패뿐 아니라 불투명한 2008년 총선전망으로 패닉에 빠졌다. 12월 24일 노 대통령이 주재한 소규모 간담회는 이런 여건을 여실히 증명했다. 총리와 부총리 등 고위 각료들은 강화된 사료금지조치의 발표시점에 30개월 이상 쇠고기를 수입하라는 미국의 제안을 수용할 것을 건의하자 노 대통령은 "당신네들은 피도 눈물도 없는가? 대선에도 참패했는데 쇠고기 문제까지 떠안고 총선 준비를 하란 말인가?"라고 일축했다는 일화는 언론보도로 알려졌다. 한국은 쇠고기 관련 논의를 중단한다고 미국측에 통보했다. 그 후 여건 반전을 위한 노력이 있었으나 참여정부의 쇠고기 오디세이는 이것으로 끝이었다.

2008년 3월 유명환 외교장관이 4월 정상회담의 사전 조율차 미국을 방문했다. 해들리 국가안보보좌관은 "쇠고기 문제의 선해결이 한·미 FTA의 인준 추진에는 물론 양국 교역관계 정상화를 위해 매우 긴요하다"는 점을 강조했다.

4월 협상타결과 촛불

2008년 4월 중순 한·미간 쇠고기 실무협상이 서울에서 개시되었다. 협상은 비공개로 진행되었고 주미 대사관조차도 세부 내용에 대한 접근이 되지 않았다. 양측간 입장차이가 매우 컸고 협상은 지지부진했다. 같은 기간에 이명박 대통령은 워싱턴을 방문하고 있었다. 4월 17일 오후 이 대통령은 미국 상공회의소가 주최한 만찬 자리에서 참석자들에게 쇠고기 협상이 돌파구를 마련했음을 시사했다.

4월 22일 농림부는 새로운 수입위생조건에 대한 입법예고를 했다. 그런데 그 입법예고문은 새 위생조건의 내용을 정확하게 정리하지 않아 허술해 보였고 더욱이 4월 27일 발표된 미국의 '강화된 사료금지조치'의 내용이 사전 입법예고 내용과 차이[24]가 있었다. 이 와중에 4월 30일 방영된 피디수첩의 보도는 일반 국민들을 자극하고 한·미 FTA 반대론자들을 결집시키는 기폭제가 되었다. 보도는 홀마크 웨스트랜드Hallmark Westland도축장을 보여 주면서 모든 다우너 소들이 마치 광우병에 걸린 것처럼 묘사했다. CJD(크로이츠펠트 야콥병)에 걸린 버지니아의 한 여성이 인간 광우병vCJD으로 사망한 것처럼 시사하고 한국인은 광우병에 취약한 유전자 MM를 가지고 있다고 보도했다. 양측 합의문이 공개된 5월 2일 청계천에는 촛불집회가 처음 열렸고 광우병 괴담은 끝없이 퍼져 나갔다.

5월 4일 일요일 아침 나는 리차드 레이몬드Richard Raymond 미 농무부 차관을 긴급 접촉했다. 레이몬드 차관은 웨스트 버지니아에서 급히 복귀하여 워싱턴 주재 우리 특파원을 상대로 간담회를 열고 미국의 식품안전관리시스템과 홀마크 웨스트랜드 도축장의 실태에 대하여 설명했다. 버지니아 여성의 사망 원인이 인간 광우병인 vCJD가 아니고 일반 CJD라는 역학조사 예비결과도 발표했다. 한편, "한국인이 광우병에 취약하다"는 MBC의 보도에 대해 미 질병통제센터의 에르미아스 빌레이Ermias Belay 박사는 조선일보 워싱턴 특파원과의 인터뷰를 통해 "사실이 아니다"고 말했다.

워싱턴에서는 찻잔 속에 태풍이 일었다. 앤디 그로세타Andy Groceta 미

---

24 한·미 양국이 협상을 타결할 당시 미측의 입법예고는 "사료에 쓸 수 있는 부위는 연령에 관계없이 뇌와 척수를 제외한다"고 규정했다. 그러나 실제 발표된 조치는 "30개월령 이하 소의 뇌와 척수는 사료로 쓸 수 있다"라고 수정된 것이었다. 물론 입법예고 문안은 최종 발표 때 수정될 수 있으나 양측이 합의한 내용에 변경이 있을 경우 이를 상대측에 알리고 협의하는 것이 순리일 것이다.

국육우협회NCBA 회장은 "한국과의 협상과정에서 다소 불리하더라도 양보하고 싶은 충동을 느꼈으나 완전한 시장접근을 확보한 행정부의 노력에 사의를 표한다"는 소감을 협회 홈페이지에 실었던 것이다. 이 문구는 바로 삭제되었으나 미 업계의 참을 수 없는 가벼움에 씁쓸했다.

국회에서는 쇠고기 청문회를 열었고 의원들은 검역주권 문제, 미 국내법 규정과 다른 특정위험부위SRM의 범위문제, 강화된 사료금지조치의 내용문제, 연령표시 미비문제에 대한 진실규명을 요구했다. "국민건강을 위해 쇠고기 재협상도 요구했다. 한승수 총리는 국민건강을 위해 미국에서 광우병이 발생하고 국민건강을 위협할 경우 수입중단 조치를 취할 수 있다"는 요지의 사과 담화를 발표했다. 그러나 촛불은 이미 요원의 불길처럼 번지고 있었다.

5월 중순으로 예정되었던 한·미 FTA 청문회는 쇠고기 청문회로 변질해 버렸다. 쇠고기의 검역주권 문제와 미 국내법 규정과 다른 SRM의 범위문제가 가장 큰 문제로 부각되었기 때문이다. 결국, 양국 통상장관이 "한국이 GATT상 권리를 가지고 있다는 것을 인정하고 SRM도 미 국내법과 일치시키기로 한다"는 서한을 서명·교환하게 되었다. 이명박 대통령도 고개를 숙이고 세 번이나 사과했다. 정운천 농림부 장관은 29일 고시를 발표한 후 관보게재를 요청했다.

5월 말을 넘기면서 시위는 격렬해졌고 서울 사정은 급박했다. 문제는 30개월령 이상 쇠고기였다. 한나라당에서 농림부 장관 고시의 관보게재 유예를 요청하고 일각에서 재협상 요구가 나오기 시작했다. 대통령 주재 긴급 장관회의가 열렸고 쇠고기 재협상 또는 이에 준하는 조치가 필요하다는 논의가 있었다. 같은 날 정운천 농림부 장관이 "미국측에 30개월령 이상 쇠고기 수출중단을 요구하고 이러한 요구가 받아들여질 때까지 관보게재를 유예한다"고 발표하자 반응은 폭발적이었다. 서울에서는 미 업체가 자발적으로 '30개월령 미만' 쇠고기를 표시하는 방안(자발적 라벨링)과 한국 수입업체가 '30개월령 이상' 쇠고기의 수입을 중단하는 결의를 하나의 패키지로 미국측에 제시했다.

6월 협상과 해결의 실마리

이태식 대사와 나는 자발적 라벨링만으로 사태 수습에 미흡하다고 판단하여 미 의회에 대한 정면 돌파를 시도하기로 했다. 6월 3일 오후 이태식 대사는 보커스 상원의원 및 벤 넬슨Ben Nelson 상원의원(민주-네브라스카)과 긴급 면담하여 "쇠고기 문제로 인한 한국 내 정세가 극도로 불안정하고, 한·미 관계에도 부정적인 영향이 미칠 수 있습니다. 문제의 핵심은 30개월령 이상 쇠고기의 수입문제로 라벨링만으로는 충분치 않습니다. 자발적 수출규제 방안만이 최선의 방안입니다"라고 강조했고, 두 상원의원은 이 대사의 설명에 이해를 표하고 행정부 그리고 업계측과도 긍정적으로 검토해 보겠다고 말했다.

다음 날 미국측은 주한 미 대사관을 통하여 자발적 수출규제의 수락을 알려 왔다. 이태식 대사의 정면 돌파가 주효했던 것으로 해석됐다. 한국은 오후 늦게 자발적 수출규제와 자발적 수입금지를 하나의 패키지로 하는 제의를 미국측에 제시했다. 며칠 후 나는 본부지시로 6월 13일 한·미 통상장관간 면담일정을 잡았다. 덜레스 공항에서 김 본부장을 영접하여 워싱턴으로 향하는 차안에서 나는 시국의 심각성과 미국측과의 협상방향에 대해 사견을 말했다.

필자 서울 상황이 걱정됩니다. 30개월령 문제만 해결한다고 하여 국내 여론이 수긍하겠습니까?

김종훈 본부장 특정위험부위SRM의 범위와 검역권한 문제도 아픈 부분이네.

필자 이번 협상에서 월령문제는 반드시 해결해야 하고, 제8조(미국 수출작업장 점검)와 제23, 24조(수입위생조건 위반시 조치)도 검토해야 한다고 봅니다. 미국으로서도 쉽사리 결렬시킬 수 없는 협상입니다.

협상결렬과 고조된 긴장

6월 13일 오후 4시 반 김 본부장과 함께 USTR 후문 쪽에 도착했다. 워싱턴 특파원들이 운집해 있었다. 수석대표간 비공식 의견교환이 있었다. 월령문제, 검역권한 문제 및 혐오부위(뇌, 눈, 머리뼈 및 척수를 지칭)의 수입규제 등이 주요 쟁점 이슈였다. 슈왑 통상대표는 자율규제에 입각한 30개월령 이상 수입금지 방안에는 신축성을 보였으나 검역권한 문제와 혐오부위 등 두 개 사항에 대해서는 반대했다. 우리는 일단 3개 이슈에 대한 우리 입장을 교환각서 형식의 문안으로 만들었다.

다음 날 회의가 속개되었다. 미국측에서는 USTR, 농무부 대표 외에도 백악관 국가안전보장회의NSC 직원이 나와 있었다. 백악관의 관심을 반영하는 대목이었다. 김 본부장은 태평로를 뒤덮은 촛불집회 현장사진 석장을 테이블에 올려놓았다. 그리고 "오늘 논의는 무역문제를 초월한 정치문제이며 나아가 한·미 동맹의 문제이기도 하다"고 운을 떼었다. "쇠고기의 안전에 관한 사실문제와 소비자의 믿음은 꼭 일치하지 않는다고 본다"고 하면서 내각의 집단사퇴 등 쇠고기 문제로 촉발된 국정혼란을 지적하면서 확실한 해결안을 마련하는 데 미국측의 협조를 요청했다. 슈왑 통상대표는 "미국산 쇠고기가 안전하다"고 강조하면서 "그간 성명, 서한교환 등 한국의 요구를 모두 수용했음에도 불구하고 또다시 과학적인 사실에 기반을 두지 않은 요구를 하는 것은 부당하다"고 강조했다. 슈왑 대표는 우리 농림부의 고시연기에 대한 미국측의 불신감도 여과없이 드러냈다. 양측의 칼날이 예리하게 부딪치면서 팽팽한 긴장감이 감돌았다.

우리측은 미국 정부가 보증하는 월령확인제도의 도입이 긴요하다고 재차 강조했다. 미 농무부가 운영하는 수출검증프로그램EV과 품질시스템평가프로그램QSA을 비롯한 다양한 해법에 대한 논의가 있었다. 특히 QSA의 법적기반과 운영방식에 대한 엘렌 텁스트라Ellen Terpstra 차관보의 설명에 이어 QSA의 세부 운영방안에 대한 협의가

2008년 5월과 6월 광화문 일대는 촛불시위로 불야성을 이룬 날이 많았다. 사진은 2008년 6월 10일 태평로 지역의 야경

이어졌다. 일단 QSA의 운영에 대한 서면자료를 추가로 받기로 하고 논의를 종결했다. 다음 의제인 우리가 제기한 검역권한 문제와 혐오부위의 수입방지에 대하여 슈왑 통상대표는 여전히 과학적인 정당성 없이 교역을 제한하는 것은 나쁜 선례를 구성한다는 주장을 펴 나갔다. 양측의 논리는 부딪치고 협상은 공전을 거듭했다. 김 본부장은 나에게 눈짓을 하면서 자리를 박차고 나왔다. 협상결렬이었다.

사무실로 복귀하는 도중 커틀러 대표보가 전화를 했다. 낙담한 목소리로 회의중단 이유를 물으면서 장관급 대화재개 필요성을 역설했다. 나는 "슈왑 통상대표의 과학 강의가 너무 길고 부적절했다"고 답한 후 일단 우리가 작성한 교환각서 초안을 송부하고 서로 통신을 유지키로 했다.

6월 15일 새벽 김 본부장은 귀국을 결심하고 상부와 협의를 마친 후 나와 함께 버지니아 쪽 그레이트 폴스Great Falls 부근으로 산책을 나갔다. 커틀러 대표보가 나에게 전화로 슈왑 통상대표의 김 본부장 앞 메세지를 전달하면서 "각서 형식의 한국 제안은 수용 불가하며 SRM 제의는 수용할 수 없으나 검역권한 강화조치에 대해서는 신축성을 보일 수 있다"고 했다.

슈왑 통상대표의 메세지는 여전히 강했지만 협상결렬을 원치 않는다는 것을 시사했다. 우리는 산책을 중단하고 "한국은 월령확인, 검역권한 및 혐오부위 수입불가 등 3개 이슈 모두 중요하며 본질적인 내용이 합의되면 문서의 형식에는 신축성을 보일 수 있다"는 대응 메세지를 만들어 커틀러 대표보에게 통보했다.

나와 커틀러 대표보의 접촉채널이 가동되면서 협상재개의 빌미는 구성되고 있었으나 김 본부장은 내친 김에 오후 6시 20분 뉴욕행 암트랙 Amtrak에 올랐다. 그 직전에 백악관과 미 국무부는 김 본부장의 귀국을 재고하고 협상을 마무리해 줄 것을 한국의 요로에 요청했다. 이런 긴박한 상황이 전개되는 동안 김 본부장은 이미 케네디 공항에 거의 도착했다.

김 본부장의 귀국여부를 둘러싸고 서울, 워싱턴과 뉴욕에서 수많은 통화가 있었다. 김 본부장은 일단 출국을 보류하고 뉴욕에서 일박을 하기로 했다. 자정 무렵에 커틀러 대표보가 전화로 김 본부장이 오늘 워싱턴으로 귀환하는지 물었다. 나는 "협상을 재개하려면 미국측의 구체적인 서면제안과 전향적인 자세가 선행되어야 한다"고 언급했다. 이날 하루 나는 워싱턴 특파원과 서울 기자들로부터 수백통의 전화를 받고 질문에 응답을 해야 했다. 김 본부장은 일체의 전화를 받지 않았기 때문이었다. 일과를 모두 끝내고 나니 새벽 2시를 훌쩍 넘기고 있었다.

극적인 반전과 타결

　　　　　　　　다음 날 아침 미측은 오후 3시쯤 통상장관간 비공식 회의개최를 제안했고 우리는 이를 수용했다. 김 본부장은 레이건 공항에 도착하여 바로 비공식 접촉장소인 폴슨 재무장관실 부속 회의실로 이동했다. 슈왑 통상대표는 포괄적인 제안을 했으나 신축성이 없었고 우리측도 기본입장을 강조했다. 결국 다음 날 기술협의를 거쳐 장관급 회의를 재개하기로 했다. 분위기는 긴장 일변도였으나 미국측이 전향적 고려를 하고 있다는 감촉을 받았다. 워싱턴에는 여름 소나기가 쏟아지고 있었다.

6월 17일 우리는 미측 안에 대한 수정본을 제시했다. 원론적인 공방이 재개되고, 김 본부장은 광화문을 뒤덮은 촛불사진을 다시 테이블에 올려놓았다. 양측 모두 긴장했다. 오후에 회의를 마치면서 다음 날 회의개시 1시간 전에 미측의 대안을 받기로 합의했다. 다음 날 오전 10시부터 회의가 예정되어 있는데 미측의 연락이 없었고 커틀러 대표보가 9시 40분경 전화로 "미측 안을 회의장에서 전달하겠다"고 말했다. 약속 위반이었다. 우리는 "미측 초안을 접수하여 검토하기 전에는 회의장에 갈 수 없다"고 응수했고 미국측은 당황했다. 댄 프라이스Dan Price 백악관 경제부보좌관이 긴급하게 이태식 대사에게 전화를 하여 슈왑대표로 하여금 주미 한국 대사관을 방문하여 김 본부장과 직접 협의하도록 하겠다고 말했다.

슈왑 통상대표는 매사추세츠 애버뉴 2450번지를 찾아왔다. 미국 통상대표가 주미 대사관을 방문한 것은 처음이었다. 정오부터 양측 통상장관의 비공식 협의가 열렸고 나와 커틀러 대표보가 배석했다 '한국 수출용 30개월령 미만 증명프로그램(한국 QSA)' 도입에 의견접근을 보았기 때문에 최대 현안이었던 월령문제보다는 4개 혐오품목 문제와 검역권한 강화 문제에 집중되었다. 미측은 당초 우리가 요구한 제8조의 현장점검 권한강화에 다소 신축성을 보였으나 김 본부장은 제23조와 24조에 언급된 통관 검역 권한의 강화도 동시에 요구하자 슈왑 통상대표는 '골대 이동'이라고 반발했다. 두 시간 이상 진행된 비공식 접촉은 팽팽한 대립으로 일관됐으나, 협상은 중대한 전환점을 돌면서 타결의 빌미를 만들고 있었다.

6월 19일 마지막 회의가 열렸다. 서한내용과 고시부칙 내용에 대한 축조심의가 열렸다. 일단 QSA에 근거한 30개월령 이하 쇠고기 수입방안에 대하여 전반적으로 합의했고, 우리 고시부칙에 혐오품목을 반송한다는 문안을 삽입하는 선에서 타협했다. 또한, 제24조의 검역권한을 명확히 하는 데 합의했다. 양측이 추진해야 할 추후 일정에 대한 논의를 했다.

다음 날 서울 쇠고기 수입업계는 30개월령 이상 쇠고기를 수입하지 않겠다는 성명을 발표했고 미국 수출업체는 자발적 수출자제에 대한 성명을 발표했다. 이제 정부가 화답하는 일만 남았다. 미측은 오후 늦게 고시내용을 관보에 게재한 후에야 비로소 서명 원본을 우리에게 전달해 왔다. 이로써 수입위생조건의 고시가 발효되었다.

쇠고기 문제
소회

6월 개원한 제18대 국회는 벽두부터 여야대립이 격화됐다. 거대 여당인 한나라당은 국정을 장악하지 못하고 야당은 촛불민심에 기대어 대정부 비판을 이어갔다. 결국 여야간 타협의 산물로 여당이 의장을 맡는 '쇠고기 수입협상 국정조사 특위(쇠고기 특위)'와 야당이 의장을 맡는 '가축방역법 개정 특위(가축법 특위)'가 구성되었다. 쇠고기 특위는 쇠고기 협상과정과 내용에 대한 객관적 검증과 책임소재 규명에 우선순위를 두었다. 또한, 쇠고기 특위는 국정조사계획서를 채택하고 문서검증반을 구성했다.

여야가 정부에 요구한 자료는 대조적이었다. 여당은 '설거지론'을 들고 나왔다. 참여정부 때 이미 원론적인 합의가 있었고 이명박 정부는 단지 이행하기만 하였으며 추가협상을 통하여 국민적인 우려를 해소했다고 주장했다. 논거는 노 대통령이 4월 초 대국민 담화를 통하여 OIE 기준을 존중하여 합리적으로 개방할 의사를 밝히고 부총리가 5월 말 8단계 위험평가를 신속히 진행할 의사를 표명한 것은 쇠고기 시장의 개방을 약속한 것으로 보아야 한다는 점과 노 대통령 집권 후반기에 총리 또는 부총리 주재 회의에서 2단계 접근론에 잠정합의했고 노 대통령의 암묵적인 동의도 있었다는 점이었다.

반면, 야당은 '조공론朝貢論' 또는 '선물론'을 제기했다. 즉, 참여정부는 쇠고기 시장개방을 방어했는데 신 정부가 4월 한·미 정상회담의 성공을 위해 쇠고기 협상을 졸속으로 했다는 것이다. 또한, 쇠고기 협상과정과 합의내용에 결정적인 흠결이 있었다는 것을 입증하려고 했다. 자연히 인수위원회의 활동 이후 쇠고기 협상과정에 대한 상세한 자료를 요구했다.

이런 와중에 8월 2일 KBS 9시 뉴스는 '독도영유권 상실'을 톱뉴스로 보도했다. 일대 국면 전환이 일어났다. 윤제춘 특파원의 특종이었다. 언론의 관심은 독도문제에 집중되었으나 부시 대통령의 결단으로 문제는 일단락되었다. 그 결과 시위도 사위어갔고 쇠고기 특위 활동도 모멘텀을 잃기 시작했다. 쇠고기 특위는 미국을 방문하여 도축장을 조사하겠다는 의지를 굽히지 않았다. 쇠고기 특위의 방미는 결국 성사되지 못했으나, 덕분에 나와 주미 대사관 경제과 직원들은 8월 내내 대기해야 했다.

광우병이 발생할 경우 수입금지를 할 수 있는 권리문제와 SRM의 범위 문제는 5월 한·미 통상장관간 서한교환으로 해소되었고, 6월 추가협상을 통하여 미비점이 보완되었다. 즉, 동등성을 인정하더라도 불시 점검권과 작업장을 해제할 수 있는 권리도 보완되었고 SRM의 범위가 다르기 때문에 수출증명서에 연령표시를 확보해야 하는 문제도 '한국 QSA 프로그램'을 통하여 해소됐다. 우여곡절을 거치면서 쇠고기 문제는 해법을 찾음으로써 한·미 FTA의 미 의회 인준의 필요조건은 마련되었으나 아직 충분조건은 못되었다. 자동차 문제가 여전히 미결이었기 때문이다.

2010년 1월 20일 한 주간 강타했던 맹추위가 풀리는 가운데 열린 서울중앙지법의 판결은 거친 충격파를 만들어 내고 있었다. 이 판결은 검찰의 공소사실은 물론 서울고법의 판결내용과도 전면 배치되고 '촛불사태'를 촉발했던 피디수첩 제작진에게도 면죄부를 주었기 때문이다. 더욱이, 과거 서울고법 민사 13부가 허위보도를 인정하고 정정보도를 하라고 판시한 부분까지도 번복하여 일각에서는 의학계의 보편적인 인식까지 부정하는 판결이라고 비판했다.

9

자동차

> 미국에게 좋은 것은 GM에게 좋은 것이며 그 반대도 마찬가지다.
> What was good for our country was good for
> General Motors, and vice versa.
>
> **찰스 윌슨(Charles Wilson), GM 회장**

자동차와 연관된 통상현안을 논의할 때마다 미 업계와 자동차 노조는 "미국인에게 자동차는 한국인에게 쌀과 같은 존재다"라는 주장을 펴곤 했다. 그만큼 자동차 산업에 대한 미국인들의 긍지는 대단하다. 미국은 오래 전부터 자동차의 관세 및 비관세 문제를 줄곧 제기해 왔고 한·미 FTA 협상과 비준과정에서 이 문제가 부각되었다. 이런 문제 제기의 배경을 알기 위해서 미국 자동차 산업이 처한 여건을 이해할 필요가 있다.

GM의 창시자인 헨리 포드Henry Ford와 대량생산의 물꼬를 튼 알프레드 슬로운Alfred Sloan 회장은 '대량 마케팅' 전략을 고안하면서, 실용적인 시보레부터 품위 있는 캐딜락까지 제품의 스펙트럼을 다양화했다. GM은 기술혁신을 거듭하면서 국민 브랜드로 발전했고 나아가 미국 문화의 아이돌로 자리 잡았다. 그런데 1970년대 빅쓰리와 노조가 30년 이상 근무한 근로자에게 최대한의 연금과 종신의료보험 혜택을 부여하는 것에 합의한 것이 화근이었다. 미국 사람의 약 20%가 의료보험 미가입자인 점과 경쟁 자동차 회사인 도요타와 혼다는 이런 고비용의 족쇄를 차지 않았던 점을 감안하면 당시 자동차 노조UAW에 대한 대우는 파격적 사회 안전망이었다.

이런 미국 자동차의 신화는 내리막길을 걷고 있었으나 자동차 업계와 노조는 문제의 심각성을 인지하지 못했다. 제1차 오일쇼크 이후 자동차 수요가 급감했을 때도 에너지 효율향상을 위한 기술혁신과 경영쇄신을 하지 않고 오히려 자동차 수출국가에 칼날을 들이댔다. 1980~90년대 미국의 대아시아 통상압력은 공격적 상호주의, 공정무역, 전략무역 및 신중상주의라는 기조에 따라 취해졌다. 1988년 통과된 '옴니버스 통상 및 경쟁력 법'이 그 전조였는데 이 법에는 슈퍼 301조, 스페셜 301조 및 스페셜 201조 등 미국이 일방적인 압력을 행사할 수 있는 무시무시한 장치들이 다수 들어 있었다. 이 중 슈퍼 301조는 추후 WTO 분쟁에서 패소로 폐기되었지만 치외법권적 권한을 행사함으로써 1990년대 전 세계를 공포에 떨게 만들었던 악명 높은 미 국내법이었다.

자동차 업계는 작고, 싸고 견고하다고 정평이 난 일본 자동차의 미국시장 진입을 방지하기 위해 행정부를 압박했다. 1980년대 미국이 '자발적인 자동차 수출제한VER'을 요구하자 일본 자동차 업계는 울며 겨자 먹기로 대미 수출비중을 줄이는 동시에 미국 내 자동차 시설투자를 증가해 나갔다. 그 결과 2009년 GM의 시장점유율은 22%로 반 토막이 났다. 방만한 경영, 너무 많은 차종, 과도한 채무부담, 두꺼운 노동계약과 과도하게 방대한 딜러망들이 부메랑이 되어 돌아온 것이었다.

미국은 한국에도 통상압력을 가중시켰다. 주로 한국의 관세 및 비관세장벽의 해소에 중점을 두었고 한국은 자동차 관세율을 1988년 50%로, 1993년에 15%로, 1995년에는 8%로 차례로 인하했다. 1990년대 후반 한·미 양국은 비관세장벽을 다루기 위해 두 개의 양해각서MOU를 체결했다.

두 개의 자동차 양해각서

1995년 8월 미자동차제조업자협회AAMA가 한국을 슈퍼 301조 우선협상대상국으로 지정할 것을 요청하는 의견서를 제출하면서 양국간 자동차 분쟁이 본격화되었다. 양측은 1995년 첫 번째 양해각서를 체결했다. 미국의 요구사항은 한국의 자동차 수입관세율을 8%에서 2.5%로 인하하고, 자동차 단일세율 적용 및 형식승인 35개 항목의 완전면제, 할부금융사 설립시 외국인 지분제한(49%)의 철폐, 광고규제의 전면해제와 외국차 보유자에 대한 세무조사 중단 및 소비자 인식개선 등을 망라했다. 협상결과, 한국은 현행관세는 유지하되 자동차세를 최고 41% 인하함으로써 사실상 구입단계에서 보유단계까지 미국의 주장을 수용했다.

이 양해각서의 전문은 "수입차량의 시장점유율 확대를 위해 노력한다"는 규정을 포함하고 있다. 비록 비구속적인 약속이지만 추후 UAW가 한국에 대한 시장개방을 요구하면서 전가의 보도처럼 악용해 오는 독소조항이다. 이런 양해각서 체결 후에도 미국 차의 한국시장 점유율이 증가되지 않고 한국에서 소비절약운동으로 인하여 수입품 반대 분위기가 확산되자 미국은 1997년 10월 슈퍼 301조에 근거하여 한국 자동차 시장을 우선협상대상국 관행으로 지정했다. 미 통상법에 따라 조사개시 후 일 년 내 합의하지 못하면 USTR은 한국에 보복조치를 취할 수 있었다.

1996년 한국의 대미국 자동차 수출은 20만대를 돌파했고 수입은 8,500대에 그치고 있었다. 한국은 자동차의 대미수출로 이득을 보고 있었기 때문에 미국 자동차에 대한 국내 시장개방 요구를 마냥 외면할 수는 없었다. 그렇다고 슈퍼 301조에 따른 일방조치가 무섭다고 미국의 요구를 무조건 수락할 수는 없었고 결국 한국이 자동차 세금구조 개편에 반대함으로써 협상은 결렬되었다.

그러나 국내 소비자도 자동차에 11가지의 세금을 매김으로써 자동차 판매가격이 상승되는 세금구조의 개편을 요구하기 시작했다. 또한 12월 대선에서 승리한 김대중 대통령은 외환위기에 직면해 있었고, 다음해 미국 방문을 준비하고 있었다. 이런 배경 속에서 1998년 두 번째 양해각서 협상이 이루어졌다. 최종 협상결과, 관세는 유지하되 다자간 협상에서 추가협의를 하기로 했다. 세제 관련, 배기량별 7단계의 누진세율을 5단계로 축소하고 특소세 30%의 감면시한을 2005년까지 연장하기로 했다. 또한, 2000년 말까지 자기인증제를 도입하여, 자동차 제작·판매 이전에 정부인증을 받아야 하는 자동차 형식승인을 제작사가 자체 실시하도록 합의했다.

1995년 양해각서는 수입차량의 시장점유율 확대, 한국의 자동차 세제개편, 자동차 관련 기준의 조화 등의 문제를 다룬 반면, 1998년 양해각서는 보다 강도 높은 세제개편 등 비관세장벽 철폐에 초점을 맞추고 이행점검장치를 도입하기에 이르렀다. 협상의 전체 과정을 통하여 당시 외무부와 상공부는 대립각을 세웠다. 외무부는 국내 기업 보호를 위해 차별적 비관세장벽을 도입하는데 비판적이었고 미국 자동차의 국내시장 점유율을 강제적으로 설정하려는 데에도 저항했다. 양해각서 체결에도 불구하고 미국 자동차의 한국시장 접근은 크게 개선되지 못했다. 혁신과 품질개선은 소홀히 하고 변화되는 시장을 읽지 못하면서 물리적 힘에 의지한 시장 접근 노력만으로는 소비자들을 감동시킬 수 없었기 때문이다.

한·미 FTA의 자동차 합의

전술한 바와 같이 자동차를 둘러싼 양국간 갈등은 이미 오래되었고 아직 그 불씨가 살아 있었다. 미국 자동차 업계는 해묵은 요구사항들을 행정부 및 의회에 제출했고 미 업계와 노조의 이익을 대변하는 미 의회 의원들은 한국 자동차 시장의 폐쇄성과 고질적인 비관세장벽의 철폐를 호소하면서 다양한 형태로 행정부를 압박했다. 자동차 업계와 노조의 정치권에 대한 로비 파워는 대단했다. 특히, 자동차 및 부품업이 밀집되어 있었고 자동차 노조의 세력기반이었던 미시간, 일리노이, 위스콘신 및 오하이오 주 출신 의원들이 앞장을 섰다.

한·미 FTA의 자동차 규정은 포괄적이고 균형을 이루고 있다. 미국의 자동차 관세철폐 및 원산지의 선택적 사용 등 한국측 관심 이슈와 우리의 안전기준, 환경기준 등 미국의 관심 이슈간 이해의 균형을 맞춘 상태였다. 최종 합의된 자동차 규정은 협상 마지막 순간에 가서야 타협을 할 수 있었다. USTR은 자동차에 대한 요구가 집요했다. 먼저 관세양허 협상에서 미국측은 한국에게는 즉시철폐를 요구하면서도 자신들은 3년 또는 5년 양허 바스켓 유지를 고집했다. 결국 미국은 3,000cc 이하 자동차는 즉시철폐, 3,000cc 이상 자동차는 3년 철폐, 타이어는 5년 철폐, 픽업트럭은 10년 철폐 그리고 한국은 차세대 하이브리드 차(10년간 관세철폐) 이외에는 모두 즉시철폐를 하기로 합의했다.

관세감축면에서는 현행관세가 낮은 미국측에 유리한 듯 보이지만 양국의 시장규모와 교역구조 등을 고려한다면 한국에 유리한 협상결과라고 본다. 2006년 한국과 미국의 자동차 시장규모는 각각 120만대 및 1,650만대 수준이었다. 같은 해 대미 완성차 수출액은 87억 달러(69만대)인 반면 수입액은 1.3억 달러(5천대)였다. 한편 같은 해 대미 부품 수출액은 26억 달러였던 반면 대미 부품 수입액은 4억 달러인 점을 보면 명확해진다.

미국은 비관세 분야 협상에서는 전적으로 한국의 규제를 완화하는 데 초점을 두었다. 미국은 자동차 배기량에 따른 세제를 철폐하거나, 차별을 축소해 줄 것을 요구했다. 표준현안 관련, 배출가스 허용기준K-ULEV, 배출가스 자기진단장치OBD, 자동차 안전기준의 적용유예를 요구했다. 결국 한국의 배기량기준에 의한 특별소비세와 자동차세를 인하하고 배기량 차이에 따른 세금액 차이 축소를 합의했다. 자동차 표준 관련, 일정대수까지는 배출가스 허용기준, 배출가스 자기진단장치 및 안전기준 적용을 면제해 주는 쿼터를 부여했다. 나아가 협정문은 자동차 분쟁의 신속 분쟁해결 절차를 도입하고 협정위반으로 실질적 교역장애가 초래될 경우 승용차 특혜관세를 철회할 수 있도록 했다.

2006년 11월 중간선거에서 상·하 양원을 장악한 민주당이 한·미 FTA 협상에 사사건건 간여하기 시작했다. 특히 미국 자동차 관세의 즉시철폐와 경트럭의 관세철폐에 반대하고 한국의 비관세장벽을 해소할 수 있는 스냅백과 같은 실효적인 장치를 도입하며 협상진행 상황을 수시로 의회에 보고하라고 공화당 협상단에게 요구했다. 팀 라이프 하원 세입위원회 민주당 수석전문위원은 USTR측이 이러한 민주당 의회의 요구를 묵살하고 직권으로 협상을 끝냈다고 주장했다.

미국측 수석대표였던 바티야 부대표는 공화당 정부와 민주당 의회간에 무역정책에 관한 알력이 심각해지는 상황을 정확하게 읽고 있었다. 그의 딜레마는 민주당의 요구를 모두 수용할 경우 협상결렬의 가능성이 높다고 판단했기 때문에 의회 요구를 최대한 수용하면서 절충을 할 수 있는 최적점을 모색하는 것이었다. 바티야 부대표는 후일 나에게 "한국으로 마지막 협상을 떠나기 전 백악관 고위인사가 자신에게 '한·미 FTA는 양국관계를 위해 매우 중요한 일이니 꼭 타결을 하고 돌아오라'고 당부했다"고 술회했다.

┃美 민주당 지도부의 요구

FTA 최종 협상시한을 한 달 남겨둔 2007년 3월 초 찰스 랑겔 하원 세입위원장과 샌더 레빈 무역소위원장 등 상·하원 양당 중진의원 15명은 다음 요지의 부시 대통령앞 서한을 통하여 한국 자동차 시장개방을 위한 의회 차원의 제안서를 발표했다.

- 한국 자동차 관세(8%)는 즉시철폐하고 미국의 승용차 관세(2.5%)는 15년 이상 장기 철폐하며 픽업트럭에 대한 관세(25%)[25]인하 문제는 WTO에서 별도로 협상한다.

---

25 픽업트럭에 부과되는 25% 관세는 "닭고기 관세(chicken tariff)"라고도 지칭되며 도입 배경은 50년 전으로 거슬러 올라간다. 1962년 EEC가 미국산 닭고기 수입관세를 올리자 미국은 경트럭에 대한 관세를 25%로 올리는 보복조치를 취한다. 소위 "닭고기 전쟁"이었다. 결과적으로 유럽 및 일본계 자동차 회사는 경트럭 생산설비를 미국에 투자했고 미국 내 고용도 확대되었다. 빅쓰리는 미국 시장 내 경트럭 시장의 87%를 점유하고 있었다. 반면, 이 징벌적인 관세조치에 대한 외국의 비판이 끊임없이 제기됐다.

■ 미국 자동차에 대한 수출증가분 만큼, 한국 자동차에 대하여 미국 시장 수출시 무관세 혜택을 부여한다.

■ 미국 관세가 완전히 철폐되는 시점부터 자동차 세이프가드 시스템을 도입하며, 한국 자동차 수입이 심각하게 증가할 경우, 2.5% 관세를 원상복귀한다.

■ 한국의 현존하는 모든 비관세장벽을 철폐하고 새로운 비관세조치가 취해졌다는 합리적인 증거가 있을 경우, 미국은 즉각 관세 원상 복귀 등 일방조치를 취할 수 있으며 한국의 비관세장벽으로 미 업계의 이익이 훼손되지 않았음을 한국이 입증한다.

엄청난 요구였다. 2007년 한·미 FTA는 이러한 미 의회의 관심사항을 상당부분 반영했으나 일부 주장은 반영하지 않았다. 결국, 6월 29일 펠로시 하원의장 등 민주당 지도부는 '자동차 분야 무역불균형 문제가 해결되지 않는 한 현재의 한·미 FTA를 지지할 수 없다'는 요지의 성명[26]을 발표했다.

민주당이 장악한 하원 지도부의 성명은 향후 비준과정에서 자동차 부분의 재협상을 요구하는 근거가 되었다. 비준과정의 험로와 재협상 가능성은 이미 예고되고 있었던 것이었다. 한편, 2008년 하반기부터 미국 자동차 업계는 파산의 길을 재촉하고 있었다. 정부와 미 의회에 긴급 지원을 요청했다. 미국 자동차 업계는 전대미문의 도전에 직면해 있었다. 문제는 외부경기의 침체에도 원인이 있지만, 내생적이고 수십 년간 고질화된 미국 자동차 업계의 구조적인 문제가 직접적인 원인이었다.

---

26 6.29 성명문의 요지는 제2장 각주 9 참조.

자동차 산업의 이해당사자

　　　　　　　빅쓰리Big Three는 GM, 포드와 크라이슬러를 지칭한다. 미국의 자존심이었으나 일본 및 유럽 자동차의 약진으로 시장점유율이 지속적으로 감소돼 왔다. 미국 자동차 업계는 경영난 해소를 위해 생산라인 폐쇄, 감원, 해외진출 및 기업간 제휴 등 강도 높은 구조조정을 추진 중이었다.

　　빅쓰리를 대표하는 자동차무역정책이사회ATPC는 미국의 자동차 분야 통상정책에 직접적인 영향을 주는 대표적인 단체로서 한·미 FTA는 물론 한국 내 반수입정서, 행정의 불투명성, 환율조작 문제 등을 제기하여 왔고 한국의 비관세장벽에 대하여 매우 강도 높은 비판을 해 왔다. 한편 한국에 대규모 생산라인을 투자한 GM측이 내부 노조입장을 고려하여 한·미 FTA에 대하여 중립노선을 견지함으로써 ATPC도 반대입장을 자제하는 효과를 가져왔다.

　　생산자 단체인 미자동차제조업자협회AAMA와 외국 자동차 및 부품 생산업체의 이익을 대변하는 국제자동차제작자협회AIAM가 있고 전미제조업자연합NAM과 비즈니스 라운드 테이블도 매우 중요한 단체다. 그 밖에 11,000여개의 수입 자동차 딜러십을 대변하면서 자유무역을 지지하는 수입자동차딜러협회AIADA는 전국적 네트워크를 통하여 미 의회에 막강한 영향력을 행사했다.

　　FTA 반대단체로는 AFL/CIO가 최대 노조조직이고 초강성 자동차 노조 UAW와 화물노조Teamsters가 대표적이다. UAW는 1935년 창설된 이래 꾸준히 회원 수를 확대해 왔었으나 1973년 오일 쇼크로 자동차 업계가 타격을 입고 해고와 감봉, 노동자에 대한 혜택 축소를 시행하면서 회원 수가 지속적으로 감소하였다. 패널토의에서 나와 자주 설전을 벌였던 덕 마이어Douglas Meyer UAW 워싱턴 사무소장은 다음과 같이 토로했다.

"한국 자동차의 미국 진출패턴을 보면, 과거 일본의 예와 흡사하다. 먼저 저가 자동차를 소량수출하여 소비자의 인지도를 높인 다음, 고급차량의 대량수출을 추진한다. 또한, 수출로 인한 저항을 차단하기 위해 미국 내 현지투자를 확대하면서도 자동차 노조가 없는 지역을 선택한다."

한편, 2008년 9월 말 열린 하원 자동차 청문회에서 론 게텔핑거Ron Gettelfinger UAW 회장은 다음과 같은 판박이 입장[27]을 반복했다.

"2007년 대한국 자동차 수입은 668천대(113억 달러)인 반면, 수출은 6,500대(10억 달러)로써, 이 차이는 양국간 교역 불균형의 전부를 차지하고 있다. 2007년 한국 시장에서 수입차의 점유율이 4.3%를 기록했듯이 한국의 자동차 시장은 폐쇄적이며 매우 복잡한 비관세장벽이 존재한다. (중략) 한·미 FTA는 배기량에 따른 세제개편, 배기가스 및 자동차 안전기준에 대한 규정을 하고 있지만 한국의 비관세장벽으로 인하여 미국 자동차에 피해가 발생하지 않는다는 것을 한국이 입증하는 것이 필요하다."

미국 자동차 노조가 안고 있는 문제는 이해가 갔으나 그들의 반복되는 사실왜곡과 과장에 신물이 날 정도였다. 나는 '자동차 산업의 신화와 사실'이란 반박자료를 인쇄하여 배포했다.

우선 한국 자동차 시장이 폐쇄되었다는 주장에 대하여 "외국차의 한국 시장 점유율은 2007년에 14%이며 미국 차의 수입은 약 7,000여대로써 전체 수입차의 14%를 차지한다. 그러나 EU와 일본이 미국보다 각각 4배 및

---

27 http://www.uaw.com/news/speeches/vw_fst2.cfm?fstld=55

2배나 더 많은 차를 판매한 것은 한국의 시장이 폐쇄적인 것이 아니라 미국 자동차에 대한 한국 소비자의 선호도가 떨어진다는 반증이다. 더욱이 미국 시장에서 한국차의 점유율은 4.8%를 기록한 반면, 한국 시장에서 미국차(빅쓰리+GM대우)의 판매율은 13.8%를 기록했다"라고 반박했다.

한·미 FTA가 발효되면 미국의 대한국 자동차 무역적자가 대폭 개선될 것이라는 주장에 대해서도 "2007년 미국은 일본과 431억 달러, 캐나다와 214억 달러, 멕시코와 183억 달러, 독일과 121억 달러의 무역적자를 기록했다. 한국과의 무역적자는 상대적으로 매우 적고 그 적자폭도 감소추세이다. 미 상무부 자료에 의하면, 미국 자동차의 적자요인은 과도한 국내 시장 의존, 25%의 고관세로 보호를 받고 있는 경트럭 부문의 이익 의존 및 수출보다는 대외투자를 선호하는 구조적인 문제에 기인하고 있다"고 반박했다.

대마불사(大馬不死)와 디트로이트의 종말

미국 자동차 산업은 한때 미국 국력의 상징이었으나 고질병을 앓고 있었다. 미국 자동차의 내수판매 실적은 2005년 1,700만대를 정점으로 지속적으로 감소하여 2008년도에는 1,325만대를 기록했고 사상 처음으로 빅쓰리의 시장점유율이 50% 이하로 추락했다. 상대적으로 현대 및 기아 자동차의 시장점유율은 꾸준히 상승하여 2008년도에는 5.5%를 기록했다. 글로벌 경기침체로 2009년도 미국 자동차 판매는 최악을 기록했다.

빅쓰리의 경우 퇴직 근로자 대부분이 UAW에 가입되어 있고 노동자의 고령화, 퇴직자의 증가 등 고비용 구조였다. 미국의 자동차 노조원과 비

:: 미국 자동차 시장 판매댓수

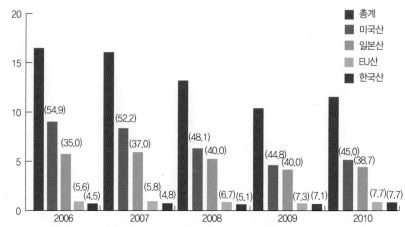

▲ 수출 및 현지생산 합산 대수(백만대 기준), 괄호는 전체시장 대비 비중(%)
▲ 자료: Wards(2010) U.S. Light Vehicle Sales by Company and Source

노조원간 시급 차이가 컸고 심각한 문제는 실직 노조원의 경우 4년 동안 95% 정도에 해당되는 보수를 받을 수 있도록 보장하는 직업은행Job Bank 프로그램과 차량 1대당 1,500~2,000달러에 이르는 퇴직자에 대한 의료보험과 연금을 지원하는 비용(상속비용)이었다.

2008년 9월부터 빅쓰리는 정부지원이 없을 경우 연내 파산이 불가피하다는 점을 강조하면서 경영정상화를 위한 정부지원을 요청했다. 미 의회는 250억 달러의 구제금융 지원법안을 심의했으나 상원의 반대로 법안은 부결됐다. 공화당 의원들은 자동차 회사의 고질적인 유산비용과 경영실패 비용 문제를 세금으로 보전한다는 것은 도덕적 해이라고 비판하고 적자투성이인 자동차 회사의 CEO들이 개인 제트기를 이용한다고 질타했다.

2009년 3월 말 오바마 대통령은 자동차 업계의 강도 높은 구조조정과 전략적 제휴를 통한 회생추진을 주문했다. 노조가 기득권을 포기하지 않는 한, 채권단이 출자전환에 합의할 수 없었기 때문에 GM 채권단과 노조간 협상이 난항을 거듭했다. 6월 1일 오바마 대통령은 대국민연설을 통하여 GM 회생을 위한 강력한 구조조정의 필요성을 역설했고 같은 날 GM은 미국 및 캐나다 정부와 파산보호 신청에 합의했다. 또한, 시보레, 캐딜락, 뷰익, GMC 등 4대 핵심 브랜드에 집중하고 노동비용 감축과 생산능력의 효율적 활용 등 구조조정 계획을 추진하기로 했다.

메이나드는 '디트로이트의 종말'[28]에서 빅쓰리의 부침 원인을 자세히 분석하고 외국계 자동차 회사의 성공과 그 배경을 담았다. 그가 지적한 미국 자동차 업계의 실패 원인은 간단명료했다.

첫째, 소비자의 신뢰상실이었다. 1990년대 말부터 빅쓰리는 외국산 자동차에 비하여 시장점유율을 약 10포인트 정도 상실했다. 양질의 수입차에 대한 소비자들의 신뢰는 빅쓰리에 대한 충성심을 버리게 했다. 빅쓰리는 여성, 아시아인, 라틴계 그리고 흑인들의 소비가 급증하는 현상을 외면했다.

둘째, 품질관리의 실패와 위대한 제품의 부재였다. 2003년에 이어 2004년 1분기에 GM은 7.5백만대를 리콜했다. 문제는 리콜의 대상에 GM 최고의 모델이 포함되어 있다는 것이다. 자동차 생산자들은 타깃 그룹을 정확히 파악하여 공략을 했어야 함에도 불구하고 빅쓰리는 모터쇼에서 잠시 회자됐다고 하여 방심했다.

셋째, 친환경차에 소홀했던 경영철학도 문제였다. 토요타가 프리우스 Prius를 출시했을 때 GM은 무모한 시도라고 혹평했으나 막상 2004년 할리우드 스타들이 아카데미상 시상식에 프리우스를 타고 나타나면서 프리우스는 가장 멋진 자동차로 자리매김했다.

---

28 "The End of Detroit" Micheline Maynard, 2004.11. pp. 314-329.

재협상의
명분과 실리

　　이렇듯 미국 내 자동차 문제는 2008년 경제위기 후 심각한 정치문제가 되었다. 미 행정부가 자동차 분야에 국한된 재협상을 제의한 것도 이런 절박한 사정 때문이었다. 그러나 한국은 "이미 타결된 협정의 수정은 불가능하다"는 입장을 취하면서 "미국의 TPA 법에 따라 협정은 찬반투표만 하도록 되어 있지 않은가"라고 반문했다. 미 행정부로서도 반론의 여지가 없었다. 통상협상 권한을 의회가 통제하고 있다는 점은 이해할 수 있으나 약속을 파기하는 것은 국가간 신뢰의 문제이기도 하기 때문이다.

　　미국의 정치현실은 최악의 상황으로 치닫고 있었다. 자동차 업계는 폭탄을 맞은 듯 비틀거리고 미 정치권은 자동차 업계 및 자동차 노조의 요구에 부응할 정치적 명분이 필요했다. 만약 미국이 당면한 정치현실의 변화를 무시한다면 협정비준은 요원해 보였다. 우리로서도 미국에 일정한 정치적 명분을 제공하더라도 협정을 조기 발효시키는 것이 현명하다고 판단했다. 결국, 어려운 협상결과, 한국은 자동차 분야에 대한 미국의 요구를 일부 수용하고, 미국도 돼지고기 및 의약품 등의 영역에서 양보를 함으로써 2010년 12월 한·미간 재협상이 타결되었다.

　　이런 배경에서 타결된 자동차 조항은 원협정의 일부분에 대한 조정을 하는데 치중했다. 관세 분야를 살펴보면, 일반 승용차의 관세인하 연기는 발효효과를 다소 지연하는 것이었다. 전기자동차의 관세인하시기를 앞당기는 것은 오히려 우리 자동차 산업에 기회가 될 수 있었다. 국내 업체는 이미 5년 내 전기자동차 양산시스템을 완료하고 최대시장인 미국에 진출할 계획을 마련하고 있었기 때문이었다. 픽업트럭의 관세철폐 방식을 기존의 비선형 방식으로 변경한 것은 상업적인 영향이 없었다. 우리 생산업체가 당분간 픽업트럭의 생산라인을 설치할 계획이 없었기 때문이었다. 미국 안전기준을 인정하는 허용상한의 확대도 단기적으로 큰 영향이 없었다. 미국의 차량수출 물량이 현재의 상한에도 못 미치고 장기적으로 세계 굴지의 자동차 수출국의 입지와 아울러 미국과 EU 등이 안전기준의 국제적 조화를 추진해 나간다는 점도 고려할 수 있었기 때문이다.

자동차 세이프가드 규정을 다소 고친 것은 한·EU FTA 규정과 일치시키는 것으로 실질적인 내용의 차이는 없었다. 더욱이 미국은 2007년 협정에서 한국이 세이프가드의 발동을 용이하게 하지 못하도록 공세적인 노력을 했다면, 추가협상에서는 세이프가드 규정을 강화하여 수세적인 이익을 챙기고자 노력한 것이 특징적이었다. 불과 4~5년 사이에 한국 자동차의 대미수출이 증가하고 시장점유율이 확대되고 있다는 것을 반증하는 현실이다.

마지막으로, 한·미 FTA와는 별도로 2009년 기준 4,500대 이하를 판매하는 제작사에 대하여 연비와 온실가스 배출량을 19% 완화된 기준을 적용하기로 합의했다. 재협상의 내용을 살펴보면 미국의 요구가 한국에 대한 시장접근 강화라는 목적도 있지만 오히려 수세적인 면과 국내 정치적 명분 쌓기가 더 강했다고 판단한다. 결과적으로 자동차 추가협상 종결로 한·미 FTA 인준 추진에 있어 마지막 정치적 걸림돌이 제거되었다.

10

전문직 비자쿼터

> 이민은 미국이 안정되고 번영하는 데 기여했다. 이민을 장려했던
> 미국의 주들은 인구, 농업 및 예술 분야에서 가장 진보했다.
> America was indebted to immigration for her settlement and
> prosperity. That part of America which had encouraged them most
> had advanced most rapidly in population, agriculture and the arts.
>
> 제임스 매디슨(James Madison), 1787

협정문에서
제외되다

　　　　　　　　　나는 워싱턴 근무기간 중 전문직 비자쿼터 확보를
위한 기초 작업에 열정을 쏟았다. 미 의회 상·하원 법사위 소속 의원들과
보좌관들을 수없이 접촉하면서 한국인을 위한 전문직 비자쿼터Professional
Visa Quota 법안을 만들고 미 의회에 대한 설득 작업을 했다. 비록 2%의 가
능성에 대한 도전이었으나 미국 정치 속에서 우리의 한계와 가능성을 배
웠다.

　　사람의 국경간 이동은 통상협상의 불가분의 일부다. 특히, 서비스 분
야의 협정은 서비스뿐 아니라 서비스 제공자의 국경간 이동을 규정하기

때문이다. 서비스의 교역은 서비스가 공급되는 형태에 따라, 4개의 유형 Mode으로 구분된다. 즉, 모드-1은 서비스의 국경간 공급, 모드-2는 관광, 유학과 같이 외국에서의 소비, 모드-3은 투자를 통한 서비스 공급, 그리고 모드-4는 서비스 공급자의 국경간 이동이다. 모드-1을 제외하고는 인력의 이동이 수반된다.

특히 모드-4에 따라 서비스 공급자가 국경간 이동을 하기 위해서는 상대국에 입국하고 체류해야 하며 이 경우 상대국의 입국비자를 받아야 한다. 이런 유형을 보다 세분하면 투자자와 서비스 판매자가 이동하는 사업상 방문자, 기업 내 전근자, 계약 서비스 공급자 그리고 독립 전문직으로 대별된다. 사업상 방문자는 단기체류자이고 기업 내 전근자는 체류기간 갱신을 통하여 장기 주재가 가능하다. 나머지 두 개 유형은 계약에 기반하여 이동을 하게 되며 일정한 요건의 전문성을 요구하게 된다. 미국은 이런 요건과 함께 전문직에 대한 연간 입국쿼터제도를 운영하고 있다.

우리나라는 한·미 FTA 협정의 우리측 초안에 전문직 비자쿼터 및 일시입국과 출입국절차 간소화에 관한 규정을 포함시켰으나 미국 협상팀은 손사래를 쳤다. 전문직 비자쿼터를 포함한 이민법 관련 사안은 의회의 권한사항으로 협상 맨데이트가 없기 때문에 FTA에서 논의가 불가하다는 입장을 강하게 견지했다. 그러나 서비스의 개방을 논하면서 서비스 공급자의 이동을 논의하지 않는다는 것은 불합리했다.

문제는 미국의 시스템에 있었다. 미국은 비자와 이민 관련 정책과 입법에 관하여 의회가 전권을 가진다. 그럼에도 불구하고, 미국은 2000년대 초까지는 FTA 상대국에 대하여 별도의 전문직 비자쿼터를 허용해 왔다. NAFTA, 미·칠레 FTA 및, 미·싱가포르 FTA에는 일시입국 챕터를 도입했다. 그러나 제임스 센센브레너James Sensenbrenner 하원 법사위원장(공화-위스콘신)은 USTR 대표를 법사위 공식 회의에 불러 "미국이 체결하는 FTA 협정에 비자 관련 규정이 포함되지 않도록 한다"는 서약을 요구하고, 의회의 강한 입장을 미 행정부에 서면으로 통보하기까지 했다. 따라서 이후 체결된 미국의 FTA에는 일시입국 챕터가 존재하지 않는다. FTA 협정의 균형 측면에서 보면 미국의 입장은 후퇴했다고 할 수 있다.

이런 미국의 내부갈등이 정리된 직후 체결된 미·호주 FTA에는 이미 일시입국 챕터가 없었다. 한·미 FTA도 그 이후에 협상을 했기 때문에 협정문에 인력이동과 비자문제를 포함하기 어려운 여건이었다. 결국, 한·미 FTA 협상에서 우리측은 당초 제안을 철회하는 대신 협상타결 후에도 양측간 계속 협의를 해 나간다는 각주脚註를 합의하는 선에서 정리했다. 한국은 한국인에 대한 전문직 비자획득을 위해 미 행정부의 협조를 약속하는 서면약속을 요구했으나 미 행정부는 의회의 동의 없이 이런 약속을 할 수 있는 권한이 없었다.

비자면제협정과 전문직 비자쿼터

주미 대사관은 한·미 FTA 협상을 통하여 비자 관련 미 행정부의 양보를 받는 것은 불가능하다고 판단하고 FTA 협상과는 별도로 직접 미 의회를 통한 입법추진 방안을 모색했다. 두 가지 접근을 병행 추진했다.

첫째는 미국을 방문하는 한국인이 90일간 무비자로 체류할 수 있도록 하는 비자면제협정VWP을 체결하는 일이었다. 비자면제프로그램은 의회의 위임을 받아 행정부가 관장하고 있었는데 이 프로그램의 적용을 받기 위해는 연간 3% 이하의 비자거부율과 생체정보인식 여권 도입 등의 요건을 충족시켜야 했다. 우리 정부는 한국인에 대한 미국 비자의 발급거부율을 줄이기 위해 다각적으로 노력을 했고 주미 대사관 의회과는 미 의회에 대하여 적극적인 아웃리치 활동을 전개했다. 이런 노력이 효과를 거두고는 있었으나 여전히 3% 상한을 약간 웃돌고 있었다. 그 후 폴란드 이민후예인 조지 보이노비치George Voinovich 상원의원(공화-오하이오)의 발의로 기존의 3%의 엄격한 비자거부율의 요건을 10%로 완화하는 비자면제프로그램이 도입됨으로써 우리의 우려가 완전히 해소되었다. 2007년 6월 말 한·미 FTA 서명을 계기로 부시 미 대통령은 비자면제프로그램 적용대상에 한국과 폴란드를 비롯한 일부 동구권 국가를 포함한다는 성명을 발표했다.

둘째는 전문직 비자쿼터를 확보하는 일이었다. 나는 이 문제를 담당했다. 외국인은 취업허가가 나와도 비자를 받지 못하면 취업을 할 수 없었다. 미국은 외국인 전문직 종사자에 대한 연간 비자발급 건수를 제한하고 있기 때문이다. 일반적으로 미 의회에 의해 허용된 연간 전문직 비자H-1B 쿼터는 65,000개였다. 전문직이라 함은 대개 4년제 대학을 졸업하고 특정 분야에 전문적인 자격을 가진 사람을 말한다. 한국인에 대한 미국의 H-1B 비자발급 건수는 2005년 당시 3,838개로 전체 발급건수의 약 3.7%를 차지하여 인도(27.8%), 중국(10.6%), 필리핀(6.5%), 캐나다(5.9%)의 뒤를 이어 영국과 함께 공동 5위를 기록했다. H-1B 허가대상 업종을 살펴보면 IT 분야

:: 미국의 FTA 파트너와 전문직 비자쿼터

국가명	쿼터수 (개)	교역규모 (10억 달러)
캐나다	무제한	500
멕시코	무제한	290
한국	–	71
싱가포르	5,400	36
호주	10,500	23
칠레	1,400	12

▲ 자료: 미 상무부, 경제분석국(2005)

(27.6%)가 가장 많고, 교육·보건 분야 및 경영 분야, 전기·전자 엔지니어 및 의사 등에 분포되어 있다. 이는 우리나라의 전문직 인력 강점 분야와도 연계되어 있다.

미 업계 일각에서도 전문직 비자쿼터의 확대를 요구했다. 9/11 사태 이전에 연간 19만 5천 건에 달하던 H-1B 쿼터의 규모가 그 후 65,000건으로 축소되어, IT 산업 또는 서비스업에 종사하던 해외의 우수인력의 채용이 곤란해지자, 미 상공회의소AMCHAM를 중심으로 H-1B 비자의 연간 쿼터 확대를 촉구해 오고 있었다. 이런 연유로 2006년 5월 알렌 스펙터Arlen Specter 상원 법사위원장(민주-펜실베니아)은 'H-1B 연간 쿼터를 115,000명으로 확대하고, 매년 수요조사를 통하여 이 쿼터를 탄력적으로 운용하는 법안(일명 'Specter Bill')'을 발의했으나, 하원법안과의 조정에 실패하여 의회 회기 말에 폐기되었다.

미국은 H-1B 이외에도 FTA 체결상대국에게 별도로 전문직 비자쿼터를 허용해 왔었다. NAFTA 당사국인 캐나다와 멕시코는 자격요건을 갖춘 전문직에 대한 쿼터가 없었다. 즉, 전문직의 이동이 자유로웠다. 싱가포르와 칠레는 미국과의 FTA 협정을 통하여 H-1B 쿼터 안에서 5,400개와 1,400개의 별도 쿼터를 확보했다. 그리고 호주의 경우는 미 의회의 별도 입법을 통하여 연간 10,500개의 전문직 비자쿼터를 향유했다.

호주의 빛나는 외교성과

나는 미국의 FTA 협정상대국이 확보한 전문직 비자쿼터의 실체적 내용과 협상과정을 면밀히 분석했다. 특히, 호주의 케이스 분석에 많은 시간을 할애했는데 호주는 우리가 벤치마킹을 할 수 있

:: E-3 비자와 H-1B 비자 비교

	E-3	H-1B
대상	특정직업 종사예정인 호주인	특정직업 종사예정인 비이민 외국인
필요서류	노동증명테스트(LCA) 필요, 고용주의 청원에 대한 심사면제	노동증명테스트(LCA) 및 고용주의 청원에 대한 심사필요
기간연장	최초 2년, 무제한 연장 가능	최초 3년, 1회 연장 가능
비자수수료	없음	실비 및 수수료
연간 쿼터	10,500개(호주인에 국한)	65,000개(글로벌 쿼터)
미소진 쿼터	익년도로 이월 가능	이월 불가
배우자 취업	배우자 E-3 비자취득 및 취업 가능	취업 불가
자녀	21세 이하 미혼 자녀도 E-3 비자 부여	별도 비자 필요

는 유일한 성공사례였기 때문이다. 2004년 체결된 미·호주 FTA는 입국비자 관련 규정이 없다. 이에 호주는 별도 입법을 통하여 전문직 비자쿼터를 확보하는 방안을 추진했다. 2004년 7월 미·호주 FTA 협정이 미 의회를 통과한 후 호주는 미 하원을 통과한 법안에다가 미 상원이 호주 E-3 비자 규정을 삽입하여 통과를 시킨 것으로 그 내용과 절차가 모두 파격적이었다.

E-3 비자는 전문직 서비스를 제공하려는 비이민 목적의 호주인에게만 발급되는 호주인을 위한 특례법이었다. E-3 비자는 H-1B 비자보다 취득하기 쉽고, 제한 없이 갱신이 가능하며, 배우자의 취업도 가능하다. 또한, 연간 쿼터 10,500개를 소진하지 못하는 경우, 잔여 쿼터를 익년에 추가할 수 있었다. 호주인들은 일정한 자격만 갖추면 배우자와 자녀들까지 미국에서 취업할 수 있다.

호주도 여느 국가와 마찬가지로 미·호주 FTA 협정에 일시입국 챕터를 포함하고자 노력했으나 미 의회의 강한 반대로 무산되었다. 전술한 센센브레너 하원 법사위원장이 그 중심에 있었다. 호주는 2005년 호주를 방문한 센센브레너 위원장에게 직접 조언을 구했다. 그는 호주 캔버라에서 한 연설을 통해 새로운 방도를 시사했다. "이민문제와 무역을 연계하는 것은 복잡한 문제를 야기합니다. 호주가 FTA 협상과정에서 미국이 WTO에서 양허한 글로벌 쿼터를 요구한 것을 알고 있습니다만, 호주가 미 정부를 상대로 비자문제를 협상하는 것보다는 별도의 입법을 추진하는 것이 적절합니다." 이 발언은 전문직에 대한 비자문제에 대하여 미 의회가 권한을 양보할 뜻이 없다는 것을 재확인하는 동시에 미 의회가 해당 문제를 직접 검토할 수 있다는 것을 시사하고 있었다.

호주측은 미 의회를 통한 직접 입법의 방도를 모색했다. 호주의 법안이 상원 법사위를 통과한 것은 기적과 같은 일이었다. 반이민 정서가 팽배한 미 의회에서 호주인에만 국한된 비자 관련 법안을 통과하는 것은 거의 불가능에 가까운 일인 데다가 정상적인 법안심의 절차를 모두 생략한 채 빌 프리스트Bill Frist 법사위원장(공화-테네시)의 재량과 영향력으로 처리되었기 때문이다. 당시 상원 법사위의 회의기록을 보면 명료하다. 2005년 5월 11일 프리스트 위원장은 호주 전문직 비자쿼터 법안을 '운전면허 법안REAL ID Act'에 살짝 끼워넣고 법사위 본회의 토의가 거의 종료되어 가는 시점에 운전면허 법안을 토론 없이 채택했다. 위원장의 막강한 권한을 효과적으로 활용한 것이다. 법안통과 후 다이앤느 화인스타인Dianne Feinstein 상원의원(민주-캘리포니아)을 비롯하여 일부 민주당 소속 상원의원들이 위원장에게 법안처리의 절차적인 하자를 들어 항의를 했다. 그러나 통과된 법안에 대해서는 시비를 걸지 않았고 그 후 하원과 법안조정 회의에서도 프리스트 위원장의 영향력으로 큰 문제없이 통과되었다.

나는 미 의회 회의록을 열람하고 당시 호주 케이스를 다루었던 법사위 보좌관들도 접촉했다. 워싱턴 소재 호주 대사관 경제공사와 수차례 접촉하여 그들의 경험도 들었다. 호주는 미·호주 FTA 통과 후 1년 이상 상원 법사위를 중심으로 집요하고도 끈질긴 캠페인을 전개했고, 존 하워드 호주 총리는 부시 대통령 및 빌 프리스트 상원 법사위원장과의 개인적인 친분을 십분 활용했다. 주미 호주대사는 상·하원 중진의원들과 인맥을 쌓고 대사관 담당관들은 미 의회 보좌관들과 긴밀한 실무협의를 가동했다. 호주 경제공사는 이런 모든 과정이 매우 유기적이고 조용하게 진행됨으로써 간여했던 사람들이 높은 수준의 신뢰를 가지고 입법을 추진할 수 있었다고 술회했다.

나는 호주가 미 의회 입법을 통하여 호주인만을 위한 E-3 비자 카테고리를 신설한 것은 호주 외교의 빛나는 업적이라고 생각한다. 귀감으로 삼을 만하다. 호주 정치인들은 미국 정치인과 개인적인 인맥을 탄탄하게 유지해 왔고 미·호주 양국의 정치권과 관료들이 신뢰와 믿음을 바탕으로 당면문제를 조용하지만 끈질기게 추진해 왔다는 점은 우리에게 값진 교훈이 될 수 있다. 호주인을 위한 E-3 비자는 이라크와 아프간에 파병하고 미국의 대외정책을 절대 지지해 온 우방국 호주에게 준 부시 정부와 미 의회의 선물이라는 워싱턴 정가의 평가도 귀담아 들을 필요가 있다.

미 의회
입법추진 준비

2006년 12월 초 나는 호주의 사례를 참고하여 전문직 비자쿼터 확보를 위한 기본 추진전략을 마련했다. 쿼터의 수량은 2~3만개로 설정하되 한·미 FTA 협정이 미 의회에 통과되는 시점과 연계하여 전문직 비자쿼터 법안 상정을 추진한다는 방침이었다. 한·미 FTA 협상이 진행 중이었고 전문직 비자문제가 언론에 보도되는 것은 자살행위였기 때문에 대의회 추진계획은 매우 조용하게 추진하기로 했다.

일단 미 의회의 접촉대상 의원과 보좌관들을 선정했다. 일차 대상은 상원 법사위를 중심으로 하면서도 하원 법사위 지도부와도 조용한 외교를 전개하기로 했다. 주로 의원들은 이태식 대사가 접촉했다. 나는 상원 법사위원장 및 간사의 수석보좌관들과 접촉하고 매튜 벅스티스Matthew Virkstis 상원 법사위 법률고문과 수시로 만났다. 11월 중간선거에서 양원을 민주당이 장악하면서, 의회의 지도부가 모두 교체되는 시기였다. 중점 접촉대상은 의회의 원구성이 이루어지고 상임위 의원이 확정된 이후로 미루기로 했다. 물론, 미국 내 반이민 정서가 팽배한 상황에서 한국인만을 위한 전문직 비자쿼터를 신설하는 것이 용이한 일은 아니었다. 그러나 호주의 선례가 있고, 과거 FTA 파트너들에게 유사한 쿼터가 주어졌던 사례를 고려하여, 우리의 역량을 총동원하여 미 의회 의원들을 설득하면 승산이 있을 것이라 생각했다.

먼저, 나는 작은 자문회사와 계약을 했다. 또한, 우리의 입장을 일목요연하게 정리한 홍보자료도 작성했다. 미 의원과 의회보좌관을 만날 때는 한 장으로 압축된 자료one-pager를 전달했다. 논리는 간단했다.

- 상품과 서비스의 개방을 추구하는 FTA가 서비스 분야에서 전문직 및 기업인들의 출입국이 자유롭지 못하면 균형 있는 개방이라 하기 어렵다.
- 한국 내에서 활동하는 미국의 전문인은 연간 약 1만 명이 넘으며 이들에 대하여 별도의 쿼터를 적용하지 않는다.
- 현재 미국 사업자들이 외국인을 고용할 경우, 청원절차로 인하여 4~7개월이 소요되어, 과도한 비용을 지불해야 하고, 적기에 소요인

력을 채용하는 데 어려움을 호소하고 있다.[29] 전문직 쿼터 확대를 통하여 한국의 전문인력이 미국에 진출하는 경우, 미국 기업의 경쟁력 강화에도 매우 유리하다.

■ 미국은 이미 체결된 FTA 대상국에 일시입국 챕터 또는 국내법 개정을 통하여 출입국 절차 및 전문직 쿼터 관련 혜택을 부여해 왔다.

나는 동시에 법률전문가들과 미 의회에 제출할 법안 초안 작업을 했다. 법률안은 호주 법안을 기초로 두 개의 옵션을 검토했다. 하나는 기존의 호주 법안을 수정하는 방안이었고 다른 하나는 별도의 법안을 만드는 일이었다. 그러나 전자에 대해서 호주측은 E-3 비자쿼터 법안이 훼손될 것에 대하여 극도로 우려와 경계심을 보였다. 결국, 한국인에 대한 별도의 특혜를 주는 법안을 추진하는 방안으로 선회했다. 2007년 하반기에 법안 초안을 작성하고 미 의회 법률전문가의 검토도 마쳤다.

미완의
외교적 숙제

가장 중요한 문제는 법안을 제출하고 법사위 소위원회에 상정하여 토의를 하고 궁극적으로 법사위원회와 본회의를 통과시키는 것이었다. 상황은 굉장히 불리했다. 2007년 봄 주미 대사관은 미 상원에서 논의 중이던 포괄적 이민개혁 법안에 우리 법안의 내용을 포함시키려는 노력을 했다. 민주당은 전통적으로 해외이민자에 대하여 상대적으로 수용하는 입장을 취해 왔기 때문에 기대감도 있었지만 이민 관련 사

---

29 CSI(Coalition of Service Industries)의 대표인 밥 배스타인(Bob Vastine)은 일시입국을 위한 노동허가와 비자발급 등 복잡한 절차로 인한 장애를 지적하며, USTR에서 일시입국 협상을 하는 유연성을 발휘해 줄 것을 촉구했다(2006년 3월 14일 Trade Policy Staff Committee 공청회 제출자료).

항은 언제나 미국에서는 민감하고 논란이 많은 문제였다. 또한, 2008년도 대선을 준비하는 과정에서 외국인의 취업비자를 확대한다는 것은 불가능한 일이었다. 결국, 이민개혁 법안 자체가 부결됨으로써 우리의 시도는 좌절되었다.

우리는 상·하원 법사위원들을 상대로 맨투맨 로비 활동을 전개하면서 광범위한 접촉을 했다. 우호적인 반응은 있었으나, 총대를 메고 법안을 추진해 나갈 챔피언을 찾기가 어려웠다. 어렵게 하원 법사위와 비이민 비자 소위원회 소속 의원들을 저인망식으로 훑어 나갔다. 법사위의 수석전문위원과 법률전문가들도 접촉했다. 무엇보다도, 포괄적 이민개혁법안의 처리 추이를 면밀히 관찰해 나갔다. 동시에 미국 상의측과 한국인 전문직의 취업을 희망하는 업계측과도 협조체제를 구축했다. 미 업계측에서는 애니메이션, IT 분야의 전문가가 부족하고 간호사 등 전문직의 수요도 공급을 초과하고 있었다.

한인유권자센터KAVC측과도 접촉했다. 비자면제협정VWP과 미 하원의 군대위안부 결의안 채택을 주도하면서 미주 한인유권자들의 단합된 힘을 배경으로 미 의회를 접촉했던 단체다. 김동석 KAVC 이사는 정치적 참정권 확대는 미국에서 한국과 한국인의 영향력을 신장하는 원동력이라고 믿고 있었고 나는 그의 비전과 노력에 동의했다. 그럼에도 불구하고 2007년에는 법안제출의 기회를 만들 수 없었다.

2008년 4월 16일 미 하원 아·태 소위원장 에니 팔레오마베가Eni Faleomavaega 의원은 한국인에게 전문직 비자쿼터를 연 2만개를 별도 할당하는 법안(HR 5817)을 제출했으나 심의 한 번 되지 못하고 연말 제110대 의회 회기만료와 함께 자동폐기되었다. 법안제출시기나 절차가 적절치 않았다. 법안이 법사위에서 절차에 따라 심사되려면 법사위 이민소위를 거처서 제출되는 것이 정상적이었다. 팔레오마벵가 의원은 전문직 비자쿼터 관련 주미대사관의 노력에 관심을 표명하면서 우리가 작업한 법안과 문건을 보여 달라고 요청한 바 있었다. 이 법안 초안은 팔레오마벵가 의원측에 참고하라고 전달되었다. 그가 법안을 제출한 것은 일방적인 조치였고 대통령 방문계기에 관심을 제고한다는 차원의 정치적 제스처에 불과했다.

복기하면 한·미 FTA가 비준되고 발효되기 전에 전문직 비자쿼터를 미리 제공하라고 주장하는 것은 앞뒤가 안 맞는 일이었다. 전문직 비자확보가 필요하다는 논리는 그에 상응하는 서비스의 교역자유화가 이루어진다는 점을 전제로 하고 있기 때문이었다. 결국, 2012년 3월 한·미 FTA가 발효되면서 우리가 전문직 비자쿼터 문제를 제기하는 것은 오히려 자연스러웠고, 우리가 요구할 수 있는 정당한 명분도 가지고 있는 것이 사실이다.

그러나 미 의회를 통한 별도의 입법과정은 굉장히 어렵다는 점을 명심하고, 고도로 정교한 전략과 아울러 양국 정치인과 정부가 매우 신중하지만 집요한 노력을 해야 한다는 점을 재삼 강조하고 싶다. 호주가 거둔 빛나는 성과는 우리에게 값진 교훈을 주고 있다. 비자문제 자체도 민감하지만, 한국인에게만 특별한 비자를 부여한다는 점에서 경계와 반발을 유발할 소지가 다대하기 때문이다. 조용한 행보가 절대로 요구되는 사업이라는 점을 다시 한 번 강조하고 싶다.

전문직 비자쿼터를 확보하는 문제에 대하여 갑론을박이 있을 수 있다. 한 쪽 극단은 고급인력의 해외유출을 촉진시킨다는 논리다. 그러나 유능한 우리 인재가 외국에서 수학하고 직무를 익힐 수 있는 기회가 있음에도 불구하고 비자문제로 포기해야 한다면 안타까운 일이 아닐 수 없을 것이다.

11

쌀

쌀은 한국의 정신(psyche)이고 문화 그 자체이기 때문에
교역 가능한 상품이 아니다.

한국 통상협상대표들의 입장

쌀 문제는
WTO 이슈

쌀은 한국이 체결한 모든 통상협정에서 양허제
외 또는 관세화가 유예되었다. 그럼에도 불구하고 내가 쌀 문제를 언급하
는 것은 한·미 FTA 협상과정에서 쌀은 최종 양허제외가 결정되기 전까지
미국의 요구사항이었고 내가 FTA 교섭대표직을 맡고 있던 기간 중 쌀과
관련된 사건이 있었기 때문이다.

쌀 문제는 다자통상체제의 논의대상이다. 우루과이 라운드 협상결
과 한국은 일정한 조건 하에 2004년까지 10년간 쌀 관세화 유예를 받았
고 그 후 추가 보상을 제공하고 2014년까지 관세화 유예를 연장했다. 그

러나 협상상대편이 쌀에 대한 우리 입장을 항상 수긍하는 것은 아니었다. 한·칠레 FTA 협상에서 칠레측 수석대표였던 마리오 마투스Mario Matus 대사는 "칠레는 쌀 수입국으로서 수출 여력이 없음에도 불구하고 쌀의 양허 제외를 요구하는 한국 입장을 이해하기 어렵다"고 술회했다.

미국은 한·미 FTA 협상기간 중 예외없는 관세화를 주장하면서 쌀 개방도 요구했다. 미국은 한국인이 먹는 중립 종의 쌀을 캘리포니아와 아칸소 지역에서 생산하고 있기 때문에 상업적인 이해관계가 대단히 컸다. 그러나 한·미 FTA도 쌀에 대한 양허를 제외했다. 한·미 FTA는 쌀을 'Y 품목'으로 하고 "동 품목에 대해서는 이 협정상 관세에 대한 어떤 의무도 적용하지 아니한다"고 규정했다. 다시 말하면, 쌀은 관세감축 대상품목에서 제외되었다. 한·미 FTA상 규정은 WTO 차원에서 합의된 관세화 유예조치의 이행에 관한 한국의 권리와 의무에 영향을 미치지 않는다고 규정하고 있다.

한국의 협상대표들은 쌀에 대한 미국의 개방요구에 대비하여 미국이 금과옥조로 지켜오고 있는 '존스 액트'의 수정을 요구했다. 통상협상에서 우리의 민감성만을 이유로 상대편에게 손해를 감수하라고 할 수는 없는 일이었다. 미국의 협상대표들도 자국의 이해당사자에게 설명할 수 있어야 했다. 우리도 미국이 도저히 수용할 수 없는 요구를 함으로써 맞불을 질렀고 결국 양측은 상대의 역린을 건들지 않기로 타협하기에 이르렀다.

위키리크스의 폭로와 밀약설

문제는 엉뚱한 곳에서 발단되었다. 미국의 재외공관 전문내용을 공개한 위키리크스WikiLeaks 때문이었다. 위키리크스는 호주 출신 해커인 줄리안 어산지Julian Assange에 의해 설립되었고 2006~2010년 사이에 미 국무부와 미 대사관간 교신한 전문 25만 건을 공개했다. 이 중 주한 미 대사관에서 발송한 전문은 거의 2천 건에 달했고 주로 한·미 FTA, 쇠고기 협상, 북한관계 및 한·미 양자현안에 집중되어 있었다. 가공할 만한 보안사고였다. 미국 정부는 동맹국에 대해 유감표명과 이해를 요청하면서 노코멘트 입장을 유지했다.

위키리크스는 한국 언론에 잘못 인용되거나 왜곡되기도 했다. 2010년 9월 15일 한겨레신문은 "김종훈 '쌀 개방 추가협상' 미국에 약속했었다" 제하에 "김종훈 통상교섭본부장이 한·미 FTA 공식 서명 직후 미국에 쌀 관세화 유예종료 이후 미국과 별도로 쌀 시장 개방 확대를 협상할 수 있다고 말했다"고 보도하고 같은 날 "김종훈 본부장의 쌀 개방 '밀약', 진상 밝혀야" 제하의 사설을 게재했다. 나아가 9월 26일 한겨레는 "김종훈, 2014년 미국과 쌀 협상 재논의 불가피" 제하에 "김종훈 통상교섭본부장이 WTO 농업협정의 쌀 관세화 유예가 2014년에 끝나면 정부가 미국과 쌀 문제를 당연히 재논의할 수밖에 없다고 했으나, 이는 그간 우리 정부가 공식적으로 밝혀온 입장이나 통상법 전문가들의 의견과도 달라 논란이 예상된다"고 추가 보도했다.

한겨레신문 기사에 인용된 김 본부장의 언급내용은 위키리크스에 포함된 주한 미 대사관의 전문내용에 근거를 두고 있다고 밝혔다. 그러면, 한겨레가 인용한 미 대사관 전문상의 '밀약'의 사실관계를 살펴보자. 2007년 8월 얼 포머로이Earl Pomeroy 하원의원(민주-노스다코다)은 신임 김종훈 본부장을 면담하여 쇠고기, 자동차 및 쌀 관련 미국의 관심을 표명하고 한국측의 전향적 입장을 촉구했다. 특히, 주한 미 대사관 전문에 기술된 두 사람의 대화 요지는 다음과 같다.

포머로이 의원 쌀 문제는 한·미 FTA에 제외되어 있다. 그래서 미국의 쌀 생산 및 수출 업계는 실망이 크고, 그들은 한·미 FTA가 균형 있고 포괄적인 협정이라는 인식에 대하여 비판하는 데 앞장서고 있다.

김종훈 본부장 한국 농업은 취약하여 정부의 보호대책이 절실한 영역이다. 특히, 쌀 문제는 현 단계에서는 논의불가untouchable 이슈다. 다만, 2004년 WTO의 관세화 유예합의가 종료되는 2014년이 되면 쌀 이슈는 재검토revisit 할 수도 있을 것이다.

김 본부장의 답변은 2004년 10년간 쌀 관세화 유예를 하면서 합의한 내용을 그대로 언급한 것이었다. 한마디로 '밀약설'은 괴담이었다. 그 후 민주사회를 위한 변호사모임은 '쌀 협상전략 노출'을 주장하면서 '직무상 기밀보안위반'을 이유로 감사원에 감사를 청구했으나 기각되었다. 한편, 언론중재위원회는 외교부의 조정 요청에 대하여 한겨레신문이 정정보도 문을 게재하도록 결정했다. 한겨레측이 이 결정을 이행하지 않음으로써 강제이행을 위해 법원으로 이첩되었다. 소송절차가 시작된 것이었다. 한 겨레측은 1심에서 패소했다.

우루과이 라운드 협상결과

쌀 문제의 연원을 거슬러 올라가 본다. 우루과 이 라운드 협상은 '농산물의 예외 없는 관세화'를 기치로 내걸었고 자연히 쌀도 논란의 중심에 있었다. 결국 1993년 말 최종적으로 UR 협상결과 쌀 관세화 유예에 합의했다. 합의결과는 WTO 농업협정 제4조 제2항의 특별 규정인 제5부속서에 반영되어 있다. 즉, 2004년까지 최소 접근물량 20만 톤까지 단계적으로 증량하는 대가를 지불하고 10년간 관세화를 유예할 수 있었다.

쌀 문제가 국제문제로 부각된 것은 1990년 12월이었다. 당시 한국, 일본 및 EC가 쌀 개방문제가 포함된 농업협상위원회의 최종 협상안을 거부함으로써 브뤼셀에서 열린 UR 각료급 협상이 최초로 결렬되었다. 한국이 최종 협상안을 거부하자 미국은 한국을 공격하기 시작했다. 우리 정부는 결국 각료회의 대표를 맡았던 박필수 상공장관을 경질하고, "농산물 4개 외에는 관세화를 하되 여의치 않으면 쌀을 제외하고 모두 개방한다"는 협상안을 재작성했다.

우루과이 라운드 협상이 막바지로 치닫고 있던 1993년 말 한·미간에는 쌀에 대한 관세화 유예 10년, 최소 시장접근 비율 1~4%를 골자로 합의를 했었다. 이에 앞서 일본이 관세화 유예기간 6년에 최소 시장접근 비율 4~8%에 합의한 수준과 비교하면 우리의 협상결과가 파격적으로 유리했다. 이런 차이를 알게 된 일본 대표는 좌절했다. 1993년 12월 14일 스위스 제네바의 한 호텔에서는 한·미간 최종 합의한 농산물 협상내용을 놓고 일본, 호주 등 관련 7개국과 고위급 실무협상을 벌이고 있었다. 당시 한국 수석대표였던 선준영 외교부 경제차관보는 협상종료시한을 불과 4시간 남긴 새벽 2시에 갑자기 회의장을 박차고 나왔다. 미국과 상대적으로 불리한 조건으로 합의한 일본이 한·미간 합의를 인정할 수 없다고 딴죽을 걸었기 때문이다. 선 차관보는 "일본의 몽니는 수용불가하며, 한·미간 합의가 수용되지 않으면 전체 협상결렬도 불사한다"는 초강수를 들고 나왔고 결국 이 전술은 주효했다.

우루과이 라운드 협상은 농산물, 공산품 및 서비스 등 방대한 분야에 걸친 포괄적인 협상으로서 당시 우리 대표단이 이를 전문적으로 감당하는 것은 어려운 일이었다. 그러나 '예외 없는 관세화'를 추진해 온 UR 협상에서 특별규정에 합의함으로써 10년간의 관세화 유예를 지켜내고 최소 시장접근 물량도 매우 적게 합의한 것은 통상외교의 쾌거라 할 수 있다. 그럼에도 불구하고, 국내 정치권은 이런 외교적 성과를 평가하는데 인색했고, "쌀은 한 톨도 들여올 수 없다"는 포퓰리즘적인 태도를 견지하면서 정치적 논란을 부추겼다.

2004년
관세화 추가유예

그러나 관세화 유예 10년 기한이 도래하면서 국내에서는 관세화 유예 연장 여부를 둘러싸고 논란이 증폭되었다. 유보론자들은 생산증대와 소비감소로 재고가 쌓여가는 데도 불구하고 최소 수입물량을 증량해 가면 누적적인 공급과잉이 발생한다고 주장했다. 또한, 일본과 대만의 예를 들면서 조기 관세화를 해도 급격한 수입증가나 쌀 농가에 대한 피해는 발생하지 않는다는 것이다. 반면, 찬성론자들은 일단 관세화를 하면 후속협상에서 지속적인 관세인하 압력을 받아야 하기 때문에 관세화 유예를 고수해야 한다고 주장했다. 그러나 이들은 추가유예를 위해 지불해야 할 대가에 대해서는 침묵했다.

결국 2004년 추가협상 결과 2014년 말까지 10년간 관세화를 추가유예하기로 합의했다. 기존의 최소 시장접근MMA 20만 톤은 국별 쿼터CSQ로 전환하고 추가 증량분 20만 톤은 최혜국대우MFN 쿼터로 증량하기로 합의했다. 또한, 유예기간 중 관세화로 전환할 수 있고 관세화를 할 경우 국별 쿼터는 총량 쿼터로 전환되도록 규정했다. 또한, 수입물량의 30%는 밥쌀용 쌀을 수입하도록 규정했다.

2004년도 관세화 추가유예는 과연 옳은 결정이었을까? 추가유예로 지불해야 할 막대한 비용들과 현재 지불해야 할 정치적인 비용이 동등한 기준에서 평가되었을까? 나는 일본이나 대만처럼 과감한 조기 관세화를 했어야 한다고 믿는다. 그랬었다면 최소 수입물량을 20만 톤으로 동결할 수 있었고 쿼터 바깥의 물량은 고율의 관세를 부과하여 수입을 차단할 수 있었기 때문이다. 우리나라 60만 대군의 연간 쌀 소비량이 4만 톤이라는 사실에 비추어 추가 의무수입물량 20만 톤은 얼마나 많은 물량인가?

외국의 쌀 관세화 사례

먼저 일본과 대만처럼 조기 관세화를 시행한 사례를 살펴본다. 일본은 UR 협상에서, 대만은 WTO 가입협상에서 쌀 관세화 유예를 선택하였지만 자발적으로 조기 관세화를 결정했다. 일본은 이행기간 종료 2년 전인 1999년 관세화로 전환했다. TRQ는 68만 톤, 관세상당치는 종량세로 킬로당 341엔으로 책정했다. 당시 종가세 기준으로 보면 약 1,000%가 넘는 수준의 관세율이었다. 대만의 경우도 비슷했다. 대만은 WTO 가입 후 1년간 쌀 관세화 유예를 활용한 후 2003년 관세화로 전환했다. TRQ는 14.5만 톤이었고, 관세 상당치는 킬로당 45NT$로 책정했다. 두 나라가 채택한 관세 상당치는 각각 수입을 불가능하게 하는 징벌적 수준이었고 WTO 회원국은 이를 승인했다.

반면, 필리핀은 관세화 유예를 한 번 더 연장했었다는 점에서 우리와 유사했다. 필리핀은 농업협정에 따라 1차 관세화 유예기간(1995~2004) 종료 후 유예(2005~12)를 선택했다. 우리와 다른 것은 필리핀은 2012년 이후 관세화 유예를 두 번째로 연장하고자 한 것이었다. 그러나 회원국들이 특별대우의 연장은 1회에 한정된다는 이유로 강하게 반대하자 필리핀은 우회방안을 선택했다. 농업협정의 특별대우는 포기하고 마라케시 협정 제9조에 따른 웨이버를 요청했고 오랜 협상을 거쳐 관세화 유예를 적용받은 것이었다. 그러나 많은 대가를 지불해야 했다. 2017년 7월 1일까지 관세화 의무를 면제 받았으나 MMA는 35만 톤에서 80.5만 톤으로 증량하고 주요 수출국에 대하여 국별 쿼터 제공을 약속해야 했다. 필리핀은 쌀 이외의 보상을 요청하는 주요 수출국의 요구도 수용해야 했다.

쌀 관세화와 관련된 각국의 결정은 자국의 특수한 사정에 따라 이루어지기 때문에 우리에게 그대로 적용하는 것은 무리다. 일본이나 대만도 관세화를 결정할 당시 논란이 많았다. 그러나 의무수입을 해야 하는 물량을 조기에 축소조정하고, 관세화 이후 TRQ를 초과하여 쌀이 도입되지 않도록 높은 관세를 유지함으로써 실효적으로 쌀 수입을 차단한 것은 성공적인 관세화로 평가된다. 필리핀의 경우, 혹독한 대가를 지불하고 웨이버를 통한 추가유예를 한 것이 옳은 결정이었는지 여부를 평가하기는 어렵다. 필리핀은 재연장으로 쌀 추가 수입을 약속했으나 국내 소비량 대비 TRQ 물량이 최대한 10% 정도로 통제될 수 있다는 점에 비추어 수입쌀로 인한 공급과잉 우려가 없다고 판단한 것으로 알려졌다.

우리나라의 쌀 관세화 추진

이런 사례들은 쌀 관세화 유예가 종료되는 2014년 말 이전에 쌀 관세화 여부를 결정해야 하는 우리에게 많은 것을 시사했다. 한국의 선택지는 두 가지였다. 관세화를 하느냐 추가유예를 하느냐다. 관세화를 결정하는 경우 필요한 절차는 앞서 설명한 바와 같이 농업협정부속서 5의 규정과 양허표 변경에 관한 절차규정에 따라 추진하면 되고, 관세화 유예를 연장하고자 할 경우에는 필리핀의 사례처럼 보상 협상을 거쳐 웨이버 조항을 원용할 수 있을 것이다.

우리가 관세화 추가유예 여부를 결정하는 데 고려해야 할 요소로 쌀 관련 국제여건과 우리 쌀 산업의 여건, 특히 쌀의 수급전망도 살필 필요 가 있었다. 2010년 말 우리나라의 쌀 재고량은 149만 톤에 이르렀고, 적 정 비축물량(72만 톤)을 제외한 77만 톤의 적절한 처분이 필요한 실정이 었다. 특히 밥쌀로 부적합한 묵은 쌀의 재고가 쌓이고, 수입쌀의 처리도 어려웠다. 또한, 밥쌀의 소비감소와 평년작 수준이더라도 연간 20만 톤 정도의 생산과잉이 반복되는 상황이었고 수확기에는 창고의 보관 능력도 한계를 넘고 있었다.

이런 상황은 조기 관세화에 힘을 실어 주었다. 2014년 제2차 관세화 유예종료 전이라도 조기 관세화로 전환함으로써 매년 2만 톤씩 증량되는 의무수입물량을 감소하는 것이 유리할 것이라는 주장이었다. 2009~10년 간 정부는 농어업 선진화 위원회 쌀 특별 분과위를 중심으로 회의와 토론 회 개최로 공론화를 진행했다. 또한, 국제 쌀값의 상승으로 관세화 이후에 는 의무수입물량 이외 추가 수입 가능성이 낮다는 의견도 제시하였다. 그 러나 이러한 노력은 국내 정치의 민감성을 돌파하지 못하여 실현되지 못 했다. 정책집행이 합리적인 판단에 근거한다고 하더라도 돌파할 정치력이 결여될 경우 최선의 선택을 하지 못한 사례라 하겠다.

관세화를 결정할 경우 어떤 쟁점들이 있을까? 먼저 수입조건에 대한 결 정이 필요하다. 우리 정부는 WTO 협정부속서에 따라 관세 상당치TE[30]를 설정하여 WTO에 통보해야 한다. 한편, 관세화 조치를 양허표에 반영하기 위해서는 양허표의 정본인증 및 발급과 관련된 1980년 GATT 결정문상의

---

30 관세 상당치=[(국내가격−국제가격)/국제가격]×100

절차가 적용된다. 즉, 수정양허표가 회원국들에게 회람된 후 3개월간의 검토기간을 거쳐 이의제기가 없으면 인증이 성립된다.

WTO 농업협정부속서에 첨부된 관세 상당치를 계산하는 지침에 따르면 1986~88년 국내외 가격차를 기초로 관세 상당치를 도출한 후, 우루과이 라운드 협상결과 개도국 감축률 10%를 적용하여 계산한다. 또한, 관세화 당시의 MMA 수준을 글로벌 쿼터로 전환하여 유지해야 되고 국별 쿼터는 최혜국대우원칙에 따른 총량 쿼터로 전환된다.

그 다음 과제는 이해관계를 가진 회원국들이 이의신청을 해 오는 경우 개별적인 협의를 해야 한다. 즉, 1980년 GATT 결정에 따르면 이행계획서 검증기간 90일 중 이의를 제기할 수 있다. 우리나라와 함께 쌀 관세화를 유예 받았던 일본과 대만도 쌀 관세화로 전환 시 절차에 따라 관세 상당치TE를 담은 수정양허표를 WTO에 통보한 후 검증기간 중 이의를 제기하는 국가와 협의를 가진 바 있다. 일본의 경우, 1998년 말 수정양허표를 WTO에 통보한 후 주요 이해당사국과 2년여 협의를 거쳐 최종 인증되었고, 대만은 2002년 9월 말 수정양허표를 WTO에 통보한 후 주요국과 5년여 협의를 거쳐 최종 인증되었다.

필리핀 사례처럼 웨이버를 활용한 관세화의 추가유예는 가능하지만 농업협정상의 특별규정에 따른 추가 관세화 유예는 불가능하다. 한국에서는 "DDA 협상이 타결되지 않았기 때문에 한국은 추가 보상 없이 현재의 관세화 유예 특별조치를 계속 적용받을 수 있다"는 소위 현상동결standstill이라는 개념이 제기되었는데 근거없는 주장이었다. 쌀 관세화 문제는 WTO 협정상의 의무이지 DDA 협상 여부와는 전혀 연관성이 없기 때문이다.

한편, 2014년 6월 말 류현성 연합뉴스 제네바 특파원은 호베르토 아제베도Roberto Azevêdo WTO 사무총장과의 인터뷰 답변을 보도했다. "한국의 쌀 관세화 의무는 DDA 협상과 무관하며 농업협정부속서에 관세화 유예를 더 연장할 수 있다는 규정은 없다. 한국이 관세화를 미룰 경우 이해당사국에 보상해야 한다."이 인터뷰 기사는 국내 논란을 수그러들게 하는 데 일조했다. 그러나 당연한 사실이 외부인사를 통해 확인되어야 이해가 되는 것은 불편한 현실이었다.

우리 정부는 2014년 7월 중순 쌀 관세화를 전격적으로 결정했다. 늦었지만 옳은 결정이었다. 관세 상당치는 산정공식에 적용할 국내 가격과 수입 가격을 확정하는 절차가 지연되어 발표가 미루어졌다. 9월 17일 열린 대외경제장관회의는 관세 상당치를 513%로 결정하고 국회에 보고했다. 우리나라는 9월 30일자로 관세화 방침을 WTO에 통보했고 당일자로 회원국들에게 회람됐다. 관세화 유예기간 중 수출실적이 있는 국가들은 관세화 이후에도 자국쌀의 수출량이 유지되기를 희망하면서 우리가 통보한 관세 상당치 수치에 이의를 제기했다. 과거 외국의 사례에서 보듯 길게는 수년간 이들 국가들과 협의진행이 필요할 것이다.

4부

한·EU FTA
서명과 발효

2011년 6월 베르세로 EU 수석대표는 한·EU FTA의 발효 후 이행을 협의하기 위해 한국을 방문했다. 사진은 외교부 회의실에서 한·EU 수석대표회의 개회에 앞서 필자와 베르세로 EU 수석대표가 악수를 하는 장면

한·EU FTA는 2006년 5월 15일 필리핀 세부(Cebu)에서 태동됐다. 당시 김현종 본부장과 피터 만델슨(Peter Mandelson) EU집행위원간 통상장관회담에서 한·EU FTA 협상추진을 위한 예비협의를 갖기로 합의한 것이었다. 김 본부장의 기민한 전략적 판단이었다. 한국은 불과 3개월 전 미국과 FTA 협상출범을 선언하고 6월 초 제1차 협상을 준비하고 있던 시기였기 때문이다.

그 후 두 차례의 예비협의와 공청회 등 국내절차를 거친 후, 협상은 한·미 FTA 타결 직후인 2007년 5월 출범했다. 그 후 약 2년간 8차례의 공식 협상을 거쳐 2009년 7월 13일 스톡홀름에서 타결 선언을 했다. 한국측에서는 김종훈 통상교섭본부장의 지휘 하에 이혜민 FTA 교섭대표가 협상수석대표를 맡았다. EU측은 피터 만델슨 및 캐더린 애쉬톤(Catherine Ashton) EU집행위 통상담당 집행위원들의 지휘 하에 이그나시오 베르세로(Ignacio Bercero) EU 집행위원회 국장이 수석대표를 맡았다. 같은 해 10월 가서명을 한 후 다음해 10월 정식 서명을 했다. 그리고 2011년 5월 초 국회비준을 거쳐 7월 1일 발효를 하는 숨 막히는 과정을 거쳤다.

한국으로서는 한·미 FTA를 벤치마킹하여 EU측과 협상을 추진하는 동시에 EU와의 협상을 병행 추진함으로써 미국의 업계와 정치권이 한·미 FTA의 비준을 촉진시킬 수 있기를 기대했다. 한편, EU로서도 미국의 압박과 영향력으로 한·미 FTA가 타결되면 그 과실을 EU측에도 적용해 줄 것을 요구하는 것이 전략적으로 유리할 것이라는 계산을 했다. 실제로 한·EU 협정은 한·미 FTA 협정보다 늦게 출범하여 늦게 타결됐지만 국회비준과 발효는 오히려 먼저 이루어졌다. 이 과정에서 두 개의 거대 FTA는 상호 견제를 하면서도 균형을 유지하기 위한 역동적인 관계를 보였다.

한·EU FTA는 먼저 타결된 한·미 FTA와 협정의 구조나 개방 정도가 유사했다. 그러나 국가연합체로서 EU의 속성과 특유의 역사 배경 때문에 한·EU FTA의 투자규정, 서비스 양허방식 및 지리적 표시(GI), 비관세조치 규정은 물론 통상정책의 결정과정과 비준절차에서도 미국과 많은 차이를 보였다.

한편, 한·EU FTA는 그 내용과 개방 정도가 한·미 FTA와 대동소이함에도 불구하고 협상과정에서 이념적 또는 정치적 반대를 주도한 세력이 적었고 비준과정도 비교적 순조로웠다. 이런 연유로 한·EU FTA를 '착한 FTA'라고 지칭하기도 했다. 그러나 번역오류로 촉발된 협정의 비준과정은 한 치 앞을 내다보지 못할 정도로 거칠고 위태로웠다.

나는 협상이 출범하여 타결을 거쳐 가서명을 추진하는 기간 중 주미대사관 경제공사와 DDA 협상대사를 맡고 있었기 때문에 한 다리 건너 관찰자의 위치에 있었다. 2010년 6월 FTA 교섭대표로 부임하면서 나에게 주어진 소명은 가서명된 한·EU FTA 서명절차를 완료하고 국회 비준동의를 거쳐 발효까지 마무리 하는 실무 작업을 하는 것이었다.

제4부에서는 2개의 장을 할애하여 한·EU FTA를 다루었다. 제12장은 한·EU FTA의 협상이 타결된 후 서명이 이루어 질 때까지의 과정을 살펴보았다. 제13장에서는 한·EU FTA가 한국 및 EU측의 비준절차를 거쳐 발효에 이르는 역정에 초점을 맞췄다.

12

협상타결과 서명

유럽의 국가들이 개별 국가 주권에 기반하여
재구성된다면 유럽의 평화는 없을 것이다. …
유럽의 국가들은 필요한 번영과 사회개발을 국민에게
보장하기에는 너무 작기 때문에 연합체를 구성해야 한다.

장 모네(Jean Monnet), 1943

한·EU FTA는 포괄적이고 높은 수준의 자유화를 지향한다는 점에서
한·미 FTA와 유사하다. 대상 분야를 보면 상품, 서비스, 지식재산권 분야
를 비롯하여 경쟁, 노동, 환경 및 투명성 분야를 규정함으로써 EU가 기존
의 아시아 국가들과 체결한 FTA와는 근본적으로 달랐다. 관세 분야에서
EU는 수입액 기준으로 5년 내 모든 관세를 철폐하고, 한국은 수입액 기준
97%에 부과되는 관세를 철폐하기로 합의했다. 우리나라는 농수산물에 대
하여 현행 관세유지 또는 장기철폐 등의 보호장치를 두었다.

더욱이 한·EU FTA는 관세감축을 넘어서 전기전자, 자동차, 의약품 및

화학물질 분야의 비관세조치에 대한 과감한 합의를 도출하고, 비관세조치 중개절차를 도입함으로써 차세대 FTA로서의 면모를 갖추고 있다는 평가를 받고 있다. 경쟁 챕터의 도입으로 불필요한 규제의 혁파에 일조하고 서비스 및 투자 챕터는 쿼터, 독점 및 경제적 수요심사제도를 규제하고 있다. 한·EU FTA의 경제적 효과는 양측에 모두 혜택을 주는 것으로 분석되었다. 단기적이고 직접적인 효과는 관세인하에서 볼 수 있을 것이나 중장기적으로는 규제개혁과 경제의 효율성 증진으로부터 야기되는 생산성 증대효과를 고려한다면 경제적 효과는 훨씬 커질 것으로 분석되었다.

또 하나의 특징은 관세환급 규정이다. 한국이나 EU가 체결한 어떠한 FTA에서도 관세환급 규정은 존재하지 않는다. EU측은 협상과정에서 관세환급을 하면서 FTA상 특혜관세 혜택을 받는 것은 이중 특혜라는 입장을 가지고 관세환급 불가입장을 고수했었다. 반면, 한국은 관세환급이 불허될 경우 FTA의 효과가 반감된다고 반박하면서 협상이 교착됐고, 2009년 두 번의 정상회담을 하면서도 해법을 찾지 못했다. 결국 많은 논란을 거쳐 협정발효 5년 후 일정한 조건 하에 관세환급 관련 세이프가드를 도입하기로 합의함으로써 절충할 수 있었다.

한·EU FTA의 협상타결과 조기 발효는 글로벌 통상질서에 직접적인 영향을 미쳤다. 우선 미국을 자극하여 한·미 FTA의 미 의회 인준을 촉진시켰고 EU와 관세동맹관계에 있던 터키에게 직접적인 영향을 주어 한·터키 FTA 협상에 속도를 붙였다. 한·EU FTA는 EU 시장에서 우리와 경쟁하는 일본에 직접적인 영향을 미쳤다. 일본은 극도의 위기감을 느끼고 한·EU FTA 발효 직전인 2011년 5월 서둘러 EU와 FTA 협상을 개시했다. 또한, 일본은 그해 11월 호놀룰루에서 열린 G-20 정상회의 계기에 TPP에 대한 관심을 표명하고 2013년 3월 아베 총리가 TPP 공식 참여를 선언하게 됐다.

또한, 한국은 미국 및 EU와 FTA를 체결함으로써 자동차 안전기준 등 국제표준 관련 미국과 EU간 대립을 극복하고 국제적인 규범의 조화 가능성에 대한 단초를 제시했다는 데 큰 의의가 있다. 범대서양무역투자협력동반자협정TTIP 협상은 미국 및 EU와 동시에 FTA를 체결한 한국과 캐나다의 사례를 바탕으로 규제규범의 조화라는 챕터에서 자동차 안전기준의 조화를 위한 협상을 추진하고 있는 것은 잘 알려져 있다.

한·EU FTA는 한국과 EU측에 상업적으로나 전략적으로 의미 있는 협정이다. 먼저 무역 측면에서 대 EU 시장진출의 교두보를 마련한다는 데 의미가 크다. 2009년 기준 EU의 GDP는 16조 4천억 달러로 세계 제1위의 경제규모를 가진 거대시장이다. 또한, 우리의 대 EU 총교역량은 미국보다 크며 EU는 평균관세율이 5.2%로서 3.5%인 미국보다 높다. 우리의 주요 수출품목인 자동차(EU 관세율 10%), TV(14%), 섬유·신발(12~17%), 석유 및 유기화학(최고 6.5%)에 대한 EU의 관세율도 높기 때문에 FTA를 통한 관세인하는 우리의 주요 경쟁상대국인 미국, 일본 및 중국의 제품보다 유리하게 EU 시장에 진입한다는 의의도 있다.

투자 측면을 보면 우리나라가 한·미 FTA와 한·EU FTA를 체결함으로써 세계 최대시장에 특혜관세로 접근할 수 있는 허브를 구성했다는 데 의미가 있다. 한국은 외국인 투자처로 매력을 가질 것이다. FTA를 통하여 우리나라의 경제시스템을 한층 격상시키고 투명성과 신뢰성을 제고함으로써 제도와 관행의 선진화를 가속화하는 데 기여할 것이다.

마지막으로 전략적인 측면도 매우 의미가 있다. EU는 경제적 공동체를 넘어 국가 연합체를 지향해 나가면서 민주주의와 시장경제, 인권과 인도적 지원, 환경과 개발 등 글로벌 이슈에서 높은 스탠더드를 추구해 왔기 때문에 한국은 EU와 많은 영역에서 공동의 가치를 추구하면서 전략적 동반자 관계를 한층 더 격상시켜 나갈 것이다.

EU의 통상정책: 글로벌 유럽 구상

한·EU FTA를 이해하기 위해 EU의 통상정책을 일별해 볼 필요가 있다. EU는 1957년 EECEuropean Economic Community 창설이래 제3세계 국가들과 특혜무역협정 추진에 적극적이었다. 미국과 달리 EU는 모델 FTA 협정이 없다고 할 만큼 협상상대에 따라 신축적인 협정을 채택했다. 이는 EU 및 회원국들의 다양한 역사적, 문화적 및 정치적인 배경에 기인하는 것으로 보인다.

예를 들어 EU가 인접국인 동구권 국가들과 체결한 협정이나, EU-ACP 협정은 경제개발 측면과 함께 구식민지 국가와의 관계 증진이라는 정치적인 요인이 강한 협정이었다. 따라서 이들 국가들과의 FTA는 상대적으로 낮은 수준의 시장개방을 지향한 반면 남아공, 칠레 및 멕시코와 체결한 협정은 상대적으로 높은 수준의 상업적 이해가 반영되었다.

1994년 WTO 출범과 2001년 도하개발어젠다DDA 협상출범 이후 EU는 다자주의에 우선순위를 부여했고, 특히, 투자, 서비스, 지재권 및 경쟁정책 등 소위 싱가포르 이슈에 관심을 쏟았다. 이 기간 중 EU는 다자협상에 주력하기 위해 FTA 협상에는 소극적인 입장을 견지했다. 그러나 2006년 소위 '7월 합의' 채택의 불발로 WTO/DDA 협상이 정체되자 EU는 같은 해 12월 통상협상의 방향 전환을 선언하고 양자 및 지역 FTA에 다시 관심을 표명했다.

이러한 EU 통상정책의 방향 전환의 배경은 복합적이다. 우선 다자간 협상인 DDA 협상의 정체가 조만간 해소될 기미가 없다는 회의감과 주요 경쟁상대국인 미국이 소위 '경쟁적 자유화'의 기치 하에 한국 등 EU와 상업적으로 경쟁관계에 있는 국가들과 자유무역협정 협상으로 선회한 점 그리고 상대적으로 급속히 확대되는 아시아 시장에서 EU가 선점의 이익을 확보해야 할 필요성이 증대되었기 때문이었다. 마지막으로 EU는 2009년 리스본 조약의 발효를 통하여 미국 및 중국으로 지칭되는 G-2에 상응하는 거대 경제공동체로 자리매김을 할 필요성이 증대된 점 등이다.

2009년 12월 리스본 조약의 발효로 EU의 배타적 관할권이 서비스교역, 지재권 및 해외 직접투자로 확대되었다. 이런 배경에서 탄생한 유럽의 새로운 공동 통상정책은 집행위가 발간한 '글로벌 유럽구상Global Europe Initiative' 문서에 구체화되었다. 신통상정책은 그 목적을 '변화되는 국제통상환경의 변화에 대응하고 신무역정책을 통해 성장과 고용증진에 기여'라고 규정했다. 또한, '다자협상과 동시에 FTA 협상을 통해 높은 수준의 포괄적인 무역자유화를 추진한다'고 밝혔다.

EU의 정책은 첫째, 서비스와 투자분야의 자유화에 우선순위를 두었다. 둘째, 관세영역은 물론 지재권, 서비스, 투자규정, 정부조달 및 경쟁정책 등 비관세조치의 해소에 중점을 두었다. 셋째, 노동기준과 환경보호관련 '지속 가능한 개발'에 관한 규정도 포괄하도록 했다.

물론 이러한 상업적 고려 외에 전략적이고 정치적인 요인이 고려되었다. 협상상대국을 선정하는 데 있어 EU는 시장잠재력과 EU의 수출에 장애가 큰 국가를 기준으로 설정하고 이 기준에 따라 우선적으로 ASEAN, 한국 및 Mercosur와 협상을 하기로 내부 방침을 정했다. 물론, 인도, 러시아, 중국 및 걸프 6개국도 이 기준에 부합되었으나 협상상대로 선정하기에는 위험부담도 크다는 점을 고려했다.

EU로서도 한국은 EU의 4대 무역상대국으로 한·EU FTA를 통해 양측이 협력을 확대할 잠재력은 매우 높았다. 우선 한·EU FTA는 EU가 추구하는 '글로벌 유럽구상'의 실증적 모범 FTA로서 호혜적, 상업적 이익을 추구하고 전략적인 동반자 관계를 추구한다는 점에 큰 의미를 두었다.

EU로서는 공세적 이익과 수세적 이익이 있었다. 상대적으로 높은 관세를 유지하고 있는 한국과 FTA를 체결함으로써 의약품, 승용차, 자동차 부품 및 기계류 등 주력 수출품을 비롯하여 서비스 및 투자 분야의 시장접근을 개선하는 효과를 기대할 수 있었다. 또한 EU는 화학제품, 기계, 식품과 서비스 분야를 비롯하여 제조업 분야의 표준문제와 시험절차 등 비관세조치에 관심이 컸다. 돼지고기 등 축산품과 지리적 표시GI보호, 금융, 보험 등의 분야와 정부조달 분야에서도 공세적인 이익이 있었다. 자동차 분야에서도 한국의 관세와 비관세장벽을 해소하는 등 공세적인 이익과 함께 세계 시장에서 급속히 성장하는 한국 자동차의 유럽 진출에 극도의 경계심을 내비쳤다. 마지막으로 EU는 확대되는 아시아 시장과 중국의 부상에 직면한 전략적 고려도 했다. 즉, 높은 수준의 개방을 규정하고 있는 한·EU FTA를 통해 중국 및 일본을 자극하는 동시에 한·미 FTA의 타결로 EU측에 상대적으로 불리해진 교역여건을 탈피할 수 있기를 기대했다.

EU의
통상협상 주체

나는 EU와 양자 및 다자 차원에서 협상을 해 오면서 그들의 내부 조정 메커니즘과 타협의 지혜에 늘 경의를 표하곤 했다. 27개 국가로 구성된 EU는 도대체 어떻게 한 목소리로 그 복잡한 통상

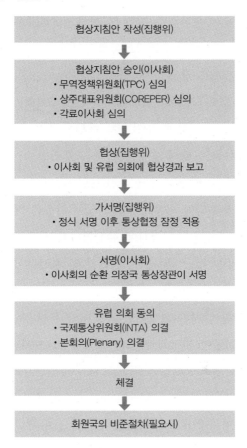

협상을 추진하고 이행을 감시할 수 있을까? EU의 통상협상권한은 유럽 통합의 심화와 함께 개별국가에서 유럽 각료이사회를 거쳐 현재와 같은 유럽집행위원회로 위임되었다. 이런 권한 위임은 EU가 하나의 초국가적 단체로서 미국과 일본에 대응하여 강한 대외통상협상력을 확보해야 한다는 절박성에 기인하기도 했다.

유럽공동체European Community는 1957년 로마조약 제113조를 통해 혁명적인 통상정책을 도입했다. 역내 자유무역지대의 확대와 동시에 대외적으로 유럽공동체에 통상정책을 입안, 교섭하고 이행하는 권한을 위임했다. 이 조약은 수십 년 동안 유럽공동통상정책의 초석을 구성하면서 통상정책의 통합과 일관성을 유지하는 데 크게 기여했다.

그러나 통상협상이 국경에서 취하는 관세조치 이외에 지식재산권, 서비스, 투자 이슈 등 국내규제 조치까지 다루어 가면서 EU 회원국의 주권유지 문제와 대외협상력의 효율성 문제를 둘러싼 갈등이 심화되었다. 1992년 마스트리히트 조약을 통해 유럽공동체는 유럽연합European Union으로 대체됐으나 우루과이 라운드 협상기간에 갈등은 계속 됐다. 1994년 우루과이 라운드 협상결과 의정서에 유럽이사회 의장과 통상집행위원이 EU를 대표하여 서명하면서 동시에 각 회원국 대표도 서명하는 과도기적 현상도 나타났다.

새로운 통상이슈에 대한 협상권한을 둘러싼 분쟁 해소를 위해 유럽집행위원회는 유럽법원에 권고적 의견을 요청했다. 1994년 11월 유럽법원은 회원국과 EU간 '공동권한shared competence'이 있다는 의견과 함께 집행위원회에 대한 '배타적 권한exclusive competence'의 범위에 대한 판단은 유보함으로써 결국 정치적 해결에 의지할 수밖에 없게 됐다.

이런 갈등은 주권주의sovereignty 진영과 확대주의expansionist 진영간 대립으로 격화됐다. 결국 '암스테르담 절충Amsterdam Compromise'을 거쳐 2000년 '니스Nice 조약'이 타결됨으로써 해결됐다. 니스 조약은 가중다수결QMV[31] 규정을 통상 분야 협정체결관련 결정에 적용하면서 유럽집행위

---

31 가중다수결(Qualified Majority Vote)은 ① 총 345표 중 255표(73.91%) 이상 득표, ② 27개 회원국 중 14개국 이상 찬성, ③ 득표수가 전체 회원국 인구의 62% 이상이 되는 3개의 조건을 동시에 충족하여야 통과할 수 있다. 2월 17일 세이프가드 이행법안이 찬성 495표, 반대 16표로 찬성률 84%를 확보함으로써 압도적 다수로 통과됐다.

원회의 '배타적 권한'을 확대하는 동시에 주권주의자의 우려를 감안하여 문화, 시청각, 사회, 보건 서비스 등 일부 분야는 제외하여 '공동권한'에 포함했다.

2009년 12월 리스본 조약이 발효되면서 유럽집행위원회의 배타적 권한은 투자 분야에까지 확대됐다. 유럽연합의 국제통상협정 및 체결절차는 TFEU 제218조에 규정된 절차를 따른다. 유럽집행위원회가 협상권한을 위임받는 메커니즘은 굉장히 정교하다. 장관급 무역집행위원 지휘아래 통상총국DG Trade이 협상권한 관련 권고를 작성하여 회원국 실무대표로 구성된 '무역정책위원회TPC'로 이첩한다. TPC가 집행위원회의 제안을 수정할 경우 대사급 조직인 상주대표위원회COREPER를 거쳐 각료이사회로 이첩된다. 최종 결정은 회원국들로 구성된 각료이사회에서 '협상지침 negotiating directive'이라는 문서로 이루어진다.

착한 FTA의 힘겨운 행보

2009년 타결된 한·EU FTA는 한·미 FTA와 유사한 개방수준이었으나 정치적 반발은 비교적 적었던 관계로 일각에서는 '착한 FTA'라고 회자되기도 했다. 그러나 협정의 서명과 비준동의 과정이 그리 순탄치는 않았다. 한국은 한·미 FTA 서명 이후 미국 쇠고기 협상의 후폭풍을 겪으면서 미국과 통상마찰에 정치적 관심이 집중되어 상대적으로 한·EU FTA에 대해서는 관심이 저하되어 있었다. 반면 EU측은 자동차 등 민감성을 보호하려는 이익단체 및 일부 회원국의 극심한 반발에 부딪쳐 서명부터 비준동의까지 여러 번의 고비를 넘겨야 했다.

먼저 유럽자동차제조업자협회ACEA는 회원사인 FIAT와 유럽에 진출한 일본 자동차 업계의 입장을 반영하여 한·EU FTA 서명 반대 로비를 전개해 나가고 있었다. 반대 로비는 조직적이었고 악의적이었다. 당시 한국 자동차 업계는 ACEA에 가입하기 전이었기 때문에 이들의 방해를 원천적으로 차단하기 어려웠다.

한편 이탈리아는 한·EU FTA로 한국 자동차의 가격경쟁력이 강화되면 피아트Fiat의 시장점유율이 하락할 것을 우려하여 한·EU FTA관련 무역정책위원회TPC 논의과정에서 유보입장을 견지했고 협상타결 선언 직전까지 반대했다. 더욱이 한·미 FTA가 추가협상을 통해 개정되거나 변경되는 경우 EU가 상대적으로 불리해지므로 한·EU FTA의 서명을 미루어야 한다는 주장도 제기됐다.

또한, EU측은 가격경쟁력이 있는 중국제품이 한국에서 가공되어 EU로 수출되면서 관세환급은 물론 특혜관세 혜택까지 받는 상황을 굉장히 우려했다. EU측은 이를 제한해야 한다고 주장하면서 한국과 대립각을 세웠다. 결국, 2009년 6월 말 열린 통상장관회담을 통하여 관세환급에 따른 세이프가드를 도입하면서 마지막 쟁점을 해소했다. 그러나 최근 한·중 FTA 타결로 관세환급 세이프가드 조항의 도입목적이 결과적으로 유명무실해 진 것은 아이러니다. 한·EU FTA의 관세환급에 따른 세이프가드 발동요건은 FTA 비체결국으로부터 수입된 물품에 국한되기 때문이다.

그러나 이탈리아 및 폴란드 등 일부 회원국들이 한·EU FTA에 부정적인 입장을 견지함으로써 협상타결 선언을 할 수 없었다. 이런 정치적 교착을 타개하기 위해 한국은 이탈리아 라퀼라에서 개최되는 G-8 확대정상회의 계기에 폴란드, 이탈리아 및 스웨덴을 정상순방대상국으로 확정했다. 양자 정상회담을 통하여 폴란드와 이탈리아를 설득하고, 2009년도 하반기 EU 의장국인 스웨덴에서 열리는 정상회담 계기에 협상타결을 선언한다는 전략을 세웠다. 전략은 주효했고 7월 13일 스웨덴에서 한·EU FTA 협상타결을 선언할 수 있었다.

그러나 문제는 계속되었다. 2009년 12월 1일 리스본 조약의 발효로 유럽연합의 권한이 강화되었고 이런 법적지위의 변화를 반영하여 그 이전에 타결된 한·EU FTA 협정문의 내용도 수정해야 했다. 물론 기술적인 수정이었다. EU측은 이탈리아 등 일부 회원국의 반발을 감안하여 관세감축기간을 전반적으로 일 년씩 늦추어 줄 것을 요청했다. 우리로서도 농축산물의 관세철폐기간이 연기되는 효과도 있어 양측의 이해가 맞물림으로써 양측은 2010년 3월 협정문의 일부수정에 합의했다.

이탈리아의 몽니와 협정의 서명

협정은 타결되었으나 한국이나 EU 모두 서명을 위한 국내절차를 완료하지 못했다. 우리 국회는 EU측의 선비준을 희망했다. EU는 2010년 9월 유럽이사회를 개최하여 한·EU FTA의 정식 서명에 대한 승인을 결정할 계획이었다. 그러나 당시 27개 회원국으로 구성된 EU의 정책결정구조는 매우 복잡했다. EU의 지배구조는 유럽집행위원회European Commission, 유럽이사회European Council 및 유럽 의회European Parliament라는 3원적인 구조로 집행위원회와 유럽이사회는 행정부의 역할을 하면서 협정의 서명을 담당하고 있었다. 특히 이탈리아가 협정의 서명과 발효시기의 연기를 주장함으로써 합의도출에 애로를 겪었다.

한편, 유럽 의회는 세이프가드의 조사 및 발동에 관한 EU 집행위원회와 개별회원국간의 권한을 사전에 명료화하는 문제로 갈등을 빚고 있었다. 이런 갈등에는 세이프가드 이행법을 한·EU간 협정문 합의사항보다 강화하려는 자동차 업계의 로비와 발효를 늦추려는 일부 회원국의 개입도 한 몫을 했다. 또한 유럽 의회는 한·EU FTA 세이프가드 이행법안을 처리한 이후에 한·EU FTA 비준동의안을 처리하겠다는 입장을 고수했다. 이런 갈등 속에서 8월 31일 집행위원회, 유럽이사회 및 유럽 의회간 3자협의 trilogue를 개최했으나 이견을 완전히 조정할 수 없었다.

나는 2010년 7월 브뤼셀을 방문하여 이그나시오 베르세로 EU측 수석대표와 한·EU FTA 수석대표 회의를 열고 유럽집행위원회, 유럽이사회 및 유럽 의회간 3자 협의 주요 당국자를 차례로 접촉했다. 데이비드 오설리번David O'Sullivan EU 통상총국장과는 한 시간 이상 협의했다. 그는 해박한 지식과 정치 감각을 가진 관리였다. 비탈 모레이라Vital Moreira INTA 위원장을 비롯하여 한·EU FTA 보고자인 로버트 스터디Robert Sturdy 의원과 이행법안의 발의자였던 파블로 잘바 비드겐Pablo Zalba Bidegain 의원과도 접촉을 했다. 이들은 서명과 비준에 조심스런 낙관은 하고 있었으나 복잡한 유럽정치의 변수도 배제하지 않았다. 유럽 의회 의원들은 검소하고 겸손하면서도 해박한 지식과 열정이 인상적이었다.

이탈리아는 국내 상황을 이유로 협정의 잠정발효 시기를 2012년 1월 1일 이후로 연기할 것을 주장하면서 EU 이사회의 결정을 계속 지연시켰다. 한·EU FTA의 조기 서명이 불발되면 한·미 FTA의 비준추진도 영향을 받을 수밖에 없는 현실이었기 때문에 한국과 EU 지도부는 긴장했다. 나와 베르세로 수석대표는 거의 매일 전화로 상황을 점검했다. 김종훈 본부장은 브뤼셀을 전격 방문하여 EU측과 진전 사항을 조율했다. 오설리반 통상총국장은 해외출장 일정을 취소했고 드 휴흐트 집행위원도 EU 주요국의 각료들과 접촉했다.

양측 정상들도 직접 개입했다. 이명박 대통령은 9월 6일 당시 EU 의

2010년 10월 6일 브뤼셀에서 김종훈 통상교섭본부장과 EU측 스티븐 바나케르(가운데) 벨기에(EU의장국) 외교장관, 카렐드 휴흐트(오른쪽) EU집행위원회 통상담당 집행위원 이 한·EU FTA에 정식 서명하고 있다.

장국인 이브 레테름Yves Leterme 벨기에 총리와 긴급 전화통화를 하고 "이탈리아를 제외한 26개 EU 회원국들과 함께 이탈리아를 적극적으로 설득하기로 합의"했다. 9월 10일 EU는 27개 회원국 관계장관의 특별이사회를 열어 한·EU FTA 승인 여부를 논의했으나 이탈리아의 반대로 승인이 연기됐다.

9월 10일 이명박 대통령은 실비오 베를루스코니Silvio Berlusconi 이탈리아 총리와 함께 러시아 야로슬라블에서 열리는 '야로슬라블 세계정책 포럼'에 초청을 받아 참석했다. 그 날 저녁 드미트리 메드베데프Dmitry Medvedev 러시아 대통령이 주최한 만찬이 끝날 무렵 이 대통령과 베를루스쿠니 총리는 어깨동무 대화를 했다고 했다. 내가 받은 보고는 "양 정상 간 대화에서 베를루스쿠니 총리는 2012년 1월 1일 이후 협정발효를 희망하는 이탈리아의 주장을 철회하겠다는 의사를 이 대통령에게 밝혔다'는 내용이었다. 일은 원만히 풀려가는 듯했다.

그러나 9월 16로 예정된 EU 이사회 하루 전날 베르세로 EU 협상대표가 나에게 다급한 전화를 해 왔다. "이탈리아측이 '야로슬라블에서 한국 대통령이 2012년 1월 1일 발효에 관한 이탈리아 입장을 수용했다'고 주장한다"는 것이었다. 또한, "3시간 후 EU 내부입장 정립을 위한 긴급회의가 열릴 예정이니 그 전에 한국의 입장을 달라"고 했다. 당시 한국과 이탈리아 정상간에는 배석 없이 한 대화였기 때문에 우리 쪽에서 사실을 확인할 수 있는 사람은 대통령 밖에 없었다. 나는 급히 김태효 대외전략 비서관에게 전화를 하여 자초지종을 설명하고 야로슬라블에서 한국과 이탈리아 정상간 협의내용을 재확인해 달라고 부탁했다. 김 비서관은 대통령께서 정상순방을 마치고 귀국하신 후 휴식 중이라 하면서 난감해 했다. 나는 EU쪽 사정이 급박하다고 채근하자 김 비서관은 대통령께 직접 확인을 한후 '당시 두 분은 통역 없이 직접 대화를 하셨고 이탈리아 총리가 자국입장을 철회한다고 대통령께 직접 약속했다'는 입장을 재확인해 주었다.

결국 이탈리아가 유보입장을 철회함으로써 9월 16일 열린 EU 이사회는 한·EU FTA를 승인했다. 그리고 10월 6일 한·EU 정상회의 계기에 브뤼셀에서 정식 서명하면서 양측 입법부의 동의를 전제로 2011월 7월 1일 잠정발효하기로 최종 확정하게 되었다. 그 후 한·EU FTA는 4년 5개월여의 잠정 적용기간을 거쳐 2015년 12월 13일 정식 발효하였다. 한·EU FTA가 전체 발효하면서 EU 이사회 결정에 따라 잠정 적용기간 효력이 제외되었던 문화협력의정서 및 지재권 형사집행 일부 조항이 마저 발효하게 됐다.

발효와
잠정적용 문제

　　　　　　　　　　한·EU FTA의 발효를 왜 잠정발효라고 하는가? 27개 회원국으로 구성된 EU라는 특수한 형태의 공동체의 속성에 기인한다고 하겠다. 한·EU FTA는 잠정적용과 정식발효 규정을 두고 있다. 경제공동체를 추진 중인 EU는 대부분의 통상협상의 대상 이슈를 처리할 배타적 권한은 EU 공동체에 속하지만, 지재권의 형사집행 등 사법적 조치 또는 문화협력 규정 등은 EU 공동체와 회원국의 공동권한사항에 속한다. 정식발효를 위해서는 각 회원국의 승인에 대개 2~3년의 시간이 소요된다. 그만큼 정식발효가 지연되게 된다. 유럽연합은 이런 문제를 해소하기 위해 EU 공동체의 배타적 권한사항에 해당되는 협정조문에 대해서만 정식발효에 앞서 잠정적용을 하는 것을 관례로 해 왔다.

　우리나라는 잠정발효에 관한 법절차가 없기 때문에 다른 절차를 택했다. 우선 한·EU FTA의 모든 규정에 대하여 비준동의를 받으면서 잠정발효의 예외조항을 명시했고 조약문 발효를 공포할 때도 예외조항을 명시하여 공포했다. 한편, 정부가 서명을 하면서 발효일자를 확정했다는 사실에 대하여 일부 언론과 야권에서 '행정부의 입법권 침해'라고 들고 나왔다. 근거 없는 비판이었다. 협정의 발효는 국회비준이 필요하기 때문에 양측 입법부의 절차를 전제로 발효목표일을 합의한 것이었다. 양측의 입법절차가 지연되는 경우 발효일이 미뤄지는 것은 당연한 것이었다. 발효일을 사전에 예고하는 것은 협정발효 즉시 특혜관세 혜택을 받아야 되는 업계 입장을 고려한 조치였다. 한국과 유럽간 장기간의 운송시간을 고려하고 발효일에 맞추어 수개월 전에 생산을 하고 선적을 마쳐야 하는 업계로서는 예측 가능한 발효일을 절대 선호했기 때문이다.

협정문의 자기집행력에 관한 문제도 제기되었다. 이 문제는 양측의 법체계의 차이에 대한 몰이해에서 비롯되었다는 점에서 '한·미 FTA는 불평등 조약이라는 주장'과 대동소이하다. 2010년 9월 16일 유럽이사회가 채택한 한·EU FTA의 서명과 잠정적용에 관한 결정 제8조는 "한·EU FTA가 EU 법원 또는 회원국 법원에서 직접 원용할 수 있는 권리·의무를 부여하는 것으로 해석되지 않는다"고 규정하고 있다.

이 규정은 개인이 유럽 법원이나 개별 회원국 법원에서 한·EU FTA를 근거로 직접 소를 제기할 수 없다는 의미이지, 한·EU FTA의 EU 내 효력을 부인하는 것이 아니다. EU 내 판례는 WTO 협정의 자기집행력을 부인하고 있고, 유럽 기능조약TFEU은 'EU가 체결한 국제조약이 EU의 각 기관과 회원국을 기속함을 명시적으로 규정하고, EU가 체결한 조약이 국내법령보다 우위에 있음'을 확인하고 있다.

미국이나 EU는 조약의 자기집행력을 부인하고 국내 이행입법에 근거하여 조약상 권리·의무를 이행한다. 그러나 국내 이행법을 조약과 합치되게 이행할 법적의무를 지게 된다. 다시 말하면, 조약을 근거로 국내 법원에 소를 제기할 수는 없으나 국내 이행법을 근거로 소를 제기할 수 있는 것이다. 반면, 우리 헌법 제6조는 "합법적으로 체결·공포된 조약은 국내법과 동일한 효력을 가진다"고 규정하고 있다. 조약을 근거로 국내 법원에 소를 제기할 수도 있다. 이렇듯, 각국의 법체계에 따라 조약의 국내 이행구조가 다르다고 해서 체결당사국이 조약상 권리·의무에까지 영향을 미치는 것은 아닌 것이다.

13

국회 비준동의와 발효

연합합시다. 그러면 세계가 우리에게 귀를 기울일 것입니다.
Let's unite. And the world will listen to us.

유럽연합 캠페인 슬로건, 1992

유럽 의회와
세이프가드 이행법

　　　　　　　　　　한·EU FTA의 비준과정도 양측 모두 순탄치 않
았다. 우선 EU는 세이프가드 이행법안의 강화를 주장하는 일부 업계와 회
원국들의 요구로 이행법안 마련이 지연되었고, 자동차 관련 각종 비관세
조치 및 지리적 표시GI 관련 한국의 조치에 우려를 가졌다. 또한, 한·미
FTA의 재협상으로 인하여 한·EU FTA에서 확보된 이익의 균형이 깨질 것
을 두려워했다. 한편 한국에서는 SSM 관련 갈등이 재연되고 협정의 경제
적 효과, 피해보완대책을 비롯하여 관세환급과 무역위원회의 권한에 관한
우려들이 제기되었다. 건전한 비판과 우려도 있었으나 협정문에 대한 몰

이해에서 비롯된 비생산적인 논쟁도 반복되고 있었다.

EU는 한·EU FTA의 세이프가드 규정을 이행하기 위한 국내 이행법안을 입안했다. 자동차 업계 및 일부 회원국들이 협정규정이 미진하다고 판단해 이행법안의 강화를 요구하고 나섬으로써 EU의 법안 심의절차는 지연되고 있었다. 한편, EU 집행위는 당시 한·미간 진행 중인 추가 협상내용에 촉각을 곤두세우고 있었다. 특히, 자동차 세이프가드를 비롯하여 배출가스 및 안전 관련 기준에 관한 논의가 EU측에 불리한 결과를 미칠 것에 대하여 매우 민감하게 반응했다. 나는 EU의 우려를 불식시키기 위해 한·미간 협상 진전사항을 베르세로 수석대표에게 시의 적절히 설명했다.

EU는 '유럽 기능조약TFEU'에 따라 EU 집행위원회에 이행권한을 부여하는 동시에 유럽 의회와 이사회는 일반 입법절차를 통하여 위임권한의 행사와 관련된 규범을 제정할 것을 규정하고 있다. 3자간의 이런 권력관계를 코미톨로지Comitology[32]라 한다. 통합을 추진하는 EU의 독특한 결정 메커니즘이었다. 이에 따라, 유럽집행위원회, 유럽이사회 및 유럽 의회간 3자협의를 통하여 세이프가드 이행법안을 심의했다. 2010년 2월 집행위원회가 제출한 이행법안 제안서에 대하여 유럽 의회 국제통상위원회INTA가 54개의 수정제안을 채택했다. 이 제안서 중에는 자의적인 세이프가드 발동 및 적용 등 한·EU FTA와 상충되는 내용이 포함되어 있어 EU 내에서도 우려의 목소리가 높았고 우리도 서면입장을 제출했다. 세이프가드 이행법안은 같은 해 12월 3자협의에서 합의안을 도출했고 이듬해 1월 말 INTA를 통과 후 EU 의회 본회의에서 압도적으로 통과했다.

---

32 Comitology는 일반적인 이행조치 등 가중다수결에 따라 구속력 있는 결정을 하는 심사절차와 재적 과반수로 비구속적인 결정을 하는 자문절차로 구분된다. 한 · EU FTA의 세이프가드 이행법안은 세이프가드의 조사 종결과 최종 세이프가드 조치를 부과하는 것은 심사절차를 적용하되 세이프가드 조치의 이행관련 절차사항은 자문절차를 적용하도록 규정하고 있다.

다만, EU 집행위는 성명을 통하여 "개성공단 관련 역외가공지역의 지정을 위해서는 당사자간 합의 및 이에 대한 유럽 의회의 수정 없는 동의 요건을 부과한다"고 발표했다. 개성공단 생산제품은 유럽 의회가 채택한 세이프가드 이행법안의 적용대상에서 배제되기 때문에 한·EU FTA 제13장(무역과 지속 가능한 개발)의 의무를 충족하기 위해서는 이행법안 대상의 범위를 확대할 필요가 있었기 때문이었다. 이 성명은 집행위원회와 유럽 의회간 내부의 의사결정 절차에 관한 사항이었으며 협정내용의 변경과는 무관한 조치였다.

▌슈퍼 슈퍼마켓(SSM) 문제

한·EU FTA의 서명과 비준 추진과정에서 많은 논란이 됐던 문제가 바로 기업형 슈퍼마켓SSM 문제였다. 우리나라는 1988년 '도·소매업 진흥 5개년 계획'을 수립한 이후부터 일관되게 유통시장 개방정책을 추진하여 왔다. 1998년에는 백화점 및 쇼핑센터 설립시 '경제적 수요심사ENT' 철폐를 통한 외국인에 대한 설립제한을 전면 철폐한데 이어 2001년에는 외국인 투자에 대한 소매유통업 업종제한을 전면 철폐했다. 나아가 참여정부 시절에는 WTO에 제출한 DDA 서비스 양허안을 통해 개방조치를 대외적으로 약속했다. 이렇게 추진된 시장개방의 결과, 우리 유통업계는 유수한 외국업체들과의 경쟁을 극복하였을 뿐 아니라 중국 등 세계 각지에 진출하여 두각을 나타내고 있다.

한편, 홈플러스 등 대형마트들이 직영 SSM[33]을 경쟁적으로 개설하여

---

33 기업형 슈퍼마켓(SSM): 슈퍼 슈퍼마켓은 대형마트가 직영하는 기업형 소형 슈퍼마켓을 지칭한다. 예를들어 홈플러스가 직영하는 홈플러스 익스프레스, 롯데마트가 직영하는 롯데슈퍼, 이마트가 직영하는 이마트 에브리데이 등이 이 범주에 속한다.

일반 슈퍼마켓과 재래시장 등 중소 유통업체의 상권을 잠식하자, 2009년 7월부터 대중소기업 상생협력촉진법의 사업조정제도를 유통 분야에 확대 적용했다. SSM 규제를 더욱 강화해야 한다는 목소리가 높아지자 국회는 전통시장과 골목상권 보호라는 정책목표를 가지고 2010년 11월 여야 간 합의로 유통법과 상생법 개정안을 통과시켰다. 유통법 개정안은 3년간 한시적인 조치로써 1,550개의 전통시장과 39개의 전통 상점가에 인접한 500미터 이내를 '전통상업보존구역'을 지정하여 SSM의 출점을 제한할 수 있도록 규정한 것이었다. 한편, 상생법 개정안은 사업조정제도를 도입하여 SSM이 입점을 하기 위해서는 자율조정을 거치되 조정이 실패하는 경우 영업일시 정지명령 등을 내릴 수 있도록 규정했다.

문제는 이런 규정들이 양자 및 다자간 통상협정에서 우리가 양허한 내용에 위배될 소지가 있어 논란이 가중되었다. 외국과 체결·공포된 조약은 헌법상 국내법과 동일한 효력을 가지기 때문에 이를 이행하는 것은 행정부의 의무다. 정부로서는 입법취지는 십분 이해하지만, 조약상 의무와 위배될 소지가 있는 입법을 방관할 수는 없었다. 더욱이 1999년부터 10년간 약 5.5조 원을 한국에 투자한 영국의 테스코 홀딩스는 SSM 관련법이 시행되면 시장접근 기회가 제한될 수 있다는 우려를 호소했다. 동시에, 영국과 EU 집행위원회는 우리의 SSM 입점규제가 WTO 규범과 한·EU FTA에 위배될 수 있다는 우려를 강하게 표출했다. 정부는 EU에 대해서는 두 개의 국내법이 한국의 양허와 조화롭게 시행해 나갈 것이라는 점을 설명하는 동시에 국내적으로는 과도한 시장규제는 지양하고 가급적 자율적이고 신축적인 입법이 이루어지기를 요청했다.

반면, 국회와 시민단체는 한·EU FTA가 발효되면 유통법과 상생법이 무효화되기 때문에 정부가 EU측과 재협상을 해야 한다고 주장했다. 정부

입장은 난처했다. 재협상은 반드시 상대편의 보상요구를 수반하게 되며 설령 EU와 재협상이 성공한다고 하더라도 우리가 미국과의 FTA 및 WTO 와 DDA에서 약속한 개방에서 후퇴해야 하는 것이 문제였다.

불평등협상이라는 비판도 제기되었다. 즉, "일부 EU 국가는 FTA의 소매 유통서비스에서 '경제적 수요심사ENT'를 유지하고 있는 반면, 한국은 제한없이 모두 개방했다"고 주장했다. 다시 말하면, "EU 기업은 이러한 나라에 대한 백화점의 신규 진출이 불가능한 반면 EU 회원국 기업은 한국에 백화점 신규 진출이 가능하다"는 주장이었다. 사실관계를 왜곡하는 주장이었다. EU 27개국은 SSM과 관련해서는 규제권한을 보유하고 있지 않았기 때문이다.[34]

국회 비준동의 심의가 막바지에 이를 때까지 SSM 문제와 피해보완 대책문제에 대한 여야정 협의가 난항을 겪었다. 결국 피해보전대책과 비준 후 SSM관련 국내법의 실효적 운영 등에 관하여 여야정이 합의하고 여야 간 유통법상 전통상업보전구역을 500미터에서 1킬로미터로 확대하고 일몰시한을 3년에서 5년으로 연장하는 데 합의함으로써 국회 비준동의를 위한 일괄타결이 이루어졌다. 유통법과 상생법이 시장접근을 과도하게 규제하지 않으면서 합리적이고 자율적인 운영을 추진해 나가는 것이 대외적 약속을 지키면서 SSM 문제를 해결할 수 있는 해법이 될 것으로 본다. 또한, 정부당국은 유통업의 불공정거래행위 규제 등을 통하여 중소유통업의 경쟁력 강화를 위해 계속 노력해 나가야 할 것이다.

---

34 EU는 2006년 12월 제정된 EU 서비스지침에 따라 27개 모든 회원국들이 수량제한 성격의 '경제적 수요심사'를 금지하고 있다. 다만, EU 7개 국가가 UR 협상결과 백화점에 한정된 '경제적 수요심사' 규제권한을 가지고 있던 것이 한·EU FTA 양허에 그대로 기재되어 있었으나, 이 규정은 전술한 2006년 EU 서비스지침에 따라 사문화 된 것이다.

자동차 연비, 지리적 표시와 래칫 문제

자동차 연비/배출가스 문제, 지리적 표시GI문제와 래칫 문제는 협정의 비준 추진과정에서 제기되었던 이슈였다. 자동차 관련 통상문제는 주로 관세조치보다는 비관세조치에 기인한다. 관세조치는 협상이 끝나면 이행이 간단하고 명료하지만 비관세조치들은 협상발효 후에도 많은 갈등이 노출되곤 한다. 우리나라의 경우, 자동차 분야의 비관세조치들은 안전기준, 배출가스 기준, 세이프가드 규정을 비롯하여 각종 기술표준 등 종류가 다양하며 이런 비관세조치와 관련된 업무를 담당하는 부서도 분산되어 있기 때문이다. 예를 들어 온실가스 배출규제는 환경부, 자동차 연비규제는 지식경제부, 안전기준은 국토해양부, 자동차세는 행정안전부, 개별소비세는 기획재정부가 담당했고, 녹색성장위원회는 자동차 연비와 온실가스 배출규제를 통합 관장했다.

EU측은 한·미간에 추진되고 있는 자동차 분야의 추가협상 대상 이슈와 협상결과에 대해서도 민감한 반응을 보였다. 한·미간 자동차 관세 분야의 협상은 상호 감축을 추진 중이었고, 돼지고기의 관세철폐와 연계되어 있어 EU측이 불만을 표시할 계제가 아니었다. 다만, 비관세조치 분야에서는 한·미간 협상의 향배가 EU가 기존에 확보한 이익을 침해하거나, 기존협정의 균형을 흔들 수 있다는 점을 우려했다.

2010년 9월 말 우리 환경부가 발표한 연비 및 온실가스 배출기준은 에너지 효율과 동시에 기후변화 방지를 위한 야심적인 계획이었다. 자동차의 단위 주행거리당 배출량의 합계g/km를 규제하는 공식을 도입하고 제작사별 감축률의 상한선을 설정하는 방안이었다. 그러나 미국 및 유럽은 환경부 고시 초안대로 시행되면 국산차에 비하여 수입차가 불리한 대우를 받을 수 있다는 점을 극도로 경계했다. 또한, 소규모 제작사들이 많은 유럽 자동차 회사들은 소규모 제작사에 대한 예외규정 도입에도 민감성을 보였다.

규제대상은 이산화탄소, 메탄 및 아산화질소 등 온실가스로 기존의 한·미 FTA 및 한·EU FTA에서 배출규제를 합의한 일산화탄소, 질소산화물, 탄화수소 및 포름알데이드 등 배출가스와는 성격이 완전히 다르다. 다시 말하면, 연비 및 온실가스 규제는 협정상의 권리·의무에 관한 사항이 아니었으나, 협정의 서명과 비준추진 과정에서 정치적으로 연계가 된 이슈였다. 나는 EU측의 우려를 해소하기 위해 한·미간에 진전되고 있는 협상경과를 베르세로 대표와 적절히 공유하면서 긴밀히 협조했다. 결국, 한·미간 추가협상과 병행하여 자동차 연비 및 온실가스 배출규제에 관한 합의가 이루어졌고, 유사한 해법을 유럽산 수입차에도 적용함으로써 갈등을 해소할 수 있었다.

한편, 지리적 표시GI에 얽힌 에피소드를 소개한다. GI는 상품의 특성, 명성 등이 지리적 근원에서 비롯되는 경우, 특정지역 또는 국가를 원산지로 하는 상품임을 명시하는 표시를 말한다. 예를 들어, 보르도 와인, 부르고뉴 와인, 스카치 위스키, 샴페인 또는 영광 굴비, 이천 쌀, 경주 법주와 같은 것이다. 한·EU FTA는 부속서에 등재되어 있는 GI를 보호한다. 한국은 64개 상품을 EU는 162개의 상품을 등재했다. GI 보호는 WTO 지재권 협정TRIPS상의 보호수준보다 강화되었다.

GI는 특정상품의 생산지 지명을 표시하고 보호하는데 신대륙에는 구대륙의 지명이 그대로 남아 있기 때문에 구대륙과 신대륙간 갈등이라는 특징도 가지고 있다. EU가 체결한 FTA에서 GI 보호는 협상의 우선과제 중의 하나였다. 그만큼 미국은 한·EU FTA 체결로 인하여 한국시장에서 이미 보호받고 있는 미국 브랜드의 이익이 침해되지 않을까 하는 우려가 매우 컸다. 우리나라는 구대륙과 이해를 공유할 이익이 없기 때문에 DDA 협상에서 신대륙 국가와 유사한 입장을 취해 왔다. 당연히 한·미 FTA에도 GI 보호에 관한 별도의 규정은 없다.

EU와 협상을 하면서 GI 문제와 관련하여 발생할 수 있는 법적인 충돌 가능성을 정리할 필요가 있었다. 문제는 복잡했다. 많은 논의를 거친 후 양측은 한·EU FTA 협정발효 이전에 이미 보호를 받고 있던 상표인 선행 상표의 사용은 지리적 표시의 보호와 무관하게 보장하고, 협정발효 후에 는 지리적 표시의 보호범위를 침해하는 상표가 유사상품에 출원되는 경우, 거절 또는 무효의 대상이 된다고 합의했다. 우리는 충돌 가능성을 원천 차단하기 위해 협상과정에서 EU측이 요청한 GI 목록 중에 선행상표가 있는지 여부를 일일이 점검하는 동시에 한·EU FTA는 선행상표의 계속 사용을 저해하지 않는다고 규정했다. 예를 들어, Budweiser는 선행상표로 보호를 받고 있었으나 Budejovisky는 한·EU FTA에 의하여 GI로 보호를 받게 되었다. 그러나 Budejovisky는 이로 인하여 새로운 배타적 권리가 생기는 것은 아닌 것이다.

다른 문제는 Feta, Comté 또는 Gorgonzola 등 생산지가 명시되어 있지 않으나, 그 이름 자체로 생산지를 알 수 있는 일반적 명칭의 GI 보호문제가 제기되었다. 즉, Feta하면 그리스산, Comté는 프랑스산, Gorgonzola 는 이탈리아산 치즈다. 예를 들어, 미국산 또는 호주산 Feta 치즈는 한국에서 보호되지 않는다는 것이다. 또한 지리적 표시가 복합명사일 경우 각 구성부분도 보호되는지에 관한 문제도 제기되었다. 예를 들어 Emmental de Savoie나 Camembert de Normandie 같은 형태의 복합명사다. EU측은 협상과정에서 복합명사 중 Camembert, Emmental, Brie, Mozzarella 등의 명칭이 특정지명과 결합되지 않고 단독으로 사용되는 경우 그 부분을 보호할 의사가 없다는 점을 밝혔다.

절차적인 문제도 제기되었다. 국내적으로 보호되는 GI는 출원→심사→등록과정을 거치면서 심사과정에서 선행상표권자 등이 이의를 제기할 수 있는 반면, 한·EU FTA상 보호되는 GI는 등록절차 없이 협상결과 합의만으로 보호를 받을 수 있었다. 즉, GI가 협상결과 자동보호가 되는 경우 제 3자가 이의를 제기할 기회가 없는 문제가 제기되었다. 한·EU FTA가 체결되자 미국이 이런 문제점을 제기하여 '이의제기 절차'를 외교부 훈령으로 제정했다.

다음은 래칫ratchet을 둘러싼 에피소드를 소개한다. 래칫은 톱니바퀴가 후진을 할 수 없도록 하는 잠금장치다. 통상협상에서 래칫은 개방수준을 약속한 이후 자발적으로 개방 폭을 늘리는 경우, 확대된 개방수준보다 후퇴할 수 없는 규정이다. 우리말로는 역진방지 조항이라고도 한다. 이러한 제도는 정부가 추가개방을 한 이후 자의적으로 후퇴하는 경우 업계나 소비자들에게 혼란을 초래할 수 있으므로 개방수준에 대한 예측가능성을 확보한다는 데 의의가 있다.

한·미 FTA에서는 서비스 양허표의 현재유보 리스트(부속서-I)에 열거된 개방조치에 한하여 래칫이 적용된다. 그러나 한·EU FTA에서는 이러한 래칫규정이 없다. 한국의 협상가들이 한·미 FTA 협상추진 과정에서 받았던 비판을 감안하여 한·EU FTA에는 이를 포함시키지 않았기 때문이다. 그럼에도 불구하고 한·EU FTA에 있는 래칫규정은 독소조항이라는 비판이 끊이지 않았다. 한·EU FTA에는 최혜국대우MFN 면제조항에 래칫이 적용되지 않는다는 것을 확인하는 문안이 있는데 이에 대해 일부 언론과 사이비 전문가들은 이 문안을 근거로 래칫이 존재한다는 주장을 굽히지 않았다.

2011년 4월 열린 외통위 법안심사 소위원회에서도 이 문제가 불거졌다. 민주당의 추천으로 참석한 2명의 전문가들은 "한·EU FTA에 독소조항인 래칫규정이 존재합니다"는 해묵은 비판을 했다. 나는 우선 "래칫규정은 독소조항이 아니며 한·EU FTA에는 래칫규정이 없습니다"는 점을 분명히 밝혔으나 이들은 정부입장이 틀렸다고 주장했다. 나는 다시 "협정문에 래칫규정은 없으며 오히려 래칫이 적용되지 않는다는 것을 명확히 하기 위한 문구가 존재합니다"라고 부연한 후 "래칫규정이 있다면 협정문의 어느 곳에 있습니까?"라고 물었다. 이들은 "나중에 찾아서 알려 주겠다"고 했으나 아직 회답을 들은 바 없었다.

유럽 의회는 인준을 하고

EU측은 서명이 끝나자 바로 비준절차를 밟았다. EU의 비준절차는 매우 복잡했는데 두 가지 요인이 있었다. 하나는 진행 중인 한·미간 자동차 관련 추가협상 결과가 EU측에 미칠 수 있는 파장에 대한 우려였고, 또 하나는 EU 내의 복잡한 결정구조였다. 이런 연유로 나는 2010년도 하반기 베르세로 EU 수석대표와 수시로 통화하면서 갈등을 조정해 왔다.

드디어, 2011년 1월 말 세이프가드 이행법안이 유럽 의회의 국제통상위원회INTA를 통과됐다. 2월 7일에는 한·EU FTA 동의안도 압도적 다수로 INTA를 통과했다. 당일 유럽 의회 본회의 의제에 한·EU FTA 동의안이 토의안건으로 포함되었고 한·EU FTA 세이프가드 이행법안이 표결안건으로 회람되었다. 유럽 의회 본회의 절차는 의제 채택 후 토의를 거쳐 표결을

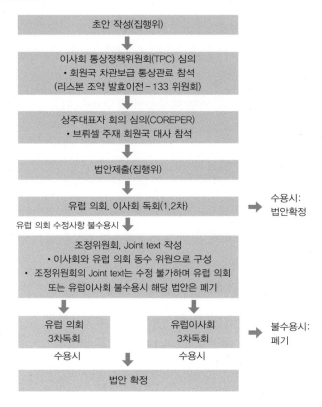

초안 작성(집행위)

↓

이사회 통상정책위원회(TPC) 심의
• 회원국 차관보급 통상관료 참석
(리스본 조약 발효이전 – 133 위원회)

↓

상주대표자 회의 심의(COREPER)
• 브뤼셀 주재 회원국 대사 참석

↓

법안제출(집행위)

↓

유럽 의회, 이사회 독회(1,2차) → 수용시: 법안확정

유럽 의회 수정사항 불수용시 ↓

조정위원회, Joint text 작성
• 이사회와 유럽 의회 동수 위원으로 구성
• 조정위원회의 Joint text는 수정 불가하며 유럽 의회
또는 유럽이사회 불수용시 해당 법안은 폐기

↓   ↓

유럽 의회   유럽이사회   → 불수용시: 폐기
3차독회   3차독회

수용시 ↓   수용시

법안 확정

한다. 토의과정은 안건보고자의 발표 후 집행위와 이사회의 대표발언을 청취하고 발언자 지정토의를 거쳐 자유토론 순으로 진행된다. 그러나 안건에 대한 정치그룹별 입장은 토의 전에 결정되어 공개되고 유럽 의회 의원들은 소속 정치그룹의 입장에 일치하는 투표성향을 보이기 때문에 토의가 표결결과에 미치는 영향은 미미했다.

2월 17일 유럽 의회 본회의는 한·EU FTA 동의안이 표결안건으로 상정되어 표결에 부쳐졌다. 중도우파EPP, 사회민주주의S&D, 중도좌파ALDE 등 다수당이 대거 찬성했고 환경론자들과 좌파정당들은 반대표를 던졌다.

총 612표 중 찬성이 465표, 반대가 129표였고 나머지는 기권표였다. 유럽 의회의 의사정족수는 재적의원의 1/3이며, 의결정족수는 출석의원의 과 반수였다. 유럽 의회 의원들은 소속 정치그룹의 입장에 가장 영향을 많이 받았다. 그럼에도 불구하고, 당론으로 찬성을 결정한 S & D 당내에 이탈 리아 및 프랑스 출신 의원 대부분이 반대표를 던졌다는 것은 주목할 만한 점이었다.

유럽 의회는 본회의의 표결결과는 이사회에 통보한다. 또한, 한·EU FTA 세이프가드 이행법안은 본회의 가결과 함께 유럽 의회의 1차 독회가 종료되며, 유럽 의회는 공동결정 절차에 따라 동 법안을 이사회에 송부한 다. 이사회는 1차 독회를 하고 가중다수결QMV을 통하여 승인을 함으로써 최종적으로 이행법안을 채택하거나 다수결 확보에 실패할 경우 2차 독회 를 위해 유럽 의회에 반송할 수 있었다.

2월 10일 한·미 FTA 추가협정이 서명됨으로써 한·미 FTA와 한·EU FTA에 대한 국회 비준동의 처리의 선후를 정할 필요가 있었다. 당시 야당 은 두 개의 FTA를 연계 처리하려는 움직임을 보였으나 정부는 한·미 FTA 로 인하여 정치적으로 덜 민감한 한·EU FTA 처리까지 지연시킬 우려를 감안하여 한·EU FTA 비준동의안을 먼저 처리하고 한·미 FTA 비준동의안 을 처리하는 방향으로 가닥을 잡았다.

2월 17일 나는 김종훈 본부장이 플라자 호텔에서 주재하는 만찬 간담 회에 참석 중이었다. 미국과 EU와의 FTA가 마무리되면 자연히 부상하게 될 한·중 FTA 및 한·일 FTA 등 동북아 FTA의 처리방안을 협의하기 위한 자리였다. 김승호 주 EU 공사가 "방금 EU 의회 본회의에서 한·EU FTA가 통과되었습니다"라고 나에게 전화를 했다. 이로써 유럽측은 발효에 필요 한 조치를 모두 종료했고 공은 우리측으로 넘어 오게 됐다.

번역오류와
절체절명의 위기

　　　　　　2월 19일 한국 리서치가 조사한 여론조사의 결과를 보면, 71.9%가 한·EU FTA 비준동의에 긍정적인 입장을 표명했다. 그만큼 한·EU FTA는 '착한 FTA'로 인식되었으나 엄청난 파장을 몰고 올 사건의 뇌관이 터지고 있었다. 2월 21일 월요일 오후 재외공관장 회의에 참석 중인 나에게 담당과장이 황급히 다가와서 "인터넷 매체인 프레시안에 '한·EU FTA의 원산지 의정서 중 왁스와 완구류의 원산지 규정에 숫자 50%로 표기되어야 할 문구가 20% 및 40%로 잘못 표기되어 있다'는 송기호 변호사의 기고문이 실렸다"고 보고했다. 확인해 보니 문제의 오류는 사실이었다. 기가 막혔다.

일단 EU 수석대표와 전화통화로 오류 사실을 알리고 정정사항을 합의하는 방식은 '조약법에 관한 비엔나 협약 제79조의 정정에 관한 규정'을 원용하기로 정리했다. 이 조항은 "조약문의 정본인증 후 그 속에 착오가 있다는 것에 체약국이 합의하는 경우 그 착오사항은 정정되며 정정본은 달리 결정이 없는 한 처음부터ab initio 흠결본을 대체한다"고 규정하고 있다.

다음 날 저녁 이하원 조선일보 기자가 "번역오류관련 국회 분위기가 심상치 않아요"라고 전화를 했다. 그 후 조선일보는 협정문의 번역오류를 지적하면서 외교부의 안일함을 질타하는 통렬한 사설을 썼고 문화일보는 '외교부가 기본이 안됐다'는 사설을 실었다. EU측과는 오류를 정정하는 구술서를 급히 교환했으나 근본적인 회의가 들었다. 오류는 더 없을까? 결국, 2월 28일 제출된 비준동의안을 철회하고 수정한 비준동의안을 재제출하기로 결정이 됐다. 비준동의안은 대통령이 국회의장 앞으로 공문으로 제출한다. 이명박 대통령은 이 문서에 결재를 하면서 "오류 발생경위를 조사하고 관련자를 문책하라"고 지시했다.

나는 협정문의 번역본을 살피고 번역시스템도 점검했다. 먼저 한·EU FTA와 한·미 FTA 한글본의 일부 챕터를 샘플로 재검독하고 결과를 보고하라고 지시했다. 한·미 FTA는 2007년에 번역됐고 한·EU FTA는 2009년 타결 후 번역하면서 한·미 FTA 번역본을 참고했기 때문이다. 모두 내가 FTA 교섭대표로 부임하기 전에 발생한 일이었으나 이제는 내가 온전히 해결해야 할 일이 되었다.

번역본은 영어로 한 협상이 타결된 후 임시 번역 태스크 포스를 구성하여 한두 달 이내에 번역하는 시스템이었다. 관계부처의 번역문 검독 협조를 받았으나 부실했고, 더욱이 정부가 고시한 관세율표에 기술된 품목 내용에서도 상당히 많은 오류가 발견되있다. 당시 발효 중인 관세율표였기 때문에 일부 오류인 줄을 알면서도 협정문 번역본에 그대로 기재를 해야하는 촌극도 빚어졌다. 결국 총체적 번역시스템의 결함이었다. 두 개의 거대 FTA에 대한 비준동의를 앞두고 시한폭탄의 안전핀이 빠진 셈이었다. 식은 땀이 흘렀다. 몇 달간 지속된 불면증이 시작됐다.

추가 오류가 계속 보도되면서 국회 심의를 받아야 되는 한·EU FTA는 최대의 위기를 맞고 있었다. 3월 들어 언론과 정치권은 외교부에 대한 불신을 쏟아내고 질타했다. 외교부 안에서도 꼬리 자르기를 시도했고, 한 간부는 나에게 '쿨하게 사과하는 법'이라는 책을 전달했다. 통상교섭본부가 석고대죄 하라는 압박이 거셌다. 그러나 문제의 실체를 정확히 파악하고 재발방지 방안을 마련하기도 전에 무작정 사과를 할 수도 없었다. 3월 8일 국회 법안 심사소위에서 여야는 번역시스템 개선과 함께 심각한 오류는 바로 잡되 자구수정에 해당되는 오류는 법안 소위에서 처리하도록 방향을 잡았다.

나는 실무팀과 함께 협정문의 일부 챕터를 스크린에 띄워 놓고 검독을 진행했다. 번역 자체가 매우 거칠었고 오류는 광범위하게 분포되어 있었다. 궁극적으로 한·EU FTA는 본격적인 검독 후 완전히 정정된 비준동의안을 다시 제출하는 것이 옳았다. 전면 사과를 하고 번역시스템의 완전 개선을 대외 발표하는 방향으로 방침을 잡았다. 그날 석간신문은 상해 총영사 스캔들 사건을 대서특필하면서 특채파동과 번역오류 문제로 어려웠던 외교부는 다시 위기를 맞고 있었다. 한편, 조병제 외교부 대변인은 정례 브리핑 계기에 "오역관련 조사가 진행 중이며, 결과에 따라 문책을 하고 번역시스템을 개선하겠다"고 언급했다.

3월 11일 오후 3시 나는 예정에 없던 기자 브리핑을 자청했다. 한·EU FTA 번역오류의 사실관계를 직접 해명하고 사과하면서 재검독 계획과 번역시스템 개선책을 외교부 지침으로 발표했다. 통상교섭본부에 번역 인력을 보충하고, 공개검증, 관계부처 검증 및 외주를 통한 검독을 실시하기로 약속했다. 번역기간도 최소 6개월로 규정했다. 재검독 결과는 EU측과 협의하여 정정한다고 했다. 마지막으로 정정절차는 조약법상 개정과는 완전히 다른 절차라는 점도 강조했다.

브리핑 도중 일본 센다이 부근에서 발생한 강한 쓰나미 뉴스가 전해졌고 외교부는 비상근무 체제로 돌입했다. 나는 한·EU FTA의 검독을 위한 태스크포스를 구성했다. 번역전문 인력채용 공고도 냈다. 이 무렵 감사원과 청와대 민정에서는 오류의 경위와 처벌문제를 조사하면서 관련자의 범위와 처벌수위에 대한 검토를 하고 있었다. 나를 비롯하여 직계 라인들은 전·현직을 불문하고 진술서를 제출하고 조사를 받았다. 대국민사과는 물론 사직하라는 압력을 지속적으로 받기도 했다.

3월 말 최종 검독결과를 보고 받은 후, 베르세로 EU 대표와 장시간 EU 와 오류 정정방안에 대하여 협의를 했다. EU측은 매우 합리적이고 협조적 이었다. 4월 5일 국무회의는 한·EU FTA 비준동의안 철회안 및 재제출안 을 의결하고 철회안을 국회에 제출했다. 다음 날 외통위원회는 재제출된 비준동의안으로 갑론을박했고 비준동의안은 상임위원회에 상정되고 법안 심사소위로 넘겨졌다. 번역 관련자에 대한 문책과 사임요구도 잇따랐다. 김종훈 본부장은 "무거운 책임감을 느낀다. 현재 조사 중이고 조사결과에 따라 응분의 조치가 있을 것이다"라고 답변했다.

　4월 11일 저녁 간담이 서늘한 사건이 터졌다. MBC 저녁 9시 뉴스는 "서명한 한·EU FTA의 영문본에 오류가 있다"는 뉴스를 특종으로 보도한 것이었다. 즉, EU 집행위 웹사이트에 있는 협정문 양허표의 영문본과 우 리 국회에 제출한 협정문 양허표의 영문본에 일부 차이가 있다고 보도하 면서 통상교섭본부의 귀책을 시사했다. 사실이라면 양국이 서명한 영문본 원본이 다르다는 뜻이었다. 이것은 단순한 오류와는 다른 차원으로써 직 무유기를 구성할 수 있는 중대한 문제였다. 뉴스가 나가자마자 언론과 정 치권에서 사실 확인을 요청하는 전화가 쇄도했다. 급하게 베르세로 대표 에게 전화하여 EU측 문건의 진위에 대한 긴급 확인을 요청했다. 그는 헝 가리에 출장 중이었으나 사안의 심각성을 즉각 인지했다. 절박한 순간이 지나가고 있었으나 당장 사실 확인을 할 방법이 없었다.

　나는 퇴근한 조약과 직원을 긴급 수배했다. 조약국이 별도로 관리하는 국제조약문 원본을 직접 확인하기 위해서였다. 밤 11시 반 2010년 10월 양 측이 서명한 협정문 영문본과 국회 비준동의안이 동일본이라는 것을 확인 했다. 그렇다면 EU측이 서명본이 아닌 다른 버전을 웹사이트에 올렸다는 결론이었다. EU측의 오류일 가능성이 확실했다.

같은 시각 베르세로 수석대표는 나에게 전화로 EU의 실수를 인정하고 사과했다. 실무자의 실수로 서명본의 직전 버전을 웹사이트에 올렸다는 것이었다. 더욱이, EU측의 오류 중 일부는 엑셀로 작성된 양허표를 PDF 파일로 변환하는 과정에서도 발생된 것으로 밝혀졌다. 즉각 보도 해명자료를 배포하고 수많은 전화를 응대한 후 자정이 지나서야 상황이 종료됐다. 세 시간의 악몽이 지나고 긴 하루도 끝나고 있었다. 그러나 인터넷에 뜨는 조간신문 기사들은 또 다른 힘든 아침을 기약하고 있었다.

국회 비준동의와 발효

2월 중순 한·미 양국은 추가협정문에 서명을 하고 의회인준을 검토하고 있던 반면 한·EU FTA는 번역오류 사건으로 비준 절차에 난항을 거듭하고 있었다. 4월 중순 외통위 법안소위가 주관한 공청회에서는 국내 농축산업에 대한 지원 확대 필요성과 아울러 번역오류관계, 래칫조항, SSM관련 이슈를 비롯하여 학교급식, 경제적 효과 등에 대한 광범위한 문제가 제기되었다.

4월 23일 열린 고위 당정청 협의에서는 농축산 분야의 지원대책의 범위와 내용에 대하여 논의하고 SSM관련 재협상은 불가하며 현재 시행 중인 2개법의 합리적 운영을 추진하기로 했다. 특히 유통법은 3년 한시법이고 일종의 구역지정zoning에 관한 국내규제에 해당되기 때문에 위반소지가 적고 상생법은 자율적인 조정에 초점을 맞추는 방향으로 운영하면 위반의 소지를 줄일 수 있다고 보았다. 또한, 중소상공인의 지원대책을 확대해 나가기로 했다. 4월 28일 열린 외통위는 한·EU FTA 비준동의안에 대한 의결을 추진했다. 한동안 실랑이를 거친 후 시행된 표결결과는 찬성

17명, 반대 6명, 기권 2명이었다. 다음 날 여야정 대표인 10인 회의가 열리고 피해지원 및 경쟁력 강화 대책을 마무리했다. 농식품위원회의 최인기 위원장은 '선농축산대책 후비준'을 주장했고 산업위원회의 김영환 위원장은 SSM 법안의 한·EU FTA 불합치 소지를 제거하기 위하여 협정을 개정하라고 압박했다.

5월 4일 국회 본회의가 예정돼 있었다. 민주당은 오후 내내 의원총회를 하고 오후 늦게 합의파기와 한·EU FTA 반대로 입장을 정립했다. 한나라당도 의원총회를 계속했고 단독처리를 강행하기로 방향을 잡았다. 민노당은 의장석을 점거하고 있었다. 비준동의안이 상정되고 외통위원장의 경과보고가 이어진 후 김무성 한나라당 원내대표는 토론종결을 동의하고 표결을 요청했다. 표결결과는 재적 169석에 찬성 163표, 반대 1표, 기권 5표였다. 밤 11시 반이었다. 나는 본회의장에서 바로 토마쉬 코즐로프스키 Tomasz Kozlowski주한 EU 대사에게 전화로 표결결과를 알렸다. 그는 반색을 하며 기뻐했다. 베르세로 수석대표와도 후속조치를 위한 전화협의를 했다. 그는 스페인 국적으로 유럽집행위원회에서 잔뼈가 굵은 숙련된 협상가로서, 한·EU FTA의 협상과 서명 비준을 거쳐 발효되기까지 전 과정을 담당했고, 지금은 미국·EU간 TTIP 협상에서 EU측 실무 수석대표로 활동하고 있다.

2011년 6월 한 달, 한·EU FTA 발효를 앞두고 이행입법 최종 통과에 몰두했다. EU측에서는 24개 이상의 입법을 해야 하는 상황을 접하고 발효일 전에 법안의 공포까지 마칠 수 있는지에 대해 의구심을 보이기도 했다. 국회의 협조 하에 6월 29일 이행법령을 모두 관보에 게재하고 국내절차를 완료했다는 사실을 EU측과 교환함으로써 그들의 우려를 말끔히 씻었다. 7월 1일 통상교섭본부는 외교부 청사 18층 라운지에서 국내 경제계

대표들과 주한 EU 대사들을 초청하여 조촐한 발효행사를 열었다. 이제 남은 숙제는 한·미 FTA의 비준과 발효를 마무리 짓는 일이었다.

한·EU FTA가 남긴 숙제

2011년 10월 12일 서울에서 한·EU FTA 제1차 무역위원회가 열렸다. 방한한 카렐 드 휴흐트Karel De Gucht 유럽집행위원과 김종훈 본부장은 협정의 발효를 환영하면서 성실한 이행을 약속했다. 한편 2011년 유럽의 재정위기에 의한 수입수요의 감소여파로 EU와의 무역수지 흑자는 일부 감소했으나 한·EU FTA 특혜관세 혜택품목의 수출증가로 대 EU 무역수지의 흑자기조는 유지됐다.

그러나 2012년 무역수지는 적자로 돌아섰고 2014년에는 107억 달러 적자를 기록함으로써 사상최고치를 경신했다. 주요인으로는 관세인하 혜택을 입은 유럽산 전기·기계부품을 일본산으로 대체하고 역시 관세인하로 유럽산 고급 자동차 수입이 급증한 데 기인하며, 와인, 화장품 및 의류 등 유럽산 고급 소비재의 수입량도 급증했다. 반면 우리의 효자 수출품목이었던 자동차, 선박, 무선통신기기 등은 유럽의 경제불황에 따른 수요 감소로 수출이 부진했다.

한·EU FTA는 한국과 EU측에 상업적으로나 전략적으로 의미있는 협정이다. FTA 발효 후 관세철폐의 단기적 효과에 일희일비하는 것은 옳지 않다. 무역자유화의 혜택은 관세인하로 인한 단기적이고 가시적 혜택은 물론 규제개혁과 경쟁력 강화에 수반되는 장기적 혜택을 함께 고려해야 하기 때문이다. 물론 대 EU 수출구조의 다변화와 적자품목에 대한 국내 경쟁력을 강화하는 다각적인 노력을 해 나가야 할 것이다.

또한, 한·EU간 통상관계가 확대되고 리스본 협정의 발효로 통상협상에 있어 유럽집행위원회의 배타적 권한이 확대되면서 한·EU FTA의 개정 필요성에 대비해야 한다. 예를 들어 현재 한·EU FTA는 설립 전 투자나 수용·보상 및 투자자·국가간 분쟁해결절차ISD 등 투자보호관련 조항은 포함되어 있지 않다. 대신 우리나라는 22개 EU 회원국과 체결한 양자 투자보장협정을 통해 투자보호를 하고 있다. 그러나 '혜택의 부인denial of benefits', '남소방지濫訴防止' 및 '투명성 확보' 등 관련 조항을 포함하고 있지 않은 현행 양자 투자보장협정은 악용될 소지가 있다. 2012년 벨기에에 페이퍼 컴퍼니로 등록된 미국계 사모펀드인 론스타가 한·벨기에 투자보장협정을 원용하여 ISD 중재절차를 제기한 사건이 대표적 사례다. 이런 점에 비추어 ISD 절차가 남용되지 않도록 EU측과 투자보호관련 전반적인 합의를 추진함으로써 기존의 투자보장협정을 시급히 대체해 나갈 필요가 있다고 본다.

특히 통상협상에 있어 유럽집행위원회의 배타적 권한이 확대되면서 캐나다에 이어 일본과 EPA 및 미국과 범대서양무역투자협력동반자협정TTIP 협상을 추진해오고 있고 중국과는 투자협정 교섭을 진행 중이다. 우리가 참여하지 않는 이런 메가 FTA가 체결되면 2011년 발효한 한·EU FTA는 소위 특혜잠식으로 인해 상대적 피해를 입는 영역이 나타날 소지가 크기 때문에 이런 동향을 예의 주시하면서 한·EU FTA를 부단히 업그레이드 해나가야 할 것이다.

전략적 측면에서는 보다 적극적인 관심이 요구된다. 유럽의 통합은 인류역사상 최대의 정치실험이라 할 수 있다. EU는 살아있는 생명체처럼 부단한 변화와 발전을 거듭해 오면서 점진적인 통합과정을 밟아왔다. 물론 EU의 장래에 대한 다양한 의견이 있고 통합을 성공적으로 이끌었던 요인

들이 통합을 심화하는 데 장애요인으로 작용하는 역설적인 현상도 나타
나고 있다. 그러나 통합으로 인해 강한 존재감과 전략적 지렛대를 확보할
수 있다는 유럽연합의 믿음은 계속 될 것이고, 민주주의, 시장경제와 인권
보호라는 가치를 공유하는 우리는 EU와 통상 분야의 긴밀한 협력을 포함
한 중층적인 협력을 확대해 나가야 한다.

　마지막으로 EU와 협상에 대비한 전문성 확보를 강조하고 싶다. EU는
통합과정에서 포괄적으로 내부조정을 거치기 때문에 EU 협상대표들은 이
미 상당히 많은 정보와 자료분석을 끝내고 정교한 협상전략을 지참한 상
태에서 협상 테이블에 앉는다. 그리고 법률전문성이 탁월하고 28개국에
서 경쟁을 거쳐 선발된 우수한 협상가들이 즐비하며 굉장히 합리적이고
현실적인 협상 스타일을 보인다. 반면 우리에게는 EU의 법체계, 통합의
역사, 정책결정 메카니즘 등이 생소하기 때문에 그들과 협상을 준비하고
추진하는 것이 쉽지 않다. 나는 FTA 교섭대표로 재직할 당시 한·EU FTA
분쟁패널의 후보자를 선발하고자 지원신청을 받았는데 유럽에서 통상법
공부를 한 전문가가 국내에 거의 없다는 사실에 놀랐었다.

5부

동북아 FTA 협상

2012년 5월 17일 한·중 FTA 제1차 협상회의가 중국 북경에서 개최되었다. 사진은 회의 개회에 앞서 필자와 유젠화 부장조리가 중국 상무부 회의실에서 악수를 하는 모습

2010년 6월 말 FTA 교섭대표로 부임한 나의 당면과제는 미국 및 EU와의 FTA의 비준을 마무리하는 것과 병행하여 동북아 FTA의 추진기반을 확보하는 일이었다. 일본과의 FTA 협상재개를 위한 여건을 조성하는 동시에 중국과의 FTA 협상을 개시하기 위한 절차를 취하고 동시에 한·중·일 FTA의 협상 추진 기반을 확보하는 일이 시급했다.

한·일 FTA는 2003년 협상이 개시되었으나 내부 및 외부의 구조적 요인으로 1년도 못되어 협상이 중지됐고, 그 후 협상재개를 위한 다양한 노력들이 결실을 맺지 못했다. 한편, 한·미 및 한·EU FTA가 체결되고 미국주도로 추진되는 TPP가 진전되자 일본은 심각한 위기감을 느끼면서 한·일 FTA의 협상재개를 적극적으로 타진해 왔다. 우리나라도 미국 및 EU와의 FTA의 비준이 마무리되면서 한·일 FTA의 협상재개 방안을 모색했다. 그러나 양국의 여건과 근본적인 입장차이로 해소하지 못했고, 일본은 EU와의 FTA 및 TPP 협상으로 선회함으로써 한·일간의 협상은 또다시 동면에 들어가게 되었다.

한·중 FTA 체결을 위한 논의는 2000년대 초부터 있었으나 성사되지 못했다. 2010년 한·중 FTA 산관학 공동연구가 종료되면서 협상개시를 위한 기초적인 작업이 추진되었고 2011년 우리나라가 미국 및 EU와의 FTA 비준이 마무리하면서 본격적으로 협상출범에 집중할 수 있었다.

미국 및 EU와 FTA를 체결한 한국이 일본 및 중국과 협상개시를 검토한다는 것은 상업적·전략적 함의가 지대한 만큼 국내외의 비상한 관심을 모았다. 경제규모가 큰 국가가 참여하는 메가 FTA들은 협상과정에서는 물론 서명과 비준추진 과정에서 상호 경쟁적으로 작용을 했다. 선점의 이익과 피선점의 불이익이란 원리 아래 견제와 균형을 모색하려는 힘이 강하기 때문이다.

2003년 개시되었던 한·일 FTA 협상은 중국의 관심을 유발했고 중국과의 FTA 협상 개시 움직임은 일본은 물론 미국과 EU도 자극했다. 한·미 FTA는 EU측을 직접 자극했고 한·EU FTA의 비준이 속도를 내자 역으로 미국을 자극했다.

나는 FTA 교섭대표로 재직 중에 진행 중이던 FTA 협상의 타결과 발효된 FTA의 이행에도 간여했다. 한·페루 FTA, 한·콜롬비아 FTA 및 한·터키 FTA가 타결되었다. 한·페루 FTA는 한글본 재검독을 거쳐 국회 비준동의를 마쳤다. 호주, 캐나다, 뉴질랜드와의 FTA 협상은 90% 이상 진척되었으나 각 협정은 민감한 정치현안을 한두 개씩 안고 있었다. 호주의 경우 노동당 정부가 ISD 조항 포함에 반대하여 협정타결의 접점을 찾지 못했다. 캐나다의 경우 한·미 FTA 추가협상 결과를 기다리고 있었고, 양국간에는 캐나다의 쇠고기 수출문제와 한국 자동차 수입문제로 갈등이 있었다. 뉴질랜드에 대해서는 수출할 물건이 적은 반면 농산물 수입을 확대해야 되는 이익의 불균형 문제가 잠복하고 있었다. 이런 구조적인 장애요인들을 해소하기 위해 많은 노력을 기울였으나 당장 해법모색이 어려웠기 때문에 이런 문제들은 선반 위에 올려놓고 여건이 호전될 때를 기다리기로 했다.

그리고 2012년에는 인도네시아와 베트남과 FTA 협상개시를 선언했다. ASEAN 국가 중 자원부국이면서 우리와의 경제협력이 심화되고 있는 국가들이었다. 인도, 아세안, 칠레 및 EFTA와 이미 체결한 FTA에 대해 개선할 필요가 있는 사항들을 살펴보았다. 한편, TPP 협상에 우리나라의 참여 가능성을 상정하면서 협상동향과 함께 관찰하고 TPP의 상업적 및 전략적 함의를 검토했다.

제5부에서는 한·일 FTA 협상재개와 한·중 FTA의 협상출범과정에서 내가 경험하고 관찰한 내용은 물론 일본 및 중국과의 FTA 협상이 한국에 미치는 함의를 제14장과 제15장에 걸쳐 적었다. 한편 한·일 및 한·중 FTA의 진전과 밀접한 관계가 있는 한·중·일 FTA는 제6부에서 여타 메가 FTA의 진화과정과 함께 살펴보았다.

14

한·일 FTA
협상재개 노력

모든 일은 결국 잘 될 것이다.
그렇지 않다면 그것은 아직 끝이 아니다.
Everything will be all right in the end.
If it's not all right then it's not yet the end.
영화 The Best Exotic Marigold Hotel, 2011

10년간
중지된 협상

나는 FTA 교섭대표로 재임하는 동안 한·일 FTA 협상재개를 위해서도 많은 노력을 했다. 많은 시행착오에도 불구하고 결국 협상재개에 진전을 이루지 못한 것은 안타까운 일이었다. 일본은 아시아에서 민주주의와 시장경제체제의 가치를 공유할 수 있는 몇 안 되는 나라로 우리의 제4위의 교역상대국이자 제2위의 대한투자국이며, 양국간 경제협력은 다원화되고 심화되고 있었기 때문에 무역자유화와 경협확대를 추진하는 것은 극히 자연스러웠다. 그러나 양국간 이익의 균형을 실현하기 어려운 교역구조와 함께 빈번히 제기되는 역사인식의 차이 때문에 일본과의 FTA 협상은 한 치의 진전도 보지 못했던 것이다.

한·일 FTA는 2003년 한·일 정상회담의 합의에 따라 협상을 개시한 후 여섯 차례 협상을 했으나 농수산물의 시장개방수준을 비롯한 핵심 쟁점에 대한 이견으로 다음해에 협상이 중단되었다. 당시 양허안에 기초한 상품과 서비스의 양허협상은 추진하지도 못했다. 2008년 4월 한·일 정상회담에서 '한·일 FTA 협상재개 환경조성을 위한 실무협의'를 개최하기로 합의한 후 몇 차례 실무접촉이 있었다. 그러나 한국은 미국과 EU FTA의 비준에 에너지를 집중하고 있었고, 일본의 입장도 소극적이었던 터라 진전이 없었다.

2009년 9월 출범한 일본의 노다野田 민주당 정권은 한·일 FTA를 최우선 과제로 방향을 선회하면서 소강상태에 있던 양자협상의 재개에 관심이 모아졌다. 한국이 미국과 EU를 상대로 포괄적인 FTA를 체결하자 미국 및 EU시장에서 경쟁관계에 있는 일본기업들이 불리한 여건에 처하게 되고 미국의 주도로 협상계획이 구체화되던 TPP까지 출범하는 경우 일본의 고립은 가중될 것이라는 위기감도 작용했다. 이런 연유로, 일본 내에서 적극적인 FTA 정책을 주문하는 목소리가 커지고 있었다. 그렇다고, 일본의 약점인 농수산물과 비관세조치에 양보를 하겠다는 의미는 아니었다.

나는 2011년 후반 미국과 EU와의 FTA의 비준절차가 마무리되면서 한·중 FTA 출범 및 한·일 FTA 협상재개 방안에 시간을 할애했다. 그러나 협상재개 방안에 대하여 한·일간에는 근본적인 입장차이가 존재했다. 우리나라는 '선환경 조성 후협상재개'를 선호했다. 협상의 재결렬을 방지하기 위해 예상 쟁점 이슈에 대한 사전협의가 필요하고, 협상재개에 대한 국내적 지지확보가 긴요하였기 때문이었다. 반면, 일본은 '선협상재개 후쟁점논의'를 선호했다.

한국이 사전 환경조성을 강조한 이유는 간단했다. FTA가 체결되면 일본에 비해 상대적으로 높은 관세가 철폐되어 대일 무역적자폭 확대가 불가피하기 때문이다. 더욱이, 우리 업계가 일본의 거대한 비관세조치를 침투하는 것은 지난한 일이었고, 우리 대기업들도 일본과의 자유무역지대가 만들어지는 것에 대한 막연한 두려움을 표출했다. 이런 구조적 문제를 해소하지 않고 협상을 재개하더라도, 협상추진에 대한 정치적인 동력을 유지하기 어렵고, 이익의 균형을 맞출 수 없기 때문에 협상은 파행을 겪을 것이 자명했다. 우리가 주장한 사전협의는 이런 구조적인 갈등을 해소하기 위해 양측이 신뢰를 구축할 수 있는 기회로 활용할 수 있기를 기대했다.

일본의 FTA 추진정책

일본은 미국이나 한국과 같이 다자통상체제를 통한 자유화에 치중해 오면서 새천년 이전까지는 FTA 체결에 관심이 없었다. 그러나 2002년 싱가포르와 FTA를 처음 체결한 후, 2004년 경제적 이익확보, 구조개혁추진 및 일본에 유리한 국제환경 조성을 골자로 하는 '경제동반자협정EPA에 대한 기본방침'을 발표했다. EPA는 상품, 서비스, 지재권 및 상호 인증 등을 포함하고 있어 포괄적인 FTA와 유사했으나, 자유화보다는 경제협력에 치중한 형태였다. 일본은 2004년 한국과 협상이 중단된 이후 ASEAN 중시로 선회했고, ASEAN+6CEPEA를 주장하기 시작했다. 주로 중국의 역내 FTA 주도를 견제하기 위한 목적으로 분석된다.

2010년 11월 현재 일본은 총 12건의 FTA를 체결했으나 협상대상국은 스위스를 제외하고는 대부분 아시아 개도국이었다. 개방수준은 수입액 기준 80% 대로 대체로 낮은 수준이었고 농수산물 분야의 개방수준은

50~60% 정도였다. 일본은 기존의 FTA에서 약 450개 품목을 양허제외시켰고 약 360개 품목에 대해서는 재협의 또는 현상유지였다. 이러한 개방수준은 중국이 체결한 FTA 보다도 대체로 낮은 수준이었다.

이런 기조는 일본 민주당 정부가 2010년 11월 '포괄적 EPA에 대한 기본방침'을 발표하면서 근본적인 변화를 맞았다. 기본방침의 핵심은 높은 수준의 FTA 추구, TPP 참가여건 조성, 농업개혁과 규제개혁 추진으로서, 한국의 FTA 추진가속화 및 중국의 급부상에 대한 위기의식과 함께 약화되는 일본경제의 경쟁력 강화를 위한 일본 FTA 정책의 일대전환을 의미했다. 일본의 장기불황, 중국의 부상, 한국의 약진은 일본에게 심리적 공황을 부추겼고, 일본 단독의 동아시아 리더십 확보에 자신감을 잃고 있었다.

일본은 TPP 참가의사 표명을 '국가개방' 또는 '제2의 개국'이라고 강조했다. TPP 참여로 미국시장에서의 열위를 극복하는 동시에 한·일 FTA 재개를 위해 한국을 압박하면서, 아·태 지역의 경제통합을 위한 미국과의 협력 및 미·일 동맹의 강화를 통해 중국을 견제한다는 다목적 고려가 있었다. 또한, EU·일 EPA에 소극적인 EU를 자극하고 협상력을 제고하기 위한 포석도 있었다. 2011년 5월 일본은 EU와 EPA 추진을 위한 타당성 협의를 마친 후 다음해 협상개시를 선언했다.

기본방침은 그간 일본이 치중해 온 역내 경제협력 위주의 소극적인 FTA를 탈피한다는 의미가 있었으나, 실제 기본방침에 부합하는 FTA를 체결할 수 있는지 여부는 산업구조조정과 농업개혁이 선행되어야 할 것이기 때문에 추진과정이 녹록치 않을 것이라는 전망이 지배적이었다. 그 후 일본은 국내 이익단체와 갈등을 겪으면서도 TPP 협상참여를 선언하고 EU와 FTA 협상을 추진했던 사실을 보면 일본 정부의 강한 추진의지와 절박함을 함께 읽을 수 있다.

한·일 교역구조의 특징

　　한·일 양국의 교역규모는 꾸준한 증가추세로 2011년 1,000억 달러를 돌파했다. 그러나 교역의 패턴은 건강한 구조가 아니었다. 교역의 증가에 따라 무역수지 적자규모도 증가하면서 대체로 300억 달러대의 적자를 유지해오고 있었기 때문이다. 적자의 2/3 이상이 부품-소재 분야에서 지속되고 있었다. 물론 대부분의 수입 부품과 소재들은 가공되어 재수출되었기 때문에 관세환급 혜택을 받게 되면 사실상 일본부품과 소재의 수입관세는 거의 없는 구조적인 특성을 가지고 있었다. 농수산물 교역도 꾸준한 증가세를 보였다. 일본은 우리의 농수산물 제1수출국이자 제1흑자 대상국이기도 했다. 우리나라의 총교역액 중 일본이 차지하는 비중은 2000년 15.7%에서 2011년 10%로 감소세를 보이고 있었다.

　　투자 분야를 보면, 일본은 한국에 두 번째로 많은 투자를 하고 있는 국가로서 투자 분야는 주로 제조업이었다. 한·일 양국의 인적 교류도 활발하다. 한국을 방문한 일본인은 2009년에 300만 명을 돌파했고, 일본을 방문하는 한국인도 200만 명을 웃돌고 있었다. 한·일간 항공편 운항횟수도 주당 530회를 넘었다.

　　한·일 양국은 관세율에 상당한 차이가 난다. 2009년 기준 우리나라 비농산물의 실행세율은 6.6%고, 일본은 2.5%였다. 농산물의 실행세율은 한국이 48.6%, 일본이 21%였다. 또한, 양국의 교역액 대비 무관세비율은 우리나라는 38.6%, 일본은 73.3%였다. 비농산물만 보면, 일본의 무관세비율은 77.8%였다. 간단히 말하면, FTA 협정과 무관하게 일본에 수출되는 한국 상품의 77% 이상이 무관세로 일본에 수입되고 있다는 것이다. 결론적으로 말하면, 관세의 비대칭성이 존재하고, 높은 무관세비율로 인하여

FTA로 인한 부가적인 관세인하 효과가 크지 않은 관세구조였다.

보다 심각한 문제는 일본의 보이지 장벽, 즉 비관세조치였다. 일본의 비관세조치는 수입쿼터의 배분, 유통·금융·보험 등 각종 서비스업, 정부 조달 등에 광범위하게 분포되어 있다. 또한, 상당부분 정부의 직접적인 개입이 없는 것처럼 운영되고 있는 것도 특징적이다. 이러한 비관세조치는 일본 특유의 사회·문화적 배경과 정치와 비즈니스의 유착관계에 기인하고 있는 구조적인 장벽을 형성하고 있다. 일본 소비자의 일본제품에 대한 강한 충성심도 한몫을 하고 있다. 삼성전자, LG전자 및 현대차 등 우리나라의 대표기업들이 일본시장에서 철수한 것은 그만큼 일본진출이 어렵다는 것을 반증하는 것이었다.

나는 일본이 내부개혁을 통한 비관세장벽 제거를 기대한다는 것은 매우 어렵다고 생각한다. 과거 미국과 EU 등이 수십 년 간 일본의 비관세조치를 해소하고자 노력을 해 왔음에도 번번이 실패한 경험에 비추어 본다면 일본의 비관세조치는 난공불락이라고 할 수 있다. 이러한 일본의 비관세조치는 여타 선진국과 비교하여 상대적으로 매우 미약한 일본의 경쟁정책에도 기인하고 있다. 결론적으로 일본시장의 특징은 관세장벽이 적은 대신 정교하게 짜인 비관세조치가 거대한 장벽을 구성하는 독특한 구조다. 이러한 시스템은 외부의 공세적 시장진입을 방어하는 데는 효과가 있지만 역설적으로 과감한 구조개혁을 할 수 없는 딜레마이기도 했다.

협상전략을 수립하다

한·일간 통상관계는 긴밀했지만, FTA 협상을 추진할 수 있는 여건은 어려웠다. 관세 및 교역액 측면의 비대칭적 구조, 일본의 보이지 않는 비관세장벽과 자국상품에 집착하는 일본 소비자의 충성심과 함께 보완적이면서도 경쟁적인 양국의 산업구조 때문이다. 또한, 역사인식에 대한 일본의 몰이해에서 비롯되는 정치적 갈등과 잃어버린 20년 동안 누적된 피로감과 자신감 상실도 한 몫을 했다고 본다.

합리적인 이익의 균형을 모색하기 위해 통상교섭본부는 대일 협상전략 수립에 관하여 업계 및 학계의 전문가들과 다양한 간담회를 열어 자문을 구했다. 대기업이든 중소기업이든 한·일 FTA를 원론적으로 지지하면서도 각론에 들어가면 경계심을 표출했다. FTA로 창출되는 자유무역지대의 불확실성에 대한 두려움 때문이었다. 특히 중소기업들은 부정적인 견해가 압도적이었다. 또한, 일본시장의 보이지 않는 비관세장벽을 호소했다. 굴지의 한국 대기업들도 일본에 설치했던 지사를 철수하는 형국이었다.

자동차 분야만 보더라도 진입장벽의 심각성을 알 수 있다. 연간 415만 대의 자동차가 판매되는 일본 시장에서 외국자동차는 6%에 불과한 23만 대가 판매되었다. 경차 이외의 자동차는 차고지 증명이 필수적이었고 각종 안전기준과 환경기준은 물론 배타적인 자동차 딜러십을 요구하는 등 수많은 비관세장벽이 가로막고 있었다. 혹자는 일본시장에서 경쟁력이 있는 우리 상품은 "막걸리, 비비크림 그리고 한류를 지칭하는 '막비한' 밖에 없다"고 말하기도 했다. 그만큼 한국 상품이 일본시장에서 발을 붙이기 어렵다는 뜻으로 풀이 되었다. 협상결과 이익의 균형을 실현하기 위해서는 일본측에 일정한 선결조건을 요구해야 한다는 주장이 설득력을 얻고 있었다.

통상교섭본부에게 주어진 숙제는 온갖 난제를 고려하여 정교한 협상전술과 전략을 짜는 일이었다. 이익균형과 함께 협상재개 후 또다시 발생할 파국상황을 방지하기 위해 협상재개 이전에 일본측의 약속을 확보할 필요가 있었다. 이런 배경 속에서 현안 이슈를 두 개의 카테고리로 구분 접근하기로 했다. 즉, 협상재개에 우호적인 환경조성을 위한 이슈(카테고리 1)는 활어차운행 및 수산물 수입쿼터 등 개별비관세장벽에 대한 성과도출을 추진하고, 협상재개 후 결렬방지를 위한 협의이슈(카테고리 2)는 상품시장의 개방수준과 비관세조치의 분쟁해결 메커니즘에 관한 상호 이해를 높이는 데 초점을 맞추기로 했다. 이러한 방침은 2010년 9월 대외경제장관회의에 보고되어 승인을 받은 상황이었다.

관세 분야에서 한국은 높은 평균관세율과 일본의 높은 무관세비율 등 현행 관세율 구조와 심각한 공산품 무역역조를 감안하여 공산품 분야는 비대칭적인 관세감축 방안을 구상했다. 예를 들면, 한국은 민감품목군에 포함되는 품목수를 X%로 설정할 경우 일본의 품목수는 X−α%로 설정하거나 한국의 관세감축률을 Y%로 설정할 경우 일본의 관세감축률은 Y+α%로 설정함으로써 균형을 추구하는 방식이었다. 한편, 농산물에 대해서는 우리 농산물의 대일 시장접근을 용이하게 하기 위해 수입액기준 90% 이상 개방을 하고 대칭적인 관세감축을 할 수 있을 것으로 분석되었다.

비관세조치에 관한 포괄적인 협상전략도 세웠다. 우선 자의적인 비관세조치가 도입이 될 때 제재하는 장치와 비관세조치 협의기구를 설치하고 개별적인 비관세조치에 대한 해소방안을 별도로 협의하는 방안을 준비했다. 그리고 협상개시 전에 비관세장벽의 해소를 위한 일본정부의 의지를 시험하기 위해 전형적인 일본의 비관세조치의 시범적인 해결을 추진하기로 했다. 이러한 비관세조치로서 수산물 수입쿼터제도, 활어차 운항문제, 항운협회 사전협의제도, 돈육차액관세제도 등을 선별하여 일본측에 제시하기로 했다.

특히, 수산물 수입쿼터제도 개선문제와 우리 활어차량의 일본 내 운항허용 문제는 대표적 비관세조치로서 한·일간에 수십 년 동안 협의를 해 왔음에도 불구하고 근본적으로 해소되지 않고 있었다. 일본은 김을 비롯하여 9개 수산물에 대한 쿼터제도를 운영하고 있다. 문제는 쿼터 소진율이 미미하고, 아웃쿼터 물량은 수입금지가 되어 있었다. 일본의 쿼터 운영방식이 불투명하고 자의적이기 때문이었다.

또한, 우리 활어차가 일본에서 운행하기 위해서는 일본 내 등록이 필요했고, 등록요건으로 기술기준 적합증명서 제출과 함께 안전기준과 환경기준을 충족해야 했다. 또한, 활어의 신선도를 유지하기 위한 액화산소 탱크는 여객선에 적재가 불가능하여 압축산소 탱크를 사용해야 했다. 안전요건 등은 필요한 요구이기도 했지만, 우리 활어차업계는 일본의 고비용과 복잡한 절차요건을 충족할 엄두를 못내고 있었다.

일본과의 非對話 (Non-Conversation)

2010년 5월 한·일 정상회의에서는 협상재개를 위한 실무협의의 격을 고위급으로 격상하기로 합의했다. 이에 따라, 9월에는 한·일간 첫 국장급 협의를 했고, 우리의 협상구상을 일측에 전달했다. 10월 하노이에서 열린 외교장관회의에서 일측은 농산물 90% 이상 시장접근추진, 공산품 관세철폐시 한국의 민감품목 배려 및 수산물의 수입 쿼터 개선 등을 언급했다. 일측은 파격적인 제안이라고 자평했으나, 구체성을 결여한 언급이었음에 비추어, 협상개시 후 협의하겠다는 일본 입장에는 변화가 없었다.

2011년 5월 제2차 국장급 협의도 일본이 '선협상재개 후협의'라는 입장을 견지함으로써 전혀 진전이 없었다. 그러나 일본은 3월 대지진의 여파로 당초 예정했던 TPP 교섭 참여여부 및 농업개혁 기본방침 결정시기

필자는 니시미야 신이치 일본 외무성 경제담당 외무심의관과 한·일 FTA 협상재개를 위한 다각적인 논의를 했다. 또한, 협상을 마무리하는 작업도 함께 했다. 사진은 2011년 12월 평창에서 열린 제7차 한·중·일 FTA 산관학 공동연구 회의에 참석하고 있는 필자와 니시미야 외무심의관

를 대폭 연기하고 있는 실정이었다. 9월 니시미야 신이치西宮伸一 신임 경제담당 외무심의관은 나와 단독면담을 요청하여 서울에서 두 시간 이상 허심탄회한 의견교환을 했다. 요지는 다음과 같다.

니시미야 외무심의관 이번 한국 방문은 겐바 고이치로玄葉光一郎 외상의 지시에 따라 한·일 FTA 협상 재개방안에 대한 비공식적인 협의목적입니다.

필자 일본 수뇌부가 한·일 FTA 협상재개에 각별한 관심과 의지를 가지고 있는 것을 환영합니다.

니시미야 외무심의관 일본은 연내 협상재개를 강하게 희망하며, 협상이 개시되면 한국측이 제기한 현안 이슈들에 대한 해결에 최선을 다할 것입니다. 다만, 이러한 현안문제가 협상개시 전에 해결되어야 한다는 한국 입장은 동의하기 어렵습니다.

필자 협상재개를 위한 일본측의 강한 의지를 존중합니다. 그러나 사전환경 조성 이슈에 대한 신뢰할 수 있는 진전 없이 협상이 재개되면 다시 결렬될 가능성이 굉장히 높습니다. 좀 더 심도 있는 논의가 필요합니다.

니시미야 외무심의관 잘 알겠습니다.

10월 들어 겐바 고이치로玄葉光一郎 외상이 한국을 방문하여 이명박 대통령을 예방했다. 한·일 FTA 협상재개 이슈는 원론적인 선에서 대화가 있었다. 11월 7일 니시마야 외무심의관은 우리가 제기한 이슈들에 대한 일본의 내부검토의 진전사항을 설명하고자 다시 한국을 방문하여 나와 단독협의를 요청했다. 일본측은 다각도로 검토는 했으나 협상개시 전에 어떠한 형태든 약속을 하는 것에는 유보적이었다. 한편, 주일 한국대사관은 협상재개의 지연이 통상교섭본부의 소극적인 입장에 기인한다는 인식을 가지고 서울 요로를 압박해 왔다. 한·일 관계 개선이라는 정무적 요인을 우선적으로 고려한 판단이었다. 물론 이런 판단은 일본의 입장과도 궤를 같이 하고 있었다.

12월 일본 교토에서 양국 정상회담이 열렸다. 양측은 당초 이 회담계기에 2012년 한·일 FTA 협상재개를 위한 실무협의 가속화에 관한 합의를 추진했다. 또한, 실무적으로는 협상개시 전 사전협의 일정과 대상 이슈를 정리하고, 협상재개 선언이후의 협상추진 방안에 대하여 심도 있는 검토를 해나가고 있었다. 그러나 교토 정상회담은 역사문제와 군대위안부 문제에 대한 양측의 입장차이가 노출됨으로써 한·일 FTA관련 의제는 제대로 논의조차 되지 못했다. 한·일 양국이 처한 국내 정치여건으로 인하여 한·일간 FTA 협상재개 노력은 이것으로 끝이었다.

나는 2012년 4월 초 중국과의 협상출범 선언을 위해 실무조율을 북경에서 마치고 바로 동경행 비행기에 올랐다. 니시미야 외무심의관에게 한·중간 협의의 진전사항을 브리핑하고 양자 현안의 해소방안에 대한 의견교환을 하기 위한 목적이었다. 그는 나를 일본식 전통 스시 집으로 초대하여 점심을 함께 했다. 한·중 FTA와 한·일 FTA 재개문제를 비롯하여 한·중·일 FTA 등에 관한 개인적인 견해를 솔직히 교환했다. 물론, 양국의 여건은 변한 것이 없었다.

나는 6월 FTA 교섭대표직을 내려놓았고 니시미야 외무심의관도 중국 주재 일본대사로 내정이 되었다. 한·일 FTA 협상재개를 위한 나와 니시미야 외무심의관 차원의 노력은 여기까지였다. 그는 유능하고 인간적 면모를 갖춘 인물로 신뢰할만한 대화상대였다. 주중 일본대사로 발령을 받고 부임을 준비하던 그는 출근 중 쓰러져 불귀의 객이 되었다. 고인의 명복을 빈다.

▎일본의 협상패턴

일본과의 협상은 굉장한 인내와 시간을 필요로 한다. 마이클 블레이커Michael Blaker는 미국과 일본간 실제 이루어졌던 통상 및 안보 분야의 협상 케이스 연구를 통해 일본의 협상패턴으로 방어적 대항defensive coping, 외압의 이용, 컨센서스 확보, 비선秘線 활용, 느린 협상과 비밀주의 등을 들었다.[35]

'방어적 대항'이란 수동적 협상을 한다는 부정적 개념이 아니라 상대의 요구를 검토하고 대응방안을 강구한 뒤 과도한 시간을 요하는 내부협의

---

[35] Blaker, M., Giarra, P., Vogel, E. (2002), Case Studies in Japanese Negotiating Behavior, U.S. Institute of Peace Press.

를 통해 최선의 방안을 모색하는 일본의 철저한 협상태도를 의미했다. 이런 일본의 지루한 대응을 혁파하기 위해 외부적 압력이 필요하다는 의미다. 특히 양자 차원의 강한 압박을 동원하거나 다자적 협상 틀 안에서 일본 입장을 고립시키는 접근에 일본이 민감하게 반응했다고 주장했다.

또한, 블레이커는 일본의 집단적 결정구조로 인해 일본과의 협상은 대체로 분절화되거나 극도로 점진적으로 진행되며 왕왕 공식적인 협상채널과 무관한 정치권 또는 업계 등 비선을 통한 커뮤니케이션이 주효하다고 평했다. 일본은 조심스럽고 간결한 공개 발표를 선호하면서도 이와 별도로 협상내용의 비밀유지에 극도로 신경을 썼기 때문에 협상내용이 절대로 외부에 유출되지 않고 교착국면에서도 조용히 활로를 모색할 수 있었다고 기술했다.

일본의 협상가는 수십번 같은 질문을 하면서 상대측의 입장을 확인하고 또 물어보곤 했다. 한국인들은 이런 일본의 협상태도를 '우유부단하다'고 치부하면서 금방 싫증을 느끼고 좌절하기 십상이다. 내가 참여했던 한·일 FTA 재개협상 추진과정도 예외가 아니었다. 일본은 협상상대와 협의는 지속하지만 상대가 제기하는 문제의 해결을 위한 내부합의에는 시간이 걸리고 절차도 복잡했다. 그 대신 협상라인을 우회한 장관급 또는 정상급에서 제기하거나 비선을 활용하여 협상진전을 압박하는 행태를 반복적으로 보여주었다.

미국과 같이 강하게 압박할 수 없는 협상상대는 일본과 협상을 포기하거나 당초 목표했던 이익의 균형을 맞춘 협상결과를 도출하기 매우 어렵다. 또한, 컨센서스에 의존하는 일본의 정책결정 방식과 잦은 선거로 약화된 정치리더십 문제를 비롯하여, 무역의 대외의존도가 20% 정도에 그치는 일본으로서는 개방이 우리만큼 절박한 과제가 아닌 구조적 요인에서도 비롯된다. 한마디로 일본은 효과적인 실무협상을 하기에는 매우 부적절한 상대였다.

일본이 낮은 수준의 FTA를 체결해 온 그간의 관행에서 벗어나 EU와 EPA 협상을 개시하고 TPP 참여를 서둘렀던 것은 확대되는 글로벌 FTA 네트워트에 일본이 고립되고 있다는 위기의식과 함께 외부의 충격을 통해서만 구조개혁을 추진하고 경쟁력을 유지할 수 있다는 절박성에 기인했다고 본다. 또한, GATT 체제나 WTO를 통한 다자간 협상과정과 결과에 대체로 순응해 갔던 일본의 과거 행동패턴에 비추어 양자보다는 복수국간 또는 다자간 협상을 활용하는 것이 내부의 반발을 무마하고 컨센서스를 확보하는데 유리하다고 판단했을 것이다.

그러나 일본이 과연 거대 경제권과 높은 수준의 FTA를 온전히 타결해 낼 수 있을지 여부에 대한 논란이 제기되었다. 구조적으로 얽힌 정경유착 관계를 해소하는 것은 굉장히 어렵기 때문이다. 과연 미국이나 EU가 일본과의 FTA 교섭을 통하여 효과적으로 일본의 고질적인 비관세조치를 제거할 수 있을까? 어려울 것이다. 그러나 미국과 일본의 메가 FTA 협상이 전략적 측면을 과도하게 고려하는 경우 상업적 이해의 균형을 확보하지 않고도 타결될 개연성은 얼마든지 있다.

일본의 선회와 한국에 대한 함의

11월 11일 노다 요시히코野田佳彦 일본 총리는 APEC 정상회의 계기에 기자회견을 통하여 일본의 TPP 협상 참여방침을 발표했고 그 후 일본 정치권은 찬반 논란에 휩싸였다. 일본 언론은 '잃어버린 20년'으로 지칭되는 일본의 경제침체를 극복하고 아·태 시장의 성장동력을 활용해야 한다는 논조를 보였다. 그만큼 일본의 관심은 TPP 및 EU와의 FTA 협상으로 경도되기 시작했다. 한편, 한국도 7월 발효된 EU FTA의 후속조치와 아울러 11월 한·미 FTA 비준을 종료하고 발효를 위한 준비를 하고 있었다. 또한, 2012년 1월 초 한·중 FTA 협상개시를 위한 잰 걸음을 하는 등 한·일 양국은 서로 자국 내의 변화에 집중하여야 하는 여건이었다.

일본은 2012년 EU와 FTA 협상을 개시하고 다음해 TPP 협상에 참여함으로써 거대 경제권과 포괄적이고 높은 수준의 FTA를 체결하는 정책으로 급선회 하여 적극적인 FTA 체결국으로 부상했다. 농산물의 개방수준이 50~60% 정도에 불과한 FTA를 체결함으로써 개방으로 인한 구조조정의 효과가 미약하다는 비판을 받아왔던 일본이 정치력과 경제력을 바탕으로 메가 FTA의 진전을 선도하는 양상을 띠게 된 것은 괄목할 변화다. 이런 정책전환의 배경에는 아베 신조 총리가 인접국과 마찰을 빚고 있지만 국내의 강한 지지를 바탕으로 해묵은 국내경제의 비효율성을 제거하기 위해 과감한 정치적 결단을 내린 것도 큰 몫을 하고 있다. 아베노믹스의 세 개의 화살 중 세 번째는 구조개혁을 통한 성장동력을 확보하는 것으로써 TPP는 이런 목적에 직접 부합되는 정책이다.

인접국인 한국은 이러한 일본의 변화에 주목해야 할 충분한 이유가 있다. 한·미 FTA 발효 후 중국과 일본 등 우리의 경쟁국은 미국과 EU 시장에서 우리보다 불리한 대우를 받았고, 우리는 FTA의 독점적 수혜를 받았다. 또한, 한국은 EU와 FTA를 발효시킨 후 TPP 참여를 위한 사전협의도 추진했다. 그러나 일본보다 TPP 참여가 늦어지게 되었고 TPP 협상의 급진전으로 원가입국 지위로 가입하는 것도 용이하지 않게 되었다. 반면 일본은 EU와 FTA 협상은 물론 TPP 협상에도 참여함으로써 한국이 그 많은 정치적 비용을 지불하고 체결한 한·미 FTA를 포함한 FTA 네트워크가 확보했던 선점의 우위를 한순간에 무력화 시킬 수 있다는 점을 간과해서는 안 된다.

그만큼 FTA는 상대성의 게임이며 일시적으로 확보된 선점의 이익을 수성하는 것은 어려운 법이다. 일본이 참여하는 TPP에 우리가 후속 참여를 하는 경우 결국 한국과 일본간에 FTA가 체결되는 효과가 발생된다. 현행 TPP는 한국과 일본의 양자관계에 특화된 비관세장벽을 다루지 않고 있기 때문에 결국 양국의 관세인하를 중점으로 다룰 경우 무관세비율이 높은 일본은 상대적으로 유리할 것이 자명한 일이다. 이런 여건은 우리에게 고도의 정치적 결단을 요구하고, 양국교역의 구조적 불균형을 해소하는 창의적 해법을 모색할 것을 요구한다.

일본이 자국의 경제력을 배경으로 EU 및 미국과 메가 FTA를 추진함으로써 미국, EU 및 일본이 주축이 되어 국제적인 기술기준과 표준을 선점해 나가는 효과도 커질 것으로 내다본다. 이런 여건은 특히 정보기술 분야 등에서 기술력을 선도해 가는 우리 기업들에게 부담으로 작용될 우려가 있다.

15

한·중 FTA
협상출범

서로의 차이를 인정하면서 공동의 목표를 추구하며,
어려운 문제는 후일로 미루고 쉬운 일부터 처리한다.
求同存異 先易後難.

중국의 격언

한·중 FTA와의
인연

나와 한·중 FTA의 첫 인연은 2009년 여름으로
거슬러 올라간다. 당시 외교부 고위간부들은 지금은 고인이 된 황장엽 씨
를 초청하여 비공식 간담회를 갖고 북한 정세에 관한 그의 견해를 들을
기회가 있었다. 북한의 주체사상을 집대성한 인물이기도 했던 그는 북한
정치의 이론과 현실 그리고 김일성과 김정일을 비롯한 북한 지도자와 교
류했던 소회를 털어놓았다. 그는 작고 마른 체구에 시종일관 낮은 목소리
였으나 팔순을 넘긴 노인이라고 믿기 어려울 만큼 탁월한 그의 기억력과
빛나는 안광을 지금도 잊을 수 없다.

그는 한·중 FTA 추진 필요성을 아래 요지로 역설했다.

"남측이 남북통일의 주도권을 잡으려면 중국을 움직여야 하는데 한·중
FTA를 체결하면 북한이 큰 심리적인 타격을 입을 것이며 남한이 주도적
인 위치에서 북한을 다루어 나갈 수 있다."

북한은 중국이 북한을 포기하지 못할 것이라 생각하고 있기 때문에 만
일 중국이 한국과 FTA를 체결하게 되면 북한은 상대적 박탈감을 가지게
되고 자신감이 상실될 것이라는 취지였다.

2004년 한·중 양측 통상장관은 한·중 FTA 협상추진에 대한 개념적인
논의를 한 적이 있었으나 협상은 성사되지 못했다. 당시, 통상교섭본부는
일본과의 FTA 협상이 교착되면서 중국과의 FTA 추진방안을 다각적으로
검토하고 있었다. 그 후 2010년에 발표된 한·중 FTA 산관학 공동연구 결
과보고서는 긍정적이었고 협상개시 전에 민감성 처리에 대한 사전협의를
권고했다. 2010년 5월 말 서울에서 열린 한·중 정상회의에서는 산관학 공
동연구의 성공적인 종료를 평가했다.

그러나 협상개시 시기와 관련하여 양측 입장에는 차이가 있었다. 원자
바오 총리는 늦어도 2011년 상반기에는 협상개시가 이루어지기를 희망
한 반면 한국은 당면한 한·미 FTA의 국회비준과 발효 준비에 집중해야 되
는 여건이었다. 양국간 이러한 기본여건의 차이로 2010~11년간에는 협상
추진을 위한 기초 작업에 치중했고 2011년 말 미국 및 EU와 FTA의 비준절
차가 마무리되면서 나는 본격적으로 한·중 FTA 협상출범에 집중할 수 있
었다.

중국은 한국이 미국과 FTA를 체결하자 한·중 FTA 협상의 조속한 개
시를 희망했다. 중국의 의도는 명료했다. 경제적 이해도 중요했지만 전략

적 필요성이 긴요했기 때문이었다. 중국으로서는 한·중 FTA를 통하여 아시아의 경제통합 과정에서 주도권을 확보하고 TPP를 통하여 아·태 지역의 영향력을 확대하는 미국을 견제하는 동시에 ASEAN+6를 통하여 중국을 견제하려는 일본의 전략에 대응하고자 했다. 또한, 한·미 FTA 체결 이후 강화되고 있는 한·미 동맹관계가 중국에 미칠 부정적인 영향을 희석하고자 했다.

한·중 FTA는 한국과 중국에 공히 전략적, 정치적 그리고 상업적인 함의를 가질 수밖에 없다. 그 이유는 국제정치 및 교역관계에서 중국이 차지하는 비중이 계속 커지고 한·중간 FTA 협정은 중국과 한·미·일 간에 존재하는 깊은 단층선을 연결하는 중요한 교량이 될 수 있기 때문이다. 관건은 중국과 FTA를 어떤 조건 하에 어떤 시간계획을 가지고 추진해 나가고, 양측의 민감성을 고려하면서도 의미있는 협정을 체결하기 위해 국내정치 여건을 어떻게 조성하느냐에 달려 있었다. 또한, 한·중 FTA, 한·일 FTA 및 한·중·일 FTA 등 3개 FTA 협상을 추진해 나가는 순서도 정할 필요가 있었다.

한·중간 교역구조

2011년 기준 중국의 GDP는 세계 2위(7조 달러), 교역규모는 세계 2위(3.6조 달러) 그리고 외환보유고 세계 1위(3.9조 달러)를 기록했다. 세계은행은 '중국 2030 보고서'에서 중국의 놀라운 경제성장의 배경으로 효과적인 시장 지향적인 개혁, 거시경제의 안정성을 담보로 균형발전을 모색, 지방정부간 경쟁활성화, 내수시장의 통합 및 국제경제로의 지속적인 통합을 들었다. 바야흐로 잠자던 대륙이 깨어나 용

틀임하는 형상이다.

한·중간의 교역은 양방향으로 폭발적 증가세를 보였다. 2011년 한·중간 교역은 2,200억 달러로 우리나라 전체 교역액의 20%를 차지하는 최대교역국이 되었다. 수출은 1,342억 달러였고, 수입은 864억 달러였다. 2010년 우리의 대중 무역수지는 452억 달러 흑자를 기록했다. 중국으로서도 우리나라는 미국, 일본 및 홍콩에 이어 4위의 교역상대국이었다. 한·중간의 교역구조는 가공무역을 위한 중간재가 주종을 이루었다.

우리의 대중 수출품목은 반도체 및 액정표시장치LCD, 석유화학제품 및 자동차가 상위 10대 수출품이었다. 반면 수입 10대 품목도 반도체와 LCD 및 화학원료 등이었다. 그만큼 양국의 공급사슬이 긴밀히 얽혀 있다는 반증이기도 했다. 한편, 우리의 대중 상위 10대 수출품이 대중 전체 수출액의 50% 이상을 점유하는 것도 특징적이었다. 달리 말하면 중국시장에서 우리가 비교우위를 점하는 품목의 숫자가 일부 품목에 제한돼 있다는 사실이다.

양국의 관세율을 보면, 농산물 부문은 우리 실행세율(48.6%)이 중국(15.6%)보다 높은 반면, 공산품의 실행세율은 중국(8.7%)이 우리(6.6%)보다 다소 높았다. 특히, 의류, 가죽, 신발류와 자동차 등의 품목에서는 중국의 세율이 우리보다 현저히 높은 구조를 가지고 있었다.

인적 교류도 인상적이었다. 2010년에 한국을 방문한 중국인은 187만 명으로 전년대비 약 40%의 증가세를 보였고 중국을 방문한 한국인은 407만 명으로 전년대비 27.5%의 증가세를 보였다. 양국간 항공편 운항회수는 52개 노선에 주당 837회를 상회했다. 놀라운 것은 이런 통계수치가 매년 기하급수적으로 늘고 있다는 것이었다.

중국의
FTA 정책

중국이 추진해 온 FTA 정책은 경제적 효과에 중점을 두기 보다는 다분히 외교·전략적 고려에 우선순위를 두어 온 것을 알 수 있다. 예를 들어 홍콩, 대만 및 ASEAN의 FTA와 같이 중국과의 역사적, 정치적 및 문화적인 특성관계를 감안하거나 역내 위상 강화를 목적으로 추진된 FTA, 칠레 및 페루와의 FTA와 같이 자원확보를 위해 추진된 FTA, 개도국과의 전략적인 동맹관계 또는 영향력을 확보하기 위해 체결된 FTA 등으로 대별해 볼 수 있다.

이런 정책 하에서 2011년 말 현재 중국은 17개국과 9건의 FTA를 발효시켰으며 한국 및 호주 등 17개국과 8건의 FTA 협상을 추진 중에 있었다. 이들 FTA 발효국과의 교역비중은 전체 교역액의 20%에 다소 못 미치는 수준으로 전반적으로 특혜관세 교역의 비중은 낮은 수준이었다. 중국은 ASEAN, 칠레, 파키스탄 및 대만 등과는 단계적인 방식으로, 뉴질랜드, 싱가포르, 페루 등과는 일괄타결방식으로 FTA를 체결했다.

중국은 한국과의 FTA 및 한·중·일 FTA 협상을 비롯하여 RCEP 협상에 지대한 관심을 가지고 참여했으며 아·태 지역에서 중국을 배제하고 추진되고 있는 TPP 등 메가 FTA의 진전에 각별한 관심을 기울여 왔다. 2010년 6월 중·대만간 경제협력기본협력협정ECFA이 서명되면서 양측간 상품, 서비스 및 투자 등의 분야의 협상 원칙과 일정에 대한 지침이 마련됐으며 조기 수확프로그램에 따라 상품 분야와 서비스 분야의 자유화 협상을 단계적으로 추진해 왔다.

중국이 체결한 FTA의 내용을 보면, 상품 분야는 협상상대국의 경제수준에 따라 중국측에 유리한 비상호적인 관세감축에 합의했다. 즉, 중·뉴질랜드 FTA의 경우 중국측에만 양허제외 품목을 허용했고 축산물 등에 대해서도 중국에 대해 장기간의 유예를 합의했다. 원산지 규정은 초기협정에는 완전생산기준을 적용했으나 점차 다양하고 보충적인 기준을 활용했다.

서비스 분야는 포지티브 방식을 채택했고, DDA 양허안과 유사하거나 일부 진전된 개방수준을 보였다. 물론, 중국과 특수한 관계를 가진 홍콩, 마카오 및 대만과의 FTA는 전문직 상호 인정, 금융, 물류, 의료 및 관광 분야의 서비스를 일부 개방했다. 또한, 노동, 환경 조항을 비롯하여 경쟁 정책과 정부조달 조항을 포함한 FTA는 없었다.

구동존이-선이후난
求同存異-先易後難

중국은 경제성장의 지속성을 유지하기 위한 기반으로 내수중심의 성장전략을 추진하면서 그간 글로벌 생산기지 위주의 중국시장을 세계 최대의 소비시장으로 전환을 추진 중이었다. 우리로서도 한·중 FTA는 13억 인구를 가진 거대시장을 선점하고 성장동력을 확보할 수 있는 수단이었다. 또한, 중국의 수입대체정책으로 인하여 가공무역의 비중이 감소추세에 있는 반면 일반무역의 비중이 증가하는 추세로써 중국 내 우리의 투자이익과 기업활동을 지원하기 위한 기반을 구축한다는 것도 큰 혜택이 될 것으로 보았다. 한편, 우리보다 먼저 중국과 FTA를 체결한 대만, 홍콩, 싱가포르 등과 경쟁격차를 줄일 필요도 있었다. 나아가 한·중관계를 전략적 동반자로 발전시키고 동시에 한반도의 평화와 안정을 위한 중국의 역할을 확보하는 수단으로도 활용할 수 있다는 분석이 있었다.

그러나 우려의 시각도 컸다. 무엇보다도 중국발 종합적인 불확실성에 대한 우려였다. 중국은 여전히 상부에서 통제하는 사회주의 경제체제를 유지하고 있고 정책결정 절차와 경제제도의 불투명성이 많았다. 또한, 관세협상에 성공한다고 하더라도, 지식재산권 보호 미흡, 복잡한 통관절차, 자의적 기술규제조치, 인허가 장벽과 불투명한 법집행 뿐만 아니라 비관세조치가 광범위하다는 비판도 제기되었다. 일부 대기업을 제외하고 대다수의 기업들이 기회와 함께 위기의식을 가지고 있었다. 농업계는 절박한 우려를 쏟아내고 있었다. 이런 연유로, 정치권 일각에서는 과거 한·미 FTA로 유발된 갈등이 재연되지 않을까 걱정하고 있었다. 더욱이, 일부 외교 전문가는 "한·중 FTA는 중국에 대한 우리의 의존성을 심화시켜 결과적으로 한·미·일 동맹관계를 약화시킬 수 있다"는 잠재적 차이나 리스크를 지적하기도 했다.

통상교섭본부는 한·중 FTA 추진의 득실, 추진방식과 시기 등에 관하여 광범위한 의견수렴을 했다. 관계부처, 업계 및 각계 전문가의 의견수렴을 위한 수많은 협의와 간담회를 열었다. 결과는 놀라웠다. 2010년 무역협회가 전체 제조업 중 3,000개사를 상대로 한·중 FTA 추진에 관한 설문조사를 해 봤더니 찬성 58.5%에 반대 36.8%가 나왔다. 또한, 협상추진 필요성에 대해서는 전반적으로 공감하면서도 이득보다는 손실이 크다는 우려의 목소리도 컸다.

그간 우리가 추진해 온 FTA는 농축산업의 반대와 제조업 쪽의 찬성을 조정하면서 전반적으로 개방의 이익을 설득해 나가는 구조였다면, 한·중 FTA 협상은 이러한 구조를 그대로 적용하는 데 어려움을 예고하고 있었다. 다시 말하면, 국내에서 한·중 FTA를 선도적으로 추진해 나갈 세력이 미약한 것이었다. 결국, 한국은 한·중 FTA의 추진에 있어 실질적인 시장접근의 이익을 추구하면서도 한국의 민감성을 보호할 안전장치를 선제적으로 마련해야 했다.

2010년 발표된 산관학 연구결과는 공식 협상에 돌입하기 전에 민감성 처리방안에 대한 한·중 양국간 우선 협의를 권고했다. 또한, 우리의 관심은 중국측의 기대수준을 확인하는 작업이었다. 이에 따라, 국장급 협의를 통하여 협상의 기본지침TOR을 작성하는 데 집중했다.

중국은 두 개의 사자성어를 즐겨 구사했다. '구동존이求同存異와 선이후난先易後難'이다. 전자는 상호 차이를 인정하면서 공동의 목적을 추구한다는 의미고, 후자는 쉬운 것부터 먼저 다루고 어려운 것은 나중에 취급한다는 의미다. 우리도 농산물 분야의 민감성을 고려하여 이견이 없었다. 협상초기에 중국의 실무선은 일괄타결 방식을 고수했고 우리는 일괄타결보다는 단계적 접근방안의 유용성을 강조했다. 결국 양측은 입장을 절충하여 2단계로 협상을 추진하기로 합의했다. 1단계에서는 민감분야의 보호방식에 우선합의를 하고 2단계 협상으로 넘어가 일괄타결 방식으로 협상을 추진하는 방안으로 절충했다. 다만, 민감품목의 보호를 어떤 범위의 품목에 적용하고, 어떤 방식으로 보호를 하느냐가 관건이었다.

협상전략을 수립하다

2010년 중 한국은 한·미 FTA 추가협상과 한·EU FTA의 서명과 비준작업에 모든 에너지를 쏟고 있었던 반면 중국측은 협상개시를 서둘렀다. 2011년 4월 한·중 총리회담에서 원자바오溫家寶 총리는 5월 한·중·일 정상회담 계기에 한·중 FTA 협상개시를 대외적으로 발표하기를 희망했다. 그러나 우리는 국내여건상 중국의 요청에 유보적인 입장을 견지했다. 이에 중국은 '2011년 내 협상개시'를 목표로 필요한 준비를 해 나가자고 제안해 왔고 양측은 "협상의 출범단계에 진입했다는 점에 공감하고 협상개시 시기에 대해서는 앞으로 긴밀히 협의해 나간다"는 내용의 대외발표를 했다.

7월 초 북경에서 열린 한·중 실무협의에서 양측의 민감성 처리에 관해 합의했다. 즉, 협상개시 후 FTA의 포괄 범위와 민감부문 처리방안에 대한 양해를 도출하고 이 양해에 기초하여 본격적인 양허협상을 진행하고 조기수확early harvest 가능성을 모색하기로 했다. 우리는 협상전략을 수립하면서 두 가지 이슈를 최우선적으로 고려했다. 첫째, 협상의 기대수준을 어떻게 설정하며 둘째, 협상추진을 어떤 방식으로 할 것인가에 초점을 맞추게 되었다.

먼저, 상품 분야의 양허수준은 한·ASEAN FTA 및 중·ASEAN FTA 수준을 벤치마크하되 양허방식은 양허 모델리티와 비민감 분야를 조기 수확하는 기본협정을 먼저 체결하고 상품협정 협상을 개시하는 방향을 잡았다. 한국과 중국이 ASEAN과 체결한 FTA는 일반품목군NT과 민감품목군ST의 비중을 사전에 정하고 민감품목군은 특별취급을 적용하고 있는데, 문제는 이렇게 분류되는 품목군의 비중을 어떻게 정하느냐가 핵심 쟁점이었다.

일반품목군의 경우, 품목수 및 수입액 기준 90% 이상에 대하여 10년 내 관세철폐를 적용하는 것을 원칙으로 정했다. 또한, 민감품목군은 일반민감 품목군과 초민감 품목군으로 다시 분리하여 일반민감X%은 장기철폐 등 다양한 보호장치를 가동하고 초민감Y%은 양허제외 등을 적용하기로 했다. 일반민감 품목군의 수치와 초민감 품목군의 수치는 추후 협상을 통하여 결정하기로 했다.

서비스 분야의 경우 양허수준은 DDA 플러스를 목표로 하되 양허방식은 기본협정 체결 후 서비스 및 투자협정 협상을 개시하는 방안을 검토했다. 규범 분야는 지재권, 정부조달, 비관세장벽을 포함한 포괄적인 FTA를 추진하되, 기술장벽협정, 상호 인증, 전자상거래와 비관세장벽 협의 메커니즘은 본 협상과 병행하여 추진하는 방안을 검토했다. 일단 협정의 구조에 대한 기초적인 합의가 마련된 셈이었다.

협상 추진방식은 사전협상 및 본 협상으로 구성된 단계적 협상방식[36]으로 구상했다. 즉, 정부간 사전협의을 통하여, 민감성과 기대수준에 대한 공감대를 도출하고 사전협상의 TOR 합의를 추진하되, 사전협상에서 우선적으로 상품 분야의 모델리티 골격에 대한 협상을 추진한다. 또한, 본 협상에서는 조기 수확을 포함한 기본협정과 분야별 협정을 구분 추진하는 방안을 검토했다. 시간계획은 2011년 상반기 중 사전협의를 완료하고 하반기에는 사전협상을 추진하는 방안을 상정했다.

검토할 사항이 또 있었다. 경쟁하는 한·중, 한·일 및 한·중·일 FTA의 추진순서를 정하는 일이었다. 경제적 측면은 물론 정치적으로도 매우 민감한 사항으로 3가지 FTA는 동북아의 경제통합 추진이라는 장기 목표 하에서는 모두 중요한 FTA였기 때문이다. 그러나 한·일 FTA는 모멘텀을 확보하기 어려웠다. 일본은 공산품 관세가 거의 없는 반면 농산물 관세인하 협상에는 극도로 보수적인 입장을 보이고, 비관세조치를 해소할 능력이 없어 보였다. 또한, 우리 기업들도 일본과의 경쟁에 자신감을 보이지 못하는 상황이었다.

---

36 단계별 협상추진 방식 개념도

협상 전 단계	협상 후 단계	
사전협의	1단계	2단계
민감분야 보호를 위한 협상구조협의	민감품목비중 및 보호방식 합의	상품, 서비스 규범 등 전 분야 협상

한편, 일본 내부에서도 한·일 FTA에 집착하지 말고, 한·EU 및 한·미 FTA의 자극을 받아, EU 및 미국과의 FTA를 서둘러야 된다는 목소리도 나오고 있었다. 한·중·일 FTA가 체결되려면 그 하부구조로서 한·일, 한·중 및 중·일간 양자간 양허합의가 전제가 되어야 한다. 그러나 현실적으로 3국간에 양자협정이 없는 상황에서 3자간 FTA를 추진한다는 것은 어려운 일이었다. 결국 2012년 중 한·중 FTA 협상개시를 한 후, 한·일 FTA 협상 재개를 위해 필요한 실무협의를 모색하기로 방침을 정했다. 한·중·일 FTA 는 양자협상관련 조치를 취한 후 추진하기로 했다.

1박 2일의 북경 출장

2011년 12월 한·미 FTA가 국회의 비준동의를 받고 발효를 위한 후속준비를 하면서 나는 중국에 전념할 여유가 생겼다. 12월 초 청와대에서 이명박 대통령 임석 하에 한·중 정상회의 준비를 위한 소인수 회의가 열렸다. 나도 참석했다. 한·중 FTA 협상출범과 관련한 중국측과의 협의방향에 대한 논의가 있었다. 중국측은 2012년 1월 초 예정된 정상회담 계기에 협상출범을 선언하기를 희망했다. 그러나 우리는 구체적인 협상추진계획이 확정되지 않았고 공청회를 비롯한 절차적인 요건도 충족을 못한 상황이었다. 결국, 양국의 국내절차가 종료된 이후에 협상을 개시하는 방향으로 내부방침을 정하고 나와 유젠화 상무부 부장조리가 협의하도록 했다.

12월 30일 나는 1박 2일 일정으로 북경을 전격 방문했다. 2012년 1월 9일 예정된 한·중 정상회의 계기에 한·중 FTA 추진에 관한 사전 실무협의를 하기 위한 출장이었다.

중국 상무부 회의실에서 유젠화 부장조리를 만났다. 중국 상무부는 대외교역뿐 아니라 국내교역도 관장하기 때문에 조직과 인적 자원의 규모가 굉장히 컸다. 당시 협상출범의 발표시기를 둘러싸고 한·중간 이견이 컸다. 유젠화 부장조리는 정상회담의 공동성명에 한·중 FTA 협상개시를 발표하는 문안이 포함되어야 한다고 주장했다. 나는 법정 국내절차를 완료하지 않은 상태에서 협상개시를 발표하는 것은 불가능하다고 반박했다. 결국 "양국정상은 한국의 국내절차가 종료되는 대로 FTA 협상을 개시한다"는 우리 문안대로 합의했다.

양국 정상회의 계기에 후진타오胡錦濤 주석은 한국정부가 결단을 내려 한·중 FTA 협상을 조속 개시할 것을 희망했다. 양 정상은 "2015년까지 무역액 3,000억 달러 달성을 목표로 하고, 한국의 국내절차가 종료되는 대로 협상을 개시한다"고 공동 발표했다. 우리는 정상회담의 후속조치를 준비했다. 우선 공청회 개최가 시급했다. 2월 24일 국회 외통위와 한·중 FTA 공청회가 동시에 열렸다. 박 본부장이 외통위에 처음 참석하여 호된 신고식을 치르는 시각에 나는 코엑스에서 열린 공청회에서 곤욕을 치렀다. 공청회장은 농민단체들이 난입하여 단상 앞 공간이 모두 점거된 상태에서 내가 개회사를 읽자마자 시위대가 몰려와 명패를 던지고 단상에 난입했다. 결국 경찰력이 배치된 이후에야 개회사를 마칠 수 있었다. 그러나 시위대의 감정표현이나 반대의 강도가 과거 한·미 FTA의 경우에 비해 약화되어 있었다.

중국은 3월 말 서울에서 열리는 핵안보정상회의 계기에 한·중 FTA의 협상개시 선언을 강력히 희망했다. 우리는 3월 15일 한·미 FTA 발효 이후의 여론을 지켜보면서 한·중 FTA의 국내절차를 추진해 나갔다. 4월 16일 대외경제장관회의 추인으로 국내절차를 완료하고 통상절차법을 준용하여 국회에 보고를 완료함으로써 한·중 FTA 협상개시 결정에 필요한 국내절차가 완료되었다. 그 밖에도 법정절차에 추가하여 세미나, 토론회 및 업종별 간담회 개최 등을 통하여 폭넓은 국민의견을 수렴해 나갔다.

나는 4월 말 1박 2일로 다시 북경을 찾았다. 유젠화 부장조리와 협상 출범을 위한 합의서를 작성하기 위해서였다. 양측의 합의를 명확히 하기 위해 합의사항을 문서로 작성했다. 합의사항은 5월 2일 한·중 통상장관회의를 개최하여 양국 FTA의 협상개시를 공식 선언하고 협상 모델리티를 포함하는 공동 각료성명을 발표하기로 합의했다. 공동성명은 민감품목 보호를 위해 협상을 2단계로 추진한다는 것을 명시했다. 1단계에서는 상품, 서비스 및 투자 분야의 협상지침을 합의하고, 2단계에서는 리퀘스트-오퍼방식을 포함하는 전면협상을 추진하기로 했다.

또한, 민감분야 보호방식도 합의했다. 즉, 양국의 민감성 반영을 위해 일반품목군과 민감품목군을 나누어 장기철폐, 부분감축 및 양허제외방식 등을 포함하기로 했다. 그 밖에 WTO 플러스 수준의 서비스 시장개방과 개성공단 제품에 대한 역외 가공을 인정하는 내용을 포함하기로 합의했다. 다만, 민감품목군의 범위에 대한 구체수치에 대해서는 합의하지 못했다. 즉, 민감성 보호는 하면서도 의미있는 시장접근 기회를 만들어야 되기 때문에 양측의 이해가 상반될 수밖에 없었다. 중국측은 농산물에 공세적 입장을 취하면서도 공산품 분야에서는 자국 내 산업보호를 강조하면서 극히 소극적인 입장을 취했다. 그러나 중국과의 갈등 이전에 국내에서는 관계부처간에 이해가 첨예하게 대립되고 있었다.

나는 우리의 민감품목 보호라는 명제와 주력 수출품의 대중국 시장접근 확보라는 두 가지 정책목표를 동시에 충족시킬 수 있는 최적점을 모색해 나갔다. 내부적으로 대외경제정책연구원KIEP의 심층연구 및 한·중간 무역특화지수TSI 등을 검토하고 경우의 수에 따른 시뮬레이션을 시행한 결과 11,000여개 세번HS Code 중 품목수기준 1,000개(약 8.6%)와 수입액 기준 82억 달러(약 10.4%) 가량을 민감품목으로 산출할 수 있었다.

간단히 말하면, 전체 세번 중 민감품목군의 범위를 10% 정도로 하고 그 안에 초민감 품목을 5~6% 정도만 포함시켜도 민감 농산물과 일부 민감 공산품을 적절히 보호할 수 있다는 기초적인 판단을 했다. 동시에 같은 기준을 중국의 입장에서 적용한다고 가정할 때 우리의 주력 수출품이 중국 시장에 의미있게 수출될 수 있을 것이라고 판단했다. 물론 중국은 농산물 분야에서는 공세적 입장을 취하면서도 우리 주력 수출품의 대중국 시장접근에는 방어적인 입장을 견지했다.

무엇보다도, 각료 공동성명문에 향후 협상에서 "역외가공조항[37]을 협정문에 포함한다"는 문안에 합의했다. 이 문안은 2011년 12월 말 나와 유젠화 부장조리간 실무합의를 이루었던 사항이었다. 당초 중국은 이 문안을 각료 공동성명문에 포함하는 것에 대하여 유보입장을 보였으나, 우리의 지속적인 설득으로 수용했다. 이로써 협상개시 선언을 위한 실무준비가 완료되었다.

협상출범을 선언하다

5월 2일 박태호 본부장은 중국 상무부에서 천더밍陳德銘 상무부장과 통상장관회담을 가졌고 한·중 FTA 협상개시를 공식

---

[37] 우리나라는 그간 체결한 모든 FTA의 원산지 규정에서 개성공단 제품을 한국산으로 인정받기 위한 특례조항을 도입했고, 이 조항은 OP 방식과 위원회 방식의 두 가지 유형이 있다. OP 방식은 북한 내에서 생산되는 한국제품이 특정요건을 충족하는 경우 한국산으로 인정하는 방식(ASEAN, EFTA, 인도 및 페루와의 FTA)이며, 위원회 방식은 협정발효 후 위원회를 구성하여 역외가공지역 및 역내산 기준을 정하는 방식(미국 및 EU와의 FTA)이다.

2012년 5월 2일 베이징(北京)에서 박태호 통상교섭본부장(왼쪽)과 천더밍(陳德銘) 상무
부장이 통상장관회의를 가진 후 기자회견을 열어 한·중 FTA 협상개시를 공식 선언하고
있다.

선언했다. 그 이후, 팬다 곰이 녹색 대나무 숲속에서 놀고 있는 대형 벽
걸이 카펫이 배경으로 걸려 있는 중국 상무부 회의실에서 공동 기자회견
을 했다. 역사적인 순간이었다. 보도자료로 배포된 양측 통상장관간 합의
문은 2단계 협상, 민감분야 보호방식, 서비스-투자 분야 및 역외가공지역
관련 사항을 포함하고 있었다. 그 직후, 나는 주중대사관에서 특파원을 상
대로 두 시간여 심층 브리핑을 했다.

열흘 뒤 나는 유젠화 부장조리를 수석대표로 하는 중국대표단과 마주
앉았다. 중국 상무부 회의실에서 열린 제1차 협상회의였다. 주로 협상 조
직과 절차에 관한 협의에 집중되었다. 우선 협상원칙, 대상범위 및 단계별
협상을 포함하는 협상의 운영세칙을 확정했다. 또한 향후 협상계획에 대
한 개괄적인 합의를 했다. 양측은 벌써 신경전을 벌였다. 우리는 서해상
에서 기승을 부리고 있는 중국 어선들의 '불법, 미보고 및 미규제조업행위

Illegal, Unreported and Unregulated Fishing(IUU)'문제를 제기하고 이 조항이 포함되어야 한다고 주장하면서, 중국·페루간 FTA에 IUU 조항이 포함되어 있음을 상기시켰다. 그러나 중국측은 우리의 요청을 일축하고, 한술 더 떠 SPS/TBT 챕터를 제외할 것을 주장하면서 정면 맞대응해 왔다. 서로 자신의 입장을 강조하면서 기세싸움을 벌였던 회의였다. 일단 협상은 개시되었고, 향후 협상을 추진해 나갈 기본방향은 잡혔다. 이제 필요한 것은 양측의 진정성과 정치적 의지였다.

제2차 회의는 6월 중순 제주에서 열렸다. 회의 첫날 나와 유젠화 부장조리는 개회선언을 하고 바로 실무회의로 들어갔다. 회의장 밖에서는 제주 농민단체들이 시위를 하고 있었다. 제주도 부지사가 직접 찾아와서 농산물 시장개방에 우려를 표했다. 중국은 한 치의 양보도 하지 않고 제1차 회의 때의 자국입장을 되풀이 했다. 하루 종일 회의를 했음에도 불구하고 협상은 진전 없이 지루하게 공전하고 있었다.

중국의 협상패턴은 독특했다. 일단 협상상대와 호의적 인간관계를 확보하고 자국의 협상원칙과 포지션이 확정되면 상대를 강하게 밀어붙이면서 상대의 의도와 인내를 거칠게 시험했다. 또한 합의가 근접하거나 성립된 후에도 문안의 수정 또는 재협의를 요구하면서 상대가 추가적 신축성을 가지고 있는 지 여부를 확인하고자 했다. 협상 중에 새로운 양보를 해야 하는 문제가 제기되면 협상파기도 불사한다는 강경한 입장을 견지하면서 감정적 반응을 보이곤 했다. 중국의 경직된 정책결정 메카니즘으로 인하여 한번 정해진 결정을 번복하거나 수정하기 어려운 구조와도 무관하다고 할 수 없다.

둘째 날부터 실무협상은 속도가 붙었다. 한·중 FTA의 협상 틀은 마련됐다. 부처간 조정과 국회보고 등 국내적인 컨센서스를 추진하고 중국을 압박하면서 우리의 이익을 극대화하기 위한 진검승부가 시작된 것이었다. 여러 상황을 가정하여 관세삭감 모델리티를 시뮬레이션하면서 자유화 대상 품목의 범위에 대한 접점을 찾을 수 있을 것으로 내다 봤다. 한·중 FTA 교섭에서 나의 역할은 여기까지 였다.

나는 2012년 9월 주제네바 대사로 부임했다. 그리고 1년 뒤 유젠화 부장조리가 주제네바 WTO 담당 중국대사로 부임했다. 우리는 다자통상협상 테이블에서 머리를 맞대면서도 한·중 FTA 협상출범을 위한 기반을 조성했던 때를 회상하곤 했다. 다자간 협상대상이 양자간 협상과 직접 연관성을 가지는 경우가 있다. WTO 차원에서 추진되는 정보기술협정ITA 협상의 대상품목은 비슷한 시기에 협상 중이던 한·중 FTA와 중복됐다. ITA 협상에 중국도 참여는 했으나 대상품목과 감축일정에 방어적 입장을 보인 반면 미국, EU, 일본과 한국은 공세적으로 협상에 임했다. ITA 협상은 장기간 교착상태를 유지하다가 2014년 11월 미·중간에 일부 품목에 대하여 합의를 함으로써 협상은 중대한 모멘텀을 맞이했고, 참여국들은 연말까지 타결을 위해 집중적으로 교섭했다.

한국의 경우, 미국 및 EU 등과 FTA를 체결했기 때문에 중국에 대한 시장접근이 확보되지 않는다면 ITA는 부가가치가 적은 협정이었다. 그래서 수석대표로 참석한 나는 미·중간 합의를 존중하면서도 한국의 공세적 이익을 반영하기 위해 집중적인 교섭을 했다.

미국과 EU의 압박과 함께 WTO 사무총장까지 중재에 나서면서 중국의 입장변화를 유도해 나갔다. 공은 중국측으로 넘어갔으나 한 치도 양보할 수 없다는 입장을 고수함으로써 교착상황을 유지해 오다가 2015년 7월 한·중간 쟁점사항에 대한 극적인 합의로 ITA 협상타결에 물꼬를 텄다. 그간 나와 류젠화 대사간 쌓아온 신뢰관계도 협상타결에 일조했다.

협상결과와
한국에 대한 함의

2015년 2월 한·중 양국은 FTA에 가서명을 하면서 협정문을 공개했다. 2015년 11월 30일 한·중 FTA 비준동의안이 국회 본회의를 통과하고, 12월 20일 발효했다. 2015년 11월 20일 한·중 FTA 비준동의안이 국회 본회의를 통과했다. 이로써 우리나라는 미국, EU에 이어 중국 등 3대 거대 경제권과 FTA 네트워크를 구축하고 FTA 체결국과의 교역비중이 전체 교역의 63%에 이르게 됐다. 확대일로인 중국시장에 특혜적으로 접근할 기회를 다른 나라보다 먼저 확보함으로써 중국 수입시장에서 1위인 우리의 점유율을 수성할 수 있는 기반이 마련됐다.

협정문 내용에 대한 평가에는 시간이 더 필요할 것이다. 한·중 FTA는 우리가 기체결한 FTA 중 가장 높은 수준으로 우리 농수산물 시장을 보호했다. 한·미 FTA의 경우 품목수 기준 98.3%, 수입액 기준 92.5%에 달했던 자유화율에 비하면 한·중 FTA는 각각 70% 및 40% 수준에 불과한 것을 보면 알 수 있다. 반면, 제조업 분야의 자유화율도 굉장히 낮다. 중국의 10년 내 관세철폐율은 품목수 기준 71.7%, 수입액 기준 66.4%에 불과하다. 발효 후 10년이 지나도 우리의 대중 수출품의 시장접근에 장애가 상당히 남아 있다는 의미다.

달리 말하면 한·중 협정은 양측의 민감분야를 보호하는 데 중점을 둠으로써 실질적인 시장접근 기회를 확대하는 데는 미흡한 점이 있다고 할 수 있다. 우리로서는 농산물 보호를 위한 고육지책이었겠지만, 우리가 공세적 이익이 있는 주력 제조업 분야에서 특혜적 접근기회를 많이 확보하지 못했다는 것은 아쉬운 대목이다. 낮은 수준의 FTA는 피선점의 불이익이 상대적으로 작기 때문에 역외 국가로 하여금 중국과의 FTA 협상에 도

미노를 불러오지는 않을 것이다. 동시에 한국시장에서 경쟁하는 역외 국가들이 한국에 대한 FTA를 구애할 유인 또한 없을 것이다.

협정은 통관, 시험인증 및 지재권 분야에서 중국의 비관세장벽을 낮추고 건설, 환경, 유통 및 법률 서비스 분야에서 중국시장을 일부 개방하기로 합의했다. 또한, 개성공단에서 생산 중인 총 310개 품목에 대해 한국산 원산지 지위를 부여하기로 하여 그간 우리나라가 체결한 한반도 역외가공지역 관련 규정 중에 가장 우호적인 결과로도 평가되고 있다.

한편, 한·중 FTA의 비준동의를 추진하는 과정에서 여·야·정은 향후 10년간 1조원에 달하는 "상생협력기금"을 조성하기로 합의한 것으로 알려졌다. 그동안 정치권에서 논란이 되어 왔던 "이익공유제"의 개념을 사실상 수용한 모양새였다. 자발적이라는 단서가 붙긴 했지만 인기영합적인 발상이 아니라 할 수 없다. 한·중 FTA의 수혜자를 특정하고 수혜의 규모를 측정하는 것이 불가능한 여건에서 이런 기금을 조성하는 것에 대하여 업계의 반발이 예상된다.

한·중 FTA는 전략적 측면에서도 함의가 깊다. 이 장의 모두에 언급한 황장엽 씨의 언급대로 한·중 FTA는 한·중간 교역 확대와 동시에 북한에 대해 심리적 박탈감을 줄 것이다. 또한, 한·중 FTA는 아·태 지역에서 형성되는 메가 FTA에도 영향을 미칠 것이다. 한·중 FTA로 인하여 TPP 참여국들은 중국과의 FTA 체결에 관심을 보일 것이고 RCEP의 협상을 촉진하는 효과도 있을 것이다.

당면한 과제는 체결된 협정을 조기에 발효시키는 것이다. 그러나 중국 경제와 시장의 변화속도와 아울러 아·태 지역에서 전개되는 중층적 구조의 FTA와 메가 FTA 동향에 비추어 낮은 수준으로 체결된 한·중 FTA의 업그레이드 필요성이 조만간 제기될 것이다. 한편 한국은 TPP 협정 가입을 추진하게 될 것이고 이런 여건 전개와 별도로 중국도 궁극적으로 TPP에 참여하거나 대응하기 위한 다양한 노력을 전개할 것이다. 이런 여건 속에서 한·중 FTA의 업그레이드를 한·중 양자 차원에서 추진할 지 또는 중국도 참여를 검토하게 될 TPP라는 지역협정의 테두리에서 추진할지 또는 완전히 새로운 접근에 기반을 두고 추진할지 여부에 대한 판단은 여건 변화의 역동성을 고려하여 전략적으로 이루어져야 할 것이다.

6부

메가 FTA의 진화와
다자통상협상

2015년 2월 5일 WTO 서비스 이사회(CTS) 고위급 회의가 열려 최빈개도국에 대한 웨이버를 부여하는 방안에 관해 토의를 했다. 사진은 필자가 서비스 이사회 의장자격으로 고위급 회의를 주재하고 있는 모습

새천년에 들어 국제통상질서는 대변혁기에 접어들었다. 2001년 출범한 DDA 협상이 장기 교착을 거듭하고 산발적으로 확산되던 지역주의는 근본적인 진화를 거듭해 오고 있다. 과거의 지역 통상협정은 선진국과 개도국간 또는 개도국간 체결된 경우가 많았으나 최근에는 미국, EU, 중국을 비롯하여 일본 등 세계교역의 비중이 높은 국가가 참여하는 거대한 양자협정 또는 복수국간 협정이 체결되고 있는 것이 특징이다. 소위 메가 FTA 또는 메가 블록이 급속하게 만들어지고 있는 것이다.

현재 진행 중인 메가 FTA는 환태평양경제협력동반자협정(TPP), 범대서양무역투자협력동반자협정(TTIP), 한·중·일 FTA(CJK FTA) 및 아·태지역내포괄적경제협력동반자협정(RCEP) 등이 대표적이다. 예비적인 타당성 검토를 하고 있는 아·태지역자유무역협정(FTAAP)도 메가 FTA의 범주에 속하기는 하지만 아직 개념적 논의 수준에 그치고 있는 실정이다. 우리나라는 현재 CJK FTA 및 RCEP협상에 주도적으로 참여하고 있고, 궁극적으로 TPP협상에 참여 또는 가입을 하기 위한 검토와 협의를 하고 있다.

한편, 한·미 FTA 협상과 비준을 추진하는 과정에서 국내에서는 수많은 논쟁이 있었지만 정작 FTA와 WTO 규범과의 연관성 그리고 다자간 통상협상과 FTA 협상과의 역학관계에 대한 깊은 고려가 없는 경우가 많았다. FTA와 메가 FTA의 내용과 구조를 이해하려면 전후 국제통상질서를 지배해 왔던 '관세와 무역에 관한 일반협정(GATT)'과 세계무역기구(WTO) 협정체제의 규범과 국제통상환경의 변화를 살필 필요가 있다.

다자통상체제는 전후 세계 경제발전과 무역확대를 주도해 왔었다. 그러나 새천년에 들어서면서 DDA 협상이 장기간 교착되고, 지역 무역협정이 확산되는 대변혁기를 맞이하고 있다. 한국이 추진한 미국, EU 및 중국 등 거대 경제권과의 FTA도 다자통상체제의 입법기능이 제대로 작동되지 않는 것에 기인한다.

나는 제네바 대표부 참사관, APEC 사무총장, DDA 협상대사를 거쳐 지난 3년간 제네바 대표부 대사를 하면서 다자간 통상체제의 교섭활동에 직간접적으로 참여했고, 메가 FTA의 동향을 관찰하고 검토할 기회를 가졌다.

　제6부는 두 개의 장으로 구성했다. 제16장은 TPP, TTIP, 한·중·일 FTA 및 RCEP 등 대표적인 메가 FTA의 추진현황을 일별하고, 이런 FTA가 가지는 특성과 전략적 의미 그리고 새로운 국제통상질서가 우리나라에 미치는 함의에 대해 살펴보았다. 제17장에서는 FTA의 실체적 내용 및 정치·경제적 역학과 밀접한 연관성이 있는 다자통상체제의 발전과정과 전망을 살폈다. 그리고 다자통상체제가 직면한 도전과 함께 한국에 대한 함의도 적어 보았다.

16

메가 FTA의 진화와
한국의 선택

힘과 능력이 커질수록 책임도 커진다.
With great power comes great responsibility.

볼테르(Voltaire)

메가 FTA의
출현

　　　　　　　　　　다자통상체제와 공존해 온 전후 지역주의는 크
게 세 단계를 거치면서 확대되어 왔다. 제1차 지역주의는 1950~60년대
EU의 경제통합 또는 인접 개도국간 경제통합에서 보듯 제한적인 여건에
서 추진되었다. 제2차 지역주의는 1980년대 후반의 UR 협상시기와 일
치한다. 대표적인 것은 NAFTA와 EU 확대를 들 수 있다. 전후 다자주의
를 신봉하던 미국이 EU 확대에 대한 견제와 함께 UR 협상의 지연에 대한
대비책으로 NAFTA를 체결함으로써 지역주의에 참여한 것이 특징이다.
2000년에 접어들면서 급속히 확산되는 제3차 지역주의는 미국과 EU는

물론 중국 및 일본 등 그간 지역주의에 소극적이던 아·태 지역 국가들이 모두 지역통상협정 체결에 적극적인 정책으로 전환했다. 2013년 말 현재 WTO에 통보된 지역통상협정RTA은 432개로써 WTO 설립 이후 급증하는 추세다.

2002년 밥 죌릭 통상대표는 "미국은 준비된 국가와 협상을 통하여 자유시장 네트워크를 경쟁적으로 구축해 나간다"는 '경쟁적 자유화'를 미국 통상정책으로 채택했다. 다시 말하면 미국은 자유무역시장을 추구하기 위해 양자, 지역 및 다자간 교섭 어느 것이든 추진해 나간다는 정책이다. 이런 정책의 배경에는 APEC이나 미주자유무역지대FTAA를 통한 지역 차원의 자유화가 결실을 맺지 못하고, DDA 협상마저도 첨예한 입장대립에 봉착하자 무역자유화에 모멘텀을 마련하기 위한 것이었다.

그럼에도 불구하고, 2000년대 중반까지는 여전히 다자주의의 중요성과 협상의 성공 가능성에 대한 믿음이 있었다. 그러나 2005년 홍콩 WTO 각료회의가 실패하고 2008년 7월 합의에 다시 실패하자 다자주의에 대한 믿음의 일각이 무너져 내리기 시작했다. 이런 여건 속에서 한·미 FTA와 같이 국제교역에서 비중있는 국가간 FTA가 체결된 것을 신호탄으로 미국, EU 및 일본 등 거대 경제권이 직접 참여하는 복수국간 협정 또는 지역협정 협상이 촉진되었다.

현재 진행 중인 메가 FTA는 환태평양경제동반자협정TPP, 범대서양무역투자동반자협정TTIP, 한·중·일 FTA 및 역내포괄적동반자협정RCEP 등이 대표적이다. 예비적인 타당성 검토를 하고 있는 아·태지역자유무역지대 FTAAP도 메가 FTA의 범주에 속하기는 하지만 아직 개념적 논의수준에 그치고 있는 실정이다.

또한, 양자 FTA지만 참여국의 교역규모를 보면 한·미 FTA, 한·EU

FTA, 한·중 FTA와 한·중·일 FTA를 비롯하여 EU·일본 EPA, EU·캐나다 CETA도 거대 FTA로 분류할 수 있다. 일본은 EU와 양자협상을 추진하는 동시에 TPP에 동참함으로써 FTA 후진국에서 단숨에 FTA 강국으로 발돋움하고 있다.

▎환태평양경제협력동반자협정
TPP

TPP는 2006년 뉴질랜드, 칠레, 싱가포르 및 브루나이 4개국P-4 협상에서 출발했다. 2010년 미국이 협상에 공식 참여함으로써 미국 주도로 포괄적이고 높은 수준의 무역·투자 자유화를 목표로 설정했다. TPP가 발효되면 거대한 공급사슬이 형성되어 역내 교역이 증대하고, 미국의 아·태 지역에 대한 전략적 입지가 강화될 것이다. 그 후 호주, 페루, 말레이시아, 베트남, 캐나다, 멕시코 및 일본이 추가되어 12개국이 협상을 추진해 왔다. 한국은 2013년 캐나다, 멕시코, 일본과 함께 TPP 협상참여에 대한 관심을 표명했고, 회원국들과 양자협상을 추진했다. 그러나 한국의 양자협상이 완료된 2014년 3월에는 이미 TPP 협상이 마무리 단계에 접어들었고, 협상이 타결되기 전에 새로운 회원국의 참여를 허용하기 어려운 상황이었다. 더욱이 2015년 10월 5일 타결됨으로써 새로운 회원국의 참여가 허용되지 않고 있는 상황이다.

2012년 TPP 참여국의 역내 교역량은 2조 달러에 달한다. 그 중 1.2조 달러는 NAFTA 내 교역이 차지하고 일본과 NAFTA간 교역은 2,500억 달러에 달하며 그 밖의 TPP 참여국간 교역량은 1,800억 달러에 불과하다. 결국 NAFTA 3국과 일본이 역내 교역의 추진자이며 특히 미국과 일본이 TPP 역내 교역에 주도적 역할을 함으로써 TPP는 미·일간 FTA라고 단순하게 말하는 주장도 일리가 있음을 알 수 있다.

TPP는 미국 주도의 지역경제통합 구상으로서 상품과 서비스의 교역증가 효과가 발생될 것으로 예상된다. 미국은 아·태 지역에서 높은 수준의 TPP를 통해 중국의 영향 하에 추진 중인 RCEP을 견제하는 동시에 중국과의 협력을 통해 WTO 차원의 다자통상협상과 TFA, ITA, TISA 및 EGA 등 복수국간 협상을 모색하고 있다. 이로써 높은 수준의 통상규범을 마련한 후 궁극적으로는 중국이 TPP 협정이 추구하는 규범을 수용해 나갈 수 있도록 유도하는 데 초점을 두고 있다고 본다.

또한 전략적인 면에서도 TPP가 가지는 함의는 대단히 크다. 미국은 중국의 부상에 대응하기 위해 아시아 재균형 정책pivot to Asia을 추진해 왔다. TPP는 미국이 아·태 지역 국가들과 전략적인 파트너십을 형성함으로써 미국이 보유한 힘의 우위 안에서 중국의 부상을 수용하면서 기후변화, 경제성장 및 무역 분야에서 협력을 추구하는 중요한 메커니즘이 될 수 있을 것이다. 또한, TPP는 TTIP 협상추진과 타결을 촉진할 것이고 이 두 개의 거대한 메가 FTA는 중국을 자극하고 궁극적으로 국제 통상질서의 대변환을 주도하게 될 것이다.

2015년 상반기 TPP 협상은 일부 쟁점만 남겨 놓고 있는 것으로 알려지면서 조기 협상타결 가능성에 대한 기대가 커졌다. 더욱이 2015년 6월 TPA가 미 의회를 통과함으로써 TPP 협상의 조기 타결을 추진할 수 있는 모멘텀을 확보하게 됐다. 그러나 기대와는 달리 2015년 7월 말 하와이에서 열린 TPP 각료회의에서 그간 농축되어 온 핵심 쟁점들을 해소하지 못하여 최종 타결에 실패했다. TPP 협상은 농축산물 등 민감품목의 관세인하, TRQ 관리, 지재권 보호, 의약품 자료보호기간, 국영기업, 규범, 투자 및 환경 등의 분야에 쟁점을 안고 있었다. 특히, 미국은 일본에 대해 돼지고기, 쇠고기, 낙농제품 및 쌀의 시장접근 개선과 비관세장벽의 해소를 주문했고, 캐나다, 호주 및 뉴질랜드는 미국과 닭고기, 낙농제품, 설탕 등을 둘러싸고 대립각을 세웠던 것으로 알려졌다. 나아가 자동차 원산지 기준과 생물 의약품 자료보호기간 문제가 첨예한 쟁점으로 부각되었다.

한편, 7월 각료회의가 실패한 근본적인 원인으로 미 행정부의 소극적인 입장을 지적하는 시각도 있었다. 특히, 미 행정부는 낙농제품, 설탕, 섬유 및 자동차 원산지 기준 등 시장접근 문제, 생물 의약품의 자료보호기간 문제 및 ISD에서 담배의 적용을 제외carve-out하는 문제 등 핵심 쟁점에 대해 의회와 충분한 조율없이 절충을 추진하는 경우 TPP 이행법안의 미 의회 통과가 어려울 수 있다는 판단을 했다는 관측이다.

2015년 10월 5일 미국 애틀랜타에서 열린 TPP 각료회의 계기에 협상의 타결을 선언하게 된 것은 미 행정부와 미 의회 그리고 미국과 회원국들 간에 쟁점에 대한 문제 해소가 이루어졌기 때문이라고 볼 수 있다. TPA 법에 따라 TPP 협정문이 공개되는 시점은 서명 60일 전에, 서명시점은 타결선언 후 90일 경과시점이 되어야 하기 때문에 협상타결 선언, 협정문 공개, 서명 및 이행법안의 미 의회 제출시점 등이 상호 정치적 여건과 연계되어 있다.

2015년 11월 초 공개된 TPP 협정문은 농산물 및 공산품의 시장접근, 서비스 및 투자의 자유화, 정부조달, SPS, TBT, 지식재산권, 원산지, 경쟁정책, 노동, 환경 등 30개 챕터로 구성되어 있고 협정문 본문과 부속서한만 1,500쪽에 이르는 방대한 조약문이다. 양허표와 원산지 의정서를 포함하면 전체 협정문이 7,000쪽에 달하는 것으로 알려졌다. 협정대상 분야의 포괄성과 높은 수준의 자유화는 한·미 FTA와 유사하다.

다만, TPP 협정에는 한·미 FTA와 달리 국영기업, 일시입국, 능력형성, 개발, 중소기업, 규제조화 및 반부패 등의 분야가 별도 챕터로 추가되어 있고 원산지 누적조항과 수산보조금 규제 관련 조항도 포함되어 있다. TPP는 각 분야별 위원회와 작업반을 두고 있으며 협정의 이행과 고위급 정책협의를 위한 장관급 위원회를 정례화 함으로써 향후 TPP의 경제블록화 프로세스를 주도할 것으로 보인다.

협정문의 구조가 복잡하고 내용이 방대함에 비추어 세밀한 분석에는 시간이 걸릴 것이다. 특히 협정문 본문의 내용파악은 물론 양자간 합의된 문서의 내용과 의미를 분석하기 위해서는 굉장히 세심한 검토가 필요할 것이다. 타결된 협정이 서명될 때까지 회원국들의 합의를 전제로 협정문의 일부 내용에 대한 수정작업도 진행되고 서명 이후에는 각국은 비준을 위한 국내절차를 취해 나갈 것이다. 미국이 이행법안을 제출할 수 있는 시기는 2016년 대선 이전이라는 관측과 그 이후로 연기될 것이라는 다양한 전망이 제시되고 있다. 또한, 과거의 경험에 비추어 미 의회가 서명된 협정문을 원문 그대로 수용할지 여부도 추후 관전 포인트 중의 하나다.

범대서양무역투자협력동반자협정 TTIP

2013년 6월 출범한 TTIP 협상은 미국과 EU간 높은 수준의 자유무역, 비관세장벽 철폐와 규제조치의 조화를 목표로 한다. TTIP의 원조는 1960년대 나토를 강화하기 위한 북대서양 자유무역지대 제안으로 거슬러 올라가며 그 이후에도 유사한 이니셔티브들이 제시되곤 했었으나 성사되지 못했다. 그러나 새천년 들어 미국과 EU의 지속적 영향력 약화와 중국을 비롯한 신흥국의 부상에 대한 대응 필요성이 절박한 과제로 제기됨으로써 TTIP 협상추진에 불씨를 지폈다. 미국과 EU는 전 세계 GDP의 45%를 차지하고 양방향 상품교역은 전 세계 교역의 50%를, 서비스 교역을 포함하면 전 세계 교역의 30%를 차지한다. 미국과 EU는 각각 상대의 최대 투자국이기도 하다.

TTIP의 전략적 함의를 살핀다. 우선 경제적 측면을 보면 일본이 TPP 참여를 확정하고 EU와 EPA 협상을 선언한 후 2013년 10월 캐나다가 EU와 CETA 협상의 원칙적인 합의를 선언하자 자연스럽게 미국과 EU는 각각 상호간 자유무역협정 체결 유인이 생긴 것이다. 전략적 측면을 보면 힐러리 클린턴 전 국무장관이 TTIP을 '경제적 NATO'라 지칭했듯이 경제통합을 통해 범대서양 전략적 동맹관계를 강화하고 아시아 재균형 정책으로 아시아 지역에 편중되는 미국의 관심을 유럽 쪽으로 전환할 수 있다는 시각이 있다. 또한 TTIP은 단지 관세인하보다는 규제조치의 조화를 추구하고 새로운 표준과 규범에 초점을 두고 있기 때문에 협상이 타결되면 DDA 협상에도 자극을 줄 수 있을 것으로 내다 본다.

TTIP은 상품의 시장접근을 위한 관세협상과 원산지 규정에 관한 협상을 하지만 미국과 EU의 실행관세율이 낮은 점에 비추어 관세협상의 비중은 상대적으로 적다고 할 수 있다. TTIP는 비관세조치, 상호 인증, 표준 및 규제조치의 조화와 격상에 초점을 두고 있다. 또한 금융 서비스, 전문직 서비스, 전자상거래, 인터넷 자료전송 등 서비스 분야의 시장접근을 다루고 규범 분야, 정부조달, 무역원활화, 경쟁정책, 국영기업, 중소기업 등 소위 21세기 이슈에 대한 규정도 협상대상인 것으로 알려졌다.

TTIP은 투자 및 투자자 보호 챕터를 두고 있다. 미국은 기존의 모델투자협정에 따라 투자의 비차별조치, 투자의 수용에 대한 제한, 과실송금, 투자자·국가 소송제도 및 시행요건의 제한 등의 규정포함을 요구했다. EU는 기존에 유럽집행위와 회원국간 공동관할이었던 투자정책이 2009년

12월 리스본 조약의 발효와 함께 유럽집행위의 단독관할로 전환됨으로써 FTA에 투자규정을 협상하기 용이해졌다. 미국과 EU는 비차별조치와 수용 문제 그리고 투자자·국가 소송제도 규정을 둘러싸고 입장차이를 드러내고 있고, 농산물 관세철폐, 금융 서비스의 자료이전, 정부조달 등의 부분에서 양측간 첨예한 입장대립이 있는 것으로 알려졌다.

TTIP은 새로운 회원국에 개방될 것으로 알려졌다. 우선 EU와 관세동맹을 맺고 있는 터키가 TTIP 협상참여에 관심을 표명한 바 있고 NAFTA 회원국인 멕시코와 캐나다도 TTIP 참여에 관심을 보인 것으로 알려졌다. 최근에는 협정문 본문의 절반 정도는 통합 협정문을 작성한 것으로 알려져 있으나 핵심 쟁점에 대한 이견이 예상외로 커서 조기 타결은 쉽지 않은 것으로 관찰된다.

2015년 6월 미 행정부가 TPA를 확보함으로써 TTIP 협상에 새로운 모멘텀이 마련될 것으로 보인다. 또한 전 세계 GDP의 반 이상을 차지하는 미국과 EU가 난관을 극복하고 협상이 타결되면, 협정의 자유화 수준과 그 방식에 있어 다자간 무역체제에 상당한 영향을 미칠 것으로 보인다.

┃ 한·중·일(CJK) FTA

한·중·일 FTA는 3국의 정치적 비중, 경제규모와 상호 의존도를 고려해 볼 때 정치·경제적 함의는 지대하다. 3국은 전 세계 인구의 1/4, 교역량의 1/6, GDP의 1/6을 차지한다. 3국간 자유무역협정이 체결되면 NAFTA 및 EU에 이어 세계 제3위의 지역통합시장으로 부상할 것이고, 그 순위는 시간이 가면서 역전될 것이다.

중국과 일본은 우리의 제1위 및 제3위의 교역대상국으로서 3국간의

2011년 12월 16일 제7차 한·중·일 FTA 산관학 공동연구 회의가 강원도 평창 알펜시아 리조트에서 개최되어 쟁점사항을 모두 타결했다. 왼쪽부터 충취엔(崇泉) 중국 상무부 부부장, 필자, 니시미야 신이치 일본 외무성 경제담당 외무심의관, 오카다 히데이치 일본 경산성 심의관

FTA 체결로 역내 내수시장의 창출은 역외시장에 대한 의존도가 높은 동북아 교역구조의 개선에도 기여할 것이다. 더욱이 이 협정이 포괄적인 경제협력을 확대해 나가는 경우, 역내의 정치·안보 협력관계 구축을 해 나가는 기반을 조성할 수 있을 것이다.

그럼에도 불구하고 역사인식의 차이로 인한 갈등과 정치제도 및 경제발전의 차이로 역내 협력증진을 위한 제도장치 마련은 아직 걸음마 단계다. 이런 이질성 때문에 협상의 준비기간은 유난히 길었다. 6년간의 민간 공동연구를 거친 후에도 2010~11년간 산관학 공동연구를 추가로 진행했고 2011년 12월 강원도 평창에서 나를 비롯한 한·중·일 차관보급 수석대표가 보고서를 채택함으로써 종료됐다. 그 후 2012년 11월 프놈펜에서 열린 ASEAN+3 통상장관회의에서 한·중·일 FTA 협상개시 선언이 이루어졌고, 다음해 3월에 열린 제1차 협상에서 협상의 운영세칙이 채택됐다.

3국 FTA는 중장기 과제로 추진될 것으로 보인다. 전술한 이질성 뿐만 아니라 3국 협정의 근간을 이룰 수 있는 양자협정이 한·일 및 중·일간에 존재하지 않고 자유화 수준에 대한 3국의 목표수준을 좁히는 일도 용이하지 않기 때문이다. 또한, RCEP 등 3국이 모두 참여하는 광역자유화협정과 규범의 일관성을 유지하면서도 3국간 합의될 특혜이익이 잠식되지 않는 방향으로 협상을 해나가야 할 것이다.

3국 FTA를 추진해 나가는 데 있어 한국의 역할은 매우 중요하다. 3국 협정의 전략적·경제적 중요성에도 불구하고 중·일간에 존재하는 내재적 갈등관계와 함께 EU와의 FTA 및 TPP 협상에 집중하는 일본이 3국 FTA에 대하여 상대적으로 미온적 태도를 보이고 있음에 비추어, 한국이 중국과 일본을 독려하여 적극적이고 창의적인 협상을 주도해 나갈 필요가 있다.

┃ 역내포괄적경제협력동반자협정
┃ RCEP

동아시아 FTA는 2001년 10월 동아시아 비전 그룹에 의해 ASEAN+3 정상회의에 건의가 되면서 논의가 촉발됐다. 그 후 중국이 제안한 EAFTA ASEAN+3와 일본이 제안한 CEPEA ASEAN+6가 병행하여 논의를 해 오다가 2011년 11월 ASEAN은 두 개의 접근을 통합하여 RCEP을 채택하였다. RCEP은 ASEAN 10개국과 한국, 중국, 일본, 인도, 호주 및 뉴질랜드를 포함하여 총 16개국이 참여하고 있으며 이들 참여국은 전 세계 GDP의 30%, 교역량의 29% 및 외국인 직접투자의 26%를 각각 차지한다.

RCEP은 아시아 지역의 자유무역지대 창설을 추구한다는 점에서 TPP

와 유사하다. 그러나 RCEP에 중국과 인도가 포함된 반면 미국이 배제되어 있고 자유화 수준이 TPP와는 비교가 되지 않을 정도로 낮다는 점이 특징이다. 그 이유는 ASEAN이 참여국들의 경제발전 정도와 개방 정도가 다른 이질적인 여건이며 이미 체결한 개별 FTA 협정문의 공통분모를 기반으로 협정문이 마련되는데 기인한다. 한편, 지리적 인접성과 보완적인 산업구조로 인하여 RCEP 국가 내의 공급사슬은 굉장히 발달돼 있는 것도 알 수 있다.

그간 참여국들이 추진한 FTA의 경험을 살펴보면, ASEAN과 중국과 인도 등은 공산품 분야의 자유화 수준이 낮고 서비스, 지재권, 경쟁정책, 환경 및 노동 분야의 자유화에 소극적이다. 일본의 경우 농산물의 자유화 수준이 대단히 낮고 비관세장벽은 대단히 높은 특성을 가지고 있다. 또한, 호주와 뉴질랜드가 희망하는 자유화 수준을 인도와 중국이 수용하기는 어려울 것이다. RCEP은 상대적으로 낮은 수준의 점진적 자유화를 추진하는 협의체로서 포괄적이고 높은 수준의 자유화를 추구하는 TPP와 같은 차원에서 비교하는 것은 적절치 않다.

:: MEGA FTA 비교표

	TPP	TTIP	RCEP	한 · 중 · 일 FTA
참가국	12	29	16	3
GDP(조 달러)	27.7	34.3	21.6	15.7
GDP/세계(%)	(37.1)	(45.9)	(29.0)	(21.0)
세계교역(조 달러)	9.5	15.5	10.7	6.8
교역/세계(%)	(25.8)	(42.1)	(29.0)	(18.4)
역내교역비중(%)	42.3	60.0	42.4	21.4
인구(억명)	8.0	8.2	34.2	15.4
인구/세계(%)	(11.4)	(11.7)	(48.7)	(21.9)

▲ 상기 통계는 2013년 기준. 단, 한 · 중 · 일 역내 교역은 2011년 기준
▲ 자료: 주요국 FTA 추진현황과 2015년 전망. KITA, 2015. 3.

그럼에도 불구하고 미국이 불참하는 RCEP에는 경제규모와 시장규모가 가장 큰 중국의 영향력이 확대될 수 있기 때문에 전략적 함의를 무시할 수는 없다. 또한, 중국은 한·중·일 FTA를 체결함으로써 TPP에서 제외되어 발생되는 고립과 불이익을 보상받으려 하고 있고, APEC 차원에서 FTAAP에 대한 타당성 연구를 주창함으로써 궁극적으로 아·태 지역에 거대한 자유무역지대를 창설해 나간다는 계획도 가지고 있다.

메가 FTA의
진화와 특징

최근 메가 FTA는 놀라운 속도로 진화하고 있다. 메가 FTA 협상은 단순히 역내 참여국간 거대한 경제블록을 만들어 가는 것이 아니라 다자간 통상협상은 물론 메가 FTA간 상호 경쟁적인 작용을 하면서 추진되고 있다. TTIP 협상이 지지 부진하다가도 TPP 협상이 진전을 보게 되면 유럽의 업계들이 TTIP 협상의 촉진을 요구하는 상황이 반복되고 있다. 현재 미국은 TPP의 타결에 우선순위를 두면서 EU의 양보를 압박하고 있고 EU는 미국과 TTIP 협상의 지렛대를 높이기 위해 DDA 협상에서 많은 양보를 하지 않을 것이라는 관측도 있다.

마찬가지로 한·미 FTA 타결이 가시화되자 EU측이 우리에게 협상출범을 독촉하고 한·미 FTA 발효가 임박하자 중국이 한·중 FTA 출범을 독촉한 것도 이런 상호작용이라 할 수 있다. 또한 한·미 및 한·EU FTA 협상 타결 후 비준추진 과정에서도 미국과 EU는 경쟁관계를 보여 주었다. 한편 일본이 미국과 EU간 경쟁을 유도하면서 일·EU EPA 협상 및 TPP 협상에 참여한 것도 메가 FTA간 상호작용의 대표적인 예라고 볼 수 있다.

메가 FTA의 확산은 국제통상질서를 근본적으로 변환시키고 있다.

WTO를 중심으로 한 다자간 통상체제에도 불구하고 거대한 경제블록이 대서양과 태평양의 양안에 만들어지고 있는 것이다. 미국, EU와 일본 등이 메가 FTA 협상에 직접 참여함으로써 국제통상질서의 새로운 기준 또는 표준 작성을 주도해 가면서 내면적으로는 중국의 부상에 대비하고 있고, 동시에 거대 경제권 사이에서도 피선점의 불이익을 회피하기 위해 선수잡기 경쟁이 격화되고 있다. 또한 이런 현상은 참여국가에 뿐만 아니라 우리나라와 같이 대외무역 의존도가 높은 역외 국가에게도 사활이 걸린 영향을 미치고 궁극적으로 다자간 통상체제에 도전과 기회를 동시에 제공하고 있다.

한편 TPP와 TTIP과 같은 메가 FTA가 중국에 대하여 가지는 함의에 대한 많은 견해들이 있지만, "미국은 아·태 지역에서 여전히 지배적인 군사세력이지만 중국은 이미 우월한 경제세력으로서, TPP가 이를 바꾸기에는 너무 작고 늦었다"라고 평가한 기드온 라흐만 파이낸셜 타임즈 주필의 논평[38] 많은 것을 시사한다.

또 하나의 특징은 메가 FTA의 출현과 발전에도 불구하고 브라질, 러시아, 인도, 중국, 남아공 등의 자체 경제규모와 잠재력이 큰 브릭스 BRICS 국가들은 참여하지 않고 있다는 것이다. 물론 중국의 경우 RCEP과 한·중·일 FTA 협상 등에 참여하고 미국 및 EU와 투자협정교섭을 하고 있는 점에 비추어 여타 브릭스 국가에 비하면 상대적으로 신축적인 입장을 취하고 있다. 이들 국가들은 메가 FTA들이 관세영역을 포함하여 비관세장벽의 규제철폐를 목표로 한다는 점을 들어 부정적 기조를 유지하고 있다. 소위 정책공간policy space이 침해될 수 있다는 우려다. 또 다른 불만은 메

---

38 "Obama's Pacific trade deal will not tame China", Gideon Rachman, Financial Times, 2015년 5월 18일

가 FTA가 개도국의 관심 이슈인 농업보조금 삭감, 선진국의 관세정점tariff peak 감축, 인력이동 및 개도국에 대한 특별대우 문제를 다루지 않고 있다는 점을 지적한다.

메가 FTA와 다자간 무역체제와의 관계에 대한 견해는 아직도 분분하다. 낙관적인 견해는 메가 FTA가 체결되어 무역자유화가 진전되면 결국 다자간 무역체제를 활성화하는 데 기여한다고 보는 반면 비관적인 견해는 메가 FTA는 지역적 협정 또는 복수국간 협정으로 분절화 된 규범을 확산시킴으로써 결국 다자간 무역체제에 걸림돌이 된다고 본다. 마지막 견해는 메가 FTA 협상출범을 하더라도 협상참여국간 이익의 균형을 맞춘 합의도출이 쉽지 않기 때문에 협상타결이 용이하지 않을 것이라는 시각이다. 그러나 메가 FTA의 출범 초기에는 회의론이 있었지만 협상의 마무리 단계에 접어든 TPP와 착실한 협상을 진행하고 있는 TTIP를 보면 메가 FTA는 거스를 수 없는 대세인 것이 엄연한 현실이다.

미국의 새로운 무역촉진권한

2015년 TPP 협상이 마무리 과정에 접어들자 과연 오바마 행정부가 대선을 앞둔 미 의회로부터 TPA 권한을 확보할 수 있을지 여부가 최대의 관심사로 떠올랐다. 당초 오바마 대통령이 TPP와 TTIP의 조기 타결을 위해 미 의회에 TPA 권한 부여를 요청하고 미 의회 공화당도 크게 이견이 없을 것으로 기대했다. 그러나 환율조작 문제, TAA, 공정무역 등 민주당과 AFL/CIO이 요구하는 사항과 함께, TPA 권한을 부여함으로써 오바마 대통령에게 정치적 승리를 안겨 주는 것에 유보적인 공화당 일각의 입장을 해소하는 문제가 관건으로 부각되었다.

수개월에 걸친 지리한 정치공방을 거쳐 마침내 2015년 6월 24일 미 상원은 찬성 60석 및 반대 38석으로 무역촉진권한 법안을 단독법안으로 통과시켰다. 이 TPA 단독법안은 지난 6월 18일 찬성 218석 및 반대 208석으로 가까스로 하원을 통과했기 때문에 미 의회의 필요한 절차는 종료됐다. 당초 TPA는 TAA와 함께 하나의 법안으로서 5월 22일 미 상원을 통과했으나 6월 12일 미 하원 표결에서 TPA 부분은 가결되고 TAA 부분이 부결됨에 따라 전체 TPA 법안이 부결된 바 있었다. 이에 공화당 지도부와 행정부는 TPA와 TAA를 분리하여 TPA 단독법안을 하원을 거쳐 상원을 재통과하는데 성공하게 된 것이었다.

또한, 공화당 지도부가 TPA 통과 후 바로 TAA 법안도 통과시키겠다고 약속을 한 바에 따라 TAA 법안은 6월 24일 상원의 토론종결표결cloture vote 및 본안투표에서 모두 가결되고 다음 날 하원으로 이첩되어 찬성 286석 및 반대 138석으로 통과됐다. 하원의 과반수를 훨씬 넘긴 초당적 지지였다. TPA 법안과 TAA 법안이 어려운 여건 속에서도 통과된 것은 공화당 지도부 및 민주당의 헌신적인 소수 의원들과 효과적인 연대를 구축했던 오바마 대통령의 정치적 승리였다.

6월 25일 오바마 대통령은 "중국이 아닌 미국이 국제무역규범의 제정을 주도해야 하며 이러한 초당적 법안(TPA 법안과 TAA 법안)을 의회로부터 접수하는 대로 서명할 수 있기를 기대한다"고 말했다. 프로만 USTR 대표도 "금번 미 의회의 TPA 통과는 의회가 행정부에 대해 무역협상에서 진군명령marching orders을 내린 것이다"라고 평가했다.

6년간 효력을 가진 TPA 법안이 발효됨으로써 TPP 및 TTIP 등 미국이 주도하는 통상협상이 탄력을 받을 것이다. 미국은 보다 구체화된 의회의 지침에 따라 협상상대국에게 최종 협상카드를 제시하라고 압박할 것이고 협상상대국도 협상 마무리를 위해 최종 포지션을 정리하는 수순을 취할 것이다.

2015년 10월 초 TPP 협상이 타결됨으로써 미 행정부는 이행법안을 작성하여 미 의회에 발송하고 TPP 참여국들도 비준절차를 밟게 될 것이다. 미 의회가 제시하는 목표들을 모두 달성할 수 있다면 문제가 없을 것이다. 그러나 미 의회 인준을 추진하는 시기는 미국이 대선을 치르는 기간으로써 미 의회가 과연 TPP의 이행법안을 그대로 표결할지 NAFTA를 비롯하여 한국, 콜롬비아 및 페루와 체결한 FTA를 수정한 것과 같은 조치를 취하게 될지는 두고 볼 일이다.

한국에 대한 함의

세계의 통상지형이 전대미문의 근본적인 변혁기를 맞고 있다. 이런 상황에서 경제의 대외무역 의존도가 과도하게 높은 한국으로서는 다자통상협상이든 양자협상이든 적극적으로 참여해야 한다. 협상참여로부터 얻는 이익창출과 함께 불참함으로써 받는 피해를 방지하기 위해서다. 달리 말하면 '변화에 능동적으로 대응하지 않으면 변화를 강요당한다'는 것이다.

더욱이 우리는 세계 최대 경제규모를 가진 미국 및 EU와 높은 수준의 FTA를 체결했기 때문에 과도한 두려움을 가질 이유가 없다. 특히, TPP와 같은 메가 FTA는 복잡한 공급사슬을 창출함으로써 우리에게 지대한 영향을 미치고 역내의 경제협력질서와 무역규범을 새롭게 선도해 나간다는 점에서 우리가 TPP에 참여하는 것은 필수적이다. 다만, TPP 참여시기와 방법에 대한 전략적인 판단과 정치적 결정이 관건일 것이다. 미국은 초기에 한국의 TPP 참여를 강력하게 희망했다.

나는 우리의 TPP 참여시기와 방식을 검토하는 데 있어 한·중 FTA의 개방수준과 타결시기를 종합적으로 검토해야 한다고 믿었다. 메가 FTA는 상호작용을 하고 특히 미국과 중국은 아·태 지역에서 새로운 무역규범을 주도하는 문제로 각축을 하고 있기 때문이다. 우리가 낮은 수준의 한·중 FTA에 치중하면서 TPP 참여방식과 시기에 대한 전략적 고려가 미흡했다는 시각도 이런 맥락에서 비롯된 것으로 본다.

중국이 TPP의 전략적 함의에 얼마나 관심이 많은 지를 단적으로 보여주는 에피소드를 소개한다. 2012년 5월 초 한·중 FTA 협상출범을 위해 북경을 방문한 박태호 통상교섭본부장은 천더밍 중국 상무부장과 면담을 했다. 천더밍 부장은 "미국이 한국의 TPP 참여를 희망하고 있다고 알고 있는 데 한국의 입장은 무엇입니까?"라고 물었다. 박 본부장은 "한국은 TPP 참여에 관한 방침은 아직 결정하지 않았지만 참여방안을 검토하고는 있습니다"라고 답변했다. 천 부장은 다시 "한국이 TPP 참여를 결정하게 되면 중국측에 미리 알려 줄 수 있겠습니까?"라고 언급했고 박 본부장은 흔쾌히 동의를 한 적이 있다.

그러나 한국으로서는 한·미 FTA와 한·EU FTA가 비준되고 발효되기 전까지 국내적으로 너무 많은 정치적 자산을 소진함으로써, 다른 거대 FTA를 추진할 여력이 없었다. 게다가 2012년 대선 이후 통상교섭 기능이 산업통상자원부로 이관되는 과도기에 TPP 참여에 관해 치열한 전략적 고려를 할 여건이 못 되었다.

2015년 10월 5일 미국 애틀랜타에서 TPP가 타결되고 한 달 뒤 협정문이 공개됐다. 국내외 언론에서는 TPP의 내용과 의미에 대한 다각적인 분석을 보도했고 특히 다수의 국내언론은 우리가 TPP 협상에 참여하지 못함으로써 발생될 수 있는 부정적인 영향을 보도하기도 했다. 불필요한 기우라고 본다. 우리가 원 협정국으로 참여하지는 못했지만 TPP의 발효에 최소 2년이 소요되고, 발효가 된다 하더라도 협정에 따른 자유화 조치는 점진적으로 이루어질 것임에 비추어 조급증은 금물이라 할 것이다. 다만, 협정의 방대성과 복잡성에 비추어 철저한 검토작업이 선행되어야 할 것이다.

먼저 협정문의 국문 번역작업이 선행되어야 한다. 일반국민과 기업들이 정확한 협정문에 접근을 할 수 있어야 되기 때문이다. 동시에 협정문의 챕터별 내용과 함께 그간 우리가 TPP 회원국과 체결한 양자 FTA의 내용을 비교 검토하고 TPP의 부속서한도 협정문의 불가분의 일부로 검토해야 한다. TPP 회원국과의 양자협의도 필수적이다. 협정문 내용의 방대성과 복잡성에 비추어 고도의 법률적이고 기술적인 검토가 수행되어야 한다. 그렇다고 하여 이러한 검토를 외부 로펌이나 연구소에 전적으로 위임하는 것은 적절하지 않으며 전반적인 검토는 고위 정책결정권자의 교감하에 소관부서의 내부 법무조직이 주인의식을 가지고 수행해야 한다. 물론 그 검토결과는 이해당사자들에게 적절히 공유되어야 한다.

협정문의 자유화 수준은 한·미 FTA와 대동소이하다는 것을 알 수 있다. 전반적인 검토가 선행되어야 하겠지만 당장 관심을 가져야할 분야를 살펴보면, 국영기업 관련 규정, 정부조달 관련 규정, 수산보조금 등의 규범 분야, 서비스 자유화 규정, 투자자·국가 소송제도의 세부내용, 일시입국 챕터, 지식재산권 분야의 규정, 중소기업 관련 규정, 원산지 규정과 신규 회원국의 가입조항을 들 수 있다.

우리나라가 TPP 참여를 추진하기 위해서는 몇 가지 구조적 요소도 심도있게 검토해야 한다. 우선 우리가 TPP 협상에 참여하는 경우, 한·일 양국 FTA 체결효과가 발생되는 만큼 TPP가 그간 한·일 FTA 추진과정에서 제기되었던 일본의 비관세장벽과 시장접근 장애문제를 해소하지 못하면 우리나라는 TPP 가입으로 일본과의 교역관계에서 불리한 여건에 처할 가능성을 배제할 수 없다.

또한, TPP 참여국들이 한국의 TPP 가입신청의 대가로 요구할 수 있는 보상에 대응해야 한다. 그간 보도에 의하면 미국은 쌀 쿼터 요구, 쇠고기 연령제한 철폐, 자동차 관련 추가요구, 기타 통상현안에 대한 해결을 선결요건으로 요구해 올 가능성을 배제할 수 없다. 특히 미국은 일본이 쌀과 자동차 등에서 추가 양보한 것을 들어 우리를 압박할 가능성이 농후하다. 우리나라가 TPP에 가입을 추진하는 경우 그 절차는 WTO의 가입accession 절차와 대단히 유사하다. TPP 원 회원국이 합의한 규범을 준수하고 회원국의 가입동의를 확보하는 것이 필수적이다. 원 회원국의 경우 협상과정에서 자국의 이익을 반영하고 우려를 해소하기 위해 협상타결에 합의한다는 것을 일정한 레버리지로 활용할 수가 있음에 반해 후발 가입국들은 이러한 지렛대를 행사하기가 상대적으로 어렵다.

TPP의 참여효과와 관련, 이미 미국, 호주, 캐나다, 칠레, 싱가포르 등 TPP 참여국과 양자 FTA를 체결한 한국이 TPP에 참여함으로써 추가로 얻을 수 있는 이익을 계량해야 한다. 일각에서는 누적 원산지 규정의 혜택과 역내 공급사슬의 이익을 강조하고 있으나, 누적 원산지 규정의 구체적 내용에 대한 분석이 선행되어야 하며, 역내의 공급사슬에서 우리 제품이 가지는 특성과 경쟁국 제품의 특성을 산정해 봐야 할 것이다. 나아가 TPP 협상결과 최종 합의사항을 미 의회가 그대로 승인을 할 것인가 여부도 관찰대상이다. 지금까지 드러난 TPP에 대한 미 의회의 태도는 일관적이라고 보기 어렵다. 과거 중요한 통상협정의 경우 미 의회가 협정문의 수정을 요구해 왔고 경우에 따라서는 서명되고 상대편 의회가 비준을 마친 이후에도 수정요구를 하여 관철한 적이 적지 않았기 때문이다. 더욱이 환율

문제를 비롯한 핵심쟁점에 대하여 미 의회 중진의원들은 유보적 입장을 표했고 유력한 대선주자들도 비판적인 입장을 보이고 있는 것도 불확실성을 가중시킨다.

발효시기에 대한 면밀한 검토도 필요하다. 최근 공개된 TPP 협정문은 회원국의 50%가 비준하고 동시에 TPP 회원국 GDP의 85%를 차지하는 국가의 비준이 이루어져야 발효가 되는 이중 발효요건을 규정하고 있다. 달리 말하면 미국과 일본의 비준이 함께 이루어져야 발효하게 되는 것이며 이들 국가가 우월한 레버리지를 가지고 있다고 할 수 있다. 미국과 일본의 정치여건을 고려해 볼 때 이런 발효요건이 언제 충족될지 정확한 시기를 가늠하는 것은 우리의 TPP 참여전략을 검토하는 데 필수적이다.

메가 FTA의 강력한 드라이브는 엄청난 파급효과를 가져올 것이다. 세계경제에서 차지하는 참여국의 경제적 비중이 크고 선점의 이익과 피선점의 불이익을 유발하는 FTA의 속성 때문에 막강한 구심력을 얻게 될 것이기 때문이다. 우리나라는 한·미 FTA 체결로 높은 수준의 자유화에 한 발 앞섰지만 이제는 EU와의 FTA 및 TPP 협상을 동시에 추진해 온 일본에 비해 뒤쳐진 형국이다. 우리의 TPP 참여는 역내 무역에서 경쟁국인 일본과 중국에 대해 레버리지를 확보한다는 차원에서 검토해야 하기 때문에 통상협상을 담당하는 부처는 외교부서와 깊은 교감을 해야 하며 장기적 국가이익을 고려한 전략적 결정에 대한 국민적 지지를 확보하기 위한 노력도 추진되어야 한다.

17

다자통상체제의 발전과 도전

수백만 광년 떨어진 곳에 있는 별들은
소멸하여 더 이상 빛을 발산하지 않지만
지구에서는 소멸되기 전에 발산된 별빛을 볼 수 있다.
관세는 이런 죽은 별과 같다. 관세는 죽었다.
빠스깔 라미(Pascal Lamy), 전 WTO 사무총장, 2014

다자간 통상체제의 이론과 원칙은 수세기간의 논의와 실증을 거치면서 법적, 경제적 및 정치적 분야에서 발전을 거듭해 왔다. 각국이 공동선을 위해 주권적 권리의 자발적인 양도를 통하여 구속력 있는 통상규범을 만들 수 있다는 법적 사고가 발전되었고, 교역의 자유화를 통하여 더 많은 이익을 얻을 수 있다는 경제적 이론의 발전에도 기반을 두고 있다. 정치적으로는 국력에 의존한 일방조치를 배제하면서 합의된 규범을 준수하여 국제통상질서가 보다 투명하고 예측가능하게 기능할 수 있다는 합의가 오늘날과 같은 다자간 통상체제를 발전시킨 기반이었다.

WTO 규범의 근간을 이루는 국제규범은 근대 국제법의 시조인 그로티우스Grotius가 17세기 초 시장개방의 경제적 논거를 제시한 '전쟁과 평화에 관한 법'으로 거슬러 올라간다. 30년 전쟁을 종식시킨 베스트팔렌 조약은 전쟁과 평화에 관해 광범위한 규정을 하고 있지만 무역재개를 위한 규정도 포함되어 있다. 이 규정은 무역이 평화증진에 기여한다는 믿음에서 기인된 것이다. 통상협상에서 자국의 관세감축을 통한 양허concession는 자국의 권리를 양보하는 것이지만 상대국으로부터도 상응하는 양허를 확보함으로써 상호 이익의 균형을 추구할 수 있는 것이다.

경제이론의 발전과정도 인상적이다. 아담 스미스Adam Smith는 국부론에서 국제적인 노동의 분업으로 특정 제품의 생산에 절대 우위를 가진 국가는 자유무역을 증진할 유인이 있다고 주장했다. 그의 이론을 보완한 이론이 데이비드 리카르도David Ricardo의 비교우위론이다. 이것은 절대적인 우위를 가지지 못한 국가도 생산에 비교우위를 가진 제품은 수출하고 비교열위에 있는 제품은 수입을 함으로써 전체적인 후생의 증진을 이룰 수 있다는 간명한 논리로서 핵심을 꿰뚫는다.

이런 이론에도 불구하고 자유무역에 대한 반대론과 보호무역주의는 엄연히 존재해 왔다. 주로 신자유주의로 인한 세계화의 폐해와 강대국의 일방조치에 대한 방어를 위한 반대 또는 국내정치 관행에 기인하는 반대라 할 수 있다. 무역과 개발에 대한 논쟁도 뿌리가 깊다. 시장중심보다는 정부개입의 필요성에 관한 논쟁으로서 개도국에 대한 특혜부여 여부와 그 방식에 관한 문제다. 개도국에 대한 특별하고 차별적인 우대조치는 WTO 협정에도 포함되어 있고 개별국가 차원에서도 '일반특혜시스템GSP', '무관세무쿼터제도DFQF', 유럽의 '무기를 제외한 모든 품목에 대한 무관세무쿼터제도EBA' 등 다양한 형태로 운영되고 있다.

마지막으로 정치적 측면을 살펴본다. 아무리 완벽한 경제이론과 법체계를 가진 국제기구라 할지라도 국제정치의 현실은 각 국가의 능력과 힘이 비대칭적이라는 것이다. 다자간 무역체제가 GATT에서 WTO 체제로 전환된 것은 미국의 지배권 약화와 개도국의 부상에 기인한다고 보는 이론이 있는가 하면, 미국이 새로운 국제질서를 창출하기 위한 국제적 협력을 추구하기 위해 '전략적 제약'이라는 자발적 행위를 취한 것이라 풀이하기도 한다. 그러나 국가는 국제통상규범의 기능을 위해 일부 주권을 자발적으로 양보하면서도 정당한 규제권한은 행사할 수 있고, '일반예외'와 '필수안보예외' 규정을 통하여 정치주권을 완전히 행사할 수 있다.

GATT에서 WTO 설립까지

현대적 통상체제는 제2차 세계대전 종식과 함께 미국과 영국의 주도로 성안되었다. 1944년 7월 브레튼우즈 회의에서 국제통화기금IMF과 세계은행World Bank이 발족되고 같은 해 10월 덤바튼 오욱스 회의에서 유엔이 창설되었다. 국제무역기구ITO 헌장은 관세, 쿼터 및 특혜철폐, 무역조치에 대한 규범도입 등을 포함한 하바나 헌장으로 성안되었으나 미 의회의 반대로 빛을 보지 못했다. 결국, 1947년 최혜국대우MFN와 내국민대우NT라는 비차별조치와 수량제한 금지를 골간으로 하는 GATT를 임시체제로 만들었다.

GATT는 8차례에 걸친 관세인하 협상을 했다. 1960년대에 딜론 라운드와 케네디 라운드, 1970년대에 도쿄 라운드를 거치면서 협상대상은 관세장벽 이외에 반덤핑규범과 비관세장벽으로 확대되었고 협상참여국도 100개국에 이르렀다. 특히, 1974년 미 의회는 미 행정부에 처음으로 '신속협상권'을 부여함으로써 협상결과를 하나의 큰 패키지로 심의할 수 있게 되었다. 1986년 출범한 우루과이 라운드는 관세, 비관세장벽은 물론 규범, 서비스, 지재권, 분쟁해결, 섬유 및 농업 분야 등 광범위하고 포괄적인 분야에 대한 협상을 추진했다. 협상참여국들은 GATT 체제를 입법, 사법 및 행정 기능을 갖춘 국제기구로 전환하는 문제를 진지하게 고민했다.

1995년 출범한 WTO는 GATT에 기반을 두었음에도 불구하고 양자는 많은 차이가 있다. 먼저, WTO는 무역자유화의 장애를 제거해 나가는 협상을 하면서 규범을 만드는 기능을 한다. 종전에는 상품의 교역과 그에 따른 규범을 만들면 족했지만 현재는 서비스 무역이나 지식재산권에 관한 새로운 규범을 도입하였다. 또한, 환경, 노동, 보건 및 글로벌 가치사슬 등 국제교역과 직간접적으로 연관이 되는 이슈들이 발전되면서 이에 대한 새로운 규범을 만들 필요도 생기게 되었다.

협상의 방식도 변화되었다. GATT 체제 하에서는 각 협정을 비준한 국가간에만 협정이 유효했다. 결과적으로 많은 협정이 타결되었다고 해도 협상에 참여한 국가가 식당에서 메뉴 고르듯 입맛대로 가입하게 되어 협정의 광범위한 효력이 저하되었다. 이러한 단점을 극복하기 위해 우루과이 라운드 협상을 출범시킨 푼타 델 에스테Punta del Este 각료선언은 처음으로 협상결과의 이행은 "모든 것이 합의되기 전에는 아무런 합의도 없다"는 '일괄타결 방식Single Undertaking'을 도입했다.

분쟁해결 규범도 강화되었다. GATT는 분쟁패널의 설치와 패널의 평결 내용 채택을 컨센서스 방식으로 했다. 달리 말하면, 패소국이 언제든지 평결채택을 거부할 권한을 가졌다. 이런 여건 속에서 미국은 일방적인 무역제한조치를 취했다. 소위 슈퍼 301조에 따라 상대국이 미국의 권리를 위반할 경우 일방적인 보복을 할 수 있었다. 국내법을 역외에 적용하는 이런 법들은 명백히 GATT 규범과 정신에 위반되었다. WTO의 분쟁해결체제는 이런 문제점들을 해소했다. 또한, 패널평결에 불복할 경우 상소기구를 통하여 재심을 받도록 했다.

도하개발어젠다(DDA) 협상출범

WTO는 2년에 한 번씩 각료회의를 개최한다. 1996년 싱가포르에서 제1차 각료회의 이후 제네바 및 시애틀을 거쳐 2001년 카타르 도하에서 각료회의가 열렸다. 이 기간은 WTO의 출범 이후 이행을 점검하면서 차기 협상출범을 모색하는 시기였으나 결코 순탄하지 않았다. 반세계화와 반무역자유화 운동의 도전으로 심각한 시애틀 각료회의의 진통을 겪은 후, 도하에서 새로운 다자간 통상협상이 출범했다. 뉴라운드 출범은 UR 협상결과 농업과 서비스 분야에 대한 추가협상이 기설정 의제built-in로 포함되어 있었고 비농산물 분야도 관세감축과 시장개방 필요성이 제기되었기 때문이다.

싱가포르 각료회의는 정보기술협정ITA 협상타결과 추후 '싱가포르 이슈'로 알려진 투자, 경쟁, 정부조달, 투명성 및 무역원활화 분야에 대한 협상 가능성을 모색했다. 선진국은 투자, 경쟁정책, 노동 및 환경 이슈를 의제에 포함할 것을 주장한 반면 개도국은 섬유제품에 대한 선진국의 무역구제조치에 대한 우려와 함께 최빈개도국에 대한 지원을 요구했다. 결국 싱가포르 각료회의는 다양한 입장차이를 확인하면서 향후 라운드의 방향을 예고했다. 반면, 시애틀 각료회의는 개최 전부터 비관적인 관측이 많았다. 뉴라운드 출범을 위한 노력이 있었으나 각종 통상현안에 대한 이견이 너무나 컸기 때문이다. 노동, 환경, 농업보조금 삭감문제, 싱가포르 이슈 및 LDC 대우문제 등이 쟁점으로 부각되었다. 한편 협상기간 내내 시애틀 시내에서는 반WTO, 반세계화 및 반무역자유화 등의 기치를 내건 격렬하고 파괴적인 시위가 전개되었다. 이로써 시애틀 각료회의는 실패로 끝났고 이것은 세계화, 선진국의 지도력, 개도국의 요구 및 조직화된 비정부간 기구의 영향력 등에 대한 새로운 도전을 해소해야 할 숙제를 남겼다.

2001년 도하 각료회의를 준비하던 중에 9/11 테러가 발생했다. 이 전대미문의 사건은 국제사회를 단합하게 했고, 역설적으로 DDA 협상개시를 촉진하는 역할을 했다. 밥 죌릭Bob Zoellick USTR은 미 의회에 협상추진을 위한 TPA 법의 승인을 촉구했다. 회원국은 보다 신축적이었고, 밥 죌릭과 빠스칼 라미Pascal Lamy로 대표되는 미국과 EU의 통상장관간 협조도 최고였다. 일반 이사회 의장이었던 슈튜어트 하빈슨Stuart Harbinson 대사가 개발한 농업 분야의 협상골격에 대체로 합의를 이루었다. 싱가포르 이슈 중 무역원활화, 환경, 반덤핑 등의 이슈는 포함된 반면, 투자와 경쟁 및 노동 이슈는 약화됐다. 11월 카타르의 수도인 도하Doha에서 DDA 협상이 출범되었다. WTO 설립 후 처음 시작되는 포괄적인 다자간 무역협상으로 농산물 및 비농산물을 비롯하여 서비스, 규범, 무역원활화, 무역과 개발, 지식재산권, 무역과 환경, 분쟁해결 양해 등 9개 이슈를 대상으로 했다.

칸쿤에서 다시 제네바로

도하 각료회의에서는 협상타결 목표시한을 2003년 말 제5차 칸쿤 각료회의까지로 정했다. 야심적인 목표였다. 이에 따라 전체 DDA 협상을 총괄하는 무역협상위원회TNC가 2002년 초 설치되고 분야별로 협상그룹이 설치됐다.

농업 분야는 2003년 3월 말까지 협상 세부원칙을 합의한 후 이에 따라 각국이 자유화 이행계획서 제출과 양자협상을 하기로 했고, 비非농산물 분야도 5월 말까지 자유화원칙을 정하기로 했다. 서비스 협상은 다른 회원국에 대해 서비스 시장개방 요청서와 자국의 서비스 시장개방안을 제출하는 시한을 정했다. 그러나 2002년 미 의회가 농업법을 통해 국내보조금을 대폭 증가시키고 철강 세이프가드를 발동하자 협상을 주도해 나갈 미국의 지도력에 대한 신뢰가 손상되었다. 단기간에 포괄적인 협상을 진전해야할 협상초기의 분위기는 무거웠다.

농업협상은 관세인하, 국내보조 삭감 및 수출보조 철폐 등 3개 분야에 집중되었다. 그러나 농산물 수출국과 수입국간의 대립에 이어, 수출 및 국내보조를 유지하려는 선진국과 이에 대항하여 브라질, 인도, 중국 등이 결성한 개도국 그룹G-20간의 입장차이로 세부원칙의 도출시한을 지키지 못했다. NAMA 협상도 관세인하공식을 둘러싸고 선진국과 개도국간 대립이 노정되었다. 서비스 분야에서도 선진국은 광범위한 분야의 자유화를 요구하는 반면 개도국은 자연인의 이동(모드-4)자유화에 초점을 두었다. 또한, 아프리카의 면화 4개국은 면화 국내보조금의 감축을 강하게 제기하면서 미국과 대립했다. 결국 기한 내 농업과 비농산물 협상의 자유화원칙 수립에 실패하면서 2003년 9월 멕시코 칸쿤에서 열린 제5차 각료회의는 목표수준을 낮추어 세부원칙 마련보다는 기본골격을 도출하는 방향으로 선회했다. 그럼에도 불구하고 싱가포르 이슈의 협상개시를 둘러싼 선진국과 개도국의 대립으로 협상은 끝내 결렬되었다.

2004년은 미국 대선과 EU 회원국 확대 등 정치적으로 어려운 여건이었다. 오시마 쇼타로大島正太郎 일반이사회 의장 주도로 집중적으로 논의한 결과 8월 1일 새벽 1시 기본골격(일명 '7월 패키지')에 대한 합의가 이

루어졌다.[39]

- 2004년 이후 계속 협상을 추진하며 2005년 12월 홍콩에서 각료회
  의를 개최한다.
- 농업 분야는 관세감축원칙, 민감품목 및 개도국 특별품목 도입, 국
  내보조 및 수출보조 관련 관세감축 및 규범강화에 합의했고 공산품
  분야는 관세가 높을수록 더 감축하는 비선형 방식을 채택하기로 합
  의했다.
- 서비스 분야는 수정양허안을 2005년 5월까지 제출하기로 했고, 싱
  가포르 이슈는 무역원활화만 협상을 개시하고 나머지는 DDA 협상
  의제에서 제외하기로 했다.
- 개도국의 관심사항인 UR 협상결과 이행문제와 개도국 우대 관련 제
  안의 보고시한을 설정하기로 합의했다.

'7월 패키지'는 표류하던 DDA 협상에 서광을 비췄다. 농업 분야는 보
다 구체적인 원칙들을 담게 되었고 비농산물 분야도 관세감축에 대해 기
본원칙이 설정된 것도 큰 진전이었다. 한편, 개도국들이 반대하던 싱가포
르 이슈 중 무역원활화에 대해서 협상개시를 합의한 것도 성과였다. 그러
나 이번 합의는 칸쿤 각료회의까지 잡았던 목표수준에 훨씬 못 미쳤고 핵
심 쟁점문제를 내일로 미룬 것에 불과했다. 또 하나의 부담은 강화된 개
도국의 영향력이었다. 한마디로 협상구도가 더욱 복잡해진 것이다.

---

39 Kanitz, Roberto et. al(2011), Managing Multilateral Trade Negotiations: The Role of the WTO
   Chairman, CMP Publishing, pp.161-188.

홍콩 각료회의 후
협상중단

　　그러나 2005년 7월 말까지 홍콩 각료회의 결과
물의 '1차 윤곽'을 마련한다는 목표를 설정하고 고위급 회의를 연이어 개
최했으나 합의에 실패했다. 원인은 복합적이었다. 미국과 EU의 협상대표
가 교체되었고 국내 정치상황도 어려웠다. 4월 말에야 임명된 미국의 포
트만 신임 무역대표는 취임 후에도 중·미자유무역협정CAFTA에 대한 의회
비준 문제로 DDA 협상에 적극적으로 나서기 힘든 상황이었다. 만델슨 유
럽연합 통상담당 집행위원도 취임 이후 농업에서 지나친 양보를 했다는
비판에 직면했다. 농업 분야 개도국의 이익을 대변했던 G-20의 강경한 입
장도 한몫을 했다. 수파차이Supachai WTO 사무총장은 "실망스럽지만 재난
상태는 아니다"고 평가했다. APEC 주최국이었던 한국의 적극적인 기여로
농산물 종량세의 종가세 상당치 전환문제가 해결되고 비농산물 분야에서도
관세감축방식으로 '스위스 공식'에 대한 지지세가 확산되었기 때문이다.

　　9월부터 본격적인 협상이 개시되었다. 미국은 TPA 법의 종료시점이
2007년 6월 말이기 때문에 2006년 말까지는 DDA 협상을 타결할 필요가
있었다. 새로 취임한 파스칼 라미 사무총장에 대한 기대도 컸다. 그러나
농업 분야뿐 아니라 비농산물과 서비스 분야의 협상에서 미국과 EU, 수출
입 국가간 현격한 입장차가 지속되자 11월에 들어 라미 사무총장은 홍콩
각료회의에서 달성할 목표수준의 하향조정을 선언했다.

　　홍콩 각료회의 결과에 대한 평가는 비판적이었으나 의미 있는 성과도
간과할 수 없다. 첫째, 농업 분야의 수출보조금 철폐시한을 2013년으로 합
의하고 관세감축 구간수와 보조금감축 구간수를 각각 4개 및 3개로 합의했
다. 또한, 개도국에게는 일부 제한된 농산물에 대하여 구간별 감축의 예외

를 둘 수 있는 특별품목SP을 지정할 수 있도록 신축성을 허용하기로 했다. 둘째, 비농산물 분야에서 관세감축공식으로 복수의 계수를 가진 스위스 공식을 사용한다는데 합의했다. 셋째, 농업 및 비농산물 분야에서는 2006년 4월 말까지 협상 세부원칙을 합의하고, 이에 기초하여 마련할 각국의 양허안을 7월까지 제출하기로 했고 서비스 분야에서는 각국의 수정양허안 제출일정을 합의했다. 넷째, 선진국은 2008년까지 최빈개도국으로부터 수입되는 품목의 97%에 대해 무관세·무쿼터 수입을 허용하기로 합의했다.

2006년 들어 협상전선이 확대되면서 다양한 협상이 전개되었으나 교착상태는 좁혀지지 않았다. 농업시장 접근에서는 EC가, 농업 국내보조는 미국이, 그리고 비농산물 시장접근에서는 브라질, 인도 등 G-20 개도국들이 얼마나 더 양보할 수 있느냐가 협상의 관건이었다. 이를 소위 '트라이앵글Triangle 이슈'라 칭한다. 한편 EU와 개도국측의 일부 신축성이 제안됐으나 미국의 국내보조 감축에 합의를 보지 못하여 결국 돌파구를 마련하지 못했다. 7월 라미 WTO 사무총장은 회원국간 입장차이로 교착상태에 빠진 DDA 협상을 전면 중단할 것을 제안하고 회원국도 동의했다. 극약처방이 내려진 것이었다. DDA 협상은 완전한 실패하느냐 협상재개와 타결을 위한 신축성을 발휘하느냐는 기로에 서게 되었다. 회원국들은 조기 협상타결을 위해 양보해야할 부분과 협상지연으로 인한 기회비용을 비교 형량해야 했다.

협상재개와
7월 잠정합의

협상이 중단되자 한편으로는 책임공방이 이어졌고 다른 한편으로는 협상재개 노력이 병행되었다. 2007년 2월 초 라미 사무총장이 협상재개를 공식 선언함에 따라 상반기에는 미국, EU, 인도 및 브라질 등 소위 G-4 국가의 각료급들이 연쇄적으로 접촉하면서 트라이앵글 이슈의 감축률에 관한 수치를 정하는 협상을 했고, 제네바에서는 모델리티의 최종안을 작성하는 작업을 전개했다. 그러나 6월 포츠담에서 열린 G-4 각료회의가 결렬되고 미국의 TPA도 6월 말로 종료되면서 정치적 모멘텀을 잃었다. 제네바에서도 협상그룹 의장 주도로 제출된 모델리티 초안도 2007년 말까지 협상타결에 실패했다.

2008년 5월 농업의장과 NAMA 의장은 각국의 우려와 관심을 반영한 모델리티 텍스트의 재수정안을 제출했다. 농업의 경우, 관세상한, 민감품목의 수와 TRQ 증량방식, 국내보조 등 선진국의 우려를 반영하고 개도국의 관심인 특별품목 및 개도국 긴급 세이프가드 메커니즘SSM에 대한 규정을 정비했다. NAMA의 경우, 개도국이 관세감축을 조기에 하면 상응하는 감축의 예외조치를 도입함으로써 개도국을 배려하고 분야별 자유화에 개도국의 참여를 연계하여 선진국의 우려를 반영했다.

라미 사무총장은 7월 21일 농업과 NAMA 모델리티 타결을 위한 소규모 각료회의 개최를 선언했다. 농업 및 NAMA 의장은 3차 수정안Rev.3을 제출했다. 농업 모델리티 초안에 대해서는 대체로 긍정적인 평가였으나 NAMA 초안에 대해서는 선진국과 개도국 모두가 불만이었다. 협상은 G-7을 중심으로 핵심 쟁점에 대한 접점을 찾는데 주력했다. 농업 분야에서 국내보조, SP, 민감품목, SSM, 관세상한 등이 쟁점이었다. NAMA 이슈는 관세감축공식과 분야별 자유화 등에 이견이 있었다. 7월 25일 오후 라미 사무총장은 SSM 문제에 아직 이견이 있으나 일단 타협안이 도출되었다고 알렸다. 회원국들은 대체로 긍정적이었으나, 인도가 SSM 문제에 이의를 제기했고, 중국이 분야별 자유화가 협상의 맨데이트에 어긋난다고 강한 반대입장을 보임으로써 각료회의는 실패로 끝났다.

협상실패에 대한 해석이 분분했다. 브라질, 호주 및 EC 등은 협상실패를 아쉬워했다. 반면, 미국이 라미 총장의 타협안을 수용했었으나 이에 대한 미국 내 반응이 미온적이자 SSM과 분야별 자유화에서 인도 및 중국의 강경한 입장을 이유로 협상을 결렬시켰다는 분석보도가 대세를 이루었다. 11월 초 오바마 후보의 대선승리 일주일 후 미국발 금융위기라는 거대한 쓰나미가 제네바를 덮쳤다. 글로벌 경제위기로 보호무역주의가 확산될 우려가 있자 G-20 정상들은 연내 농업과 NAMA 모델리티 타결을 지시했기 때문이었다. 라미 사무총장은 고위급 회의를 소집하고 농업 및 NAMA 의장은 4차 수정안Rev.4을 제출했다. 그러나 미 의회 중진의원들이 4차 수정안을 기초로 연내 협상타결을 하는 데 반대함으로써 연내 협상개최 노력에 찬물을 끼얹었다.

▌장기교착과 조기 수확

2009년 들어 회원국들은 다시 '7월 합의'문건을 만지작거렸으나 협상 모멘텀을 살리기에는 역부족이었다. 우리나라는 2010년 11월 G-20 정상회의 주최국으로서 DDA 협상을 재개하기 위하여 다각적인 노력을 했다. 나도 DDA 협상대사 자격으로 거의 매달 제네바에서 열리는 고위급 회의에 참석하면서 협상의 모멘텀을 찾고자 모색 했으나 G-20 정상회의와 제7차 WTO 각료회의는 협상을 촉구하는 선언을 채택하는 데 그쳤다. 그 후 2011년 제8차 각료회의는 그간 견지해온 일괄타결 입장에서 선회하여 조기 수확 추진 가능성을 열어놓고 이듬해까지 무역원활화, 일부 농업 분야 및 개발 분야 등에 대한 협상을 했으나 진전이 없었다.

2013년 상반기에는 WTO 사무총장 선출에 집중하느라 협상에 몰두할 시간이 없었다. 9월 새로 취임한 호베르토 아제베도 사무총장은 인도네시아 발리에서 열리는 제9차 각료회의에서 조기 수확을 해야 하며 그렇지 못할 경우 다자간 통상체제에 대한 신뢰회복이 불가능할 것이라는 경종을 울렸다.

협상대상은 무역원활화와 일부 농업 이슈에 국한됐다. 농업 분야는 TRQ 관리방식, G-33이 제안한 식량안보, 케언즈 그룹이 주장하는 수출경쟁이 쟁점이었다. 무역원활화 협상은 전반적인 진전은 있었으나 수많은 미결 이슈를 안고 있었다. 그 밖에 LDC 및 개발 관련 의제가 있었다. 발리 각료회의가 실패할지도 모른다는 위기의식이 회원국들을 단결시켰다. 제한된 이슈를 다루는 관계로 전체적인 이익의 균형을 추구하기가 어려웠다. 그러나 미국이 식량안보와 관련된 제안에 일부 신축성을 보이고 무역원활화 분야에서 개도국의 특별대우 조항의 구조와 내용에 대한 진전이 이루어지자 협상은 급물살을 탔다.

식량안보와 관련된 G-33 제안에 대한 논의를 살펴보면, AMS가 없는 인도는 공공비축용 보조금이 최소 허용보조금de minimis의 상한에 근접하면서 협정불합치 상황이 발생될 것을 우려했고 수출국은 농업협정에서 허용되지 않는 보조금의 정당화를 주장하는 인도 제안을 수용할 수 없었다. 협상은 교착과 재개를 반복한 후 발리Bali 각료회의 최종일 새벽에 "공공비축용 보조금의 처리에 관한 항구적 메커니즘이 도입될 때까지 4년간 임시조치로써 일정한 요건 하에 분쟁을 제기하지 않는다는 평화조항을 도입한다"는 선에서 절충했다.

무역원활화 이슈는 당초 싱가포르 이슈 중 하나로서 10여 년간 토의해

아제베도 WTO 사무총장은 2013년 9월 취임한 후 처음으로 방한하여 박근혜 대통령을 예방
하였다. 사무총장의 오른쪽은 팀 인드 비서실장, 필자의 오른쪽은 조원동 경제수석

왔으나 쟁점 이슈에 대한 이견이 좁혀지지 않았다. 협정은 두 개의 섹션
으로 구성되어 있고 전반부는 20여개의 통관절차 간소화 및 투명성 증진
을 위한 의무를 규정하고 후반부는 개도국에 대한 지원과 차등적인 의무
이행을 규정했다. 발리 패키지의 타결은 12년여 교착을 유지해 오던 다자
간 협상에 새로운 모멘텀을 불어 넣은 사건이었다.

그러나 더 큰 도전이 기다리고 있었다. 첫째는 발리 합의사항을 이행하
는 문제였다. 시급한 것은 2014년 7월 말까지 무역원활화 협정의 문안을
확정하고 무역원활화 협정을 WTO 협정에 편입시키기 위한 개정의정서를
작성하는 일이었다. 그러나 인도가 무역원활화 협정채택의 전제조건으로
공공비축에 관한 항구적 메커니즘이 마련되어야 한다고 주장하고 나섬으
로써 위기를 맞았다. 미국을 비롯한 대부분의 회원국이 이러한 인도의 입
장에 반발하고 나섰으나 인도는 국내 정치문제를 이유로 기존입장을 견지

함으로써 협상은 교착됐다. 결국, 11월 말 일반이사회에서 식량 공공비축에 관한 발리Bali결정을 명료화하는 해석결정을 채택함으로써 교착상황은 종료됐다.

둘째는 DDA 협상타결을 위한 작업계획을 2014년 12월 말까지 합의하는 것이었다. 농업 분야, 비농산물 분야, 서비스 분야 등 모든 DDA 의제가 검토대상이었고 WTO 사무총장은 신축성, 창의성, 합의 가능성, 실용성 등의 접근방식을 제시했다. 그러나 발리결정의 이행이 지체되면서 연말까지 마련해야 할 작업계획은 2015년 7월 말까지 마련하기로 합의했다.

┃ 도하라이트(Doha Lite)
┃ 협상

2015년에 들어 TNC 의장인 WTO 사무총장과 산하협상 그룹이 본격적으로 가동되면서 협상은 속도를 붙였다. 회원국들은 2015년 7월까지 포스트·발리 DDA 협상에 대한 작업계획을 수립하고 12월에 케냐 나이로비에서 개최되는 제10차 WTO 각료회의까지 소기의 성과를 거두기 위해 노력했다. 과거와는 다른 이런 변화는 목표수준을 하향조정recalibration하더라도 DDA 협상을 타결하는 것이 바람직하다는 인식과 함께 이번에 또 실패하는 경우 다자통상체제가 약화될 수도 있다는 위기의식이 확산된 데 기인했다. 또한, 미국, EU 등은 TPP, TTIP 등 메가 FTA를 활용하여 높은 수준의 시장접근 확대와 무역규범의 수립을 추진하고 있기 때문에 DDA 협상에서는 상대적으로 낮은 목표수준에서 타결을 모색할 수 있는 여건이 조성된 측면도 간과할 수는 없다.

EU를 비롯한 선진국은 기존의 의장 텍스트는 지나치게 높은 수준의 자유화를 추진한 것이 실패의 원인이라고 지적하면서 '단순화 접근'방안을 제시했다. 반면, 개도국은 단순화 접근방안이 개도국에 대한 특별대우 S&D를 훼손할 수 있다는 우려를 제기함으로써 대립했다. 시장접근 분야에서 단순화 접근방안simplified approach은 농산물에서 관세율이 높은 품목일수록 더 큰 비율로 감축하는 '구간별 감축방식tiered approach'이나 비농산물에서 관세율을 계수라고 불리는 합의된 상한 아래로 큰 폭으로 감축하는 '스위스 공식Swiss Formula' 등 그간의 논의결과를 사용하는 대신 평균감축방식을 도입하자는 구상이다. 관세에 대한 평균감축률을 적용하는 방식은 회원국이 품목별 여건에 따라 관세감축률을 선택할 수 있도록 함으로써 민감품목에 대한 감축부담을 줄일 수 있다는 취지였다. 평균감축의 구체방안으로 '품목별 감축률의 평균average of cuts' 또는 '단순평균감축cuts of average' 방안 등이 거론되었고, 한편 미국은 양허관세와 실행관세의 차이가 큰 인도와 같은 국가가 실행관세의 감축을 하지 않는 경우 자국도 관세감축을 할 수 없다는 입장을 견지함으로써 첨예하게 대립했다.

농업 국내보조 분야에서는 미국과 같이 국내보조를 많이 지급하는 선진국들이 수세적인 분야다. 선진국들의 국내보조로 인해 국제시장에서 불리한 경쟁환경에 처한 농산물 수출국과 개도국들이 선진국이 운영하는 국내보조를 대폭 감축할 것을 요구해 왔다. 반면 미국은 최근 중국, 인도 등 신흥개도국의 국내보조도 감축할 것을 요구하면서 자국의 국내보조 감축수준도 이에 연계할 것이라고 주장하고 나섬으로써 미국과 신흥개도국간 대립각을 형성했다.

목표수준을 낮춘다고 해서 협상타결이 쉬워진 것은 아니었다. 다자통상협상은 전체 대상 분야에 있어 참여국간 이익의 균형을 맞추어야 하는데 협상목표가 낮아진다고 하여 이러한 균형을 확보하는 것이 쉬운 일은 아니기 때문이다. 농업 분야의 시장접근과 국내보조를 비롯하여 비농산물의 시장접근 등의 분야에서 새로운 균형을 잡는 것이 필요했다. 또한, 농업 시장접근에서는 단순화 접근방안과 기존에 개도국에게 부여된 신축성을 유지해야 한다는 수입개도국간 대립이 지속됐다. 이런 가운데 서비스, 규범, 지재권, 환경 등 여타 협상분야에서는 본격적인 협상을 추진할 여건이 성숙되지 않아 협상경과를 점검하고 향후 추진계획을 논의하는 단계에 머물고 있었다.

이렇듯 농업분야의 국내보조와 시장접근 문제에 대한 주요국간의 입장차이가 워낙 커서 2015년 7월 말까지 채택을 목표로 했던 모델리티에 가까운 작업계획을 작성하는데 실패했다. 여름휴가가 끝난 9월 중순 제네바에서 주요 7개국 고위급 회의가 열렸으나 농업의 국내보조 분야와 농산물, 비농산물 및 서비스 분야의 포괄적인 수확이 불가능하다는 인식을 명료화하기에 이르렀다. 결국 12월 나이로비에서 열리는 제10차 WTO 각료회의MC-10에서 합의 가능한 분야는 매우 좁을 수밖에 없는 여건이었다.

2015년 10월부터 12월 초순까지 제네바에서는 나이로비 각료회의의 결과를 도출하기 위한 협상이 다양한 형식으로 열렸다. 각 분야별 협상그룹 의장이 소집하는 회의와 TNC 의장 자격으로 WTO 사무총장이 주재하는 각급회의가 열렸다. 금년이 WTO 창설 20주년이라는 상징성으로 인해 가시적 성과에 대한 기대도 높았다. 그러나 농업과 비농산물 분야에 존재하는 근본적인 입장차이로 합의사항의 범위와 내용을 확정해 나가는 데 심각한 애로를 겪었다.

최대 쟁점은 DDA 협상을 계속 연장할지 여부 및 연장한다면 어떤 의제와 작업계획을 합의해야 할지에 집중되었다. 미국과 일본은 현재와 같은 대립구도 하에서 기존 방식에 기반을 둔 DDA 협상을 계속 추진하는 것에 반대한 반면, 개발도상국들은 DDA 협상이 개발 어젠다에 집중해야 함을 강조하면서 기존에 합의한 Rev.4 문서를 기반으로 협상을 계속해 나가야 한다는 입장을 견지했다. 타협이 불가능한 입장차이였다. 이런 여건에서 농산물, 비농산물, 서비스 및 규범 등 각 분야에 대한 포괄적인 협상 결과는 아예 기대할 수 없었고 극히 작은 규모의 패키지를 합의하는 일도 힘겨웠다.

12월 중순 나이로비에서 열린 WTO 각료회의 결과는 예견한 대로 초라했다. DDA 협상관련 농산물 수출보조금, 수출신용 및 면화 수출보조금과 LDC 패키지의 일부를 재확인하는 선에서 합의한 것이 거의 전부라 할 수 있기 때문이다. DDA 협상과는 별도로 카자흐스탄 등의 가입을 추인하고 ITA 확대협상에 합의한 것은 성과였다. ITA 협상은 지난 7월 극적으로 201개 대상품목을 합의했으나 관세감축에 대한 중국의 완강한 입장으로 최종 협상에 난항을 겪었다. 그러나 핵심 쟁점이었던 DDA 협상의 추후 계획에 대해서는 극심한 입장차이를 좁히지 못함으로써 DDA 협상은 다시 원점으로 돌아갔다.

나이로비 각료회의가 협상중단이라는 극약처방을 하지 않고 작지만 DDA 협상의 일부를 수확했다는 점을 들어 협상의 모멘텀을 잃지 않았다고 자위하는 시각도 있다. 그러나 협상의 성과로 알려진 농산물 수출경쟁 관련 이슈는 이미 오래전에 대체로 회원국간 의견이 접근하고 있었던 사안이었고 나머지 사항들도 구속력이 약한 선언의 형태로 합의된 점을 살핀다면 의미 있는 성과는 거의 없다고 할 수 있다.

WTO가 DDA의 잔여 어젠다와 새로운 통상 이슈 등에 대한 구체적인 협상대상과 일정을 합의하지 못한 상황에서 통상강국들이 실행관세의 인하와 직접적인 규제완화를 포함하는 포괄적인 복수국간 협상에 앞 다투어 참여하는 추세를 되돌리기는 어려울 것이다. 이런 여건은 다자간 무역체제의 활성화에 긍정적인 요인보다는 부정적인 영향을 미칠 가능성이 크다는 점에서 다자간 무역협상이 새로운 모멘텀을 확보하기에는 많은 시간이 소요될 것이다. DDA 협상은 획기적인 외부의 충격 없이는 사실상 긴 동면기에 접어들었다고 볼 수 있다.

정보통신기술협정(ITA) 확대협상 타결

2015년 7월 24일 정보기술협정ITA의 무세화 대상을 201개 품목으로 확대하는 협상이 극적으로 타결됐다. 1996년 체결된 ITA 협정의 대상은 컴퓨터와 휴대폰 등 주요 IT 제품에 국한되었으나 이번 협상타결로 전기기기 및 의료기기를 비롯하여 소재, 부품 및 장비 등 연관제품까지 대상범위가 확대되었다. WTO가 관세인하 협상을 타결한 것은 1996년 ITA 협상타결 이후 18년만의 쾌거로서 WTO가 자유화협상을 할 능력이 있다는 것을 과시한 사건이고 이 분위기는 지지부진한 DDA 협상에도 자극제가 될 것이다.

그러나 협상과정은 순탄치 않았다. 2012년 5월 ITA 출범 제15주년을 계기로 확대협상이 출범했으나 미국과 중국간의 이견으로 2014년 11월 북경에서 열린 APEC 정상회의 계기에 미·중간 무세화 품목 리스트에 합의할 때까지 협상은 사실상 중단되었다. 2014년 12월 미국, EU, 일본 및 중국은 미·중간에 합의된 품목 리스트를 최종 확정할 것을 밀어 부쳤다. 그러나 세계 최대 교역국인 미국과 중국이 합의를 한 것은 협상진전에 큰 물꼬를 튼 것은 사실이나 협상타결에 충분한 여건은 못 되었다. 우리나라와 같이 IT 품목의 교역규모가 세계 5위 국가의 이해가 제대로 반영되지 않았기 때문이다.

나는 제네바에서 협상수석대표로 기민하게 대처했다. 우선 협상참여국가가 모두 합의해야 한다는 복수국간 협상의 원칙을 견지하고 IT 분야 세계 교역의 8%를 차지하는 한국이 배제되면 임계질량critical mass 방식의 접근이 불가능하다는 점을 강조하면서 미·중간 리스트를 기반으로 추가협상을 할 것을 강력히 촉구했다. 협상은 결렬됐다.

나는 본부 및 업계측과 긴밀히 교감하면서 교착국면을 타개하기 위해 미국 및 중국의 신축성을 요구했다. 중국은 당초 우리가 요구한 LCD는 한·중 FTA에 조기 감축이 반영되어 있고, 이차전지 등은 민감성 이유로 반대입장을 견지했다. 우리나라는 다양한 채널을 통해 중국의 신축성을 요구했지만 중국은 꿈적도 하지 않았고, 미국과 EU 등 선진국 정부와 다국적 업체들은 도리어 실패의 책임을 한국에 돌리면서 한국에 대하여 양보하라는 압박을 가중해 왔다. 강자들의 연합전선은 국내 협상전선까지 교란시키면서 협상수석대표의 입지는 좁아져 갔다. 벼랑 끝이 코앞인데 나는 외부의 압박회피와 국내의 입지확보라는 두 마리 토끼를 동시에 잡아야 했다.

2015년 6월 들어 박근혜 대통령이 중국 지도부에게 협상타결을 위해 중국이 신축성을 발휘해 줄 것을 요청한 것이 계기가 되어 문제의 실마리가 풀리기 시작했다. 우리는 합리적 대안을 제시하면서 중국과 명분과 실리를 확보할 수 있는 절충안을 모색해 나갔다. 나는 협상수석대표자격으로 제네바 주재 미국, EU 및 중국 대사들과 긴밀히 협력하는 동시에 아제베도 WTO 사무총장에게 중재를 요청했다. 주요국의 수도에서도 비상한 관심을 가지고 협상추이를 지켜봤다.

7월 16일 아제베도 사무총장의 주재로 열린 회의는 첨예한 입장대립으로 결렬과 재개를 반복한 끝에 새벽 1시 반에 한·중간의 쟁점이 타협점을 찾았고, 뒤이어 EU·중국간 잔여 현안이 해소되면서 7월 24일 품목 리스트에 최종 합의하기에 이르렀다. 위태로운 순간들을 극복하면서 극적인 타결에 이른 것이다. 앙겔로스 팡그라티Angelos Pangratis EU 대사는 "극도의 긴장과 대립 속에서도 이익의 균형을 확보하기 위하여 다각적이고 정교한 협상을 통해 합의 모색에 성공한 최종 협상과정은 다자간 통상협상의 모범사례라 할 수 있다"라고 평했다.

그 후 ITA 협상참여국들은 201개 품목에 대한 관세감축 스케줄에 관한 추가협상을 집중적으로 전개하여 2015년 12월 나이로비에서 열린 제10차 각료회의 계기에 ITA 확대협상의 타결을 선언하기에 이르렀다. 물론 이 과정에서 관세감축 일정에 극도로 보수적인 입장을 취한 중국의 태도를 극복하고 마지막 타결을 선언하기까지 적지 않은 애로를 겪었다.

다자통상체제가 직면한 도전

다자간 통상체제는 WTO 설립으로 국제기구의 모습을 갖추고 분쟁해결제도의 개선으로 법적인 안정성이 보강되었다고 평가된다. 그러나 160개 이상의 회원국, 회원국간 역량차이, 신흥국의 부상과 그에 따른 국가간 힘의 균형의 변화를 비롯하여 무역패턴의 질적인 변화 등으로 다자간 통상체제는 다양한 도전에 직면해 왔다.

우선 법적인 측면에서는, 다자간 통상체제가 강화되었으나 모든 통상이슈를 합의된 규범의 테두리 안에서 다루는 데는 한계가 있을 수밖에 없다. WTO가 새로운 규범을 만들어 가는 입법기능과 합의된 규범에 근거하여 분쟁해결 기능을 수행하는 사법기능간에 적절한 균형을 유지해 나가는 것은 매우 중요한 일이다. WTO 규범이 20년 전에 만들어져 변화되는 통상현실을 반응하기 어렵기 때문에 조기에 DDA 협상을 타결하는 것이 긴요함에도 불구하고 DDA 협상의 장기 정체로 새로운 규범을 정립해 나가지 못하면서 분쟁해결 기능에 과부하가 걸리는 것도 문제다. 또한 사법적 기능은 제기된 문제에 대한 해석 내지는 평결에 의존하기 때문에 포괄적인 규범을 형성해 나가는 데는 한계가 있을 수밖에 없다.

또 하나의 문제는 모든 통상문제를 단지 통상법의 테두리 안에서 해결할 수 있느냐에 대한 질문이다. 통상문제는 노동, 환경, 지재권, 보건, 표준, 글로벌 가치사슬 등의 이슈와 복잡한 연관성을 가지기 때문에 WTO 단독으로 통상문제를 다룰 수는 없다. 그래서 WTO는 여타 국제기구와의 조정과 일관성 확보에 높은 우선순위를 두고 있다. WTO의 관장영역이 확장되어 법적인 충돌위험이 많아지고, 이행능력이 강화된 분쟁해결제도 때문이다.

정치·경제적인 도전요인은 극명하다. 1994년 WTO 출범당시 미국, EU, 일본 및 캐나다 등 소위 '4개국QUAD'은 전 세계 GDP의 75%를 차지했으나 2011년에는 57%로 축소되었다. 보다 구체적으로 살펴보면 EU, 미국과 일본은 전 세계 GDP의 30%, 25%, 18%를 차지했으나, 2011년에 각각 25%, 21%, 8%대로 추락했다. 반면 BRICS는 같은 기간 안에 8%에서 20%로 증가했다. 이러한 변화는 전후에 유지되어 온 질서를 서서히 종식시키고, 새로운 국제질서가 정립되기 전까지 혼돈의 시대를 만들어 내고 있는 것으로 보인다.

또한, 다자간 통상협상은 양허관세bound tariff를 기준으로 관세감축을 추진하지만 FTA나 복수국간 협상은 실행관세를 기준으로 관세감축을 합의한다. 이것은 굉장한 차이다. 정부든 기업이든 법적으로만 존재하는 양

2014년 10월 20일 WTO 상소기구 신임위원 임명식이 WTO 이사회 회의장에서 열렸다. 사진
은 아제베도 WTO 사무총장이 축사를 하는 모습. 뒷줄 왼쪽에서 두번째 우리나라 상소위원인
장승화 교수가 앉아 있고 필자는 서비스 이사회 의장 자격으로 앞줄 오른쪽에서 세번째에 앉
아 있다.

허관세를 인하하는 데 이견이 적을 뿐더러 관심도 적을 수밖에 없다. 공
세적 이익을 추구하는 기업입장에서는 실행관세applied tariff를 감축하
는 협상이라야 추가적 시장접근 기회를 가질 수 있기 때문이다. 라미 전
WTO 사무총장이 '관세를 죽은 별에서 나온 별빛'이라고 빗댄 것은 바로
WTO가 법적으로는 존재하지만 실제 교역현장에서는 존재하지 않는 양
허관세의 감축을 교섭하는데에도 어려움을 겪고 있다는 것을 우회적으로
비판한 말이다. 물론 모든 WTO 회원국의 참여 하에 합의되는 다자간 관
세감축은 양자간 관세감축에 비하여 포괄적이고 광범위한 효과가 있다는
점도 간과해서는 안 된다.

또 다른 도전은 결정시스템에 대한 것이다. WTO는 컨센서스에 의거하
여 결정을 해 왔다. 그러나 회원국의 확대와 이해관계의 충돌로 한 나라
라도 반대하면 합의를 할 수 없는 컨센서스 규칙이 심각하게 도전을 받고

있다. 또한, 다자간 통상체제는 일괄타결Single Undertaking로 협상을 마무리해 왔고 DDA 협상도 이런 전례를 따랐다. 그러나 광범위한 협상어젠다를 일괄 마무리하기가 점점 어려워짐으로써 일부 이슈에 대한 합의를 먼저 도출하는 '조기 수확early harvest' 방안이 도입되었다.

마지막으로 지역통상협정의 확산이다. 지역협정은 체결국에게는 '선점의 이익'을 주지만 비체결국에게는 불이익을 주기 때문에 지역통상협정 체결의 도미노 현상이 일어난다. 또 다른 요인은 다자간 통상체제가 제대로 작동하지 않기 때문이다. 또한, 지역주의는 참여국간에 맞춤형 자유화를 실현할 수 있는 이점이 있다. 그러나 지역통상협정은 다자간 통상체제에서 다루는 보조금 문제 등을 다루지 못하는 한계를 안고 있다.

지역주의의 출현과 확대는 다자 차원의 규칙과 비차별적인 대우를 확산하는 데 도전이 될 수밖에 없다. 이런 시각은 지역주의의 확대가 다자주의의 발전에 '장애물stumbling block'이라고 본다. 이들은 지역통합이 무역전환을 가져와 비효율과 후생감소를 유발한다고 주장한다. 또한, 지역주의가 확산되면, 서로 다른 원산지 규정과 차등적인 관세를 부과하게 되어 소위 '스파게티 접시'효과가 발생된다고 주장한다. 반면, 지역무역협정은 역내 자유화의 모멘텀을 형성하여 궁극적으로는 다자주의 발전에 '디딤돌building block' 역할을 한다는 시각도 팽팽하다. 이들은 지역통합이 참여국간에 무역을 창출하여 효율성 증대와 후생증대를 실현한다는 것이다.

다자간 무역체제는 수평적인 비차별(MFN 대우)과 수직적인 비차별(내국민 대우)을 기본원칙으로 한다. 전자는 수입국가의 국경에서 동종상품에 대해서는 차별적인 대우를 하여서는 안 된다는 규칙이고, 후자는 수입국의 국내 시장에서 자국제품과 수입제품을 차별하여서는 안 된다는 규칙이다. 그러나 다자간 무역체제는 관세동맹과 FTA에 대해 일정한 요건 하에 차별대우를 정당화하고 있다.

한편, 복수국간 협정이 WTO 내에서 체결되는 경우는 두 가지가 있다. 첫째는 정부조달협정 또는 민간항공협정과 같이 WTO 내에서 체결되어 관련 규범의 적용 하에 회원국간에만 시장개방의 혜택을 부여하는 경우이다. 둘째는 소위 '임계질량critical mass' 접근방식이다. 바로 '정보통신협정 ITA'과 '환경상품협정EGA'이 이 범주에 속한다. 이런 방식의 복수국간 협정은 대상품목에 대하여 전 세계 교역의 90% 이상을 차지하는 회원국간 합의가 있는 경우 그 혜택을 무조건적으로 비참여국에도 제공하는 것을 전제로 추진된다.

한국에 대한 함의

한국은 무역확대를 통해 경제개발과 국가발전을 이룩한 나라로서 1967년 GATT 가입 이후 다자통상체제의 최대 수혜국이다. 우리나라의 교역규모는 2011년 처음으로 1조 달러를 돌파한 이래 지속적으로 확대돼 오면서 2014년에는 세계 6위 통상강국의 면모를 과시하고 있다. 한국은 미국 및 EU와 높은 수준의 FTA를 추진하는 결단을 내리기도 했고 DDA 협상이 지지부진하자 서비스 협정TISA, 정보기술협정ITA, 환경상품협정EGA 등 복수국간 협상에도 적극적으로 참여해 오고 있다.

다자통상체제 내에서 한국의 위상은 많이 신장되어 왔다. GATT/WTO의 분쟁해결제도도 적극적으로 활용해 오고 있다. 그러나 여전히 미흡한 부분이 있다고 본다. 우리나라의 독특한 산업구조와 정치적 민감성 때문이다. 우리나라는 농산물 분야의 민감성으로 인해 WTO에서 여전히 개도국 지위를 유지하면서 수세적인 이익을 지키는 데 힘을 쏟고 있다. 한국은 DDA 협상 중 농산물 수입개도국 그룹인 G-33의 일원으로 활동 중이다.

또한, 우리가 강점을 가진 비농산물 분야 협상에서도 제조업 분야의 자유화는 지지하면서도 수산물과 임산물의 민감성으로 인해 협상그룹 안에서 제 목소리를 내기 어려운 구조적 문제에 봉착해 있다. 이런 문제로 다자간 협상에서 같은 이해관계를 가진 국가그룹에 참여하는 데에도 어려움을 겪고 있다.

좁은 국토면적 때문에 농축산업이 겪는 어려움을 십분 인정하면서도 세계적으로 추진되는 양자 및 지역무역협정과 제네바에서 추진되는 DDA 협상을 통한 개방의 도미노는 피할 수 없다는 것을 직시해야 한다. 다시 말하면 다양한 차원에서 추진되는 개방과 자유화는 우리에게 도전과 기회를 동시에 제공하고 있다. 우리가 보호해야할 분야는 지켜나가야 하겠지만 개방을 통한 경쟁력 향상을 도모할 수 있다면 대외통상협상에서 우리나라가 유지해 온 입장을 보다 전향적 측면에서 검토를 할 필요가 있다고 본다.

경제의 무역의존도가 매우 높은 한국은 다자통상체제의 강화에 기여를 해 나가야 한다. 다자통상협상이 활성화되어 보호무역주의를 배격하고 관세장벽과 비관세조치들을 제거함으로써 경제의 비효율성 제거와 국내 경쟁력 향상을 할 수 있기 때문이다.

또한 아·태 지역과 대서양 지역에는 RCEP, TPP와 TTIP 등 거대한 경제블록이 형성되고 있고 이러한 변화는 궁극적으로 다자간 통상체제에 직접적인 영향을 미칠 것임에 비추어 전략적인 안목을 가지고 다자, 양자 및 지역 통상협상에 임하는 것이 필요하다.

그간 우리나라는 통상 분야 협상에서 다양한 경험을 축적한 전문인력을 다수 양성해 냈다. 1994년 WTO 창설 후 김철수 전 장관이 사무차장으로 진출했고 2013년에는 박태호 전 통상교섭본부장이 WTO 사무총장 직에도 출마했다. 또한 장승화 서울대 교수가 통상 분야의 최고 법원이라 불리는 WTO 상소기구 재판관으로 진출하는 쾌거도 이루었다. 우리나라가 WTO 주요 기구의 의장을 수임한 예도 적지 않다. 나는 제네바 대사로 근무하면서 서비스 이사회 의장직과 우즈베키스탄 가입 작업반 의장직을 수임했다.

　그러나 다자간 통상협상에서 차지하는 우리의 영향력은 상대적으로 작고 우리의 역할강화를 지원하는 시스템도 부족한 것이 현실이다. 협상이 복잡한 반면 속도가 느리기 때문에 정책 당국의 관심을 끌기 쉽지 않은 구조적 요인도 있다. 아직도 WTO 사무국 내 우리 전문가의 수는 매우 적고 직급도 대체로 낮은 편이다. 더욱이 전문적 통상협상을 지원하는 젊은이들이 많지 않은 것이 안타까운 현실이다. 아무쪼록 뜻있는 후진들이 다자간 통상체제에 많이 진출할 수 있기를 기대하고, 이들에 대한 정부와 민간기업 차원의 지원도 확대되기를 기대한다.

7부

FTA 협상의
교훈과 전략

WTO 사무총장의 적극적인 중재 하에 한국·중국 및 EU·중국간 쟁점을 극적으로 절충함으로써 장기 교착상태에 있던 정보기술협정(ITA) 협상이 사실상 타결되었다. 사진은 2015년 7월 18일 토요일 EU대표부에서 협정의 대상품목범위에 대한 합의를 마친 후 이를 축하하기 위해 샴페인을 마시는 모습. 왼쪽부터 팡그라티스 EU 대사, 펑크 미국대사, 필자, 아제베도 WTO 사무총장, 유젠화 중국대사

국제통상교섭 또는 통상협상은 그 형식과 내용에 따라 다양한 특성을 가진다. 협상의 주체에 따라 정부간 협상과 비정부간 기구가 참석하는 협상이 있고, 협상 참여자의 수에 따라 양자협상, 복수국간 협상 그리고 다자간 협상으로 분류된다. 또한 결과문서의 구속성 여부에 따라 협상의 성격도 달라진다.

개별협상은 주어진 여건의 특성에 따라 복잡하고 생명체처럼 변화하기 때문에 협상의 역동성을 일률적으로 기술하는 것은 어려운 일이다. 시중에 협상이론을 설명한 책은 많지만 실제 협상준비와 추진방안을 입체적으로 다룬 자료가 드문 것도 협상이 가지는 이런 특성 때문일 것이다.

실전의 통상협상은 다양한 여건 속에서 추진되며 협상의 성패는 협상대표단의 자질과 협상능력, 정보력, 법적 분석능력, 협상가에 대한 국내적 지지 여부, 상대에 대한 압박능력의 차이에 직결된다. 어떠한 경우에도 동등한 협상여건은 존재하지 않는다. 특히 강대국과의 양자협상에서는 이런 비대칭성이 극명하기 때문에 이를 극복하면서 소기의 결과를 도출하는 것은 어려운 일이다. 일견 다자협상도 합의된 규범에 따라 진행되고 컨센서스에 따라 결정을 하기 때문에 공정해 보이지만 힘의 불균형은 엄연히 존재하는 것이 협상장의 현실이다. 유능한 협상가는 이런 불균형을 인식하고 극복해 나가는 지혜와 능력을 가진 사람이다.

제18장에서는 수많은 상품과 서비스 영역의 자유화를 다루는 실전의 협상은 어떻게 준비되고 실제 어떻게 추진되는 지를 다루었다. 먼저 협상이 이루어지기 전 단계에서 협상의 여건분석과 목표설정을 하는 과정과 협상의 맨데이트를 확보하는 방법에 대해 설명하였다. 그리고 실제 협상이 어떻게 수순을 정해 나가고 복잡한 쟁점에 대한 합의를 모색해 나가는 전술과 전략을 어떻게 구사하는 지 설명하였다.

제19장에서는 협상대표가 갖추어야 할 자질과 능력을 다루었다. 진실성, 정직성, 애국심, 충성심, 인내심, 겸손함과 정확성 등 해롤드 니콜슨(Harold Nicolson)이 그의 저서 '외교론(Diplomacy)'에서 지적했던 외교관이 갖춰야 할 덕목은 그대

로 통상협상대표에게도 적용될 수 있다. 나는 통상협상대표가 갖춰야할 능력으로 통상법과 다자간 통상체제에 대한 지식과 정확한 소통능력은 물론 살 떨리는 통상협상의 실전경험도 필수적이며 디테일과 정무적 판단능력을 겸비해야 한다고 본다.

마지막 장에서는 우리가 공세적인 이익을 확보하면서 주도적인 통상교섭을 추진해 나가기 위해 절실히 필요한 통상교섭의 전략과 인프라를 다루었다. 우선 통상교섭을 추진하는 데 있어 외교·전략적 검토와 경제적 이해에 대한 고려가 우선되어야 한다는 점을 강조하고 통상교섭 담당인력 확충과 교섭 전담조직의 전략화 필요성을 언급했다.

위 3개장에서 실제 협상을 준비하고 추진하는 데 필요한 사항을 개괄적으로 살펴보았으나 보다 깊은 이해를 하기 위해서는 실제 케이스를 중심으로 한 심도있는 논의와 아울러 실제 협상을 기획하고 참여하는 것이 필요할 것이다.

18

성공적 통상협상의 전제조건

모르면서 모른다는 것조차 모르는 사람은 바보니, 피하라.
모르면서 모른다는 것을 아는 사람은 단순하니, 가르쳐라.
알면서 안다는 것을 모르는 사람은 잠자고 있으니, 깨우라.
알면서 안다는 것을 아는 사람은 현명하니, 따르라.

서양 속담

어떤 협상이든 당초 계획한대로 추진하고 결과를 의도한대로 도출해
내는 것은 쉬운 일이 아니다. 협상은 상대가 있고 추진과정에서 여건변화
가 극심하여 일방적으로 준비하고 기획한대로 전개되지 않기 때문이다.
특히 협상에 참여자가 많고 대상 이슈들이 복잡할수록 협상의 역학구조는
더욱 난해한 모습을 보인다. 달리 말하면 협상에 왕도는 없다.

협상의 형식과 특성에 따라 사전준비와 협상에 대응하는 방식이 달라
질 것이다. 양자협상의 경우 사전준비 단계에서 협상이 종결될 때까지 양
당사국이 필요한 모든 조치를 취해야 하는 반면 다자협상의 경우 국가그
룹별로 복잡한 이해관계에 따라 협상절차가 합의되고 사무국에서 필요한

행정조치를 지원해 준다는 점에서 차이가 있다.

협상은 전체 프로세스를 통합적으로 다루어야 하지만 설명의 편의를 위해 이 장에서는 통상협상을 개시하기 전에 취할 조치와 협상 중에 취해야할 조치를 구분하여 간략히 살피고자 한다.

먼저 협상개시 전에 취할 조치로서 협상의 목표를 설정하고 설정된 목표를 달성할 가능성과 방법에 대한 검토를 선행해야 한다. 또한 자신과 상대가 처한 여건을 분석하고 협상의 맨데이트를 확보하며 협상의 지원체제를 구축해야 한다.

협상이 개시된 후에는 협상의 룰을 만드는데 주도적 역할을 하고 협상의 수순을 결정해야 한다. 또한 타협을 위해 What-If 대화를 하고 다양한 전술과 전략을 구사할 수 있어야 한다. 마지막으로 협상기록을 철저히 보관해야 하고, 분쟁가능성에 대한 법적 검토도 게을리해서는 안 된다.

협상의 수칙은 전쟁 또는 게임의 규칙과도 유사한 점이 많다. 이 장에서는 협상에 유용한 권고를 바둑의 격언을 빌어 풀어 보고자 했다. 바둑은 일방의 완전한 승리를 추구하는 서양의 체스 게임과는 달리 이익이 균형 하에 전략적 비교우위를 확보해 나가는 게임이라는 점에서 통상협상과 유사한 점이 많기 때문이다. 또한 얼마 전 인기 드라마 '미생未生'이 위기십결圍棋十結의 격언을 인용하면서 스토리를 풀어 나간 것에도 영감을 받았다. 나의 기력은 장그래에게 석점을 치수해도 모자랄 것이다.

협상의
목표설정

협상을 개시하기 전에 우선적으로 협상의 목표를 설정해야 한다. 통상협상의 목표level of ambition는 우선 국내적인 이익을 극대화할 수 있도록 설정하되, 상대측과의 조율을 통하여 현실적인 수준으로 조정해 나가는 작업이 수반된다. 양자협상에서는 협상목표를 설정하기가 비교적 용이하지만 다자협상에서는 다양한 국가그룹간 첨예한 이해관계의 대립으로 협상의 목표를 설정하는 데 난항을 겪는 경우가 허다하다.

대체적인 협상목표에 합의한다고 해도 각 분야에 대한 구체적인 목표를 설정하는 작업은 어려운 일이다. 일반적으로 통상협상에서 상품 분야, 서비스 분야 및 규범 분야의 목표를 별도로 정하고 상품 분야 안에서도 농산물과 일반 상품의 목표를 별도로 정해 나가는 작업은 용이한 일이 아니다. 특히 다자협상에서는 협상목표를 설정하는 과정의 복잡성을 해소하기 위해 모델리티modality, 즉 협상 세부지침에 대한 합의를 먼저 추구하는 것이 일반적이다.

통상협상의 목표는 대개 공세적 이익을 확보하고 수세적 이익을 방어하는 것이 일반적일 것이다. 협상은 제로섬 게임을 할 수 없기 때문에 자신과 상대가 절대로 얻어야 되는 이익과 절대 양보할 수 없는 분야를 정확히 인식하고 이익의 균형을 유지한다는 전제 하에 자국의 이익을 극대화해야 한다.

통상협상에서 이익이란 추상적이지만 한편으로는 상당히 구체성을 가진 개념이기도 하다. 협상결과의 손익을 현재가치와 미래가치를 고려하여 완벽하게 수량화하여 비교할 수는 없으나 대체적인 형량을 할 수는 있다. 특히 수많은 품목에 대한 관세인하 문제를 다루는 상품협상은 수량화된 이익의 균형을 대체로 산출해 가면서 협상을 진행할 수 있다. 반면 규범이나 서비스 분야 또는 지식재산권 등의 분야에 대한 개방의 실익은 좀 더 복잡한 시각에서 분석되고 검토되긴 하지만 이해관계의 근사치는 얼마든지 산출할 수 있다.

　이익의 균형은 농산물 또는 공산품 협상 내에서 구할 수도 있고 서비스 분야에서 일부 손해를 보더라도 농산물 분야에서 이를 보전할 수도 있다. 또한, 수입의 증가로 단기적으로 수지악화가 있을 수 있으나 중장기적으로 생산성 증대로 이익이 실현되는 경우를 비교하여 형량할 수도 있을 것이다. 또한, 협상의 대상 분야와는 전혀 다른 분야의 이해관계를 고려할 수도 있다. 통상협상에서 이익의 존재와 크기 등에 대한 판단은 전적으로 주관적이기 때문이다. 예를 들어 통상협정이 체결되면 양국간 동맹관계가 강화되고 지역 안보에 기여하거나 주변국에 긍정적인 자극을 줄 수 있으며 이러한 일련의 결과를 수치로 계산할 수는 없으나 이익이 되는 것은 분명하다.

　협상의 목표는 행정부의 결정으로 확정되는 경우도 있지만 미국의 경우처럼 의회에서 TPA라는 법을 통해 목표수준에 대한 구체적인 지침을 제공하기도 한다. 협상을 준비하고 추진하는 과정에서 상대의 협상목표의 범위에 대한 분석을 철저히 할 필요가 있다. 설정된 목표의 달성 가능성을 판단하는 중요한 지표가 되기 때문이다.

목표달성 가능성 검토

　　　　　협상의 목표설정 후 또는 이와 병행하여 목표의 '달성 가능성doability'에 대한 검토를 해야 한다. 달성 가능성에 영향을 미치는 요소들은 협상테이블에 있는 기술적 및 법률적 현안 이슈뿐 아니라 협상참여국의 국내 정치적 수용 가능성도 포괄한다. 또한 달성 가능성에 대한 판단은 주관적이기 때문에 협상의 제반여건을 종합적으로 검토하고 상대와 부단한 대화를 통해 협상결과에 대한 '합의가능수준landing zone'을 예측할 수 있다.

합의 가능한 수준에 대해서 의견이 수렴되면 달성하기 위한 모든 절차를 역순으로 풀어 협상초기부터 취해야 할 조치의 내용과 순서를 구상한다. 바로 협상추진의 전략과 전술을 하나의 일관공정으로 만드는 작업이다. 협상용어로는 '역공정reverse engineering'이라 한다. 이러한 대화과정에서 협상에 영향을 미치는 수많은 변수를 확인하고 각자의 입장과 문제를 명료화한다. 또한 협상상대와 상호 협력 하에 이를 해소하는 방안에 대한 검토도 수반된다.

이 역공정 작업은 이론적으로 쉬워 보이지만 실제 협상에서는 꽹장히 복잡하고 최종 합의를 이루기까지 반복과 재반복을 거듭하는 경우가 비일비재하다. 특히 협상은 상대가 있기 때문에 착륙지점의 확보 가능성을 협상초기에 정확하게 예측할 수는 없다. 상대도 자신과 마찬가지로 협상목표와 이를 달성하기 위한 전략을 구상하고 시행하기 때문이다. 자신과 상대의 협상여건을 객관적으로 분석하고 상대와 신뢰를 가지고 끊임없는 대화를 하면 타협 가능한 시나리오를 만들 수 있다. 물론 협상이 진전되면 절충 가능한 영역과 이견의 강도가 보다 구체화되어 합의점의 윤곽을 예측할 수 있게 될 것이다.

통상협상은 양자간에 리퀘스트-오퍼request-offer 방식의 직접 협상을 할 수도 있고 모델리티라 불리는 협상 세부규칙을 마련한 후, 추진할 수도 있다. 대체로 양자 상품협상에서는 관세인하 또는 철폐시기와 방식을 합의한 뒤 리퀘스트-오퍼 형식의 협상을 직접한다. 서비스 협상에서는 대체로 15개 서비스 분야에 공통적으로 적용되는 수평적 규범과 특정 서비스 분야에 적용되는 특정 규범을 나누어 협상한다. 반면, 다자통상협상은 모델리티, 즉 협상의 세부원칙을 합의한 뒤 다음 단계의 품목별 협상을 추진해 나간다.

어떤 방식을 채택하든 협상당사자들은 매 단계마다 이익의 균형이 확보되고 있는지를 면밀히 계산하고 그 결과가 추후협상에 어떤 영향을 미칠 것인지를 계량한다. 또한 자신과 상대의 '레드라인red lines'을 정확히 인식하여 이를 해소하거나 우회하는 방안을 추구한다. 특히, 협상이 중반을 넘어 종반에 접어들면 협상당사자의 이해계산은 굉장히 세밀하게 추진된다.

위기십결은 '승리를 탐하면 이길 수 없다(부득탐승, 不得貪勝)'는 격언을 첫 번째로 내세웠다. 이 말은 모순적으로 들리지만 나와 상대의 강점과 약점을 읽어내고 크고 작은 곳을 판단하면서 정확한 수순을 밟지 않고 승부에만 집착하다 보면 그르치기 쉽다는 교훈이다. 바둑은 많이 이겼다고 승점이 높아지는 게임이 아니라 반집으로 승패가 갈린다. 그러기 때문에 치밀한 포석(바둑에서, 중반전의 싸움이나 집차지에 유리하도록 초반에 돌을 벌여 놓는 일)과 전개를 거치면서 세력과 실리를 갖추고 마지막까지 치열한 집계산을 해야 한다.

자신과 상대의 협상여건 분석

통상협상대표는 협상목표의 달성 가능성에 대한 검토가 끝나면 국내 및 상대국의 협상여건과 전략을 고려하여 전반적인 협상전략을 준비한다. 또한 협상대표는 상대와 함께 협상의 결과와 개방수준 그리고 상호간의 레드라인을 취급하는 방안 등에 대하여 서로 이해를 높이고 협상의 추진방식과 시한 등에 관한 협의를 하게 된다. FTA

협상의 추진절차와 내용에 관한 준비 뿐만 아니라 협상추진과 연관된 양국간 정치일정과 국제정세에 대한 검토도 필요하다. 이런 과정에서 양측 수석대표가 신뢰를 가지고 대화를 하는 것은 정확한 상황파악과 예측을 위해 필수적이다.

협상대표는 자신과 상대의 '강점과 약점, 기회와 위협Strengths, Weaknesses Opportunities, Threats(SWOT)' 요인을 정확히 분석해야 한다. 자신의 협상전략과 전술을 세밀하게 설계하고 궁극적으로 협상결과를 유리하게 이끌기 위해서다. 국익이 걸린 협상을 추진해 나갈 정치적 여건, 국민적 여론, 정부의 협상체제, 언론의 태도, 업계와 노조의 입장 등 국내 여건과 함께 동시에 상대의 협상여건에 대해서도 깊은 분석을 해야 한다.

한·미 FTA를 예로 들어 본다. 우리나라의 경우 협상 자체와 협상대표에 대한 대통령의 신뢰, 통상교섭본부의 조직과 교섭능력, 국민적 관심 등이 강점이었고 분야별로는 자동차 및 부품, 섬유, 무역구제, 개성공단 등의 이슈에 공세적이었다. 반면 국내 정치권의 인기 영합적 태도, 일부 정치인의 이념적 성향, 일부 언론의 선동적 보도 태도와 과도한 비판은 약점이었고 농축산물, 교육, 지재권, 의료, 법률 및 금융 서비스 등에서는 수세적이었다. 대기업들은 최대 수혜자임에도 불구하고 적극적인 입장을 취하지 않은 것도 약점이었다. 우리나라의 기회는 세계 최대시장에 특혜관세로 경쟁국보다 먼저 접근하는 것이고 개방을 통한 경쟁력을 강화하는데 있었다. 위협요인은 정치 이념적 대립, 반미세력의 결집과 미국 민주당 의회의 협정수정 요구 등을 들 수 있었다.

한국의 협상대표는 우리가 지켜야 할 레드라인을 설정하고 이를 방어하기 위하여 다양한 전략과 전술을 구사했다. 한국으로서는 쌀을 제외하고 민감 농축산물의 보호와 서비스 분야의 취약부분을 보호해야 했다. 우리가 보호해야 할 분야를 확보하기 위해 처음부터 일관되게 굳건히 지키기도 했고 미국도 보호해야 할 분야가 있음을 감안하여 상호 타협하거나 우리에게 덜 민감한 분야를 일부 양보함으로써 절충을 하기도 했다. 또한, 미측의 레드라인을 역습함으로써 우리의 마지노선을 지키기도 했다.

미국의 여건도 유사했으나 우리와는 달랐다. 미국은 USTR의 협상능력, 업계의 로비능력 그리고 노조, 의회와 백악관의 영향력 등이 강점이었고 분야별로는 농산물, 의약품, 서비스, 지재권 분야에서 경쟁력이 있었다. 반면 통상정책에 관한 공화당과 민주당의 입장차이, TPA의 시한 등이 약점이고 분야별로는 자동차, 섬유, 무역구제 및 존스 액트 등에서 수세적이었다. 미국의 기회는 한국 시장에 대한 접근과 함께 아·태 지역에 높은 수준의 모델협정을 체결하는 것이었고 위협요인은 한국 내 반미정서, 한국 대통령의 반미성향, 글로벌 경제위기로 인한 반무역 정서와 쇠고기 및 자동차 분야에서 민주당 의회의 과도한 추가 요구사항들이었다.

이런 미국의 여건에 비추어 우리는 미국이 수세적 입장을 가진 분야를 압박하면서 공세적 이익을 가진 분야를 효과적으로 방어하는 전략을 수립했다. 미국의 농축산, 의약품 및 서비스 업계 대표들과 지속적인 접촉을 하는 동시에 그들의 요구사항과 기대수준을 파악하면서 합리적인 대안을 모색했다. 백악관과 미 의회측은 물론 노조지도부와도 긴밀한 채널을 구축했다.

위기십결에서 '상대를 공격하기 전에 내 허점부터 돌아보라(공피고아, 攻彼顧我)'라는 격언이 이 상황에 맞다. 협상을 하기 전에 자신의 여건을 면밀히 검토하고 협상을 할 때는 상대의 의중과 수를 파악하면서 대응을 해 나가라는 의미다. 자신의 협상여건을 고려하는 동시에 상대의 움직임에 따라 기민한 착수(바둑판에 바둑돌을 번갈아 한수씩 두는 것)와 행마(바둑에서 세력을 펴서 돌을 놓는 일)를 하지 않는 경우 판세를 주도적으로 이끌기 어렵기 때문이다.

협상 맨데이트 확보

목표달성 가능성과 협상여건에 대한 분석을 마친 후에는 협상권한, 즉 맨데이트를 확보하고 협상을 추진하기 위한 조직을 구성하는 것은 굉장히 중요하다. 통상협상의 경우 20개 이상의 부처가 참여하기 때문에 정부부처 내의 입장조정은 물론 유관기관과 단체의 이해관계를 반영하여 명료한 협상권한을 확보하는 과정은 매우 복잡하다. 불분명한 협상권한을 가지고 협상을 하면 협상장에서 자국 협상대표간 일관된 입장을 내기 어렵고 협상결과에 대한 다툼과 비판도 일게 될 것은 자명하다. 또한, 협상을 추진하기 위해서는 대체로 '무역협상위원회TNC'와 산하에 분야별로 협상그룹이 조직되는데 이러한 구조는 협상의 맨데이트를 수행하기에 가장 적합한 방식으로 조직돼야 한다.

협상대표는 상대의 협상권한의 범위도 파악해야 한다. 그렇지 못할 경우 상대가 취하는 입장의 진정성 여부를 파악하기 어렵고 상대와 신뢰를 가지고 협상을 해 나갈 수 있는지를 확인하기 어렵기 때문이다. 미국의 경우 TPA 법에 따라 통상협상의 권한을 행정부에 위임하고 협상이 개시되면 USTR은 협상추진 계획과 단계별 진전내용을 미 의회에 보고한다. 그리고 미 업계도 소관 분야의 협상에 대한 기대수준에 관하여 미 의회와 긴밀한 협의를 한다. 현재 진행되고 있는 TPP나 TTIP 협상을 추진하는 미국은 의회로부터 협상의 법적 맨데이트가 없는 상황이라 협상파트너들은 TPA 법안통과 후 최종 타결을 모색하고 있다. 미 의회는 TPA 법에 의해 보호된 통상협정도 수정한 전례가 있었기 때문이다.

협상 맨데이트는 다양한 형식과 내용을 가질 수 있다. 예를 들어 무조건 협상을 결렬하라는 훈령은 쉽게 이행할 수 있다. 그러나 우리의 이익은 확보하되 상대의 요구는 거절하면서 협상을 타결하라는 맨데이트는 이행하기 어려울 것이다. 그렇기 때문에 협상 맨데이트는 각 분야별 그리고 전체 분야별로 정교하게 짜여진 구조로 준비되어야 한다. 최선의 옵션이 충족되지 못할 경우 차선의 대안과 아울러 절대적인 마지노선을 확인해야 한다.

협상초기에는 맨데이트가 포괄적일 수 있으나 협상이 마무리 단계로 접어들수록 압축된 쟁점을 둘러싸고 상대와 치열한 대립이 전개되기 때문에 매우 세부적이고 정치적 결정을 동반하는 협상 맨데이트를 청훈해야 하는 경우가 많다. 이런 상황에서 협상대표와 최종 결정권자간에 보고 및 지시 채널이 원만히 가동하지 않게 되면 긴박한 순간의 결정을 놓치게 되고 그 피해는 장기간에 걸쳐 온전히 국민들에게 돌아간다. 결정라인의 동맥경화가 있다는 사실이 상대에게 파악되면 상대는 이를 역이용하여 정상급 회의 직전 불리한 제안을 던져 압박할 가능성은 언제든지 있다.

협상의 맨데이트를 확보하는 과정에서 내부 불협화음이 발생되면 적전 분열이 발생될 가능성이 커지게 되기 때문에 대외보안을 유지하고 내부결속을 다지는 일이 매우 중요하다. 협상의 맨데이트가 확보되면 이를 대표단 내부에서 효율적으로 공유하면서 이를 달성하기 위해 상대를 설득할 논리와 수순을 정하고 효과적인 압박을 해 나가는 패키지를 만드는 일이 중요하다.

FTA 협상과정에서 제기된 실례를 들어 본다. 우리나라의 수입업, 소비업과 유통업을 포함한 서비스 업종은 일부 경우를 제외하고는 대체로 소수의 업계들이 국내 시장을 점유하고 있는 구조였다. 개방으로 인한 수입

가격 인하와 소비자 편익을 증진하기 위하여는 수입과 유통 구조의 독과점화에서 발생되는 비효율을 제거해야 한다. 이 작업은 규제개혁의 차원에서 추진되어야 하지만, 과거의 경험에 비추어 국내의 기득권 업계는 개방의 폐해를 국익손실과 동일시하여 개방협상에 반발해 왔기 때문에 이를 극복하는 것은 지난한 과제다. 국내적 합의에 난항을 겪게 되면 개방을 위한 정부입장을 정하기 어렵고 결국 장벽을 계속 유지함으로써 관련 업계는 이득을 보겠지만 국가적으로는 이 분야의 국제경쟁력 확보가 어렵게 되는 악순환이 반복될 수 있는 것이다. 협상대표에게 강력한 맨데이트가 주어지지 않으면, 이런 민감한 국내 정치문제를 다루어야 하는 협상가가 바른 길로 협상해 나가기 어렵게 된다.

협상지원체제 구축

협상은 양측의 이해관계를 절충하여 최적의 균형을 이루면서 자신이 추구하는 목표를 달성하는 과정이라고 할 수 있다. 협상이 개시된 후 서명과 국회의 비준동의 절차를 거쳐 발효되기까지 복잡하고 긴 과정을 거칠 수밖에 없다. 이 과정에서 협상에 우호적인 환경을 조성하고 지원체제를 구축하는 것이 협상성공의 관건이다.

협상대표는 고품위 법률적 자문을 할 수 있는 조직을 구축해야 한다. 통상협상은 실체적 무역관계에 투영하는 작업이지만 수천 쪽에 달하는 협정문, 원산지 규정 및 양허문안을 작성하는 작업은 고도의 법률적 검토를 필요로 하기 때문이다. 협상상대가 미국이나 EU와 같은 최선진국일 경우 그들이 활용하는 법률전문가는 세계 최고 수준인 반면 이들과 대등한 협상을 이끌어 갈 수 있는 국내 법률전문가의 풀은 빈약하고 이들 국가의 통상법 체계에 대한 지식이 있는 전문가의 수가 적은 것이 현실이다. 이런 연유로 우리는 FTA 협상을 추진하면서 미국 또는 유럽 로펌의 법률자문을 받아야 했다.

국익이 걸린 중대한 협상은 국론이 분열되고 부처간 첨예한 이익을 다투며 상대국과 민감한 이슈에 대한 이해를 조정해야 하기 때문에 대통령의 관심과 지원이 필수적이다. 또한, 협상대표에 대한 대통령의 신임을 확보하는 것도 매우 중요하다. 이런 기반 하에서 관계부처간의 협조와 조정체제를 가동하고 이와 함께 국내외 싱크탱크와도 긴밀한 협력관계도 구축해야 한다. 협정체결의 경제적 효과는 물론 협정의 내용에 대한 정확한 메시지를 대외적으로 전달할 수 있는 중요한 기관들이기 때문이다.

협상의 직접적인 이해당사자인 업계의 지지를 확보하고 우려사항을 해소해야 한다. 이들의 입장을 확인하고 많은 경우 극히 기술적인 대화를 해야 한다. 생산업계 중 개방으로 인해 경쟁력을 잃게 되는 업종은 극도의 우려를 가지고 협상에 반대를 하게 마련이다. 우리나라의 경우 농축산업, 어업, 일부 서비스 업종 및 중소기업들로서 이들의 우려사항과 그 정도를 정확하게 파악하고 협상을 통하여 해소하거나 미진할 경우 정책적 지원체제를 강구해 나가야 한다. 개방으로 경쟁력을 확보하고 해외시장을 개척할 수 있는 업계의 이익 보호를 위해 협상과정에서 최선의 노력을 해야 한다.

협상대표는 우호적인 정치여건과 여론을 조성해야 한다. 단순한 홍보나 권력기관에 호소하는 것이 아니라 협상의 실체적 사실을 바로 알리고 협상결과가 우리에게 가져다 줄 이익에 대하여 정확한 정보를 제공함으로써 국민들이 온전한 판단을 할 수 있도록 노력을 해야 한다는 의미다. 협상은 타결될 때까지 보안을 유지해야 되는 속성을 가지고 있으면서도 협상과정에서 이해관계자들에게 상당한 수준의 투명성을 제고해야 되는 딜레마를 안고 있는 작업이기도 하다. 온라인을 통한 적극적인 정보제공 노력과 함께 오프라인을 통한 대면접촉의 기회를 많이 갖는 것이 우군을 확보하는 데 필수적이다.

다자협상에서 같은 입장을 가진 국가그룹을 확보하거나 그 국가그룹에 소속되는 것은 협상추진에 굉장히 중요하다. 그룹 내에서 공동으로 유사하게 입장을 조정하기도 하고 필요한 정보를 교환할 수도 있다. 이런 그룹에 소속되고 활동을 하게 되면 상대 그룹에서도 그 유용성을 인정하여 필요한 협력을 해오기 마련이다. DDA 협상에서 한국은 농업의 민감성을 보호하기 위해 농산물 수입국가 그룹인 G-33과 G-10에서 활동을 하고 있고, 다자간 통상체제의 발전을 위해 '시스템 프렌즈 그룹Friends of the System(FOS)'에도 참여하고 있는 것이 대표적 예다.

위기십결에서 '마땅히 서로 호응하도록 움직이라(동수상응, 動須相應)'는 격언이 이 상황에 맞다고 본다. 반상의 돌들이 상호 유기적으로 연결되어 있기 때문에 착점(착수한 돌 한점) 하나하나가 고립된 것이 아니라 우리 편의 형세와 상대의 수를 종합적으로 판단하면서 대응을 해 나가라는 의미다. 돌의 움직임에 유기적 연관성을 잃게 되어 빈틈이 보이면 대마大馬도 일거에 무너질 수 있기 때문이다.

협상의 규칙 작성

게임이든 협상이든 합의된 규칙에 따라 추진된다. 협상에서 규칙 작성을 주도하는 것은 협상 전체의 주도권을 잡는 것과 같다. 서양에서는 '동전 윗면이 나오면 내가 이기고 뒷면이 나오면 당신이 진다Heads I win, tails you lose'는 말이 있다. 상대가 이런 제안을 하면 규칙을 수정하든가 승부내기를 중단해야 한다. 무심코 받아들이면 동전의 앞면이 나오든 뒷면이 나오든 질 수밖에 없기 때문이다. 협상의 규칙을 정하는 일이 얼마나 중요한 지를 단적으로 표현한 말이다.

다자간 회의에서 의사규칙을 설정하기 위해 다루는 일이나 다자간 통상협상에서 모델리티를 작성하는 데 많은 시간을 할애하는 것도 같은 이유에 기인한다. DDA 협상의 예를 들면, 일괄타결원칙Single Undertaking, 개도국에 대한 특별하고 차별적인 조치, 민감성 보호규정, 컨센서스에 따른 결정과 협상시한 등에 대한 합의는 중요한 협상규칙이라 할 수 있다. 또한 협상대표는 합의된 규칙에 대한 깊은 이해를 가지고 있어야 주도적인 협상을 할 수 있다.

양자협상에서도 쌍방합의로 협상규칙을 먼저 정하게 된다. 우선 협상의 기본문서, 협상의 조직 그리고 추진절차를 둘러싸고 다툼이 있게 마련이다. 협상대표는 협상의 규칙을 자기 방식으로 유도하기 위해 명료하게 작성된 제안서를 상대에게 제시하는 것이 중요하다. 협상의 기초가 되는 문서를 채택하고자 할 때 쌍방이 제시하는 각각의 제안을 괄호 안에 넣어 작성하는 '통합문서consolidated text'를 마련한다. 한·미 FTA도 이러한 방식으로 협상이 추진되었다. 우리나라는 중국과 끈질긴 협상을 통하여 한·중 FTA 협상개시를 발표하는 양국 통상장관선언문에 '협정문에 개성공단을 역외가공지역으로 포함한다'는 문안에 합의를 했다.

통상협상이 개시되면 양허안offer과 양허요청서request를 교환한 뒤 세부협상을 진행한다. 대체로 자신의 양허안은 보수적으로 작성하고 협상상대에 대한 양허요청서는 자신의 이익의 극대화를 도모하기 위해 공세적으로 작성한다. 그러나 공통점은 그 세부내용이 협상 마무리 단계에서 이루어질 상황을 미리 예측하고 작성해야 한다는 것이다. 결국 쌍방의 제안과 요구 리스트를 대조하면 절충을 모색할 수 있는 분야와 그렇지 않은 분야를 대별할 수 있게 마련이다.

또 하나 중요한 것은 협상시한에 대한 합의다. 협상시한이 설정되어야만 최종 타결을 위해 자신의 양보선을 설정하고 상대를 압박할 수 있기 때문이다. 협상시한에 대하여 오해가 생기면 협상 막바지에 불필요한 양보를 해야 하거나 그간 확보한 이익의 균형을 한순간에 잃을 수 있다. 협상대표는 상호 합의 하에 설정한 시한 내 타결을 위해 노력할 수도 있으나 한·미 FTA의 경우처럼 협상시한이 TPA라는 미국의 국내법에 의해 설정되는 경우도 있다.

위기십결에는 '돌을 버리더라도 선수先手를 잡아라(기자쟁선, 棄子爭先)'는 격언이 있다. 바둑돌 몇 점을 버리더라도 선수를 잡게 되면 전개되는 국면을 자신의 의도대로 풀어 갈 수 있다는 의미다. 협상의 룰을 먼저 정하라는 말은 경영에서 말하는 '먼저 움직이라first mover'는 격언 또는 병법에서 말하는 속도전과도 일맥상통하다. 바둑경기에서 초반 흐름의 기선을 잡는 것은 대세를 주도하는 데 중요하고, 끝내기에서 선수의 중요성은 고수일수록 실감하기도 한다.

협상의 수순 디자인

협상대표는 준비 작업이 마무리되면 어떤 수순으로 협상을 추진해 나가야 할 지에 대하여 깊은 검토를 해야 한다. 수순手順은 협상대상 이슈를 다루는 순서를 정하는 것으로서 영어로는 '시퀀싱sequencing'이라 한다. 정교한 협상수순을 확보하는 것은 자신에게 유리한 협상의 절차를 정하는 것인 만큼 협상의 성패를 가름할 정도로 중요하다.

그러므로 협상의 수순을 정하는 문제를 둘러싸고 협상당사자간에 늘 다툼이 생기게 된다. 협상에서 특정 쟁점이 해소되면 다른 쟁점들이 풀려 나가는 경우 이 특정 쟁점을 '관문 이슈gateway issue'라고 한다. 협상참여 국의 이해대립으로 시퀀싱에 합의를 하지 못할 경우 협상의 대상이 되는 이슈를 모두 협상테이블 위에 올려놓고 이해를 조정하고 협상을 할 수도 있다. 이는 '수평적 협의horizontal discussion'라고도 한다. 이런 방식의 협의 를 거치면서 절충을 모색할 수 있는 패키지가 만들어 질 수 있다.

다자간 협상 또는 복수국간 협상의 경우 강대국의 협상동향과 그들의 국내 정치여건을 세심히 관찰해야 한다. 강대국간 이해대립이 있는 경우 협상은 교착에 빠지게 된다. 문제는 이런 교착국면에서도 강대국들은 다 양한 방법으로 부단히 절충 가능성을 모색하기 때문에 갑작스러운 협상진 전이 이루어 지기도 한다. 강대국간에 절충이 이루어지면 전체협상이 급 물살을 탈 수 있기 때문에 중·소 국가들은 자신들의 레드라인을 분명히 밝히면서 절충을 모색하거나 강대국간 교착국면이 해소되기 이전에 적절 한 해법을 모색해 두는 것이 필요하다. 그렇지 못할 경우 강대국들이 최 종 협상을 마무리하는 단계에서 중·소 국가의 이해를 반영하기 어려운 처 지가 될 수 있기 때문이다.

다자간 통상협상에서는 협상 세부규칙을 작성하고 그 규칙에 따라 품 목별 협의를 한다. DDA 협상은 크게 농산물, 비농산물 및 서비스 분야 협 상을 추진하는 데 농산물과 비농산물 협상에 중점을 두고 협상을 하고 상 대적으로 진전이 적고 합의 가능성이 낮은 서비스 협상은 후순위로 추진 하자는 의견이 지배적이다. 한편 농산물 수출국은 농산물 협상결과에 대 한 기대치가 확보된 후 비농산물 협상을 추진할 것을 제안하고 있어, 농업협상 안에서도 관세인하, 보조금 인하, 수출경쟁 및 식량안보 등 네 가지 분야의 협상추진 순서에 대해서도 이견이 상존한다.

아주 간단한 예를 든다면 협상에서 상대가 A를 양보하면 B를 주겠다는 방식을 제안하면 상대는 자신에게 유리한 B의 양보를 하면 A를 주겠다고 역 제안해 올 것이다. 이런 경우는 각자의 주장을 반복하면 타결할 수 없기 때문에 A와 B를 한꺼번에 묶어서 처리하기로 합의한다면 쉽게 해결할 수 있다. 소위 패키지 합의 또는 일괄타결이라고 한다. 실제 협상에서는 수없이 많은 쟁점이 제기되기 때문에 크고 작게 얽혀진 패키지들이 수많이 만들어 지게 된다. 노련한 협상가는 상대편에게 요구를 할 때 내어줄 수 있는 옵션을 미리 마련해 두고 상대의 요구를 수용할 때도 상응한 대안을 다양하게 준비하는 능력을 가진 사람이다.

ITA 확대협상의 막바지 협상단계를 예로 들어 본다. 미국과 EU 등은 협정이 적용되는 품목의 범위를 먼저 정한 후 관세철폐일정을 합의하자고 주장한 반면, 중국은 대상품목과 무세화 일정을 동시에 논의하자고 제안했다. 상대적으로 수세적인 중국은 자국의 민감품목에 대한 관세철폐일정을 미리 알면 품목의 범위에 신축성을 보이기 쉽기 때문이었다.

협상내용에 대한 협상의 수순과 별개로 협상추진 절차의 수순도 중요하다. 우리가 한·미 FTA 협상기간 중 EU와의 FTA 협상추진에 합의한 것은 미국과 EU간 경쟁관계를 지렛대로 활용하고자 한 조치였고, 한·EU FTA의 선비준을 추진한 것도 한·미 FTA의 비준절차를 촉진하기 위한 조치였다. 2011년 10월 미 의회가 한·미 FTA 이행법안을 인준하기 위하여 상원, 하원 및 백악관간에 정교한 처리절차를 합의하고 이를 시행한 것은 수순의 중요성을 단적으로 말한다.

바둑에서도 수순은 절대적이다. 세력과 실리의 크기에 대한 판단과 선수와 후수에 대한 확신없이 수순을 취하게 되면 뜻한 대로 전개하기 어렵고 오히려 상대의 역습에 직면하기 십상이다. 바둑은 수순에 따라 삶과 죽음이 갈리는 경우가 비일비재하다. 위기십결에는 '작은 것은 버리고 큰 것을 취하라(사소취대, 捨小就大)'라는 격언이 있다. 바둑에서 확정되지 않은 영역의 대소를 가늠하는 일은 쉽지 않다. 관건은 작은 것과 큰 것을 구별하는 능력을 갖추는 일이다. 또한 '빠르고 경솔한 착수를 삼가라(신물경속, 愼勿輕速)'는 격언도 있다. 크고 작음을 가려 신중한 움직임을 하라는 의미다.

| What-If 대화

협상은 상대가 있기 때문에 일방이 구상한 수순대로 추진되지도 않고 통상협상처럼 쟁점 이슈들이 많을 경우 합의를 모색하는 수순을 정하기 쉽지 않다. 이런 여건에서 협상당사자는 '내가 A를 주면 상대는 B를 주고, 다음에 내가 C를 주면 상대는 D를 주고…'라는 방식의 대화를 하면서 양측이 합의 가능한 결론을 모색해 나간다. 전제에 전제를 연결하면서 지퍼를 잠그듯 처음부터 마지막까지 양측이 만족할 수 있는 옵션을 선택해 나가는 방식이다. 이를 'What-If 대화' 또는 '非對話 non-conversation'라 부른다. 이런 방식은 공식적인 협의가 아니기 때문에 대부분 공식 기록에 남지도 않는다.

이런 대화가 효과적으로 작동하기 위해서는 협상당사자간 깊은 신뢰가 존재해야 한다. 신뢰가 없는 여건에서는 서로 자신의 카드를 읽히지 않으려고 솔직한 입장을 제시해 나갈 수 없기 때문이다. 非對話를 통하여 양측의 이견을 좁힐 수 있다는 자신이 서면 좀 더 구체적인 문안 또는 품목을 가지고 협상을 전개해 나갈 수 있다. 아무리 복잡한 협상이라도 이런

'What-If 대화'를 통하여 만들어진 긴 리스트의 이슈를 하나의 패키지로 묶어 일괄타결하는 방식을 사용한다.

'What-If 대화'는 쉬워 보이지만 도중에 한 가지 쟁점에 대하여 일방이 유보적 입장을 표하면 원점에서부터 새로 시작하는 경우가 비일비재하다. 비대화는 협상의 전개방식과 우선적인 고려사항에 대한 합의를 논의하는 협상초기에도 활용되지만 협상이 마무리 단계에 접어들어 민감한 쟁점들이 압축되어 갈 때 많이 활용된다. 다자간 협상에도 이런 비공식 대화가 많이 활용된다.

협상대표들간 신뢰가 구축되고 공감대가 형성되기 전에 문제가 있는 제안을 던져 버리면 상대는 거부반응을 일으키고 신뢰도 무너지는 상황이 발생된다. 협상에서 나의 문제를 해소하고 이익을 확보하는 것만큼 상대의 문제를 해소하는 방안을 동시에 검토해야 한다. 유능한 협상가는 양측에 윈-윈win-win 상황을 도출하면서도 자신에게 유리한 패키지를 만들어 상대에게 던지고 협상을 유도하는 능력을 가진 사람이다.

스콧 펙Scott Peck은 "당신이 해법을 제시하지 못하면 당신은 문제의 일부가 된다"고 말했다.[40] 협상과정에서 가장 많이 봉착되는 상황이다. 쟁점에 대한 해법을 능동적으로 제시하는 것을 게을리 하지 말아야 된다는 말이다. 예를 들어 상대편의 문제라고 하여 해소하지 않고 방치하게 되면 결국 협상타결이 지연될 수밖에 없고 그렇게 되면 그 피해를 고스란히 자신도 입어야 되기 때문이다.

패키지 협상에서는 부분적으로 취하고 버릴 수 없다. 전체를 그대로 받든지 거부하든지 해야 한다. 상대에 던질 패키지를 구성할 때는 주고받기

---

[40] Scott Peck (1998), The Road Less Traveled and Beyond: Spiritual Growth in an Age of Anxiety, p.218.

의 원칙에 따라 절묘한 균형을 추구해야 한다. 패키지 협상은 절벽 위 외길을 걷는 것과 같다. 잘못 삐끗하면 협상결렬로 이어질 수 있기 때문에 고도의 집중력을 발휘하면서 신속하고 정확하게 응수해야 한다. 상대가 던진 패키지는 자신에게 유리한 항목은 포함한 반면 우리의 이익은 희미하게 반영할 개연성이 높기 때문에 상대의 의도를 간파하고 수정된 패키지를 작성하여야 한다.

'What-If 대화'는 바둑의 수계산과 흡사하다. '일방이 A에 두면 타방은 B, C 또는 D에 줄 수 있고 그런 경우의 수에 대하여 다시 일방은 b, c, 또는 d에 두고…' 하는 방식의 수많은 경우의 수를 만들어 보는 것에 비유할 수 있다. 고도의 긴장 속에 이루어지는 패키지 협상은 눈 튀어 나오는 계가 바둑과도 흡사하다. 위기십결의 '적이 강할 때는 자신을 보호하라(피강자보, 彼强自保)' 또는 '내 형세가 외로우면 화평을 취하라(세고취화, 勢孤取和)'라는 격언들이 대체로 이런 상황에 적절하다고 본다.

타협의 전술구사

기본적으로 주고받기를 통한 이익의 균형을 만들어 내는 것 이외에 마법의 협상기술은 없을 것이다. 이런 기반 위에서 교착국면이나 쟁점을 해소하기 위한 기술을 구사할 수 있다. 달리 말하면 큰 틀의 전략 속에서 합의를 추구하는 협상과정에서 다양한 형태의 전술적 접근을 할 수 있다. 그러나 전술은 어디까지나 큰 틀의 전략을 달성하기 위한 수단이어야 하며 본말이 전도되는 일을 지양해야 한다.

먼저 상대가 이익의 균형이 맞지 않는다고 추가 요구를 해 올 경우 상응하는 보상quid pro quo을 요구하거나 상대가 취한 다른 부분의 이익을 삭감하는 방식으로 균형을 모색할 수 있을 것이다. 쟁점이 복잡할 경우 쟁점 이슈들을 세분화하거나 분리하여 접근을 하면서 작은 영역에서 균형을 만들어 이를 확대해 나가는 방안unbundling도 있다. 또한, 쟁점 이슈들을 모두 묶어서bundling 그 안에서 균형을 모색할 수도 있을 것이다. 남은 쟁점이 간단하지만 양자택일의 상황이 될 경우 협상타결은 굉장히 어려워진다. 이럴 경우 절충안을 만들기 위해서 양쪽의 강경입장을 조금씩 덜어내거나 현행 쟁점 이슈와는 전혀 다른 새로운 요소를 추가함으로써 이익의 균형을 확보해 나갈 수도 있다.

상대가 추가 요구를 해 올 경우 자신의 본질적인 이익을 훼손하지 않는 범위 내에서 일부 상징적인 양보를 함으로써 합의를 모색할 수도 있다. 이를 살라미 전술이라고도 한다. 유능한 협상대표는 협상과정에서 치열한 주고받기 협상을 대비하여 협상초기에 양보할 수 있는 카드를 배치해 두기도 한다. 또한 상대에게 본질적인 내용은 양보하지 않으면서 문서의 형식에 신축성을 보임으로써 상대가 국내 정치에서 명분을 확보할 수 있도록 합의해 줄 수도 있다.

양측의 주장이 첨예하게 대립되고 흑백논리가 반복될 경우 절충점을 찾기 위하여 합의하는 문서의 내용을 모호하게 규정하거나 상반된 해석이 가능한 문안을 합의하는 방식도 있다. 또한 협상은 타결하되 핵심 쟁점 이슈에 대한 합의는 후일로 미루는 전술도 있다. 의외로 많은 경우 쟁점 사항에 대한 타협은 이러한 '건설적 모호성constructive ambiguity'을 창출하는 방식으로 마무리된다. '악마는 각론에 숨어 있다The devil is in the details'는 격언은 기술적이고 법률적인 세부사항을 세밀하게 챙기라는 의미로 사용되기도 하지만 모호성을 안고 타결된 문안을 비판할 때도 사용된다.

쟁점이 많고 복잡할 경우 결국은 패키지 합의 형식으로 절충을 모색할 수밖에 없다. What-If 대화를 통하여 쟁점 이슈들을 하나 또는 여러 개의 패키지에 모두 담아 양측의 이익의 균형을 맞추어 타결을 모색하는 것이다. 실제 협상에서 쟁점들은 이런 패키지 협상으로 정리된다. 패키지는 전체를 수용하거나 거절하는 방식이기 때문에 일방에게만 유리한 패키지는 성립될 수 없기 때문이다. 유능한 협상대표는 패키지를 구성하는 능력이 있고 패키지를 주고받는 단계에서 짧은 시간 내에 내용의 이해관계를 분석할 수 있어야 한다.

다자간 통상협상은 대개 '일괄타결 방식'으로 타결한다. '모든 것이 합의되기 전에는 어떤 합의도 존재하지 않는다'는 의미다. 수많은 협상대표들이 많은 쟁점을 협상테이블에 올려놓고 협상을 하면서 일부 진전된 부분만 수확을 하지 않고 다른 분야의 협상이 진전되기를 기다려 전체를 타결하는 방안이다. 이 규칙은 복잡한 다자협상에 얽힌 이해관계를 부분적으로 정리할 수 없기 때문에 모든 쟁점을 하나의 커다란 패키지로 만들어 타결하는 것이다.

다자간 통상협상은 '조기 수확'이란 형식으로 타결되기도 한다. 쟁점 덩어리를 한꺼번에 타결하기 어려운 여건일 경우 합의 가능한 분야만 먼저 합의를 하는 방식이다. 이러한 규칙을 합의할 때는 어떤 분야에 대한 협상을 먼저 종결하며 조기 수확을 하는 분야가 후속 분야의 협상과 어떤 법적 연관성을 가지는지에 대한 명확한 이해와 합의를 해야 한다. WTO 회원국들은 2013년 12월 인도네시아 발리에서 '무역원활화 협정'을 타결했다. 그러나 일부 국가들은 무역원활화 협정을 조기 수확하는 데 반대하고 농산물, 비농산물과 서비스 등 여타 DDA 협상의제들이 일괄타결 되어야 한다고 주장하고 나섰다. 이런 논쟁이 발생된 것은 앞서 열린 WTO 각료회의에서 결정된 규정의 모호함 때문이었다.

통상교섭에도 수칙이 있지만 바둑에서도 포석과 행마 그리고 끝내기 수순 등에 적용되는 수많은 격언과 행마의 기술이 있다. 바둑에 '곤마困馬는 동행하라'는 격언이 있다. 곤마는 완생이 안 된 미생마를 의미한다. 자신의 약점을 방어하고 보완하기 위한 전술 중의 하나로서 자신의 약점과 상대의 약점을 연계하여 행마를 펴 나가는 것이다. 협상도 마찬가지다. 한·미 FTA 협상에서 우리의 약점인 쌀 문제를 미국의 약점인 존스 액트와 연계시키는 전술이 전형적인 예가 될 수 있다.

19

통상협상가의 자질과 능력

상대의 문제를 제대로 알지 못하는 이유는
상대를 그들의 입장이 아니라 우리의 시각에서 보기 때문이다.
우리의 척도로 다른 나라 사람들을 측량한다면
심각한 오류에 직면할 수 있다. 다른 나라 사람들은
다른 가치관을 가지고 있고 다른 전제 하에 추리를 한다.
토마스 베일리(Thomas A. Bailey), '외교의 기술(The Art of Diplomacy)', 1968

협상가의 자질

해롤드 니콜슨은 외교관의 자질과 덕목으로 진
실성, 정확성, 평정심, 유연성, 겸허함, 인내심과 충성심 등 7개 항목을 들
고 지식, 지성, 분별력, 신중함, 친화력, 성실함, 용기와 전술 등을 추가로
제시했다. 대외교섭을 담당하는 정부대표에게는 당연한 지적이며 이런 덕
목은 그대로 통상협상가에게도 적용된다.

협상대표가 갖춰야 할 자질 중에 가장 중요한 것은 정직과 신뢰다. 복
잡한 이해관계를 다루는 협상을 하면서 정직하지 않으면 신뢰를 확보할
수 없고 신뢰 기반이 무너지면 원활한 정보교류나 합의를 할 수 없기 때

문이다. 협상이 상대와의 신뢰 속에 끊임없는 대화를 통해 양측이 상생하는 최적의 해법을 모색하는 과정임에 비추어 상대에게 신뢰를 주지 못하는 협상가는 세밀한 이익의 균형을 확보해 낼 수 없게 된다. 협상대표의 정직성과 신뢰는 국내 전선에서도 중요하긴 마찬가지다. 협상대표의 말이 일관성을 잃으면 자신의 버팀목이 될 수 있는 언론, 업계와 정치권으로부터 외면받기 십상이기 때문이다. 그래서 협상대표의 말과 처신은 진중해야 한다.

협상대표는 확고한 국가관과 애국심을 가져야 한다. 통상협상은 대상이 되는 분야가 다양한 만큼 수많은 이해관계자들이 있기 때문에 협상기간 중 국내 정치의 역학관계를 이용하여 직·간접적인 압력이나 청탁이 들어오기도 하고 특히 강대국과의 협상에서 이해가 충돌하는 상황이 될 경우 상대는 자국이 가진 힘과 지렛대를 동원하여 압박을 하는 것이 현실이다. 물론 협상대표는 국가이익 확보라는 엄중한 목표 아래서 교섭을 해나가야 하지만 협상대표가 애국심을 가지고 정직하게 협상을 수행할 수 있도록 정치적 힘을 실어 주는 것도 필수적이다. 특히 정치적 쟁점이 많은 협상에서 정부수반이 국내외 정치의 외풍을 막아 주지 않으면 협상대표는 국익확보라는 절대목표보다는 단기처방과 보신주의 위주로 협상해 나갈 위험에 언제든지 노출될 수 있기 때문이다.

'외교관은 인내하는 직업이다Diplomats are paid to be patient'란 말이 있다. 국가간에 걸린 복잡한 외교사안은 성급하게 해결을 시도할 경우 더 꼬일 수도 있기 때문에 침착하고 냉정하게 대응해야 한다. 한편 북핵문제를 다루면서 미국이 취했던 '전략적 인내strategic patience'정책처럼 협상을 시도해도 실질적인 진전이 없는 경우 여건이 개선될 때까지 시간을 두고 기다리는 방법도 있다. 통상협상이 급물살을 타는 시점이거나 최종 패키지 협상을 하는 단계에서 우리 제안을 상대에게 던진 후에는 상대가 내부검토를 거쳐 회신을 해 올 때까지 기다려야 한다. 피말리는 기다림의 시간을 견디지 못하고 조급증에 빠져서 상대에게 추가 양보 가능성을 시사하면 협상전선 와해는 시간문제이기 때문이다.

그 밖에 통상협상대표는 치밀해야 하고 늘 경청하고 기록하는 습관을 가져야 한다. 또한 협상대표는 강인한 정신력과 체력을 가져야 한다. 통상협상은 첨예한 이해대립 속에서 집중적인 교섭을 해야 하는 경우가 비일비재하기 때문에 강한 정신력과 체력이 뒷받침 되지 않으면 온전한 판단력을 유지하기 어렵다.

통상법 지식과 위기대처능력

이러한 기본적 자질을 바탕으로, 협상가가 가져야할 능력에 대해 살펴본다. 통상협상가가 갖춰야할 능력 중 가장 중요하고 기본적인 것은 국제통상법과 다자간 통상체제에 대한 지식이다. 통상협상은 기본적으로 관세와 비관세 그리고 다양한 규범 분야에 대한 법적 구속력이 있는 협정을 체결하는 과정이기 때문에 국제통상법에 대한 지식은 필수적이다. GATT/WTO 협정규정에 대한 이해는 물론 WTO 분쟁해결체제에 대한 지식은 다자 통상협상가에서는 물론 양자 통상협상가에게도 필수적인 지식이다.

또한 GATT 체제에서의 협상역사와 WTO 출범 이후 추진되어 온 DDA 협상추진 경과를 꿰고 있어야 한다. WTO 협정문의 각 조항이 가지는 정확한 의미와 취지는 협상경과를 통해서만이 정확히 알 수 있고 양자통상협정의 조건과 규정도 WTO 협정의 진전과 연관성을 가지기 때문이다.

협상대표는 통상협정의 구조와 본질적인 내용은 물론 원산지 규정, 시장접근 및 규범 등의 분야에 대한 기술적 안목도 겸비해야 한다. 또한, 협상의 쟁점 이슈를 둘러싼 법적인 문제와 기술적인 문제에 대한 분석과 판단을 할 수 있는 능력도 가져야 한다. 팩트에 대한 정확한 판단은 협상결과의 균형을 추구하는 과정에서 필수적이며 협상과정에서 다양한 이해당사자들이 제기하는 불필요한 오해를 불식하게 한다.

통상협상은 교과서대로 진행되지 않는다. 특히 큰 이해가 걸린 협상일수록 내생적인 변수 외에도 외생적인 여건변화 역시 다양하고 예측하기 어렵기 때문에 협상대표는 위기대처능력을 길러야 한다. 실제 협상에서 쟁점을 둘러싸고 첨예한 법적·기술적 입장차이가 노정되는 경우가 허다하지만 모든 문제를 법적으로만 해결할 수는 없다. 통상협상대표는 자신과 상대의 강점과 약점, 특히 자신과 상대의 레드라인을 확실히 인식하고 이를 존중하면서도 양측의 공동선을 추구할 수 있는 혜안과 능력을 갖춰야 한다.

국내 협상전선을 원만히 조정하고 관리하는 것도 위기관리능력의 중요한 부분이다. 국내 입지가 약한 여건에서 추진되는 대외협상은 실패가 불보듯 뻔하기 때문이다. 국내 전선의 주요 이해당사자는 생산자와 소비자 등 경제주체, 국회, 언론 및 시민단체 등 정치주체 그리고 이해관계가 충돌하는 정부부서를 들 수 있다.

국익이 걸린 협상을 수행해야 할 협상대표는 대통령의 신임을 확보하고 대통령의 개입이 필요할 경우를 대비하여 정확한 정보와 상황을 입력해 드려야 한다. 큰 이해가 걸린 쟁점 이슈를 둘러싸고 정부부처 안에서 조정이 안 되는 경우 또는 국회의 반응과 여론의 향배가 요동을 치는 경우 정부수반의 개입이 필요할 수밖에 없기 때문이다. 큰 쟁점이 있음에도 불구하고 협상 수석대표가 정부 최고위층과의 접근이 어렵다는 것을 상대가 확인하게 되면 상대는 우리의 정책결정시스템과 마지노선을 거칠게 시험하려 들 것이다.

"불리한 합의보다는 아예 협상결렬이 낫다No deal is better than a bad deal"는 말이 있다. 큰 이해가 걸린 협상에서 협상대표가 현행 패키지를 수용하는 것이 국익에 부합되지 않는다고 판단을 했음에도 불구하고 국내 정치여건의 압박을 받아 굴욕적으로 수용할 수밖에 없는 상황이 발생되거나 역으로 현행 패키지의 수용이 국익에 도움이 되는 것이 확실함에도 불구하고 여론이나 부당한 압력에 의해 불수용의 결정을 하게 된다면 그 피해는 고스란히 미래세대가 짊어져야 할 것이다.

정확한 소통능력

협상대표는 정확한 소통communication을 할 수 있어야 한다. 커뮤니케이션의 기본은 아무리 복잡한 문제라도 단순화하여 정확하게 정리하고 전달하는 능력이다. 협상대표는 자신의 의도를 정확하게 상대에게 전달하고 상대의 의도를 올바로 읽어 낼 수 있는 능력을 가져야 한다. 사실 소통은 글로 쓴 언어를 통해 이루어지는 것이 일반적이지만 메시지를 전달하고 접수하는 분위기와 태도도 정확한 소통을 위한 중요한 요소다.

정확한 메시지를 소통하려면 높은 수준의 언어구사와 작문능력을 갖춰야 한다. 왕왕 영어구사에 불편이 없다고 자신감을 보이는 사람들이 있으나 정확하고 높은 수준의 언어구사를 하기 위해서는 고도의 집중적인 훈련이 필요하다. 협상대표로서 공식 및 비공식 제안서를 원어민 수준의 영문으로 작성하고 구두로 전달할 수 있는 능력을 갖춰야 하기 때문이다.

나는 주미 대사관에 근무할 당시 한·미간 고위급 면담 후 커틀러 대표 보와 양측의 면담기록을 대조한 경우가 있었다. 불필요한 오해를 방지하고 정확한 이해를 가지기 위한 조처였다. 그런데 미측이 작성한 면담록은 과장해서 숨소리까지 기록할 정도로 면담내용은 물론 분위기까지 상세히 묘사되어 있는 것을 보고 놀란 적이 있었다.

통상협상 과정에서 알게 된 정보나 협상결과를 정확하게 보고하는 것이 중요한 것은 두말할 나위가 없다. 협상과정에서 부실한 커뮤니케이션 때문에 우리 의도를 상대가 곡해하거나 상대의 의도를 우리가 오해하여 협상추진에 차질을 빚거나 여건이 악화되는 경우는 비일비재하다. 이런 행위는 용납될 수 없다. 본부의 정확한 판단을 흐리게 하기도 하지만 상대가 이를 간파하는 경우 우리의 협상전선은 이미 일각이 무너진 것이나 다름없기 때문이다.

또한 상대의 언급내용을 대표단 내에서 달리 해석하거나 판단하여 내부 분란으로 이어지는 경우도 허다하다. 실제 협상현장에서는 '자신이 아는 범위 안에서만 상황을 판단함으로써 다른 부처들과 갈등을 빚는 경우'가 발생한다. 또한 갈등의 중심에는 '자신이 모른다는 사실을 모르는 경우'로 인해 부서 사이에 원만한 조정에 애로를 겪는 경우도 허다하다. 협상현장에서 이런 문제가 발생되면 해당자에 대한 제재는 당연하며 실수에 의해 잘못된 접근을 했을 경우 대외적으로 지체 없이 사과하고 분명한 해명을 해야 한다.

올바른 소통을 하기 위해서 통상협상대표는 자국의 여건을 상대측에 정확하게 인식시키는 동시에 상대의 정치적 특성과 문화적 이질성에 대한 깊은 인식과 그것을 이해하는 능력을 가져야 한다. 대외협상의 향배는 국내 여건에 직접적인 영향을 받기 때문에 협상대표는 상대의 협상전략과 전술에 영향을 미치는 정치적, 경제적 및 문화적인 요인에 대해 충분히 이해하고 이를 극복할 수 있는 능력을 길러야 한다.

특히, 의회, 언론, 업계 및 싱크탱크 등 상대의 정책결정에 영향을 미치는 이해당사자들 뿐만 아니라 정책결정이 이루어지는 메커니즘에 대한 깊은 이해를 가지고 있어야 한다. 또한, 이런 메커니즘을 통해 자국의 입장과 여건을 상대측에 간접적으로 전달함으로써 협상에 영향을 미칠 수 있는 복안과 행동력을 가지고 있어야 한다.

"외교든 전쟁이든 적과의 접촉이 끊기면 안 된다Never lose contact with the enemy"란 말이 있다. 협상을 하다보면 상대의 언행, 무성의 또는 압박 등 여러 원인으로 인해 원만한 접촉채널을 가동하는 것이 어려운 경우가 생기게 마련이다. 그러나 협상추진에 대화는 필수적이다. 대화 자체가 양보를 의미하지는 않기 때문이다. 아무리 어려운 여건이더라도 대화를 통해 정보교류와 선택 가능한 대안을 모색해 나가야 하는 이유다.

정무적 판단과 강한 디테일

협상대표는 법적·기술적 쟁점과 예기치 않은 변수를 다뤄야 할 뿐만 아니라 시간에 쫓기는 상황에서 판단을 하고 결정을 해야 하는 경우가 허다하다. 실무협상 과정에서 제기되는 기술적 이슈들이 가질 수 있는 정치적 함의를 간파해야 하며 양국관계 또는 국제관계의 큰 흐름과 조화를 이룰 수 있도록 협상기조를 유지해 나가는 판단력과 통찰력이 필요하다.

협상에서 실무적 협의가 완료되면 쟁점 이슈들은 수석대표 차원에서 다루어지고 필요한 경우 장관 선으로 올라가게 된다. 대부분의 쟁점은 장관 차원의 협의를 거치면 합의의 윤곽을 드러내지만 한·미 FTA 협상에서의 쇠고기 문제, 자동차 문제, 한·EU FTA의 발효시기와 연관된 쟁점 등은 양측의 정상 차원에서 몇 차례에 걸쳐 논의된 이후에야 합의도출이 가능했었다. 수석대표는 장관 또는 대통령 차원의 협의에서 쟁점을 좁히거나 협상의 가닥을 잡아 나갈 수 있도록 보고서를 작성하여 상부에 정무적 판단을 건의해야 한다. 이 과정에서 수석대표는 상대측과 정무적 감각을 가지고 허심탄회한 협의를 할 수 있어야 한다. 원만한 협상타결을 위해서는 상대측도 같은 쟁점을 상부에 보고하고 가능한 타협점을 검토해야 되기 때문이다.

또한, FTA 협상이나 DDA 협상을 추진하는 과정에서 미 의회 또는 EU 내의 정치적 역학관계가 변화되는 추이를 모니터링해야 한다. 다자간 통상협상이 최종 타결되기 위해서는 '제네바 컨센서스Geneva Consensus'와 '워싱턴 컨센서스Washington Consensus'가 있어야 한다는 말이 있다. 다자간 협상이 진전을 이루고 타결을 하기 위해서는 제네바에서 기술적이고 법률적인 합의가 선행되어야 하는 것은 필수적이다. 그러나 제네바 합의만으로는 실질적으로 협상타결에 충분하지 않다. 미 의회의 승인이 보장되어야 협상이 타결되고 발효를 할 수 있기 때문이다.

또한, 글로벌 경제위기 확산과 여파가 국제통상질서에 미치는 거시적 영향에 대한 안목도 가지고 있어야 한다. 현재 진행 중인 통상협상에 지나치게 매몰되게 되면 협상의 전체적인 환경에 근본적인 영향을 미치는 변화를 감지하지 못하게 되어 진행 중인 협상의 완급이나 우선순위를 조절하는 데 실패할 수 있기 때문이다.

한편 통상협상가는 넓은 시야를 가지고 협상에 임하면서도 디테일에도 목숨을 걸어야 한다. 통상협상은 수많은 품목의 관세인하 문제는 물론 서비스 무역과 규범문제를 다루고 합의결과가 양국의 국내법으로 이행되어야 하기 때문에 문장 하나하나와 품목 하나하나에 극도의 신경을 써야 한다. 공로명 전 외무부 장관은 "외교관은 면서기와 같이 꼼꼼한 서류 작업을 하더라도 늘 대통령의 시야를 가지고 생각해야 한다"라고 말했다. 그만큼 나라를 대표해야 하는 외교관은 국익을 지키기 위해 주도면밀하면서도 거시적 안목을 가져야 된다는 것을 강조한 말이다. 통상협상가가 갖춰야할 자질과 태도도 이와 다를 바 없다.

물론 실무급 협상단계가 가장 중요하다. 아주 기초적이지만 가장 중요한 문안교섭을 진행하기 때문이다. 초동단계의 협상에 실수가 있거나 미흡할 경우 고위급 협의에서 이를 교정해 나가는 일은 점점 어려워지게 된다. 특히 우리에게 불리하지만 상대에게 유리한 합의내용을 고위급에서 뒤집으려면 대가를 지불하거나 특단의 조치를 취해야 할 가능성이 많기 때문이다.

실제 협상에서 내용을 세밀하게 검토하여 합의하는 경우도 있지만 시간에 쫓기거나 부주의로 인해 애매한 문장으로 합의를 하게 되면 후일 협정문의 해석에 대한 다툼이 수반되게 마련이다. 특히 통상협상 같은 경우 협정문의 본문 텍스트도 치밀하게 들여다봐야 하지만 부속서로 첨부되는 품목별 원산지 규정, 상품양허안과 서비스 유보안은 굉장히 많은 숫자와 복잡한 기술이 포함되어 작은 실수 하나가 협정문 전체를 망가지게 할 우려는 상존한다. 그렇기 때문에 실무단계의 협상은 소관별 협상의 이해를 반영하는 것도 중요하지만 전체적인 이해도 함께 조명해 나가야 된다. 초기에 단추를 잘못 꿰면 협상이 진전된 뒤에 고위급에서 개입하기 어려운 상황이 되기 때문이다. 한·EU FTA 번역오류는 근본적으로 번역시스템의 부실로 발생된 **뼈** 아픈 경험이지만 결국 초동번역 단계의 조치가 미흡한 데서 발생한 인재人災라고 할 수 있다.

수석대표나 장관급도 디테일을 챙겨야 할까? 그렇다. 통상협상의 수석대표는 당연히 각 협상분과별 진전 상황과 쟁점을 항상 모니터링하고 상대와 정확한 협상을 하기 위해 숫자, 통계는 물론 법적 민감성 등을 소상히 알고 있어야 한다. WTO에는 그린룸Green Room 회의라는 것이 있다. 무역협상위원회 의장인 사무총장이 주요국 대사들만 초청하여 협상디테일을 직접 논의하면서 각국입장의 강도를 테스트해 나간다. 영미권의 통상장관들은 다자통상체제에 대한 깊은 이해를 가지고 있고 쟁점사항에 대한 기술적 디테일을 꿰고 있는 경우가 많다. 이런 장관들과 대화 또는 협상을 하면서 통역을 쓰거나 실무진이 써 준 발언문을 읽는 상황이 된다면 깊은 친밀감을 쌓기도 어렵고 현안에 대한 포괄적인 협의를 하기가 어려울 것은 자명하다.

▌문화적 이해력

협상참여국들은 정치·사회 및 문화적인 배경에 따라 협상조직, 정책결정시스템과 협상패턴 등에 차이가 있다. 이러한 차이는 협상대표의 행동에 직접적인 영향을 미치기 때문에 유능한 협상대표는 성공적인 협상을 위해 이런 차이를 이해하고 극복하는 능력을 길러야 한다. 마이클 왓킨스Michael Watkins는 "문화란 공통의 전제와 가치를 바탕으로 소통하고 생각하고 행동을 하는 데 있어 따르는 일관성 있는 패턴이다"라고 말했다. 협상상대의 문화적 배경을 파악하는 것이 얼마나 중요한지 단적으로 지적하는 말이다.

예를 들어 우리나라는 1998년 분절화됐던 통상교섭 업무를 통합함으로써 일관성 있는 대외통상정책을 추진할 수 있도록 개편되었다. 반면, 일본은 부서별로 독자적인 업무영역을 유지하는 구조 속에 컨센서스에 의한 정책결정을 해 오면서 일본 특유의 협상패턴을 보여왔다. 미국의 경우 USTR이라는 전문적이고 공격적인 조직이 대외협상 권한을 가지고 의회와 대통령이 대립과 협조 속에서 정책결정을 하는 이중적인 구조를 가지고 있는 반면 EU는 집행위원회가 대외협상의 전권을 강화해 가는 시스템이다.

우리나라의 외교역량은 장족의 발전을 했으나 과거 비판을 들었던 '지식, 언어 및 친구의 부족'문제는 현재도 곱씹어 볼 필요가 있다. 특히 다자외교에서 자국의 이익을 대변하고 상대의 공격을 방어하는 과정에서 다수의 국가들이 자국과 같은 입장을 취하고 지지를 하게 되면 협상추진이 한결 수월할 것이다.

통상협상가 또한 친구를 만들고 다양한 협상참여 국가그룹들과 교감하는 자질과 능력을 갖춰야 한다. 양자협상대표는 당연히 협상상대와 깊은 신뢰를 가지고 협상을 추진해야 하지만 자국은 물론 상대편 국가 내 이해당사자들과 중층적인 친구구조를 만들고 관리해 나가야 한다. 협상의 지원세력을 확보하는 일은 협상의 성패에 직접적인 영향을 미치기 때문이다.

다자협상은 160개국 이상이 수많은 통상 분야의 협상을 추진하기 때문에 이해당사국들은 다양한 형태의 국가그룹을 형성하여 공동대응을 한다. WTO를 보면 일반적인 지역별, 수출입 등 무역관계별, 농산물과 비농산물 분야, 국가의 발전정도 등 다양한 이해관계를 기반으로 국가그룹[41]들이 형성되어 정보교류 및 공동입장을 취해 나가고 있다. 이러한 국가그룹에 포함되는 데는 일정한 요건이 있을 수 있기 때문에 무조건 접촉면을 확대할 수는 없다.

---

41 WTO 국가그룹 참고: https://www.wto.org/english/tratop_e/dda_e/negotiating_groups_e.htm

:: WTO 국가그룹(농업 분야)

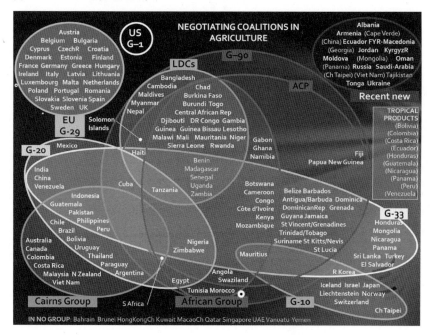

우리나라의 경우 WTO에서는 여전히 개도국 지위를 유지하면서 농업 이외의 협상에서는 자발적으로 선진국과 공동보조를 취해 왔다. 농업의 민감성 때문에 취한 불가피한 선택이었다. 또한, 한국의 특수한 여건으로 선진국과 개도국의 교량역할을 하는 긍정적인 측면도 있다. 한편, 이런 우리의 위상 때문에 대체로 선진국 또는 개도국 그룹으로 이분화되어 있는 국제회의 또는 협상에서 특정 국가그룹에 소속되지 못하는 불리함을 안고 있기도 하다. 유능한 협상대표는 이러한 제약요인들을 극복하거나 우회하는 방안을 찾는 능력을 가져야 한다.

20

새로운 통상교섭 전략

나는 적(敵)의 적의(敵意)의 근거를 알 수 없었고
적 또한 내 적의의 떨림과 깊이를 알 수 없을 것이었다.
서로 알지 못하는 적의가 바다 가득히 팽팽하였으나
지금 나에게는 적의만이 있고 함대는 없다.

김훈, '칼의 노래', 2010

우리나라는 미국 및 EU와 높은 수준의 FTA를 선제적으로 체결함으로써 대외통상정책의 새로운 출발점에 서게 됐다. 어렵게 발효된 협정의 효과를 극대화하는 것은 당연한 책무다. 나아가 협상과정과 비준추진 과정에서 노정됐던 문제점들을 이미 지나간 일로 치부하지 말고 냉정히 성찰하고 필요하면 과감한 개선을 해 나가야 한다.

한편, 한국은 거대 경제권과의 FTA 체결로 대외통상정책의 일대전환을 예고했다. 한국의 발빠른 행보는 대외적으로 경쟁국가에게 경종을 울렸고 국제적으로 메가 FTA의 도미노를 확산시키는 기폭제 역할도 했다. 그러나 FTA로 인한 특혜적 시장접근의 이익은 선점의 효과를 누릴 수 있는 기간에 한정된다는 점을 명심해야 한다. 경쟁국가들이 비슷하거나 보다 높은 수준의 FTA를 체결하게 되면 기존에 확보된 특혜는 순식간에 희석될 수 있기 때문이다. 미국과 가장 높은 수준의 FTA를 체결했다는 칭찬과 부러움은 미국과 일본을 중심으로 전개되어온 TPP 협상이 막바지에 접어들면서 우려와 경계심으로 바뀌는 현실을 직시해야 한다.

현재 국제적 통상환경은 급격한 변화를 맞고 있다. 다자간 통상협상은 속도가 느리게 진행되는 반면 양자 및 지역 차원의 FTA는 지속적으로 확산되고 있다. 특히 거대 경제권이 참여하는 메가 FTA 협상과 체결은 빠르게 확산되고 있다. 세계적으로 거대한 특혜관세 블록이 만들어지고 있고, TTIP 협상의 경우처럼 새로운 기술표준을 선점하려는 노력도 급속히 전개될 것이다.

이런 변화는 우리에게 기회와 도전을 함께 제공하고 있다. 우리는 한·미 FTA와 한·EU FTA 같은 높은 수준의 FTA를 체결함으로써 유리한 입지를 확보하였지만, 한국의 참여가 배제된 TPP와 같은 메가 FTA가 우리 앞마당에서 체결되는 것을 방관해서는 안 된다. 우리는 한·미 FTA의 체결과 비준과정에서 너무나 많은 정치적 자산을 소모한 결과 큰 그림의 국제동향보다는 국내적 요인에 치중한 통상정책을 추진해 온 것은 아닐까? 상대성 게임인 글로벌 FTA 네트워크 구축 추세는 '먼저 변화하지 않으면 변화를 강요당하는 시대'라 정의할 수도 있다. 전략적 고려를 포함한 FTA 협상대책이 요구되는 이유다.

이 장은 대전환기 속에서 어떤 미래 통상교섭 전략을 구상하고 이를 실현하기 위한 통상 인프라는 어떤 모습을 가져야 하는지 이론적 접근보다는 현장경험을 바탕으로 한 나의 소견을 적고자 한다.

외교·전략적
검토

　　어느 나라든 FTA 협상상대국을 선정하고 협상의 총체적인 이익을 검토하는 데 있어 '외교적 고려' 또는 '전략적 고려'를 우선적으로 한다. 통상협정은 단순한 경제협력협정이나 상품협정이 아니라 서비스, 지재권, 규범 등의 분야를 포괄함으로써 경제시스템 전반을 개방해 나가는 협정이다. 이러한 포괄적 협정은 단순한 상업적 이해관계의 반영을 넘어 참여국간 관계의 기반을 근본적으로 결정해 나가기 때문이다.

　　미국의 경우 상대국과 미국간 외교관계를 비롯하여 체결될 협정이 미국에 이익을 주는지 여부 및 미 의회에서의 통과 가능성 등을 종합적으로 검토한다. 미국이 추진한 NAFTA 협상은 1980년대 말 EU의 통합이 가속화되고 우루과이 라운드 협상이 실패할 수도 있다는 위기감 속에서 추진되었다는 것은 주지의 사실이다.

　　미국 주도로 추진되는 TPP 협상도 일본과 함께 중국의 굴기를 견제하기 위한 미국의 아시아 재균형 정책의 일환이다. 미국과 EU가 추진하는 TTIP도 큰 그림으로 본다면 추후 국제통상규범 또는 표준을 미국과 EU 차원에서 미리 정해 나가자는 의도가 깔려있다. 크게 보면 중국을 둘러싼 미국, 일본 및 EU 등 주요 교역국간의 거대한 블록이 형성되고 있는 것이다. 반면 중국은 RCEP, 한·중·일 FTA와 중·ASEAN FTA 등을 추진하면서 대응을 해오고 있다. 물론 이런 대응은 낮은 수준의 자유화를 추진함으로써 FTA의 자석효과magnetic effects나 경제블록을 형성하는 힘은 매우 약한 반면 정치적·상징적 성격은 강하다고 볼 수 있다.

　　거대 FTA는 참여국의 경제력과 교역규모의 흡인력으로 인해 직접적인 상호작용을 하게 마련이다. 2006년 초 한국은 한·미 FTA 협상을 개시함으로써 EU측의 관심을 유도했고, 한·미 협상타결 후 바로 EU와 협상을 개시함으로써 대미 의회의 인준 추진에 지렛대로 활용하는 전략적 고려를 구사했다.

나는 한국이 중국과 FTA 협상을 추진하면서 미국이나 일본과의 통상 협력 관계를 전략적으로 고려해야 한다고 생각했다. 한·중 FTA 협상과 동시에 TPP 협상에의 참여시기와 방식에 대한 치열한 검토가 이루어 졌어야 한다는 의미다. 한·중 FTA 협상과정에서 한국이 TPP라는 지렛대를 활용하지 않음으로써 중국은 한국의 요구를 전략적으로 검토할 유인이 약해졌고, 그 결과 한·중 FTA는 아주 낮은 수준의 협정으로 타결됐다. 이런 결과는 다시 TPP 국가들에게 한국의 TPP 참여를 요청해 올 아무런 유인도 제공하지 못했다.

반면, FTA 협상에서 가장 뒤졌던 일본은 TPP 협상과 일·EU FTA 협상을 추진함으로써 FTA 선도국으로 급부상하게 됐다. 일본의 TPP 참여는 미·일간 군사동맹 관계의 격상과 아울러 미국과 함께 아·태 지역을 넘어 전 세계의 통상질서를 디자인해 나가게 되었다는 것을 의미한다. 일본의 이러한 입지변화는 한·미 FTA 체결로 유지돼 오던 한국의 선점 이익이 하루 아침에 희석될 수 있다는 우려를 자아내고 있다.

'메가 FTA' 협상이 급속히 확산되면서 미국, EU, 일본, 중국 등이 거대한 도미노 게임에 참여하면서 경제블록을 형성하여 역외국가는 결과적으로 불이익을 받는 상황이 가속화되고 있는 것이다. 이제 한국의 TPP 참여는 선택이 아닌 필수가 됐다. 그러나 TPP 참여를 추진하기에 앞서 전략적 검토를 해야 한다. TPP 회원국이 요구할 수 있는 참여대가 문제, 한·일과의 양자협상 문제를 비롯하여 참여시기 문제와 국내적 합의절차 등에 대한 변수를 검토해야 한다.

한편, 우리나라는 미국, EU, EFTA, 호주, 캐나다, 뉴질랜드 등과 이미 FTA를 체결했고 TPP 참여를 결정하게 되면 일본과도 FTA를 체결하는 효과가 발생되므로 대부분의 선진국과 FTA 네트워크는 마무리된다. 그러나 개도국과의 FTA 체결은 여전히 어려운 과제로 남아 있다. 칠레, 싱가폴, 인도, 터키, 페루, 콜롬비아, ASEAN 등과 FTA를 체결했으나 메르코수르 등 남미권, 중미권, GCCGulf Cooperation Council 등 아랍지역, ASEAN 개별 국과의 FTA 등 FTA 체결을 검토해야 할 대상국가들이 많고 이들과의 FTA 추진시기와 방식을 결정하기 위한 경제적 고려와 함께 외교 및 전략적 고려가 필요하다.

경제적
이해 고려

통상협정은 무엇보다도 경제적 이해를 고려해야 한다. 이익이란 개념에는 공세적 측면과 수세적 측면을 동시에 검토해야 한다. 공세적 이익은 다양하게 얻을 수 있다. FTA는 특혜관세의 혜택을 받으면서 상대편 시장에 접근함으로써 선점의 이익을 누릴 수 있다. DDA와 같은 다자간 통상협상은 수많은 회원국의 관세와 규제조치를 철폐해 나감으로써 교역비용을 축소할 수 있다.

관세인하 효과는 즉각적으로 나타나지만 통상협정 체결로 인한 생산성 향상 및 규제완화의 효과는 장기간에 걸쳐 실현되게 마련이다. 정부로서는 FTA로 인한 특혜관세의 혜택을 수출기업이 모두 향유할 수 있도록 복잡한 원산지 규정에 대한 교육지원과 부단한 기술혁신을 통한 경쟁력 향상조치가 수반되어야 한다. 보다 근본적인 과제는 협정발효 후 10년이 경과하면 대부분의 관세장벽이 낮아지기 때문에 취약한 농축산업과 중소기업이 대외경쟁력을 가질 수 있도록 인프라 구축과 과감한 시스템 개선을 준비하고 시행해 나가야 한다.

통상협정은 관세와 규제철폐 이외에도 환경, 노동, 경쟁, 투자, 보조금, 지식재산권 등 규범에 관한 규정도 포괄하고 있으며, 이런 조항들은 무역의 증진과 투자유치에 직·간접적인 영향을 미친다. 특히, 한·미 FTA와 한·EU FTA는 이러한 새로운 통상 이슈에 대한 합의를 함으로써 다른 나라들의 후속 FTA 협상에 중요한 벤치마크가 되어 온 것은 주지의 사실이다.

한편, 수세적 이익을 살펴보면 통상협정은 무역자유화로 인한 이익과 함께 취약부문에 대한 적절한 보호장치를 마련해야 한다. 쿼터제도, 장기 관세철폐, 세이프가드를 비롯해 유보리스트 등을 통한 예외 또는 제한적 적용조항을 활용하여 방어적인 이익을 다양하게 보호할 수 있도록 준비해야 한다.

한편, 취약산업에 대한 적절한 보호는 필요하지만 과보호는 경쟁력을 오히려 약화시킨다는 것을 명심해야 한다. 우리의 일부 서비스 산업은 경쟁력이 취약하고 정치적으로 민감하다는 이유로 과보호를 받고 있는 것이 현실이다. 서비스업의 과감한 개방과 경쟁력 향상이 이루어지지 않고 제조업과 상품 무역의 개방에만 집중해 온 과거의 통상교섭 패턴은 더 이상 지속 가능하지 않다는 것이다. 무역자유화는 초기에는 경쟁력이 약한 부문에게 타격을 줄 수 있지만, 역으로 과도한 보호를 하는 것만이 능사는 아니다. 예를 들면 미국의 자동차 산업이 경쟁력을 상실한 이유 중 하나가 픽업트럭에 대한 25% 관세chicken tariff라는 보호조치에 안주하여 혁신과 기술개발을 게을리 한 것은 잘 알려진 사실이다.

결론적으로 무역자유화로 인한 경제적 효과의 개념은 각 분야를 포괄적으로 봐야 하며 시계열적으로도 중장기적인 이해관계를 함께 검토해야 한다는 것이다. 단순히 관세인하로 인한 효과뿐 아니라 규제개혁과 구조조정을 통한 생산성 증대와 고용의 증대효과가 수반된다는 점을 간과해서는 안 된다. 그리고 우리나라는 한·미 FTA와 한·EU FTA를 체결했고 이들 FTA는 이미 이행 4~5년차를 맞이하면서 많은 품목들의 관세 또는 규제가 철폐됐고 조만간 상당한 수준의 자유화가 달성될 것임을 고려하여 우리의 대외통상정책은 단순히 수세적인 입장을 견지하거나 필수적으로 보호해야할 부문을 제외하고 통상협상을 준비하고 추진하는 데 있어 보다 적극적이고 전향적인 입장을 취하는 것이 바람직할 것이다.

정책결정 및 조정시스템

이런 전략적 고려를 검토하고 결정하는 국내 정책결정 메커니즘이 건전하게 작동돼야 한다. 협상준비 단계에서 통상협상을 담당하는 부서는 외교부 및 청와대 등과 긴밀한 협의를 통하여 협상상대의 선정, 협상의 개시시기, 자유화의 수준 및 협상의 수순 등에 관한 조정과 결정을 해야 한다.

미국, EU 또는 중국을 상대로 추진하는 통상교섭은 걸려 있는 국익만큼이나 국내 이해당사자간 대립도 크기 때문에 효과적인 갈등을 관리하는 메커니즘이 작동되어야 한다. 대개의 경우 대외경제장관회의나 서별관회의 등을 통해 부처간 의견대립이 조정되지만 장관급 협의에서도 합의를 하지 못하여 대통령의 직접적인 관심과 개입이 필요한 경우도 빈번하게 발생된다. 물론 중소국가와의 FTA나 DDA 등 다자협상에서도 이런 상황은 자주 발생한다.

국내 이해당사자간 상충되는 이익을 원만하게 조정할 수 있어야 강한 협상포지션을 유지할 수 있다. 협상가에게 취해야 할 이익과 양보 가능한 선에 대하여 명확히 규정하는 것은 매우 중요하다. 그렇지 않고 조기 타결만을 주문하는 경우 현장에 있는 협상대표는 중장기적인 이익보다는 단기적인 이해를 기반으로 타협을 추구할 개연성을 배제할 수 없기 때문이다.

2004년 한국이 쌀의 조기관세화와 추가유예를 두고 양자택일을 해야 했던 상황을 복기해 보면 합리적인 정책결정이 얼마나 중요한 지 알 수 있다. 당시 우리는 조기관세화를 하는 것이 옳다는 지적이 많았음에도 불구하고 정책결정자들은 국내 정치적 부담을 피하기 위해 10년간 추가유예를 하는 선택을 했다. 쉽지만 바른 결정이었다고 보기 어렵다. 결과적으로 우리는 2014년 말 관세화를 하면서 최소 수입물량을 40만 톤까지 증량해야 했다.

물론 통상절차법에 따른 국회보고와 협의는 필수적이다. 정부와 국회는 대외통상교섭과 관련 업무에 가장 중요한 조직임에도 불구하고 현재의 시스템은 양자간 깊이 있는 협의를 하고 조정을 하기에는 미흡하다고 본다. 사실관계가 불필요하게 왜곡되는 것을 방지하면서도 깊이 있는 협의를 하기 위해서는 비공개 협의시스템을 가동할 필요가 있고 본질적인 내용을 다루기 위해서는 국회에도 통상교섭의 쟁점과 내용을 정확하게 파악하는 전문가 확보가 필요하다. 이 문제는 후술하는 합리적이고 신뢰할 수 있는 토론절차와도 직결된 이슈다.

합리적 토론절차

우리는 특히 한·미 FTA의 협상과 비준추진 과정에서 감성과 이념적인 접근이 지배하면서 고도의 법률적이고 기술적인 이슈들이 정치문제화되거나 왜곡됐던 경험을 기억하고 있다. 건전한 비판도 있었으나 일부 반대론을 주도하는 사람들은 알고 싶지 않은 정보를 기피하거나 자신의 믿음에 부합되는 정보에만 의존하려는 경향을 보였다. 수많은 보도해명과 반박자료를 배포하고 브리핑을 실시해도 일부 인터넷 매체와 진보 언론은 끝없는 왜곡을 쏟아냈다. 사실에 기반을 둔 비판은 당연히 장려해야 하지만 정보의 홍수 속에서 근거가 미약한 자극적인 정보가 오프라인과 온라인 매체를 도배하자 국민들은 혼란스러워 했다.

이제는 사실왜곡과 극단투쟁의 적폐를 끝내고 보다 합리적인 토론절차와 문화를 만들어 내야 한다. 협상을 추진하는 정부와 체결된 협정의 비준동의를 담당하는 국회, 그리고 학자들과 업계 등 이해관계자들이 상호 신뢰하고 심도 있는 대화를 하며, 이런 협의과정에서 제기되는 각종 쟁점들을 제3의 전문가가 판단하거나 의견을 제시함으로써 왜곡된 주장을 바로잡아 주는 메커니즘은 작동할 수 없을까? 미국 제도의 특징은 협상과정에서 많은 정보를 미 의회 및 산업무역자문위원회ITAC 등 핵심 이해관계자들과 공유한다. 신용과 신뢰를 바탕으로 한 깊이 있는 대화와 정보교류가 이루어지는 것은 우리에게 시사점이 많다.

국민의 알 권리와 협상의 비밀유지 필요성에 대한 인식도 높아져야 한다. 한·미 FTA는 국회에 특위까지 두고 수많은 당정회의를 개최했으나 줄곧 밀실협상이라는 비판을 받았다. 투명성 확보와 비밀유지는 상호 모순적이지만 보완적이어야 한다. 완벽하지는 않지만, 기존의 '정보공개법'과 국회의 '증언 및 감정에 관한 법'에 이어 '통상절차법'이 신설되면서 통상협상 관련 정보의 투명성은 여러모로 제고되었다고 본다. 한편, 투명성을 유지하면서도 비밀유지 필요성을 존중하는 국내의 법적 및 제도적 장치를 가동하여야 한다. 이런 절차가 대외적으로 신뢰를 줄 수 있도록 가동되지

않으면 우리 협상가들은 협상상대와 중요한 정보를 공유하기 매우 어려워
질 것이다.

교섭인력의
전문화

통상교섭 전문인력을 선발·훈련하고 전문성을
관리해 나가는 일관성 있는 정책이 시급하다. 통상교섭과 통상분쟁 분야
에 지식과 경력을 쌓은 전문가 그룹이 매우 취약하기 때문이다. 다시 말
하면 경제·통상 분야의 전문가들은 상당히 많이 포진하고 있지만 국제사
법과 공법의 영역을 걸치는 통상법체제와 국제통상분쟁 분야에서 지식
을 쌓은 고도로 숙련된 전문가 층은 매우 얇은 것이다. 이런 취약성은 통
상교섭의 기능을 통상진흥 또는 경제협력을 동일시하거나 매우 포괄적인
FTA 협정이 경제시스템 전반에 영향을 미친다는 사실을 간과하고 십여
쪽 짜리 경제협력 협정과 유사한 것으로 생각하는 그릇된 인식에 기인하
기도 한다.

미국 및 EU는 FTA 등 통상협상을 추진하면서 불과 1~2명 정도의 고
도로 훈련된 통상변호사들이 협상전반에 대한 법률적 자문을 감당한 반면
우리나라는 각 부처가 내부 변호사in-house lawyer를 활용하면서도 미국 및
유럽계 로펌의 조력까지 받아야 하는 구조였다. 우리의 경우 정부 내 변
호사의 숫자도 문제지만 내부 변호사들의 자질과 경험 그리고 국제경쟁력
이 턱없이 부족한 것이 문제다. 더욱 심각한 것은 이러한 구조적인 문제
를 정책결정자들이 정확하게 인식하지 못하고 있다는 것이다. 협상과정에
서 외국 로펌을 활용하면 비용도 많이 들지만 협상의 비밀을 유지하는 문
제도 어려울 수밖에 없다. 국내 로펌은 통상교섭 및 분쟁능력면에서 아직

유수의 외국계 로펌보다 몇 수 아래인 것은 부인할 수 없는 현실이다.

나의 경험에 비추어 통상교섭을 담당하는 부서는 국제관계에 대한 전략적 판단과 결정을 하는 고위급의 지휘 하에 매우 숙련된 통상전문 변호사들이 주축이 되어 구성돼야 한다. FTA 협정은 해가 갈수록 진화를 거듭하여 분야도 확장되고 규율대상 규범도 복잡해지는 양상을 보이고 있고, 우리의 협정파트너인 미국, EU 및 중국의 전문가들과 대등하게 협상과 분쟁을 다루어 가야 한다는 점에서 국제수준의 통상법 전문가를 양성하는 제도를 구축하는 것은 시급한 과제다.

통상교섭을 담당하는 전문가 집단에 대해서는 보직경로와 승진에 특별한 대우를 해야 한다. 일반적인 공무원의 순환보직제도는 오랜 기간 분쟁과 통상교섭을 담당하는 전문가에게는 적용하지 말아야 한다. 또한, 통상교섭 전문가는 승진에 구애되지 않도록 관리하고 일반 공무원보다 보수를 파격적으로 대우해야 한다. 이런 제도혁신을 하지 않고 능력과 자질을 갖춘 변호사를 정부 내에 유치할 유인이 있겠는가?

능력이 출중한 내부 법률전문가들이 포진해야할 이유가 또 있다. 내부 법률 전문가 능력이 부족하면 외국 로펌과 계약을 해야 한다. 그러나 그럴 경우에도 민감한 정보의 보안유지 문제를 비롯하여 이들이 계약에 합당하게 일하고 비용을 청구하는 지를 관리하는 데에도 한계가 생기게 마련이기 때문이다.

교섭조직의 전략화

통상교섭 조직은 나라마다 차이를 보인다. 미국이나 EU와 같이 국제통상규범을 확산하고 공세적인 시장접근을 추진하는 선진국들은 통상교섭을 전담하는 각료급 조직을 운영하고 있다. 이들 조직은 고도의 숙련된 통상전문가로 포진돼 있고 독립적인 권한을 가지고 대외통상교섭을 독점적으로 관장하고 있다.

한편 캐나다, 호주, 뉴질랜드, 브라질, 칠레 등 대외무역 의존도가 높은 중견국가들은 외교와 통상교섭을 통합한 조직을 운영하고 있다. 기민하게 대외협상 방향을 조정하고 효율적인 정책결정을 할 수 있는 구조다. 중국의 경우 공업부에서 산업을 담당하고 통상부에서는 대외통상교섭을 수행하며 일본은 외무성이 경산성 및 농림성과 협업을 하면서도 대외교섭의 창구 역할을 수행하고 있다. 한편, 사우디, 러시아, 아르헨티나 등 개발도상국은 산업과 통상교섭을 통합한 조직을 운영하고 있다.

외교와 통상 이슈를 관장하는 문제에 대해 캐나다가 취해온 경험은 우리에게도 많은 시사점을 제공한다. 캐나다는 1983년 기존의 외교부를 외교통상부로 결합했다. 그 후 2003년 외교부와 통상부로 분리를 시도했으나 2년 후 통상부의 분리법안이 의회에서 부결됨으로써 다시 외교통상부로 원상복구된 사례다. 2005년 캐나다 의회 회의록을 보면 외교와 통상교섭을 분리할 경우 대외교섭에 혼선이 초래되고 일관된 외교정책을 추진하기 어렵다는 의견이 지배적이었다.

우리나라의 경우 1998년 그간 분절화 됐던 통상교섭 업무를 기능적으로 통합했다. 통상교섭본부는 국제적으로 대변혁기에 들어선 대외통상환경에 적극적으로 대처해 나가면서 미국, EU 등 세계 최강국들과 통상교섭을 성공적으로 마무리했다. 그 후 2013년 새 정부 탄생과 함께 통상교섭 기능은 산업부로 완전히 이관되었다.

통상교섭을 관장하는 기관은 어느 부서에 배속되든 전문성을 갖추고 최적의 기능을 할 수 있도록 편제되어야 한다. 통상교섭의 결과는 국가의 이익에 직접적인 영향을 미치고 조약의 형태로 수십 년 이상 우리를 구속할 수 있기 때문이다.

나는 우리나라가 강한 통상교섭을 해 나가기 위해서는 협상을 담당하는 조직은 무엇보다도 다음과 같은 기능과 능력을 보유해야 한다고 믿는다.

첫째, 통상협정에 대한 전문적인 국제법적 검토능력과 아울러 국제공법의 영역에서 이루어지고 있는 평결을 검토·분석하고 협상을 수행할 수 있어야 한다. 또한, 통상협정에 대한 법률적 자료를 축적하고 국제조약에 해당되는 통상협정의 협상문서를 보관하고 분석할 수 있어야 한다. 해석에 대한 분쟁이 언제든 발생될 수 있기 때문이다. 이런 능력을 가진 법률전문가들이 포진하고 또 이들을 충원하고 훈련하는 선순환구조를 구축하는 것은 필수적이다.

둘째, 통상협정은 관세 및 비관세 이슈뿐 아니라 개성공단과 원산지 규정 등 주권의 영역, ISD와 같이 국가를 상대로 하는 소송문제를 비롯하여 일반적 및 안보적 예외사항을 다루고 있다. 또한 쇠고기 문제와 쌀 문제 등 민감한 농업현안과 서비스, 의료, 통신, 환경과 노동, 안전 및 환경기준 등을 망라하고 있다. 통상전담 조직은 중립적 입장에서 이런 복합적인 이슈를 가장 전문적이고 효과적으로 다루며 유관부서와의 유기적인 조정을 할 능력을 갖춰야 한다.

셋째, 통상교섭을 관장하는 부서의 관리는 지위고하를 떠나 법률적 및 기술적 세부사항에 대한 안목과 지식을 가져야 한다. 통상협상이 다루는 고도의 기술적이고 법률적인 문제들이 단지 실무선의 전유물이라 생각하면 절대 오산이기 때문이다. 실제로 통상교섭이 외교의 한 축으로 기능하는 호주, 캐나다, 벨기에, 뉴질랜드, 칠레, 브라질 등 중견국가의 통상장관들은 기술적·법률적 쟁점을 숙지하고 협상을 주도하곤 한다.

넷째, 정무적 판단능력과 이해관계자와의 대화다. 통상문제는 국제관계의 반영이기 때문에 변화되는 국제통상환경에 대한 거시적 시야를 가지고 미국, EU 및 중국 등의 대외통상정책에 대한 깊이 있는 검토가 필요하다. 예를 들어 다자통상체제의 동향과 TPP 및 TTIP 등 메가 FTA의 동향은 물론 미국 의회에서 논의되는 통상현안에 대한 논의동향이 우리에게 미치는 영향과 필요한 대응에 대해 통찰력 있는 검토와 정책결정이 필요하다. 이런 정책의 방향은 그 자체로 중요하고 이해당사자들에게 중대한 영향을 미칠 수 있기 때문에 정부고위층의 관심과 효과적인 조정은 필수적이다.

에필로그

한·미 FTA는 협상개시에서 발효에 이르기까지 양국의 정치권을 뒤흔들었다. 한·EU FTA은 비교적 순조로운 협상과정을 거쳤으나 서명과 발효과정이 순탄치만은 않았다. 동북아 FTA는 역내 국가간의 문화적 동질성 속에서도 다양한 이질성으로 인해 협상진전에 어려움을 겪었다. 한편, DDA 협상은 15년째 답보상태지만 새로운 모멘텀을 찾으려는 노력이 전개되고 있고 통상 강국들은 앞다퉈 메가 FTA 협상대열에 뛰어 들고 있다. '먼저 변화하지 않으면 변화를 강요받는다'는 말은 글로벌화 시대 또는 FTA 시대를 단적으로 정의한다.

내 역할은 야구로 치면 '마무리 투수closer'였다. 한·미 FTA의 재협상과 비준과정 그리고 한·EU FTA의 서명과 비준과정을 담당했기 때문이다. 처음에는 한·미 FTA의 긴 역정에 국한된 글을 쓰고자 했다. 그러나 EU와 동북아 FTA 협상과정은 물론 DDA와 메가 FTA 동향과 그 함의를 포함해야 글로벌 통상 네트워크의 퍼즐이 맞춰질 것 같았다. 긴 과정이 한 굽이를 돌아 나가고 소용돌이 칠 때마다 느꼈던 현장의 경험을 후진들에게 전하고 싶었다. 그러나 결정의 순간에 고려했던 배경과 요인을 완전히 그려내지 못한 아쉬움은 여전히 남는다. 직무상 비밀유지의무와 개인정보보호라는 한계를 인정하더라도 부족한 부분은 전적으로 나의 박학비재 탓이다.

한국의 통상협상 추진목표는 명료했다. 개방을 통해 구조조정과 개혁을 하고 비효율을 제거함으로써 강한 경제시스템을 만들어 나가는 것이었다. 나는 한국이 눈부신 경제발전과 정치적 민주화를 달성한 것은 옳은 길을 선택하는 판단력과 이를 추진할 용기를 가졌기 때문이라 확신한다. 왕왕 갈등이 전개되고 정리되는 과정이 거칠고 혼란스럽지만 갈등을 숙성시키고 대담한 결정을 할 수 있었던 것은 한국이 가진 강점이라 믿는다.

미국은 전후 세계재건을 견인하면서 동아시아 국가에게는 수출주도의 경제성장에 필요한 거대한 시장을 제공했다. 그러나 교역의 확대는 통상마찰을 수반했고 양국은 통신, 서비스, 자동차, 조달, 쇠고기, 담배 등의 분야에서 분쟁과 갈등을 겪어야 했다. 한·미 FTA는 이런 갈등을 예방하고 해소하는 제도장치와 규칙을 합의함으로써 호혜적 통상관계를 증진해 나가는 기반을 마련했다.

한·미 FTA는 단순한 통상협정이 아니다. 협정이 가지는 지정학적 함의 때문이다. 한국은 1.2조 달러의 경제력과 오천만의 인구를 가진 중견국가로서, 미국과 민주주의와 시장경제, 그리고 인권보호의 가치를 공유하고 있다. 특히, 지정학적인 특수한 여건으로 미국과 동맹관계를 유지하고 발전시키는 것은 한국의 생존과 동북아의 평화유지를 위해서도 매우 긴요하다. 돈 오버도르퍼Don Oberdorfer는 그의 저서에서 "한국은 잘못된 국토면적으로 잘못된 지역에 위치하고 있다Korea is located in wrong place with wrong size"고 말했다. 이런 지정학적 운명으로 한반도의 안정과 번영은 주변국간 힘의 균형이 유지되고 우리가 부강하고 선린외교를 폈을 때 비로소 확보되었다.

미 의회에서 아시아 통이었던 마이크 맨스필드Mike Mansfield 상원의원은 석사학위 논문에서 "朝·美 우호통상조약에도 불구하고 미국 정부는 일본이 한국을 병탄하는 것을 항의하거나 간섭하지 않았다. 결국, 미국은 한국에 실질적이고 절박한 이익이 없었기 때문에 한국을 떠났고 한국을 그의 운명에 방치했다"고 기술했다. 현재 한·미 관계는 19세기 말과는 확연히 다르지만 그의 직관은 오늘 날에도 깊은 성찰을 요구한다. 한·미 FTA는 양국의 동맹관계를 격상시키는 촉매제가 될 것이다.

한편, 리차드 하스Richard Haass 미국 외교협회장은 "우리는 세계사에서 한 시대의 종언과 또 다른 시대, 즉 혼란의 시대가 도래하는 것을 목격하고 있다"고 말했다. 동북아는 이런 변환의 중심에 서 있다. 중국의 부상, 일본의 역사수정주의, 강력한 러시아의 귀환과 핵 야망을 버리지 않는 북한이 빚어내는 동북아의 안보환경은 냉전종식 이후 가장 엄중하고 복잡하며 중층적이고 전략적인 해법을 요구하고 있는 도전이다.

이런 추세는 경제·통상 측면에도 그대로 투영되고 있다. 아·태 지역에서 미국과 일본이 주축이 되어 추진되는 TPP나 미국과 EU간 TTIP 등 통상규범을 선도하는 메가 FTA는 궁극적으로 복합적인 전략적 함의가 있는 것은 주지의 사실이다.

한국에게 주어진 선택의 폭은 극히 좁다. 주변국은 물론 세계와 긴밀히 협력하며 우리에게 유리한 여건을 능동적으로 조성해 나가는 것 이외에는 대안이 없기 때문이다. 우리의 외교와 외교관 그리고 중요한 협상을 리드하는 정부대표는 주변 4강은 물론 열강의 전략과 전술을 예지하고 이를 이용할 수 있는 자산과 능력을 갖추어야 한다. 그렇다면, 우리 외교는 국제정세의 흐름을 예견하고 이를 이용하거나 유리한 여건으로 유도할 수 있는 조직과 기획능력 그리고 자산을 충분히 가지고 있는가? 애국심과 창의력을 겸비하고 국제사회를 리드할 수 있는 최고의 인재를 양성하고 있는가?

정상적인 협상여건에서 제로섬zero-sum 게임은 불가능하다. 협상은 이익의 정교한 형량을 하는 피말리는 작업이기 때문이다. 상대의 민감성을 존중하면서도 우리의 이익을 지켜내야 한다. 더욱이 강대국과의 협상은 힘의 불균형이 존재하는 현실을 보완해야 하기 때문에 약소국의 협상대표는 법과 원칙에 철저하고 항상 고도의 전략적 사고를 해야 한다. 국내의 정책결정 시스템은 물론 협상상대의 입장이 정립되는 메커니즘을 알아야 상대의 레드라인과 양보가능선을 짚어 낼 수 있다.

통상교섭을 담당하는 부서는 국제통상법적 전문성과 집요한 협상경험 그리고 국제정세를 읽어내고 대응할 수 있는 능력을 갖추어야 한다. 협상대표는 깊은 애국심과 국가 이익에 대한 냉정한 판단력을 가지고 협상상대와 깊은 신뢰 속에 허심탄회한 교감을 할 수 있어야 한다. 협상대표에게 확실한 위임을 하지 않으면 협상대표는 국익이라는 절대목표보다는 단기처방과 보신주의 위주로 협상을 해 나갈 수밖에 없다.

한편, 우리가 안고 있는 약점도 성찰해야 한다. 협상을 추진하고 사회적 합의를 도출하는 과정에서 기본 법질서가 훼손되고 그로 인하여 과도한 사회적 비용이 지불되고 있는 비정상의 적폐를 인정하고 도려내야 한다. 다만 절차적인 투명성을 확보하고 합리적 토론의 장을 마련하는 동시에 협상의 비밀보호도 못지않게 존중되어야 한다.

"종의 진화는 짧은 기간 내 급진적 변화를 거친 후 비교적 장기간 안정화되는 과정을 겪는다"는 '단속적 평형론punctuated equilibrium'은 한국이 체결한 거대 경제권과의 FTA에도 적용될 것이다. 미국 및 EU와 체결한 포괄적이고 높은 수준의 자유화 협정은 초기에 적지 않은 충격을 줄 수 있겠지만 우리 경제를 한 단계 도약시켜 발전시킬 것이라 확신한다. 또한, 동북아 FTA는 아직 걸음마 단계지만 아시아의 파워 하우스인 동북아의 경제통합을 이루는 초석이 될 것이다. 한편 국제통상질서의 구조적 변화의 급속한 변화 속도에 비추어 우리에게는 방심할 시간이 없다. 그간의 성과를 기반으로 보다 적극적으로 메가 FTA의 확산에 선제적 대응을 해나가야 한다.

마지막으로 어려운 국내 여건 속에서도 GATT/WTO 등 다자통상체제를 비롯하여 미국과 EU 그리고 중국 등의 거대 경제권과 대등한 협상을 기획하고 지휘했던 선배들의 식견과 리더십에 경의를 표한다. 그리고 앞으로 보다 역동적인 통상협상을 감당해 나갈 젊은 통상교섭가들이 최고의 자질과 능력을 갖추어 나가길 기대해 마지 않는다.

제네바는 다자통상체제인 GATT/WTO의 본부인 동시에 인권, 인도적 지원, 군축, 보건, 노동, 지적재산권, 개발, 환경 및 통신 분야 등 UN의 다양한 다자 외교활동이 집중되는 곳이다. 200여개의 국제기구들이 개최하는 국제회의가 연중 쉴 틈 없이 전개되고 있는 곳이기도 하다. 나는 지난 3년간 제네바 대사겸 국제기구 상주대표 자격으로 UN 및 WTO 등 다자 외교 업무에 열정을 바쳤다.

재임 중 많은 UN 관련 이슈 중에서도 북한인권 문제와 일본군 위안부 문제를 비롯한 각종 국제인권 문제를 다루면서 국제정세를 파악했던 일과 지역분쟁의 격화로 확산되는 난민문제를 다루는 인도적 지원 이슈를 집중적으로 관장했던 일이 기억에 남는다. 특히 UNHCR 집행위원회 의장직을 수임하면서 난민문제와 국내 피난민 문제에 안목을 넓힐 기회를 가졌다. 2014년 10월 반기문 UN 사무총장께서 내가 주재하는 UNHCR 집행이사회 고위급 회의에 참석하여 한국전쟁 당시 몸소 겪었던 '국내 피난민 경

사진은 필자가 UNHCR 집행이사회 의장으로 고위급 회의를 주재하면서 특별연사로 참석한 반기문 유엔사무총장의 연설을 청취하고 있는 모습. 반 총장의 옆에는 안토니오 구테레스(Antonio Guterres) 유엔난민최고대표가 앉아 있다.

험'에 관한 특별연설을 하시어 많은 참석자들의 가슴을 뭉클하게 했던 기억이 새롭다. 제네바에서 겪었던 다자외교 경험은 좀 더 반추한 후 정리할 기회가 있기를 기대해 본다.

AAMA	American Automobile Manufacturers Association 미자동차제조업자협회
ACEA	European Automobile Manufacturers' Association 유럽자동차제조업자협회
AFTA	Andean Free Trade Agreement 안데안 자유무역협정
AIADA	American International Automobile Dealers Association 미수입자동차딜러협회
AIAM	Association of International Automobile Manufacturers 국제자동차제조자협회
AMI	American Meat Institute 미육류협회
AMS	Aggregate Measurement of Support 보조총액 측정치
APEC	Asia Pacific Economic Cooperation 아·태경제협력체
ASEAN	Association of Southeast Asian Nations 아세안
ATPC	Automobile Trade Policy Council 자동차무역정책이사회
BDC	Blue Dog Coalition 블루독연합
BIT	Bilateral Investment Treaty 양자투자협정
BSE	Bovine Spongiform Encephalopathy 소해면상뇌증: 광우병
CBP	U.S. Customs and Border Protection 미세관 및 국경보호국
CITA	Committee of the Implementation of Textile Agreements 섬유협정이행위원회
CJD	Creutzfeldt–Jakob Disease 크로이츠펠트-야콥병
CJK FTA	China–Japan–Korea FTA 한·중·일 FTA
CR	Continuing Resolution 잠정예산결의
CSQ	Country Specific Quota 국별쿼터
DDA	Doha Development Agenda 도하개발아젠다
DFQF	Duty Free Quota Free 무관세무쿼터제도
DR–CAFTA	Dominican Republic–Central America FTA 도미니카공화국·중미자유무역지대
EBA	Everything But Arms 무기외 모든 품목 무세화: EU의 특혜관세조치
EC	European Commission 유럽위원회
EFB	Enhanced Feed Ban 강화된 사료금지조치
EFTA	European Free Trade Association 유럽자유무역협정
EGA	Environmental Goods Agreement 환경상품협정

ENT	Economic Needs Test 경제적 수요심사
EPA	Economic Partnership Agreement 경제동반자협정
EU	European Union 유럽연합
EV	Export Verification 수출검증 프로그램
FARA	Foreign Agents Registration Act 외국인에이전트등록법
FTA	Free Trade Agreement 자유무역협정
FTAAP	Free Trade Agreement Asia Pacific 아·태지역자유무역협정
GATS	General Agreement on Trade in Services 서비스 무역에 관한 일반협정
GATT	General Agreement on Tariffs and Trade 관세와 무역에 관한 일반협정
GCC	Gulf Cooperation Council 걸프협력이사회
GIs	Geographic Indications 지리적 표시
GSP	Generalised System of Preferences 일반특혜제도
ICSID	International Centre for Settlement of Investment Disputes 국제투자분쟁조정센터
INTA	European Parliament Committee on International Trade 유럽의회 국제통상위원회
ISD	Investor-State Dispute Settlement 투자자·국가소송제도
ITA	Information Technology Agreement 정보기술협정
ITACs	Industry Trade Advisory Committees 산업무역자문위원회
IUU	Illegal, Unreported and Unregulated Fishing 불법, 미보고 및 미규제 조업행위
LCD	Liquid Crystal Display 액정표시장치
LDA	Lobbying Disclosure Act 로비공개법
LDCs	Least Developed Countries 최빈개도국
MFN	Most Favoured Nation 최혜국대우
MMA	Minimum Market Access 최소시장접근
MRAs	Mutual Recognition Agreements 상호인증협정
NAFTA	North American Free Trade Agreement 북미자유무역협정
NAM	National Association of Manufacturers 전미제조업자연합
NAMA	Non-Agricultural Market Access 비농산물시장접근
NCBA	National Cattle Breeders Association 미육우협회
NDC	New Democratic Coalition 신민주연합
NRA	National Renderers Association 미도축업자협회

NSC	National Security Council 국가안전보장회의	
NTBs	Non-Tariff Barriers 비관세장벽	
OECD	Organization for Economic Cooperation and Development 경제협력 및 개발기구	
OIE	World Organization for Animal Health 세계동물보건기구	
OPZ	Outward Processing Zone 역외가공지역	
PAC	Political Action Committee 정치행동위원회	
QMV	Qualified Majority Vote 가중다수결투표	
QSA	Quality System Assessment Program 품질시스템평가프로그램	
RCEP	Regional Comprehensive Economic Partnership Agreement in Asia and the Pacific 아·태지역내포괄적경제협력동반자협정	
SAA	Statement of Administrative Action 행정조치성명	
SPS	Sanitary and Phytosanitary 검역 및 위생	
SRM	Specified Risk Materials 특정위험부위	
SSM	Special Safeguard Mechanism 개도국긴급세이프가드메커니즘	
SSM	Super Super Market 대형수퍼마켓	
TAA	Trade Assistance Arrangements 무역조정지원	
TBT	Technical Barriers to Trade 무역에 대한 기술장벽	
TE	Tariff Equivalent 관세상당치	
TFEU	Treaty on the Functioning of the EU 유럽기능조약	
TISA	Trade in Services Agreement 서비스무역협정	
TNC	Trade Negotiating Committee 무역협상위원회	
TPA	Trade Promotion Authority 무역촉진권한	
TPC	Trade Policy Committee 무역정책위원회	
TPP	Trans Pacific Partnership Agreement 환태평양경제협력동반자협정	
TRQ	Tariff Rate Quota 저율할당관세	
TTIP	Transatlantic Trade and Investment Partnership Agreement 범대서양무역투자협력 동반자협정	
UAW	United Automobile Workers 자동차노조	
USITC	U.S. International Trade Commission 미국국제무역위원회	
USMEF	U.S. Meat Exporters Federation 미육류수출자연합	
USTR	U.S. Trade Representative 미국통상대표부	

vCJD   Variant CJD(Creutzfeldt−Jakob Disease) 변형크로이츠펠트야콥병: 인간광우병

VWP   Visa Waiver Program 비자면제프로그램

WTO   World Trade Organization 세계무역기구

한 · 미 FTA 관련 주요 일지

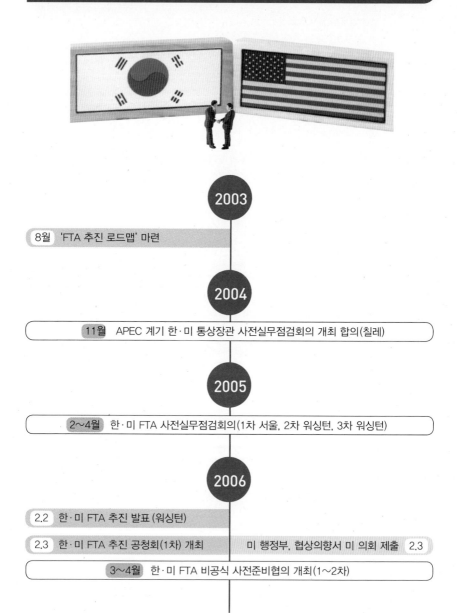

2003

8월 'FTA 추진 로드맵' 마련

2004

11월 APEC 계기 한·미 통상장관 사전실무점검회의 개최 합의(칠레)

2005

2~4월 한·미 FTA 사전실무점검회의(1차 서울, 2차 워싱턴, 3차 워싱턴)

2006

2.2 한·미 FTA 추진 발표 (워싱턴)

2.3 한·미 FTA 추진 공청회(1차) 개최   미 행정부, 협상의향서 미 의회 제출 2.3

3~4월 한·미 FTA 비공식 사전준비협의 개최(1~2차)

6.5~9 한·미 FTA 제1차 공식협상 개최(워싱턴)

6.27 한·미 FTA 추진 공청회(2차) 개최

7.10~14 한·미 FTA 제2차 공식협상 개최(서울)

9.6~9 한·미 FTA 제3차 공식협상 개최(시애틀)

10.23~27 한·미 FTA 제4차 공식협상 개최(제주)

12.4~8 한·미 FTA 제5차 공식협상 개최(몬타나)

2007

1.15~19 한·미 FTA 제6차 공식협상 개최(서울)

2.11~14 한·미 FTA 제7차 공식협상 개최(워싱턴)

3.8~12 한·미 FTA 제8차 공식협상 개최(서울)

3.19~22 한·미 FTA 고위급협상 개최(워싱턴)

3.26~4.2 한·미 통상장관회의 개최(서울)

4.2 한·미 FTA 협상타결(서울)

미 의회 신통상정책 양당 합의발표 5.10

5.25 협정문 공개(국·영문)

6.21~22 신통상정책 관련 추가협의(서울)

6.25~26 신통상정책 관련 추가협의(워싱턴)

6.30 한·미 FTA 서명(워싱턴)

9.7 한·미 FTA 비준동의안 국회 제출

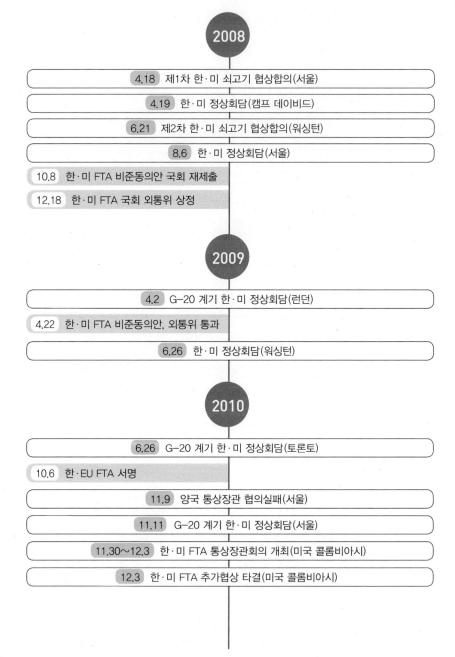

2008

4.18 제1차 한·미 쇠고기 협상합의(서울)

4.19 한·미 정상회담(캠프 데이비드)

6.21 제2차 한·미 쇠고기 협상합의(워싱턴)

8.6 한·미 정상회담(서울)

10.8 한·미 FTA 비준동의안 국회 재제출

12.18 한·미 FTA 국회 외통위 상정

2009

4.2 G-20 계기 한·미 정상회담(런던)

4.22 한·미 FTA 비준동의안, 외통위 통과

6.26 한·미 정상회담(워싱턴)

2010

6.26 G-20 계기 한·미 정상회담(토론토)

10.6 한·EU FTA 서명

11.9 양국 통상장관 협의실패(서울)

11.11 G-20 계기 한·미 정상회담(서울)

11.30~12.3 한·미 FTA 통상장관회의 개최(미국 콜롬비아시)

12.3 한·미 FTA 추가협상 타결(미국 콜롬비아시)

2011

2.10 양국 통상장관, 추가협상 합의문서 서명·교환	
	미 하원 세입위, 한·미 FTA 청문회 4.7
5.4 한·미 FTA 비준동의안 철회	
6.3 한·미 FTA 비준동의안 국회 재제출	
6.24 한·미 FTA 여야정 협의체(제1차 회의)	
	상·하원, 한·미 FTA 이행법안 비공식 축조심의 개최 7.7
7.8 한·미 FTA 여야정 협의체(제2차 회의) 한·미 FTA 외통위 공청회 개최 민주당, '10+2 재재협상안' 발표	
7.19 한·미 FTA 여야정 협의체(제3차 회의)	
	상원 양당 대표(리드-맥코넬), 미 의회 9월 개회 후 처리합의 발표 8.3
8.5 한·미 FTA 여야정 협의체(제4차 회의)	
8.19 한·미 FTA 여야정 협의체(제5차 회의)	
8.24 한·미 FTA 외통위 공청회 개최	
8.26 한·미 FTA 여야정 협의체(제6차 회의)	
9.1 외통위 전체회의	
	하원 본회의, GSP 연장법안 통과 및 상원 송부(1단계) 9.7
9.8 한·미 FTA 여야정 협의체(제7차 회의)	
9.15 한·미 FTA 여야정 협의체(제8차 회의)	
9.16 한·미 FTA 비준동의안 외통위 상정	

상원 본회의, TAA수정안이 추가된 GSP 연장법안 통과·하원송부(2단계) 9.22

행정부, 3개 FTA 이행법안 의회 공식 제출(3단계) 10.3

하원 상임위(세입위), FTA 이행법안 통과 10.5

상원 본회의 절차에 관한 UC 합의 (10.12. 상원 본회의 절차 완료 예정 내용) 10.6

상하원 본회의, 이행법안 처리(4단계) 10.12

미대통령 이행법안 서명(5단계) 10.21

10.20~24 한·미 FTA 국회 끝장 토론회(1,500분)

10.30 서비스·투자/중소기업 관련 서한교환

11.22 한·미 FTA 국회 본회의 통과

2012

1~2월 한·미 FTA 이행 점검 협의(로스앤젤레스, 시애틀)

3.15 한·미 FTA 발효

부 록

본 **QR코드**를 스캔하시면, '**최석영의 FTA 협상노트**'의 **부록**을
참고하실 수 있습니다

1 한·미 FTA 협정(2007년) 주요 내용

2 한·미 FTA 추가협정(2011년) 요지

3 한·EU FTA 주요 내용

4 한국의 FTA 네트워크 개관(2014년)

5 WTO 내 국가그룹 현황(농업분야)

6 참고문헌

최석영(崔晳泳)

법무법인 광장 상임고문(2016~현재)
서울대학교 국제대학원(GSIS) 객원교수(2016~현재)
아시아 소사이어티 정책연구소(ASPI)의 무역위원회 위원(2016~현재)
유엔중앙긴급대응기금(UNCERF) 자문위원회 위원(2015~현재)
우즈베키스탄 WTO 가입 작업반 의장(2013~현재)

주제네바 대표부 대사(2012~2015)
WTO 서비스무역 이사회 의장(2014~2015)
유엔난민기구(UNHCR) 집행이사회 의장(2013~2014)
유엔배상위원회(UNCC) 부의장(2013~2014)
외교통상부 FTA 교섭대표(2010~2012)
WTO/DDA 협상대사(2009~2010)
주미대사관 경제공사(2006~2009)
APEC 사무총장(2005)
APEC 사무차장(2004)
유엔총회 의장실 경제·사회 분야 보좌관(2001~2002)
주유엔 대표부 참사관(1999~2002)
주제네바 대표부 참사관(1994~1997)
주케냐 대사관 참사관(1988~1991)
주함부르크 총영사관 영사(1986~1988)
외무부 입부(1979)

KDI 국제정책대학원 석사(2004)
서울대 독문학과 학사(1979)
황조근정훈장(2012)
근정포장(2006)

강원도 강릉 출생

저서: Revisiting the Open Regionalism of APEC(2006)

최석영의
FTA 협상노트

초판발행	2016년 1월 11일
중판발행	2017년 9월 15일

저 자	최석영
펴낸이	안종만

편 집	김효선
기획/마케팅	노 현
표지디자인	김문정
제 작	우인도 · 고철민

펴낸곳	(주) **박영사**
	서울특별시 종로구 새문안로3길 36, 1601
	등록 1959. 3. 11. 제300-1959-1호(倫)
전 화	02)733-6771
f a x	02)736-4818
e-mail	pys@pybook.co.kr
homepage	www.pybook.co.kr
ISBN	979-11-303-0212-6 03340

정 가   18,000 원